科尔沁右翼中旗年鉴

（2023）

科尔沁右翼中旗档案史志馆　编

图书在版编目（CIP）数据

科尔沁右翼中旗年鉴. 2023 /科尔沁右翼中旗档案史志馆编. —北京：中央民族大学出版社，2024.4

ISBN 978-7-5660-2155-7

Ⅰ. ①科⋯ Ⅱ. ①科⋯ Ⅲ. ①科尔沁右翼中旗—2023—年鉴 Ⅳ. ①Z522.64

中国国家版本馆 CIP 数据核字（2024）第 074940 号

科尔沁右翼中旗年鉴. 2023

编　　者　科尔沁右翼中旗档案史志馆
责任编辑　满福玺
责任校对　陈小红
封面设计　巍利斯
出版发行　中央民族大学出版社
　　　　　北京市海淀区中关村南大街 27 号　邮编：100081
　　　　　电话：（010）68472815（发行部）　传真：（010）68932751（发行部）
　　　　　　　（010）68932218（总编室）　　　　（010）68932447（办公室）
经 销 者　全国各地新华书店
印 刷 厂　呼伦贝尔市巍利斯印业有限责任公司
开　　本　889×1194　1/16　插页：28　印张：21
字　　数　447 千字
版　　次　2024 年 4 月第 1 版　2024 年 4 月第 1 次印刷
书　　号　ISBN 978-7-5660-2155-7
定　　价　188.00 元

《科尔沁右翼中旗年鉴（2023）》监修

《科尔沁右翼中旗年鉴（2023）》编委会

《科尔沁右翼中旗年鉴（2023）》
编纂人员名单

主　　编　德　喜

副主编　王晓晶

编　　辑　乌日嘎　包春兰　金　梅

供稿人员名单

邓永星	韩斯琴塔娜	邢智慧	陈国霞	孙嘉男	宁佳慧
高　丹	李树花	冯高娃	王乌兰	马萨如拉	吴敬涵
包　箭	贺喜格图	王永林	永　青	张新华	萨如拉
高海礁	严璐森	孟护民	云　鹏	刘高娃	刘春梅
乌日娜	苏　敦	叶茹汗	亭　亭	韩智慧	领　晓
赵梦迪	白萨日娜	赵文慧	邰秀美	乌日喜拉图	白文强
塔　娜	吴　凡	张小平	朱英杰	满　都	王文娟
张乌云嘎	李颖雪	刘晓胜	敖德荣	高　娃	包娜仁
段振飞	张清茹	萨如拉	白苏雅拉图	金树友	白丽雪
丽　娜	何　良	黄小龙	刘瑞香	杜　杨	孟金牛
代永花	包红霞	吴雅媛	杨晓红	巴达拉呼	艳　红
海　军	王媛媛	蓝春艳	张马莲根	齐慧军	姜丽丽
张　浩	萨日娜	包明英	白喜报	金　坤	韩庆成
龚连胜	张其林	宁显奇	金　铭	庞铁明	白宏伟
于玲玲	白明扬	曹锦艳	韩志梅	宋　茹	王红亮
独　蓝	王克敏	王玉凤	杨留柱	李毕鑫	白金龙
孟庆霞	斯日古楞	王桂芸	韩　磊	王乌日罕	春　英
王　珍	宝清玉	钱秋艳	杨　莉	斯日古楞	倪佳馨
韩浩然	萨仁其木格	巴达拉胡	萨如拉	金鑫鑫	吕齐保
董文荣	张晓冉	常伟伟	海　岩	雪　飞	巴达仍贵
斯琴图	刘丹妮	宋成旭	董七十六	马聚宝	胡诚睿
邱　林	葛玉彬	吕文凯	吴俐敏	白旭光	曹锁柱
高艳玲	金　奎	宝鲁尔	李宗泽	丁宇佳	王金庄

编纂说明

一、《科尔沁右翼中旗年鉴(2023)》是由中共科右中旗委员会、旗人民政府主办,各入编单位供稿,科右中旗档案史志馆组织编纂的综合性年度资料文献。

二、《科尔沁右翼中旗年鉴(2023)》以马克思列宁主义、毛泽东思想、邓小平理论、"三个代表"重要思想、科学发展观、习近平新时代中国特色社会主义思想为指导,坚持辩证唯物主义和历史唯物主义的立场、观点和方法,实事求是、客观全面地记载2022年1月1日至12月31日科右中旗自然、政治、经济、文化、社会等各方面的情况,为了解和研究科右中旗提供基本参考,为编修科右中旗地方史志书籍积累史料。

三、正文采用分类编辑法,主体内容设类目、分目、条目三个层次,以条目为基本形式。设置特载、大事记、旗情概览、中国共产党科右中旗委员会、科右中旗人民代表大会、科右中旗人民政府、政协科右中旗委员会、科右中旗纪律检查委员会 科右中旗监察委员会、群众团体、法治、军事、经济管理、农业 水利、工业、自然资源 生态环境、城乡建设与管理、交通 运输、邮政 通信、商贸服务业、旅游、金融、教育 体育、科技、文化、卫生 健康、社会 生活、应急管理、苏木 镇 工作部 驻旗单位、文献、附录等类目。全书条目标题统一用黑体加【 】表示。少数包含多方面资料的条目则在文中用楷体标题标明主题。撰稿人署名于条目文末。彩页图片未受年限限制。

四、附录中包含荣誉录、驻旗内蒙古自治区"两代一委"名录、主要机构及负责人名单、国民经济和社会发展统计公报、地区生产总值一览表、粮食作物生产情况季节报表、各乡镇户籍人口统计报表、各乡镇民族构成情况表等,其中荣誉录含2022年度获得盟、厅级以上表彰或授予荣誉称号的集体和个人。

五、年鉴采用法定计量单位,全局性的统计数据,以旗统计部门提供的数据为准,一般性数据使用撰稿单位数据。

六、为行文方便,单位名称、地名等根据习惯适当采用简称。年鉴中将"科尔沁右翼中旗"简称为"科右中旗"。区划名称、旗直各部门单位及各苏木镇工作部名称,第一次出现时用全称,再次出现时用简称。年鉴中文献等部分内容根据实际情况适当上溯或下延。

七、《科尔沁右翼中旗年鉴(2023)》行文遵循国家和自治区有关规定。

全国文化先进旗

中国民间曲艺之乡◇

乌力格尔之乡◇

安代之乡◇

蒙古族四胡之乡◇

科尔沁民歌之乡◇

民族赛马之乡◇

一旗九乡五『非遗』

◇科尔沁服饰之乡

◇蒙古文书法之乡

◇中国蒙古族刺绣文化之乡

◇乌力格尔

◇蒙古族拉弦乐器制作技艺

◇科尔沁蒙医药浴疗法

◇蒙古族四胡音乐

◇蒙古族刺绣

“科右中旗发布”
微信公众号

“魅力科右中旗”
App

数字科右中旗（2022）

综　合

户籍总人口248171人；
地区生产值82.83亿元；
第一产业生产值41.75亿元；
第二产业生产值12.10亿元；
第三产业生产值28.98亿元；
人均地区生产总值40603元；
500万元以上固定资产投资总额71.8亿元；
社会消费品零售总额9.82亿元。

社会从业和劳动报酬

城镇新增就业1608人；
企业2132户；
个体工商户19834户；
农民专业合作社1597户。

人民生活

全体居民人均可支配收入21322元；
全体居民人均消费性支出14222元；
城镇常住居民人均可支配收入32587元；
城镇常住居民年人均消费支出18354 元；
农村牧区常住居民人均可支配收入14302元；
农村牧区常住居民年人均消费支出11444元。

农　业

农作物种植面积224187.75公顷；
粮食作物种植面积19.52公顷；
粮食总产量1240701.47吨。

工　业

规模以上工业营业收入21.1亿元；
规模以上工业实现税金总额0.91亿元；
水泥产量30.9万吨；
水产品产量1801吨；
发电量267690.43万千瓦时；
建筑业总产值2.7亿元。

财政　金融

公共财政预算收入3.35亿元；
公共财政预算支出 45.16亿元；
金融机构各项存款余额75.1亿元；
金融机构各项贷款余额63亿元。

交通　邮电

接待旅游人数169.5万人次；
实现旅游总收入9.83亿元；
公路线路里程3250公里；
公路货运量达206.19万吨；
公路客运量13.5万人次；
年末移动电话用户18.52万部；
本地固定电话用户1.46万户；
互联网用户6.84万户。

枫情马镇·着力打造全要素旅游品牌|核心区

科右中旗五角枫生态景区　　（科右中旗委宣传部　供图）

科右中旗历史博物馆　　（科右中旗委宣传部　供图）

科右中旗游客集散中心　　（科右中旗委宣传部　供图）

中影集团电影博物馆
（科右中旗委宣传部　供图）

数字摄影棚　　（科右中旗文化旅游体育局　供图）

枫情马镇 · 着力打造全要素旅游品牌 | 核心区

“枫叶红了”影视基地　　（王晓晶　摄）

中影数字制作基地（科右中旗外景地）　　（科右中旗委宣传部　供图）

图什业图亲王府　　（科右中旗文化旅游体育局　供图）

翰嘎利湖景区　　（科右中旗委宣传部　供图）

枫情马镇·着力打造全要素旅游品牌|核心区

中国蒙古族刺绣文化博物馆　　（科右中旗委宣传部　供图）

“枫趣童年”草原亲子主题乐园　　（科右中旗委宣传部　供图）

男儿三艺体验区　　（科右中旗文化旅游体育局　供图）

图什业图赛马场　　（科右中旗委宣传部　供图）

枫情马镇 · 着力打造全要素旅游品牌 | 东线区

科尔沁环境教育中心 （科右中旗委宣传部　供图）

科尔沁湿地湖泊

疏林草原景区　　（科右中旗文化旅游体育局　供图）

（梁永峰　摄）

枫情马镇·着力打造全要素旅游品牌 | 西线区

双金5万亩阿里数字农场　（科右中旗杜尔基镇政府　供图）

鲜光朝鲜族特色村寨

蒙格罕山鲜卑文化发祥地

（杜尔基镇政府　供图）

蒙格罕山泉水　　（科右中旗委宣传部　供图）

（科右中旗委宣传部　供图）

|枫情马镇·着力打造全要素旅游品牌|北线区

乌兰河草原　　（科右中旗文化旅游体育局　供图）

驼峰岭山地草原景区　　（科右中旗委宣传部　供图）

巴仁哲里木康养小镇 （巴仁哲里木镇政府　供图）

巴仁哲里木康养小镇：镇内火车 （巴仁哲里木镇政府　供图）

巴仁哲里木康养小镇：王布和蒙医医院、扎木钦风景 （巴仁哲里木镇政府　供图）

古哲里木十旗会盟地　　（王晓晶　摄）

巴彦敖包乡村旅游区

（科右中旗委宣传部　供图）

年度热点 · 科右中旗 2022 年度重大活动一览

2022 年 1 月 27 日，“好山好水好日子”科右中旗春节联欢晚会在科尔沁宣传文化中心礼堂演出

（科右中旗融媒体中心　供图）

1 月 28 日，科右中旗鸿安现代肉牛交易中心，春节后首场开市实现“开门红”　（永峰　摄）

年度热点·科右中旗2022年度重大活动一览

3月28日，总投资293亿元的科右中旗2022年重大项目集中开复工仪式在苏雅乐文化产业园举行

（梁永峰　摄）

4月28日，科右中旗举办“喜迎二十大、永远跟党走、奋进新征程”庆祝中国共产主义青年团建团100周年大会

（科右中旗融媒体中心　供图）

5月15日，科右中旗开展“石榴籽同心筑梦”——中华文化大家学集中示范活动

（科右中旗委宣传部　供图）

5月27日，科右中旗“民族政策宣传月、民族法治宣传周”集中宣传活动在旗新时代文明实践广场举行

（科右中旗融媒体中心　供图）

5月31日，举行“水美乡村，遇‘稻’中旗”2022科右中旗枫林马镇稻田文化节暨农道项目开工仪式系列活动

（科右中旗融媒体中心　供图）

年度热点·科右中旗2022年度重大活动一览

6月6日，兴安盟规模最大的火力发电项目——内蒙古能源发电科右中发电有限公司2×66万千瓦电厂项目1号机组锅炉首次点火

（包艺鹏　摄）

6月9日，科右中旗“喜迎二十大，档案颂辉煌”国际档案日宣传活动暨新冠疫情防控工作档案专题展览在五角枫广场举办

（王晓晶　摄）

6月26日，兴安盟科右中旗公路旅游交通网络，增强城市、乡村和景区的通达性　（葛玉彬　摄）

7 月 15 日，首届中国兴安盟五角枫音乐节在科右中旗图什业图亲王府前广场举行　（董文龙　摄）

7 月 15 日，首届中国兴安盟五角枫音乐节在科右中旗图什业图亲王府前广场举行　（董文龙　摄）

7 月 15 日，首届中国兴安盟五角枫音乐节在科右中旗图什业图亲王府前广场举行　（李娜　摄）

年度热点·科右中旗2022年度重大活动一览

7月26日，“喜迎二十大 奋进新征程”科右中旗“逐梦乡村·我们的舞台”农牧民文艺活动暨第十二届图什业图广场文化节在图什业图广场开幕

（科右中旗融媒体中心　供图）

8月15日，“我们的美好生活”文化文艺志愿服务活动暨“文化村长”助力乡村文化振兴行动观摩会在科右中旗启动

（苑晓睿　摄）

9月15日，“我们的美好生活”文化文艺志愿服务活动暨“文化村长”助力乡村文化振兴行动之学习蒙古文书法

（苑晓睿　摄）

9 月 26 日，第六届内蒙古草原休闲体育大会在科右中旗五角枫生态旅游景区举行

（梁永峰　摄）

9 月 26 日，第六届内蒙古草原休闲体育大会之搏克表演赛　（梁永峰　摄）

9 月 29 日，“庆丰收 迎盛会”——科右中旗 2022 中国农民丰收节开幕（科右中旗融媒体中心　供图）

年度热点 · 科右中旗 2022 年度重大活动一览

9 月 29 日，“庆丰收 迎盛会”——科右中旗 2022 中国农民丰收节之粮王展示

（科右中旗委宣传部　供图）

10 月 1 日，“喜迎二十大 非遗颂中华”科右中旗草原音乐周末蒙古族四胡音乐专场演出在五角枫生态旅游景区听风剧场举行

（科右中旗融媒体中心　供图）

10 月 1 日，2022 年科右中旗五角枫旅游节暨首届“枫趣童年”嘉年华在科右中旗五角枫生态旅游景区开幕

（科右中旗融媒体中心　供图）

目　录

特　载

大事记

旗情概览

中国共产党科右中旗委员会

科右中旗人民代表大会

科右中旗人民政府

政协科右中旗委员会

科右中旗纪律检查委员会　科右中旗监察委员会

群众团体

法　　治

军　　事

经济管理

农业　水利

工　　业

自然资源　生态环境

城乡建设与管理

交通　运输

邮政　通信

商贸服务业

旅　游

金　融

教育　体育

科　技

文　化

卫生　健康

社会 生活

应急管理

苏木　镇　工作部　驻旗单位

文　献

附　录

索　引

特　载

科右中旗：全域旅游绘新景　文旅发展正当时

2017年旅游人数98.2万人，旅游收入5.9亿元；2018年旅游人数118.25万人次，旅游收入7.06亿元；2019年旅游人数149.9万人次，旅游收入8.93亿元；2020年旅游人数96万人次，旅游收入5.38亿元；2021年旅游人数154.4万人次，旅游收入8.28亿元。

这一串数字是科右中旗过去五年旅游业发展的变化，它是科右中旗文化日益繁荣、旅游业蓬勃发展的见证。变化的是数字，不变的是可持续发展理念，这些文旅产业中的“变”与“不变”，串起科右中旗各族群众对美好生活的向往，串起助推科右中旗“文旅活旗”发展战略向更高目标迈进的步伐。

放下“泥饭碗”　端起“金饭碗”

在科右中旗代钦塔拉苏木，谈起发展变化，能让农牧民津津乐道的，那一定是旅游业发展给他们带来的实惠，农牧民也发生从“围观”到“参与”旅游业的变化。

“过年了，我不仅要把家里打扫得干干净净，还要把我每天工作的地方打扫得干干净净。”能够在家门口的图什业图亲王府景区上班，每月都有固定工资，这是代钦塔拉苏木代钦塔拉嘎查脱贫户张宝做梦也没想到的。张宝因为身体疾病原因，家庭的重担也落在了他妻子身上。家里的地不种，就没有经济来源，所以每年种地，“唱主角”的是他的妻子，他就做起“配角”。

自从他在图什业图亲王府景区当起保洁员后，他就有了稳定收入，不再为过去“要想吃饭，就要种地”而烦扰。“旅游业确实给我们带来好处，以前只有单一的种地收入，旗里发展了旅游业，在家门口就能务工，多增加了一份收入，有了稳定的经济来源。”对这一份工作，张宝尤为珍惜，所以，干起活来也特别认真。每天，他早早就来到图什业图亲王府，穿梭在王府各院落之间，清扫落叶、积雪，擦拭“老物件”，虽然这些是简单的事情，但是他却从不马虎地做。在寒冷的冬季，冷了，他就跺跺脚、搓搓手取暖；在炎热的夏季，热了，他就在墙边阴凉地，歇一歇，为的就是赶在游客到来之前，将王府打扫得干干净净。“图什业图亲王府是四季皆可游，所以平时游客也不少。我一定要尽心尽力打扫王府，让游客看到最美的王府。”张宝说道。

依托翰嘎利－五角枫旅游区国家AAAA级景区、中影制作基地、《枫叶红了》电视剧拍摄基地等重点景区，代钦塔拉苏木逐渐成为旅游品牌，在代钦塔拉苏木代钦塔拉嘎查，有三分之二的农牧民像张宝一样不离土、不离乡，在各景区从事导游、保安、保洁、拉马、拉骆驼、赶勒勒车、卖特产等工作，在家门口就实现了就业，户均年增收1万元以上。旅游产业已成为拉动苏木经济新的增长点，让越来越多的当地农牧民端起了“金饭碗”，吃上了“旅游饭”，走上了致富路。

风景变“钱景”　乡土变“钱途”

依托文旅产业的发展，农牧民吃上了“旅游饭”，乡村旅游也让农牧民的日子越过越红火。额木庭高勒苏木巴彦敖包嘎查是科右中旗发展特色乡村旅游嘎查之一，结合地域特点，因地制宜，以农耕文化为魂，以生态农业为基，以山水田园为韵，利用自身山环水绕的地理优势发展旅游度假村，将旅游业和生态建设、文化建设、乡村振兴相融合，同频共振，走出了一条以乡村旅游业为龙头带动、一二三产业融合发展的新路径，不仅刷新了“颜值”，还带动农牧民走“旅游路”、吃“旅游饭”、挣“旅游钱”。

刘晓青是巴彦敖包嘎查农牧民，自旅游度假村成立以来，他就将家里的30余

亩土地流转给了嘎查合作社，他和妻子就在旅游度假村务工，每个月有5000—6000元的工资，收入也在逐年递增，他除了感激，更多的是对嘎查旅游业发展的信心。

“巴彦敖包旅游度假村为我们当地老百姓提供了很多增产增收的机会，2020年受疫情影响，旅游人数没有往年多，我们夫妻在度假村务工挣了6余万元，2021年就增加到了10余万元，我们嘎查有良好的生态资源、有浓郁的民族特色，相信我们嘎查旅游业发展会越来越好。”巴彦敖包嘎查农牧民刘晓青欣喜地说道。

像刘晓青一样长期在巴彦敖包旅游度假村务工的农牧民有16人，每年的5—10月旅游旺季，有70多名农牧民在度假村灵活就业。巴彦敖包旅游度假村年均接待游客达到30万人次，年旅游收入达到260余万元。嘎查集体拥有固定资产7000多万元，嘎查集体经营性收入300万元，人均年收入从不足3000元增长到32800元，嘎查各族群众搭上旅游的快车，致富之路越走越宽。

“这两年，受疫情的冲击，旅游客流量比较少，我们就利用这个契机，对旅游基础设施进行了提档升级，建设了水上乐园项目，我们将不断丰富旅游项目，努力打造成为‘看乡景、品乡味、享乡俗、忆乡愁’的特色旅游乡村。”巴彦敖包嘎查党支部书记张军说道。

“非遗”文化与文旅发展“并蒂花开”游客乐享“诗和远方”

科右中旗历史文化厚重、自然禀赋多样，大自然的丰厚馈赠和多姿多彩的民族文化，促使诗与远方在这里牵手，资源与产业在这里共振。风光秀美的科右中旗是科尔沁文化的重要发祥地，享有“一旗九乡五‘非遗’”的美誉，“非遗”与旅游“联姻牵手”，不仅成为科右中旗各大景区内常驻表演项目，更成为景区营销宣传的新亮点、提升游客体验的新途径。

在图什业图亲王府东跨院，循着热闹的音乐声，记者看到戏台上，民间艺术团体正展演着“非遗”文艺乌力格尔说唱节目，用经典作品“点燃”现场，吸引众多游客驻足观赏。

来自黑龙江省哈尔滨市的游客贾凯说:“科右中旗景色很美,人们也很热情,看到了具有特色的文艺展演及蒙古族刺绣、剪纸等具有当地文化元素的“非遗”文创产品,感受到了当地非遗文化的魅力。”

在科右中旗蒙古族刺绣、科尔沁剪纸等 14 个“非遗”项目文创产品展览区内,展出产品具有地方特色和文化内涵的同时还兼具实用性,让游客在游览之余沉浸在科右中旗“非遗”文化魅力中。

看一段舞、听一首歌、了解一个民俗、体验一个“非遗”项目,游客在游玩中有了难忘的“非遗”旅游体验和记忆,让文化留住游客,游客传播文化,促使“非遗”保护传承“见人见物见生活”。

科右中旗着力构建“历史文化与现代文明交相辉映、人文景观与自然景观相互融合、城市旅游与乡村旅游相得益彰”的全域旅游发展新格局,做“优”旅游线路,做“靓”景观旅游,做“特”乡村旅游,做“深”文化旅游,做“旺”新业态游,让旅游不再是“到此一游”式的“打卡”,而是成为一场深度的文化体验,实现了从景点游到景区游,从单一游到全域游的转变。

2021 年科右中旗被命名为“自治区级全域旅游示范区”,形成“一区三线”全域旅游格局,全域旅游已成为盘活科右中旗旅游格局的“新密码”。季季有景、处处皆景的枫林马镇迸发出的生机与活力为美丽中旗铺就了发展底色。

人美、院美、室美、厨厕美、村庄美的人居环境与秀丽的自然风光和鸣,独特的乡韵与大美的山水共舞,吸引着越来越多的游客。昨日科右中旗,遍野风光;今日科右中旗,满眼希望。受益于文旅产业的发展,一幅幅人在景中、山水相依、村美民富的新画卷正铺满科右中旗大地。文旅产业扬帆起航,掀起全域旅游发展的新浪潮,承载着科右中旗高质量发展愿景驶向远方。

融媒体中心记者:苑晓睿　苏日嘎拉图

大 事 记

1月

1日 自治区财政厅一级巡视员赵兵、盟行署副盟长屈振年一行先后赴中农兴安种牛科技有限公司、蒙古族刺绣扶贫车间、义和塔拉林场等地，就种牛产业助力科右中旗做好“牛文章”，刺绣产业带动农牧民群众增收致富，因地制宜发展林果产业等进行调研指导。

4日 中共科右中旗委理论学习中心组2022年第一次集体学习会召开，围绕“学习党的十九届六中全会精神”进行研讨交流。

4—6日 政协科右中旗第十二届委员会第一次会议召开。会议听取和审议《政协科右中旗第十一届委员会常务委员会工作报告》《政协科右中旗十一届委员会常务委员会关于提案工作情况的报告》《政协科右中旗第十二届委员会第一次会议提案审查情况的报告》并通过相关决议；选举产生政协科右中旗第十二届委员会主席1名、副主席4名、秘书长1名及政协科右中旗第十二届委员会常务委员33名。

5—7日 科右中旗第十七届人民代表大会第一次会议召开，选举科右中旗第十七届人大常委会主任、副主任、委员，旗人民政府旗长、副旗长，监察委员会主任、法院院长、检察院检察长；通过科右中旗第十七届人民代表大会各专门委员会组成人员名单，票决出科右中旗2022年民生实事项目。

10日 为庆祝第二个“中国人民警察节”，科右中旗公安局开展“喜迎二十大、忠诚保平安”警察节系列庆祝活动。活动举行辅警警用标志颁发仪式，为从警10年、20年、30年的民警代表颁发“从警荣誉纪念章”，为在公安战线退休民警颁发“荣退纪念章”，驰援满洲里抗击新冠疫情民警、辅警家属代表受邀参加活动。

11日 科右中旗2022年重大项目前期手续集中审批工作推进会、科右中旗开发区以案促改整改工作推进会议先后召开，旗直各项目审批部门、项目实施单位负责人，各项目业主参加会议。

12日 全旗保障农牧民工工资支付暨根治欠薪工作会议召开。会议对春节前根治欠薪、保障农民工工资支付工作进行安排部署；听取各拖欠项目情况汇报；解读《保障农民工工资支付条例》相关内容；传达《内蒙古自治区纪委监委保障农民工工资支付集中监督检查工作方案》文件精神。

12—13日 兴安盟新冠疫情防控督导组张志鸿一行先后赴旗内部分办公场所、药店、超市、商店、火车站等，以明察暗访和召开会议形式对全旗疫情防控工作进行督导检查。

13日　科右中旗新冠疫情防控工作领导小组会议召开，安排部署各地各部门作风建设、春节期间各项工作纪律以及疫情防控重点任务。

同日　科右中旗驰援呼伦贝尔市疫情防控工作队凯旋慰问座谈会召开，向驰援工作队37名医护人员和11名公安民警颁发慰问品。

同日　中共科右中旗委理论学习中心组2022年第三次集体学习会召开，围绕党史学习教育专题民主生活会指定内容进行专题学习。

14日　兴安盟行署副秘书长杨军昌带领2021年度全盟巩固拓展脱贫攻坚成果同乡村振兴有效衔接暨京蒙协作考核组到科右中旗，开展考核评估对接工作。

15日—2月21日　科右中旗人力资源和就业服务中心在全旗范围内开展新春"云服务"招聘月活动。活动通过线上招聘、职业指导和政策宣传等形式，集中为各类就业援助对象送岗位、送服务、送政策，帮助相关人员就业。

16日　内蒙古自治区党委宣传部、内蒙古自治区党委统战部、内蒙古自治区民族事务委员会联合发布《关于命名第七批全区民族团结进步示范区示范单位的决定》，科右中旗消防救援大队入选。

17日　科右中旗新冠疫情防控暨多点监测预警和"应检尽检"核酸检测工作推进会召开。

同日　科右中旗新冠疫情防控工作指挥部组织开展《自治区新冠肺炎疫情防控工作实战手册》学习培训会，旗新冠疫情防控工作指挥部有关负责人、各工作组、有关成员单位、合署办公室工作人员参加培训。

18日　科右中旗召开旗委班子党史学习教育专题民主生活会。盟委第六巡回指导组组长、盟人力资源和社会保障局二级巡视员王文玺，盟委党史学习教育第六巡回指导组副组长、盟林业和草原局二级调研员袁军，盟委党史学习教育第六巡回指导组成员、盟纪委监委驻盟委宣传部纪检组干部毛金萍，盟委党史学习教育第六巡回指导组联络员、兴安广播电视台高级记者李前进到会指导。会前，盟委副书记、盟长苏和专门调阅专题民主生活会相关材料，并提出具体指导意见。

同日　"草原花开十二月，浓墨重彩新篇章"103旗县（市、区）2022年大型主题传播活动启动，在旗县委书记访谈中，科右中旗委书记蔡宝军围绕着力打造全要素旅游主题，讲述"科右中旗坚定不移走以生态优先、绿色发展为导向的高质量发展新路子，奋力谱写高质量发展新篇章"的故事。

18—24日　科右中旗协助拍摄2022年全国乡村振兴特别节目《奋斗新征程》。

20日　科右中旗深化破坏草原林地违规违法行为专项整治行动以案促改工作推进会、高标准农田建设项目排查整改工作推进会先后召开。会议解读《科右中旗深化破坏草原林地违规违法行为专项整治行动以案促改工作实施方案》《科右中旗高标准农田建设项目排查整改工作方案》；通报全旗以案促改工作总体进展情况；听取各苏木镇整改工作完成情况；安排部署全旗排查整改有关工作任务。

旗直相关部门、各苏木镇主要负责人参加会议。

同日 2021年度全旗党组织书记抓基层党建工作述职评议会议、落实党风廉政建设责任制情况汇报会暨集体廉政谈话会先后召开。全旗12个苏木镇及部分旗直部门党委(党组)书记现场述职,其他旗直部门单位党委(党组)书记进行书面述职;安排部署疫情防控、信访维稳两项重点工作;盟委组织部对科右中旗2021年基层党建工作进行综合点评;对各地各部门抓党建工作进行书面评议。盟委组织部组织二科科长孙龙到会指导。

同日 全旗领导干部警示教育大会召开,通报2021年纪检监察机关查处违纪违法案件情况及干部违纪违法问题。

21日 科右中旗文物保护和安全工作会议召开。会议传达《内蒙古自治区文物局关于加强文物安全的紧急通知》《开展文物(长城)长制工作的通知》《旗检察院检察建议书》《关于加强文物博物馆单位治安防范工作的意见》;汇报全旗文物保护基本情况以及吐列毛杜镇、巴仁哲里木镇、哈日诺尔苏木属地文物安全管理情况。

同日 全旗疫情防控组织管理工作会议召开。会议通报盟防指督导组1月17—20日对科右中旗督导反馈发现问题,并就科右中旗全员核酸检测、社会管控、组织人员管理等工作进行安排部署。

同日 科右中旗人民武装部2021年度表彰奖励暨2022年度部党委扩大会议召开。会议宣读2021年度表彰奖励通报;安排部署2022年主要工作;传达军区、分区全委扩大会议精神和军分区第四次党代会精神。

同日 全旗宣传骨干能力素质提升班举办,对全旗新任职宣传委员进行专题培训。培训班对科右中旗“日日有采访、人人出精品”树立可敬可信可爱的兴安盟形象主题采访宣传报道工作进行安排部署。

22日 科右中旗工商业联合会(总商会)第10次代表大会召开。会议听取并审议《开拓进取、众志成城,为推进全旗经济建设做出新贡献》的工作报告;审议通过《科右中旗工商业联合会(总商会)第十次代表大会选举办法(草案)》《科右中旗工商业联合会(总商会)第十次代表大会决议(草案)》《科右中旗工商业联合会(总商会)第十届执行委员会第一次会议选举办法(草案)》;选举科右中旗工商业联合会(总商会)第十届执行委员会委员、常务委员会委员、领导班子成员。盟委统战部副部长、盟工商联党组书记陈忠凯,盟换届指导组组长、盟工商联副主席刘慧轩出席会议。

24日 科右中旗“迎新春”爱国卫生专项活动助力常态化疫情防控工作暨健康科右中旗行动推进会议召开。会议传达《科右中旗“迎新春”爱国卫生专项活动助力常态化疫情防控倡议书》《关于印发2021年健康科右中旗专项行动实施方案的通知》。

25—30日 兴安盟委副书记、盟长苏和赴科右中旗、乌兰浩特市,慰问基层干部群众、离退休老同志,调研检查疫情防控、保供稳价、治安维稳工作。

27日 科右中旗2022年“好山好水好日子”春节联欢晚会举办。晚会由旗委、旗政府主办，旗文化旅游体育局承办，突泉县乌兰牧骑、旗乌兰牧骑演员、民间团体、社会各界人士参加演出。

同日 科右中旗嘎查党支部书记乡村振兴“擂台比武”暨“担当作为好支书”评选活动举办，各苏木镇评选出18名“担当作为好支书”。

28日 兴安盟行署副盟长梁彦君赴科右中旗，调研蒙能2×66万千瓦电厂项目、科右中旗桥南水源地环保督察整改、科右中旗双山采石场环保督察反馈问题整改工作。

28—30日 科右中旗公安局在全旗范围内开展“平安一号”社会治安清查整治统一行动。出动警力526人次、车辆152辆次，清查各类场所、单位214家。

29日 科右中旗举办2022年新冠疫情防控流行病学调查队伍培训班。旗公安局、卫健委、工信局、疾控中心及全旗27家医疗卫生机构相关负责人和流行病学调查工作人员参加，12个苏木镇以视频形式参加培训。

同日 科右中旗人民政府党组2022年第1次会议召开。会议传达学习习近平总书记关于粮食安全的重要论述；审议通过关于旗政府领导班子成员工作分工有关事宜、关于任免、交流中小学校长事宜。

30日 自治区农牧业科学院党组专职副书记修长百，党组成员、副院长孙海洲带领调研组赴包联帮扶点新佳木苏木浩力宝嘎查，开展“走基层、解难题、办实事”走访慰问活动。

2月

9日 科右中旗鸿安大庙牛羊交易市场春节后首场开市实现“开门红”。800余头肉牛、7200余只肉羊入场交易，560余头肉牛、4700余只肉羊现场交易成功，总交易额超千万元。

16日 科右中旗委政法工作会议暨全旗政法队伍教育整顿总结会议召开。会议学习贯彻习近平法治思想和习近平总书记对内蒙古重要讲话重要指示批示精神；贯彻落实中央政法工作会议、自治区党委、盟委政法工作会议暨政法队伍教育整顿总结会议和盟委、旗委（扩大）会议精神。

同日 科右中旗市域社会治理现代化试点工作推进会召开。会议要求各地各部门按照《全国市域社会治理现代化试点工作指引（第二版）》要求，完成社会治理试点工作各项任务，完善全旗市域社会治理基础和运行机制；依托旗新时代文明实践中心志愿服务队伍和“魅力科右中旗”App及时解决企业和群众咨询、求助、投诉等各项工作。

18日 科右中旗与国家电力投资集团项目对接会召开。国家电力投资集团江苏新能源有限公司党委书记姚轩，国家电力投资国核自仪系统工程有限公司仿真（新能源）中心书记、主任程俊杰出席会议。

19日 科右中旗委农村牧区暨乡村振兴工作会议召开。会议学习贯彻习近平总书记关于“三农”工作重要论述和对内蒙古重要讲话重要指示批示精神；全面贯彻落实中央农村工作会议和自治区党委、盟委农村牧区工作会议精神；安排部署2022年农村牧区、乡村振兴等重点工作。

24日 科右中旗党史学习教育总结会议召开。会议全面回顾科右中旗党史学习教育取得的成效，深刻总结党史学习教育的经验启示。

同日 中国牛交易大会调度会召开，安排部署大会各项筹备工作，结合疫情防控形势，按要求落实各项工作流程。

25日 科右中旗新冠病毒大规模核酸采样工作协调推进会召开。会议传达《关于做好大规模核酸检测组织管理工作的实施意见》；安排部署全旗核酸采样点优化设置等工作。

3月

3日 科右中旗乡村振兴工作领导小组会议召开。会议安排部署备春耕工作，对巩固拓展脱贫攻坚成果同乡村振兴有效衔接、高质量项目库建设、人居环境整治、人均收入倍增测算、“四乡工程”建设、抓党建促乡村振兴、绿色技术推广、资金物资储备、农牧民培训、农资市场监管、农资调运储备和贷款支持等提出具体要求。

4日 科右中旗新时代文明实践中心建设工作第一次联席会议召开。

7日 2022年全旗民政工作暨党风廉政建设工作会议召开。会议回顾总结2021年工作，安排部署2022年民政工作；宣读基层民政工作先进典型表彰决定等。

9日 科右中旗重大项目前期手续集中审批工作推进会召开。

11日 2022年度全旗妇女工作会议召开。会议听取《围绕中心、服务大局，为全旗经济社会高质量发展贡献巾帼力量》工作报告；传达2022年全盟妇女工作会议精神。

13日 兴安盟委副书记、盟长苏和赴科右中旗，就中央、自治区环保督察问题整改工作进行调研指导，实地查看科右中旗双山采石有限公司整改工作，听取科右中旗环保督察反馈问题整改工作情况汇报。副盟长、盟公安局局长曹凯宏以及盟直有关部门参加调研。

14日 科右中旗委书记蔡宝军赴旗卫健委、市场监督管理局、高力板镇疫情防控服务点，实地督导检查疫情防控工作。

同日 全旗优化营商环境大会召开。会议贯彻落实全区、全盟优化营商环境大会精神；通报全旗优化营商环境工作开展情况，分析存在问题并安排部署重点工作。

16—18日 兴安盟委书记张晓兵赴乌兰浩特市、科右前旗、科右中旗、盟经济技术开发区等地，调研民族团结、生态保护、经济运行、民生改善、疫情防控和基层党建等重点工作。

17日 兴安盟委委员、宣传部部长秦化真一行赴科右中旗吐列毛杜镇吐列毛杜嘎查、元宝屯嘎查，额木庭高勒苏木巴彦敖包嘎查，巴彦呼舒镇西日道卜嘎查等地，调研人居环境整治、新时代文明实践中心建设、群众性文化活动等工作。

18日 科右中旗“扫黄打非”工作会议召开。会议传达《关于进一步落实意识形态工作责任制　切实履行“扫黄打非”工作责任的实施方案》《2022年科右中旗

“扫黄打非”行动方案要点》等。

同日　科右中旗生态环境保护委员会会议召开。会议传达党中央、自治区党委有关生态环境保护决策部署、全盟生态环境保护工作会议精神；安排部署全旗林草以案促改、农业废弃物处理、农村人居环境整治、禁牧工作、卫生户厕排查整治、秸秆禁烧、牛羊出院试点项目建设和环保督察整改等工作。

19日　科右中旗新冠疫情防控领导小组工作会议召开，会议贯彻全国、全区、全盟新冠疫情防控工作会议精神；研判疫情防控工作形势，要求严格落实疫情防控各项措施，做好卡口、火车站、汽车站管控工作，开展好“敲门行动”、健康码升级注册，组建专业消杀队伍，做好核酸检测“应检尽检”“愿检尽检”，摸清底数，加强疫情防控物资储备，推进全面接种新冠疫苗。

21日　兴安盟乡村振兴局局长周文一行赴科右中旗额木庭高勒苏木巴扎拉嘎嘎查、新佳木苏木贝子府嘎查，巴彦茫哈苏木巴彦温都尔嘎查、敖力伯嘎查等地，开展防止返贫监测调研。

22日　兴安盟行署党组成员、副盟长屈振年赴代钦塔拉苏木、郭海玉养殖合作社、五角枫生态旅游景区等地，调研指导人居环境整治“五清”“五化”“五有”推进落实情况并召开座谈会，听取科右中旗肉牛产业、收入倍增行动、高标准农田建设、水美乡村建设试点县项目、造林绿化、林草专项整治以案促改工作和全旗拟开工重大项目基本情况汇报。

24日　国网内蒙古东部电力有限公司建设的蒙东兴安科右中电厂2×660兆瓦机组500千伏送出工程Ⅱ标开工仪式暨基础首基试点在科右中旗巴彦茫哈苏木项目施工现场举行。

同日　召开科右中旗人民政府党组2022年第2次会议。会议集中学习习近平总书记在参加十三届全国人大五次会议内蒙古代表团审议时的重要讲话、习近平总书记在中共中央政治局常务委员会会议上的重要讲话、3月7日孙春兰副总理在国务院联防联控机制会议上的讲话和《内蒙古自治区以更优营商环境服务市场主体行动方案》。

28日　科右中旗2022年重大项目集中开复工仪式在苏雅乐文化产业园举行。2022年开复工重大项目31项（3亿元左右及以上项目13项），涉及水美乡村建设、乡村振兴、文化旅游、农畜产品加工、物流冷链等行业领域，总投资293亿元，年内完成83亿元。盟政协主席刘树成、盟政协秘书长叶明等出席仪式。

29日　科右中旗人民政府党组2022年第3次会议召开，审议《科右中旗人民政府工作规则》《科右中旗人民政府常务会议议事规则》等。

同日　科右中旗招商引资工作领导小组办公室成立，同时召开科右中旗招商引资工作领导小组办公室第一次会议。

30日　旗委副书记、旗长王海英赴新佳木苏木、好腰苏木镇等地，调研督导乡村振兴、疫情防控、农村牧区人畜分离试点工作。

3月，科右中旗各苏木镇开展“人居环境整治日”活动。盟行署党组成员、副盟长屈振年，盟政协党组成员、副主席汪晶，盟检察分院党组书记、检察长张红霞以及盟直部门负责人分别赴包联苏木镇参加清扫劳动并进行督导调研。

4月

2日　中央生态环境保护督察期间协调保障工作领导小组第二次会议暨安全生产工作会议召开。会议贯彻落实自治区党委、盟委有关要求，迎接中央生态环境保护督察，安排部署中央生态环境保护督察组交办信访举报案件办理工作并提出具体要求。

5日　中央宣传部、文化和旅游部、国家广播电视总局公布第九届全国服务农民、服务基层文化建设先进集体名单，科右中旗乌兰牧骑被评为“基层文艺院团先进集体”。

6日　科右中旗规范行政执法行为优化法治化营商环境专项行动动员部署会召开。会议学习贯彻习近平总书记关于营造法治化营商环境的重要指示精神以及党中央、自治区党委和盟委关于优化营商环境的决策部署要求，安排下一阶段主要任务；传达解读《科右中旗规范行政执法行为优化法治化营商环境专项行动实施方案》。

8日　由科右中旗法学会、科右中旗司法局、共青团科右中旗委员会联合主办的“2022年科右中旗青年普法志愿者法治文化基层行”活动正式启动。

11日　科右中旗年轻干部及选调生政治素质提升专题培训班举办，全旗各地各单位80余名干部及选调生参加培训。培训分两期，通过理论授课、现场观摩、研讨交流、理论测试等形式，就习近平新时代中国特色社会主义思想、习近平总书记对内蒙古重要讲话重要指示批示精神、党的十九届六中全会精神解读、铸牢中华民族共同体意识、乡村振兴等重点内容进行培训。

15日　科右中旗新冠疫情防控工作调度会召开。会议安排部署全旗疫情防控工作，要求各地各部门坚决贯彻落实国家、自治区、盟疫情防控工作部署，完善应急预案，进一步摸清人员底数，掌握本地户籍人口、常住人口、外来流动人口数量，完善疫情防控应急物资采购、储备调度等措施，做好隔离场所管理等工作。

20日　中共科右中旗委理论学习中心组2022年第五次集体学习会召开。会议通过集中学习和自学的方式，学习《中共中央、国务院关于印发〈信访工作条例〉的通知》《2022年意识形态工作要点提示》《关于集中治理全盟党内政治生活庸俗化交易化问题的工作方案》《中华人民共和国国旗法》；围绕习近平总书记在参加十三届全国人大五次会议内蒙古代表团审议时的重要讲话精神开展交流研讨。

22日　科右中旗“干部到乡”动员大会暨第三期乡村振兴大讲堂召开。旗直帮扶单位主要负责人、乡村振兴干部业务培训班学员在主会场参加培训，各苏木镇领导班子、驻村第一书记、驻村工作队员、嘎查“两委”班子成员等1500余人在苏木镇和嘎查分会场参加培训。

24日　兴安盟人大工委副主任、盟交通运输局局长李晓光一行赴帮扶点巴彦淖尔苏木巴彦淖尔嘎查，开展“干部到乡”工程第一次集中下乡活动。

26日　科右中旗委副书记、旗长，旗

疫情防控指挥部总指挥长王海英赴集中隔离点，督查“三区两通道”建设、隔离房间设施配套以及隔离人数、值班执勤、健康监测、生活保障、废弃物处置等情况。

同日　科右中旗人民政府廉政工作会议暨当前重点工作会议召开。会议对全旗政府系统廉政工作和党风廉政建设及信访维稳、审计、安全生产、京蒙协作、疫情防控、爱国卫生运动和卫生城市创建、校园安全、矛盾纠纷排查化解、国土空间规划、环保督察、林草专项整治以案促改等重点工作进行安排部署。

同日　科右中旗委反腐败协调小组2022年第一次会议召开。会议聚焦中央生态环境保护督察反馈问题，安排部署乡村振兴、优化营商环境、粮食系统腐败、破坏草原林地等重点专项工作；贯彻执行《全国纪检监察机关2022年职务犯罪国际追逃追赃专项行动工作方案》。

27日　内蒙古自治区文化和旅游厅党组成员、副厅长蔚治国一行赴科右中旗，就景区运营和安全生产、疫情防控、文物保护修缮、非物质文化遗产传承保护、意识形态责任落实情况、基层文化工作等进行实地调研。

同日　北京“绿十字”创始人、总顾问、农道联众城乡规划设计研究院院长孙君深入科右中旗，调研指导乡村振兴工作。

28日　科右中旗“喜迎二十大、永远跟党走、奋进新征程”庆祝中国共产主义青年团建团100周年大会举办。

29日　科右中旗新冠疫情防控工作领导小组会议召开，贯彻执行“外防输入、内防反弹”防疫总策略和“动态清零”总方针，安排部署疫情防控重点工作。

同日　兴安盟副盟长梁彦君带领盟住建局、发改委、卫健委、安全生产执法局相关负责人及专家组成的督导组一行赴科右中旗，通过召开座谈会和现场调研方式，对全旗煤矿、电力、建筑行业、非煤矿山、市场经营场所、道路交通、工矿商贸企业、卫生等相关领域安全生产工作进行督导。

同日　“榜样的力量”科右中旗精神文明建设评选表彰颁奖晚会举办。

4月　6家农村牧区文化户被评为自治区第二批农村牧区文化示范户；科右中旗“乌力格尔厅”入选自治区“非遗”曲艺书场试点名单。

5月

4日　科右中旗大豆玉米带状复合种植“万亩辐射带动区”开播现场会在义和塔拉林场百亩核心区举办。

5日　科右中旗党的建设工作会议、科右中旗民族宗教工作暨创建全国民族团结进步示范旗工作推进会、科右中旗2022年“民族政策宣传月”启动会议先后召开。旗直各部、委、办、局，各人民团体、各垂直管理单位主要负责人参加会议，各苏木镇党委书记、副科级以上干部、机关支部书记、驻村第一书记、嘎查党支部书记在苏木镇分会场参会。

6日　兴安盟卫健委副主任徐志新一行赴科右中旗，督查隔离点管理运行、隔离房间储备及隔离人员入住、人员物资配备、环境消毒消杀、隔离场所结构设置等情况。

7日　全旗“四乡工程”推进会议召开。会议贯彻落实全盟巩固拓展脱贫攻坚成果同乡村振兴有效衔接调度会议精神；听取旗直有关部门负责人关于“能人返乡”“市民下乡”“干部到乡”“企业兴乡”工作开展情况；查找当前“四乡工程”工作存在的问题，并安排部署当前和今后一段时间重点工作。

9日　中共科右中旗旗委理论学习中心组2022年第六次集体学习召开。会议传达学习习近平总书记关于严肃党内政治生活的重要论述、自治区党委书记孙绍骋深入兴安盟调研时讲话精神；自学《中国共产党章程》《关于新形势下党内政治生活的若干准则》《中国共产党廉洁自律准则》和习近平总书记关于加快社会治理现代化的重要论述（摘编）；围绕集中治理党内政治生活庸俗化交易化问题进行专题研讨；中心组成员签订集中治理党内政治生活庸俗化交易化问题承诺书。全盟集中整治党内政治生活庸俗化交易化问题第二督查指导组组长刘建新到会指导。

同日　内蒙古农牧业科学院院长、自治区黑土地保护性耕作专家组组长路战远一行深入帮扶点新佳木苏木浩力宝嘎查，针对“岭南温暖区全程机械化籽粒直收节本高效技术模式”示范推广、大豆玉米带状复合种植、“优质母牛标准化高效养殖技术示范”“葡萄示范种植园”等项目，就农牧业项目技术推广、产业发展、乡村建设等进行调研指导。

11日　全旗市域社会治理现代化试点工作调度会议召开。会议要求各成员单位结合各自认领的《全国市域社会治理现代化试点工作指引（第二版）》任务，召开市域社会治理现代化工作部署会、推进会、协调会等，定期听取本部门工作开展情况。

12日　兴安盟委委员、盟委统战部部长李国宏深入科右中旗，调研指导科右中旗铸牢中华民族共同体意识促进会工作开展情况。

14—15日　自治区乡村振兴局二级巡视员、规划财务处处长张国，盟乡村振兴局副局长杨昌波一行深入科右中旗巴彦呼舒镇罕乌拉嘎查、西日道卜嘎查，代钦塔拉苏木代钦塔拉嘎查等地，专题调研巩固拓展脱贫攻坚成果，推进乡村振兴。

15日　科右中旗“石榴籽同心筑梦”——中华文化大家学集中示范活动举行。同时，全旗各机关、企业、农村牧区、社区、校园开展“石榴籽同心筑梦”——中华文化大家学系列活动。

16日　科右中旗“枫趣童年”无动力游乐场项目开工仪式举行。项目位于科右中旗五角枫生态旅游景区，总投资5000万元，占地4万平方米，是华侨城集团与鑫美集团合作研发打造的最新一代设备形式的乐园产品。

17日　中共科右中旗委员会全面依法治旗委员会第四次会议召开。会议学习习近平法治思想；审议《科右中旗委全面依法治旗委员会2022年工作要点》《科右中旗法治社会建设实施方案（2020—2025年）》《法治科右中旗建设实施方案（2020—2025年）》《科右中旗委宣传部、旗司法局关于开展法治宣传教育的第八个五年规划（2021—2025年）》《科右中旗关于依法治区办对党政主要负责人履行法治建设第一责任人职责及法治建设整改落实专项督察反馈意见的整改方案》。

同日　兴安盟科协主席刘剑夔、盟科协党组书记包秀兰一行赴科右中旗，调研指导基层科协组织建设、科技小院创建及“科普＋旅游”建设情况。

18日　兴安盟人大工委副主任佟布林与执法检查组一行赴科右中旗南鼎乌苏污水处理厂、内蒙古京科发电有限公司、内蒙古能源发电科右中旗发电有限公司、新佳木苏木赛音温都嘎查垃圾收集点、内蒙古科尔沁国家级自然保护区等地，对《中华人民共和国环境保护法》贯彻执行情况进行执法检查。

19日　自治区卫生健康委二级巡视员杨广泽与全区鼠疫防控督导检查组一行赴科右中旗，督导检查鼠疫防控工作。

同日　兴安盟人大工委副主任郭堂、盟人大工委财经工作处处长王占明一行赴科右中旗，调研指导政府债务审查监督、专项债券使用和财政资金保障基层“三保”情况、预算联网监督情况。

同日　兴安盟乡村振兴局局长周文一行赴科右中旗，调研2022年项目开工情况。

20日　自治区党委农牧办副主任、农牧厅副厅长赵玉生，自治区农村牧区经营服务中心主任杨印成以及盟农牧办主任、农牧局局长李振林一行赴科右中旗，调研指导农村土地确权、农村集体产权制度改革工作情况。

同日　由中共兴安盟委员会、兴安盟行政公署主办，兴安盟教育局、中共科右中旗委员会、科右中旗人民政府承办的兴安盟“石榴籽同心筑梦”——教育系统推广普及国家通用语言文字“助教助学”活动启动仪式在科右中旗巴彦呼舒第六中学举行。

21—22日　内蒙古医科大学党委书记乌兰，内蒙古医科大学党委委员、副校长伊乐泰与内蒙古医科大学考察调研组一行赴科右中旗，开展义诊活动并召开帮扶科右中旗暨访企拓岗专项行动工作调研会。兴安盟卫生健康委主任周涛、自治区党委宣传部离退休工作处处长王克勤出席会议。兴安盟卫健委、盟属和各旗县公立医院负责人、科右中旗卫健委及公立医院负责人参加会议。

23日　科右中旗2022年农牧业科技转移转化资金项目启动及培训会在新佳木苏木浩力宝嘎查举行。自治区农牧业科学院副书记修长百、副院长孙海洲、自治区党委宣传部离退休工作处处长王克勤出席启动仪式。

同日　科右中旗“三区三线”划定工作会议召开。

24日　兴安盟残联党组成员、理事长李长德，自治区残联党组成员、副理事长贾鹏一行赴科右中旗，调研困难残疾人家庭无障碍改造工作。

24—25日　科右中旗巩固拓展脱贫攻坚成果同乡村振兴有效衔接工作现场观摩会召开。通过听取汇报、现场观摩、现场点评等方式，先后深入好腰苏木镇花灯嘎查人畜分离项目、巴彦淖尔苏木广太号嘎查小型米面加工厂项目、巴彦呼舒镇西日道卜嘎查水美乡村项目、额木庭高勒苏木布拉格台林果基地、代钦塔拉苏木代钦塔拉嘎查北好老艾里乡村旅游项目等全旗12个苏木镇16个项目区，详细了解各苏木镇相关项目建设情况。

27日　由科右中旗委统战部、旗委宣传部、旗民族事务委员会主办，旗民族事务委员会各委员单位、旗党群服务中心、旗铸牢中华民族共同体意识促进会协办的科右中旗“民族政策宣传月、民族法治宣传周”集中宣传活动在旗新时代文明实践广场举行。

28日　科右中旗水美乡村建设项目推进会召开，项目总投资3亿元，涉及8个苏木镇，惠及104个嘎查10万人口。中国城镇化促进会城乡统筹委副会长、北京“绿十字”创始人、农道联众院长孙君，吉林农道董事长张海文出席会议。盟、旗乡村振兴局主要负责人，旗发改委、水利局、自然资源局等部门主要负责人、吉林农道企业相关人员参加会议。

同日　“展技能风采、促乡村振兴”兴安盟乡村振兴手工艺制作职业技能大赛暨手工艺作品展在科右中旗蒙古族刺绣扶贫车间举行。科右中旗参展蒙古族刺绣等10个项目。

31日　举行“水美乡村，遇‘稻’中旗”2022科右中旗枫林马镇稻田文化节暨农道项目开工仪式系列活动。活动包含“海淀中旗手牵手·民族团结稻花香，我在草原有一亩稻田”启动活动、哈日道卜田园综合体稻田文化节启动仪式、水美乡村西日道卜建设项目开工仪式、生态园“哈日道卜闻稻书苑”“书画稻香——哈日道卜文联创作交流基地”“学农劳动——哈日道卜‘双减’研学实践基地”揭牌、特色小镇代钦塔拉建设项目开工仪式、上海天基旅游资源开发有限公司入驻中影制作基地启动仪式、“‘禾’你同行，遇‘稻’中旗”文艺演出、“问‘稻’有道、农道论道”大讲堂、篝火晚会等6项。兴安盟政协党组书记、主席刘树成，盟人大工委党组副书记、副主任佟布林，盟人大工委党组成员、副主任郭堂，深圳市紫麓投资有限公司董事长邓锦新，哈工大人工智能研究院有限公司副总裁尹松梅，广东省内蒙古商会会长哈斯塔娜，深圳前海金汇国际投资管理有限公司董事长、中国侨联青年委员、中国大数据专家委员会委员张海波，内蒙古银行股份有限公司党委副书记、监事长田跃勇，内蒙古银行兴安盟分行党委书记、行长胡满杰等出席开幕式。同时，科右中旗文化旅游体育局组织旗美术馆、图书馆、博物馆等公共文化服务单位推出“稻梦‘非遗’长廊”“稻田赏画”“流动图书馆下基层新书展阅”“以文物看文明传承中华文脉”等文化专题展览。

5月，科右中旗乌力格尔《草原之子》入围第十二届中国曲艺牡丹奖全国曲艺大赛。

6月

2日　科右中旗委统一战线工作领导小组召开2022年第一次会议，学习贯彻习近平总书记关于做好新时代党的统一战线工作的重要思想。

同日　科右中旗党政联席会议召开。会议学习习近平总书记在庆祝中国共产主义青年团成立100周年大会上的重要讲话精神；贯彻落实盟委关于稳住经济大盘工作、《信访工作条例》、2021年度国家巩固拓展脱贫攻坚成果同乡村振兴有效衔接考核评估反馈问题整改工作、市域社会治理现代化试点建设、全面深化改革工作、退役军人事务工作、旅游业高质量发展等重点工作的一系列部署要求。

同日　科右中旗2022年中华传统体育（射箭）项目进校园活动在代钦塔拉中心校举行。

6日　兴安盟规模最大的火力发电项目——内蒙古能源发电科右中发电有限公司2×66万千瓦电厂项目1号机组锅炉首次点火。盟政协党组书记、主席刘树成，内蒙古能源集团党委书记、董事长何雨春，盟政协副主席白云海，旗委书记蔡宝军，旗委副书记、旗长王海英及旗相关领导出席锅炉点火仪式。

7日　自治区财政厅二级巡视员张跃武与自治区稳就业工作督查组一行赴科右中旗希沐节水灌溉设备有限公司、内蒙古能源发电有限公司、兴安盟鹏达职业培训学校、蒙古族刺绣扶贫车间等地，督查创业贷款申领知晓、带动就业、培训机构运行、企业关于稳岗补贴政策享受等情况。

8日　科右中旗—郑州亨泽智慧农业项目对接座谈会召开，会议就柠条、秸秆深加工合作事宜进行洽谈对接。

8—9日　自治区文联党组书记、主席冀晓青，盟委委员、宣传部部长秦化真一行赴科右中旗博物馆全国知名美术家科右中旗采风创作捐赠作品展馆、科右中旗美术馆、乌力格尔厅、中影制作基地、图什业图亲王府中国蒙古族刺绣作品展区等地，开展文联基层组织建设专项调研。

8—9日　兴安盟委书记张晓兵赴突泉县、科右中旗，调研重大项目建设、农牧业生产、中央生态环境保护督察反馈问题整改等情况。

8—19日　科右中旗派出24名护理人员组成医疗队驰援二连浩特市疫情防控工作，完成入户5030户、核酸检测采样13963人次。

9日　科右中旗“喜迎二十大，档案颂辉煌”国际档案日集中宣传活动暨新冠疫情防控专题展览举办。活动由旗委宣传部、旗档案史志馆、旗文联主办，旗疫情防控领导小组指挥部办公室、文化旅游体育局、卫健委、市监局、交通局、教育局、党群服务中心、融媒体中心协办。

9—10日　自治区妇联副主席赵红军、自治区妇联权益部部长寿兰兰、家庭儿童部部长吕洪凯、盟妇联副主席马清玉一行赴科右中旗婚育服务中心、旗心理咨询中心、满都拉社区、哈日道卜嘎查儿童之家、旗巾帼志愿“阳光站”等地，调研婚育文化与服务、家风家教建设、儿童关爱帮扶等。

11日　“石榴籽'童'心筑梦”科右中旗美术馆首届少年儿童线上绘画展颁奖仪式在旗科尔沁宣传文化中心乌力格尔厅举行。

13日　科右中旗旗委、旗政府组织内蒙古二龙屯有机农业有限责任公司、内蒙古玛拉沁现代农业科技发展有限公司等本土企业，生产加工包装20吨优质大米，送往北京市海淀区用于疫情防控物资保障。

同日　科右中旗防汛抗旱工作会议召开，贯彻落实全区、全盟防汛抗旱工作视频会议精神，深刻汲取郑州“7·20”特大暴雨灾害经验教训，安排部署全旗防汛抗旱工作。

5日 自治区人大常委会委员龚家栋、盟政协副主席、工会主席汪晶与调研组一行赴科右中旗，就企业在生产经营、职工队伍稳定、员工培训、技能提升、职工文化、待遇保障等进行调研。

15—16日 内蒙古自治区财政厅资环处处长刘凯一行赴科右中旗12个苏木镇，督查全区脱贫旗县及非脱贫旗县财政衔接资金使用情况。

16日 兴安盟副盟长刘敏、盟医保局局长肖启峰一行赴科右中旗人民医院，就乡村振兴有效衔接工作及医保政策落实情况进行调研。

18日 科右中旗纪念毛泽东同志题词70周年暨全民健身第三次气功、太极拳交流展演活动举办。

18—20日 兴安盟乡村振兴局局长周文一行赴科右中旗额木庭高勒苏木吴龙宝嘎查、高力板镇好力宝召嘎查、巴彦淖尔苏木哈塔庙苏莫嘎查、好腰苏木镇东白音套海嘎查等地，督导调研2022年上半年巩固拓展脱贫攻坚成果同乡村振兴有效衔接工作。

20日 全盟新时代文明实践、文明创建互检互查工作组一行赴科右中旗代钦塔拉苏木新时代文明实践所、中影数字基地、旗党群服务中心罕乌拉社区、旗中等职业学校、旗新时代文明实践服务中心和巴彦呼舒镇乌逊嘎查、西日道卜嘎查等地，检查指导新时代文明实践和文明创建工作。

21—22日 兴安盟统计局调研组赴科右中旗主要支撑企业和增速下降企业，实地调研“到企业、到项目”数据质量核查核实工作。

28日 吉林省元源牧业调研组一行赴科右中旗鸿安现代肉牛交易中心、东达百利舸城乡统筹产业园等地，调研牛产业发展情况。

29日 兴安盟政协党组副书记、副主席汪晶一行赴科右中旗中等职业学校农机研发基地、京蒙民族手工艺制作扶贫车间、民族手工艺作品展厅及巴彦呼舒镇哈日道卜嘎查新型环保垃圾处理试点站等地，围绕强化产教融合与校企合作、提升职业教育质量情况进行专题调研。

30日 自治区人大常委会委员、环境资源城乡建设工作委员会主任刘永志，盟人大工委副主任佟布林与调研组一行赴科右中旗巴彦呼舒镇哈日道卜嘎查、准布敦化嘎查、高力板镇金祥嘎查、老公司嘎查等地，调研指导农村牧区人居环境整治和污染防治、农膜污染防治条例立法等。

7月

2—3日 科右中旗委统战部、旗文化旅游体育局联合旗信用联社、科右中旗青少年业余体校联合举办“喜迎二十大，建功新时代——石榴籽同心筑梦”科右中旗2022年“信合杯”羽毛球比赛。

5日 科右中旗新冠疫情防控工作指挥部2022年第21次会议召开。

6日 科右中旗2022年多灾种综合应急救援演练举行。全旗10支专业和社会应急救援队伍参加演练。演练模拟科右中旗局部地区发生地震灾害，旗应急救援指挥部调集力量赶往现场开展应急处置工作，参演人员达500余人，车辆达100余台。盟直相关部门相关负责人及扎赉特旗政府领导受邀观摩演练。

9—10日　举办“喜迎二十大、筑梦向未来”科右中旗2022年“体彩杯”乒乓球和门球比赛活动。

11日　中国科学院植物研究所中科羊草研发团队工程师刘辉一行赴科右中旗，就羊草项目进行招商洽谈。内蒙古科塔草业有限公司、通辽市智恒农牧业科技有限公司相关负责人等参加会议。

12日　全盟巩固拓展脱贫攻坚成果同乡村振兴有效衔接工作述职会暨现场拉练会与会人员一行赴科右中旗东达百利舸产业园区、巴彦呼舒镇哈日道卜嘎查、西日道卜嘎查、巴彦温都尔嘎查等地，现场观摩肉牛产业发展、田园综合体建设、水美乡村建设、农村人居环境整治等工作情况，同时查阅防返贫监测档案，检查指导驻村工作。

同日　科右中旗妇女儿童维权工作站揭牌仪式举行。旗委副书记、政法委书记巴特尔为工作站揭牌，旗相关部门负责人为12个苏木镇和烘晴律师事务所妇女儿童维权工作室授牌。

13日　《内蒙古日报》《兴安日报》采访团赴科右中旗巴彦茫哈苏木哈吐布其嘎查、义和塔拉林场、巴镇西日道卜嘎查等地调研采访“吃生态饭”发展思路。

14日　内蒙古民族文化产业研究院与科右中旗设立文旅融合发展文创研发基金启动仪式在科右中旗举行。仪式上，将天字十二号夜巡牌数字藏品研发收益赠予该项基金，用于文化创意产品开发、数字藏品发行，同时内蒙古民族文化产业研究院“产学研基地”落户科右中旗。内蒙古民族文化产业研究院院长董杰及旗相关领导参加活动。

同日　内蒙古广播电视台驻兴安记者站站长张迎雪一行到旗博物馆、金界壕遗址、古城遗址，采访全国文物先进个人斯日古楞；到巴彦呼舒镇窑艾里嘎查采访。

16—21日　兴安盟乡村振兴局第三方工作组赴农科局、工信局、乡村振兴局、好腰苏木镇，巴彦淖尔苏木双榆树嘎查、广太号嘎查，额木庭高勒苏木巴彦敖包嘎查，代钦塔拉苏木代钦塔拉嘎查等地，开展2022年度财政衔接推进乡村振兴补助资金监控和2021年项目验收工作。

18日　2022年度蒙古语新词术语翻译专家审定会在科右中旗召开。会议集中审定近一年来各领域出现的新词术语；共同探讨蒙古语新词术语审定工作的开展；中国民族语文翻译中心（局）向科右中旗赠送蒙古文版《习近平谈治国理政》三卷本等图书。审定会为期两天，中国民族语文翻译中心（局）金英镐等出席会议，来自北京、内蒙古、辽宁、甘肃、青海、新疆等地的30余位专家学者参加会议。

19日　兴安盟行署副盟长刘敏赴科右中旗，召开全区农村养老服务转型升级试点工作现场办公会，先后到科右中旗吐列毛杜区域敬老院、坤都冷互助幸福院、科右中旗综合福利中心、中心敬老院，旗党群服务中心罕乌拉社区养老服务站等地，实地查看养老院（服务站）软硬件基础设施建设和运营情况，督促指导科右中旗自治区农村养老试点工作。

同日　兴安盟行署办金融办联合人

民银行兴安盟中心分行、兴安盟银保监分局开展的全盟金融助企纾困服务市场主体科右中旗专场座谈会召开。会议就金融助企纾困政策、金融产品创新及金融支持实体经济发展工作计划等相关问题进行探讨交流；金桥粮油公司和旗农发行现场签署信贷合作协议。

同日 兴安盟委委员、副盟长禹丽芸赴科右中旗鸿安现代肉牛交易中心、巴彦淖尔苏木退役军人服务站、巴彦茫哈苏木哈吐布其嘎查、旗党群服务中心军人服务站等地，调研牛产业发展、退役军人安置优抚、权益保障、文旅产业发展、社会治理等情况。

20—21日 内蒙古医科大学2022年暑期“三下乡”社会实践活动在科右中旗开展。内蒙古医科大学附属医院骨科、肿瘤科、妇产科、神经外科等专家教授及助力乡村振兴分队在巴彦淖尔苏木卫生院开展健康义诊、送药活动；内蒙古医科大学服务乡村推普分队在巴彦淖尔中心校开展2022年大学生暑期“返家乡”社会实践“一起云支教，携手创未来”活动；同时开展科普宣传、“普通话推广及国家通用语言文字规范化”专题讲座、红色诗文诵读、红色歌曲传唱、基层工作者普通话培训等专项活动。

22日 北京市海淀区发改委副主任、二级调研员张荣举，盟行署副秘书长杨军昌一行赴科右中旗蒙古族刺绣扶贫车间、义和塔拉林场、中农兴安种牛科技有限公司、百利舸肉牛产业园区等地，考察科右中旗产业发展、文化传承、东西部协作成果等情况。

25—27日 2022年全区第三季社会科学普及集中活动启动仪式在科右中旗举行。活动以铸牢中华民族共同体意识为主题，由自治区社科联主办，兴安盟委宣传部、兴安盟社科联、科右中旗旗委、旗政府承办。自治区社会科学普及工作厅际联席会议办公室主任、自治区社科联党组成员、副主席额尔敦仓，盟委委员、盟委宣传部部长秦化真出席启动仪式。

26日 “喜迎二十大、奋进新征程”科右中旗“逐梦乡村·我们的舞台”农牧民文艺活动暨第十二届图什业图广场文化节举行。

同日 自治区民委地方语言文字研究应用中心在科右中旗额木庭高勒苏木巴彦敖包嘎查启动“助力乡村振兴——送政策、送技术、送服务”信息化培训暨技术推广“石榴籽e起来基层行”活动。活动为期三天，通过专题讲座、实用技术辅导、互观互学、成果展演等形式，为农牧民授课。全区民委系统包联帮扶的各嘎查农牧民90余人参加活动。

27日 由中宣部时事报告杂志社主办、中共科右中旗委组织部承办的时事报告大讲堂暨科右中旗第六期乡村振兴大讲堂在科右中旗举办。农业农村部畜牧兽医局副局长辛国昌，国家林草局生态司二级调研员、教授级高工张国斌作专题讲座，时事报告杂志社《时事报告》主编赵鸿文，自治区农牧厅副厅长赵玉生，自治区农牧厅畜牧局处长包玉山及盟、旗相关部门负责人参加。各苏木镇、嘎查相关负责人、驻村第一书记和工作队员、“晓景”式乡村产业发展带头人等1600余人在分会场参会。

28日 科右中旗巴彦呼舒镇吐列毛

杜大街改造工程开工仪式举行。项目总投资8701.52万元，工程道路长度4212.38米，占地面积101097.17平方米，其中绿化占地总面积2688.87平方米；同时配套建设通信、雨水、污水、给水及路灯等附属设施。

29日 中宣部人权发展和交流中心主任、中国人权发展基金会副理事长兼秘书长左锋，中国人权发展基金会基金项目部主任贾会霞一行赴科右中旗，慰问全旗教育系统、北部苏木镇孤寡老人。中国人权发展基金会星火基金与中食净化科技股份有限公司向科右中旗43所学校捐赠85台总价值83万元的食品净化器；中国人权发展基金会向科右中旗孤寡老人捐助爱心款12万元。

7月29—8月1日 由科右中旗文化旅游体育局、科右中旗直属机关工作委员会、科右中旗总工会联合主办，科右中旗青少年业余体校承办，科右中旗教育局协办的“喜迎二十大、建功新时代”2022年科右中旗“体彩杯”系列体育比赛分别在巴彦呼舒第一中学、巴彦呼舒第六中学、科右中旗全民健身活动中心举办。

8月

2日 内蒙古商贸职业学院党委书记肖彦辉一行赴科右中旗，调研定点帮扶工作。

同日 兴安盟政协调研组一行赴科右中旗图书馆、乌力格尔厅、博物馆等地，就公共文化场馆建设和使用情况进行专题调研。

3日 科右中旗庆祝中国人民解放军建军95周年暨“学习英雄模范，弘扬战旗精神”主题颁奖晚会举行，由科右中旗人武部、旗委宣传部、旗退役军人事务局、旗融媒体中心联合主办，旗乌兰牧骑、旗国防教育宣传队、乌兰牧骑民兵排承办。晚会为“道德模范”“战斗模范”“抗洪模范”致颁奖词并颁奖，宣读《关于表彰第一届科右中旗军人、民兵模范人物的决定》。

同日 网易公益小蜗牛读书馆内蒙古兴安盟地区捐赠仪式在科右中旗举行。网易项目代表为科右中旗巴彦忙哈中心校和代钦塔拉中心校“网易公益小蜗牛读书馆”揭牌，并向2所学校捐赠4000余册图书及图书馆相关设施设备。

3—5日 中央宣传部机关党委常务副书记、巡视办主任宫秉祥，盟委委员、宣传部部长秦化真，盟委宣传部副部长张丽红一行赴科右中旗蒙能科右中2×66万千瓦电厂、华阳肉牛肉羊屠宰加工冷链物流项目施工现场、博物馆、图书馆、鸿安现代肉牛交易中心、中影制作基地、代钦塔拉中心校等地，督导调研企业建设、文物收藏和保护、图书馆管理、牛产业和文旅产业发展、校园文化建设等情况。

4—9日 科右中旗农村牧区基层党建“揭榜领题”项目拉练观摩暨苏木镇党委组织委员“擂台比武”活动举行，观摩走访12个苏木镇24个基层党组织党建工作示范点。

8日 自治区党委编办副主任李冈一行赴科右中旗，实地查看政务服务大厅布局、区域划分等，调研指导各类行政许可、公共服务、便民服务事项的办理以及政务服务局事业单位机构改革工作推进情况。

8—10日 由兴安盟体育彩票分中心、科右中旗文化旅游体育局主办的“喜迎二十大·一起来运动”全民健身日主题活动在科右中旗图什业图广场举行。

9日 自治区农牧业科学院党组书记翟琇与考察组一行赴科右中旗新佳木苏木浩力宝嘎查，考察指导农牧业科学院帮扶项目实施情况，并向浩力宝嘎查捐赠大葱种植机械化设备，为内蒙古民族大学美术学院与科右中旗新佳木苏木浩力宝嘎查实践教育基地签约揭牌。

同日 北京市海淀区商务局副局长王申与8家北京市消费帮扶双创中心和辖区企业协会一行赴科右中旗，调研指导科右中旗农牧产品、蒙古族刺绣、自治区“非遗”酿酒工艺等。同时召开帮扶产销对接洽谈会，介绍科右中旗产业发展、京蒙消费帮扶情况，科右中旗8家企业与海淀区8家消费帮扶双创中心签约并签订采购意向书。

11日 兴安盟副盟长梁彦君与盟发改、工信、交通、林草、自然资源等部门负责人一行赴科右中旗，召开重点项目推进工作调度会。会议听取G1015高速公路项目、G5511高速公路项目、京科电厂线路建设问题、赛音召开关站建设项目、新能源项目用地空间预留等汇报。

同日 中国传媒大学戏剧影视学院教学实践创新基地挂牌仪式在科右中旗中影制作基地举行。中国传媒大学戏剧影视学院副院长、教授、博士生导师付龙等出席挂牌仪式并致辞。

13日 科右中旗人民政府与扬州大学水稻产业工程技术研究院举办合作签约仪式，扬州大学水稻产业工程技术研究院常务副院长高辉出席。

14日 自治区乡村振兴局督查专员李军、社会扶贫处二级调研员齐建武、扶贫事业发展中心科长刘继雄、盟乡村振兴局副局长陆启国一行赴科右中旗，调研信访件办理落实情况。

17日 科右中旗新冠疫情防控工作调度会召开，传达自治区和盟防指的各项疫情防控措施要求，调度部署全旗疫情防控工作。

17—21日 中央广播电视总台农业农村节目中心拟推出民歌类微纪录片《打起锣鼓唱起歌》，节目组赴科右中旗拍摄采访“乌兰牧骑演员都兰花与当地民歌的故事”。

18日 科右中旗巴彦呼舒镇城区私搭乱建违法行为专项整治第一次集中行动启动仪式举行。旗城市管理综合行政执法局、旗自然资源局、旗公安局霍林郭勒派出所就各自领域内巴彦呼舒镇城区私搭乱建违法行为专项整治行动作表态发言。

同日 科右中旗“12345”政务服务便民热线工作调度会召开。会议传达《科右中旗“12345”政务服务便民热线管理细则》等。

同日 生态环境部副部长翟青一行赴科右中旗，调研生态环境建设和新时代文明实践工作。

19日 科右中旗社会爱心企业捐资助残仪式举行。内蒙古水力方华矿业公司、佳万鑫食府、弥金藏老北京餐饮、裕城房地产4家企业（商户）捐赠善款4万元，重点用于资助生活困难的残疾人、残疾儿童、残疾大学生。

同日 《农家书屋》杂志社联合长城证券股份有限公司向科右中旗捐赠图书仪式在代钦塔拉中心校举行。长城证券股份有限公司向科右中旗部分苏木镇学校图书馆和农家书屋捐赠2万余册价值60余万码洋的少儿图书。

19—20日 兴安盟乡村振兴局第三方工作组到科右中旗代钦塔拉苏木温都日化嘎查、巴彦呼舒镇、杜尔基镇双金嘎查等地，核查扶贫项目资产后续管理“回头看”情况、验收经营性扶贫资产风险排查工作。

20日 国家乡村振兴重点帮扶县科技特派团科右中旗团长、肉牛产业组组长、吉林大学教授张嘉保，牧草产业组组长、中国农业大学教授王显国及相关产业组成员一行到科右中旗鸿安牛业科技有限公司、中农兴安种牛科技有限公司、郭海玉养殖业专业合作社等地，调研指导科右中旗农牧业产业发展情况。

20—21日 “喜迎二十大、建功新时代”科右中旗2022年“体彩杯”排球、网球比赛分别在巴彦呼舒第四小学、巴彦呼舒第七小学、科右中旗全民健身活动中心举办，比赛为期两天，全旗19支代表队340余人参赛。

21日 自治区人力资源和社会保障厅农牧民工作处处长杨金玉一行到科右中旗巴彦呼舒镇查干敖瑞嘎查、代钦塔拉苏木代钦塔拉嘎查，额木庭高勒苏木车家营子嘎查、巴彦敖包嘎查等地，调研脱贫人口稳岗就业工作。

同日 由自治区文联、中国作家协会《民族文学》杂志社主办，内蒙古翻译家协会、兴安盟文联、科右中旗委宣传部承办，兴安盟文学翻译家协会、科右中旗文联协办的铸牢中华民族共同体意识文学翻译人才培训班暨2022《民族文学》少数民族文字版作家翻译家培训班。

23日 科右中旗举行腾讯音乐版权合作签约仪式，自治区党委宣传部版权处副处长韩珍出席。

同日 兴安盟政协党组书记、主席刘树一行赴科右中旗，调研中广核200万千瓦革命老区风电扶贫项目建设情况。

24日 中关村科学城管理委员会规划发展处处长王春生与考察团一行赴科右中旗百利舸肉牛产业园区、内蒙古科尔沁国家级自然保护区高尔铺管护站、哈日道卜田园综合体等地，实地考察调研科右中旗种植业、养殖业发展情况，并召开科右中旗—中关村科学城管理委员会考察团产业对接座谈会。

同日 自治区政协副主席郑福田、盟政协副主席陈东与调研组一行赴科右中旗高力板镇巴仁太本嘎查、京科发电有限公司、希沐节水灌溉设备有限公司等地，调研水资源节约集约利用协商议题。

同日 由兴安盟卫健委主办，兴安盟疾控中心、科右中旗疾控中心联合承办的兴安盟2022年鼠疫防控应急演练在科右中旗毛都哈嘎水库举行。

26日 自治区人大常委会委员、社会建设委员会副主任委员罗虎在，盟人大工委主任徐卓与调研组一行赴科右中旗代钦塔拉苏木、高力板镇及科右中旗福利中心，调研巩固拓展脱贫攻坚成果同乡村振兴有效衔接、兜底保障情况，特困人员救助供养以及社会救助等工作情况。

同日 科右中旗开展新冠疫情防控

全链条应急演练。演练模拟发现中风险地区旅居史返旗人员核酸检测阳性，启动应急响应、开展应急处置工作，启动流调溯源、数据核查、人员转运、三区划定、社区管控与生活保障、重点人群及区域核酸检测组织实施、风险研判、隔离点规范管理、医废处置、全面消杀、信息报送和发布等内容。

30日　自治区研究室副主任程玺一行赴科右中旗，调研农村牧区养老工作。

同日　内蒙古自治区“万企兴万村——同心助学”公益捐赠活动仪式在科右中旗举行。兴安盟山东商会会长、格乐国际公益基金管委会顾问钱风祥，格乐国际公益基金管委会助学部部长王海玉向科右中旗捐赠价值50万元的教育信息化物资。

31日　科右中旗“中海情·铸同心”文化科技卫生“三下乡”系列活动在科右中旗巴彦呼舒镇查干敖瑞嘎查举行。活动开展健康义诊、法律咨询、科普宣传、文艺会演等。

8月　内蒙古民族文化产业研究院将“产学研基地”落户在科右中旗，并设立文旅融合发展文创研发基金。

同月　博物馆数字化保护项目完成140件文物三维扫描、虚拟展厅制作及线上博物馆VR全景融媒体展览。

同月　科右中旗乌兰牧骑在第九届全区乌兰牧骑艺术节中荣获团体金奖和7个单项奖。

9月

6日　内蒙古日报社“风帆起北疆·喜迎二十大”大型全媒体传播活动第一采访团到科右中旗，就肉牛养殖采访报道，集中展示科右中旗牛产业发展进程。

8日　科右中旗2022年文物保护管理工作培训班举办，邀请兴安盟文物站专家进行授课。

9日　科右中旗新冠疫情防控工作调度会召开，传达落实国家、自治区和兴安盟疫情防控指挥部的各项要求，安排部署疫情防控具体措施。

同日　科右中旗委宣传部、科右中旗委全民国防教育工作领导小组办公室联合举办第22个全民国防教育日“爱我国防、共铸北疆”全旗国防教育知识竞赛活动。

13日　科右中旗重点工作推进会召开。会议对高标准农田排查整改、农村牧区户厕问题摸排整改、种草、“三禁”、林草专项整治及以案促改、新冠疫情防控等相关工作进行安排部署。

13—16日　全旗学校幼儿园精细化管理现场观摩评比活动举办。活动实地查看全旗36所学校，召开总结会议，评选出“精细化管理优秀学校”22所、“教学管理优秀学校”3所、“环境管理优秀学校”4所、“育人管理优秀学校”7所。

14日　国家卫生健康委能力建设和继续教育中心专业能力处负责人何文杰、“连心项目”工程负责人于婷婷一行赴科右中旗开展“连心工程”活动，向科右中旗捐赠总价值200余万元的产后阵痛、核酸检测等紧缺物资，同时协调爱心企业为巴彦呼舒第八小学捐赠学习用品和助学金。

同日　“喜迎二十大、‘非遗’颂中华”草原音乐周末专场演出在图什业图亲王府举行。

15日　“我们的美好生活”文化文艺志愿服务活动暨“文化村长”助力乡村文化振兴行动观摩会在科右中旗启动。会议为12位“文化村长”代表颁发聘书及“任务书”；观摩代钦塔拉苏木代钦塔拉嘎查新时代文明实践文化文艺志愿服务活动成果；“文化村长”为现场农牧民及学生进行教学。内蒙古文联党组成员、副主席包银山，盟委委员、宣传部部长秦化真出席并作讲话。

16日　中共科右中旗委理论学习中心组2022年第9次集体学习会召开。会议围绕学习习近平总书记在省部级主要领导干部“学习习近平总书记重要讲话精神，迎接党的二十大”专题研讨班上重要讲话精神等开展专题研讨。

同日　科右中旗破坏草原林地违规违法行为专项整治行动与违法用地专项清理整治“回头看”暨百日攻坚行动专项调度会议召开。

17日　自治区文化和旅游厅公共服务处白俊明处长一行3人到科右中旗就政府购买村级文化志愿服务试点项目完成情况进行验收。

17—23日　中央广播电视总台财经节目中心一行赴科右中旗，围绕畜牧业和旅游业等进行采访报道。

19日　全盟优质高效增粮暨种植业成果展示观摩周启动会在科右中旗召开。观摩团先后到科右中旗杜尔基镇双金嘎查优质高效增粮示范行动千亩核心示范区、巴彦呼舒镇马架子嘎查大豆玉米带状复合种植技术千亩示范基地，详细了解优质高效增粮示范行动推广应用的主要技术模式、各项试验示范具体内容以及各项技术在提高作物品质和产量方面的实际效果。活动为期4天，在科右中旗、乌兰浩特市、科右前旗、突泉县、扎赉特旗等5个旗县市均设观摩点。

21日　自治区人力资源和社会保障厅农牧民工作处处长杨金玉一行到科右中旗巴彦呼舒镇查干敖瑞嘎查、代钦塔拉苏木代钦塔拉嘎查，额木庭高勒苏木车家营子嘎查、巴彦敖包嘎查等地，专题调研脱贫人口稳岗就业工作。

23日　内蒙古自治区公安数据安全隐患排查整改督导组一行赴科右中旗，开展公安数据安全督导检查工作。

23—24日　中央广播电视总台《江河奔腾看中国》节目记者赴科右中旗五角枫景区、枫趣童年主题乐园，采访拍摄生态保护情况。

24日　兴安盟2022年社区运动会在科右中旗五角枫生态旅游景区举行。运动会由兴安盟文化旅游体育局、科右中旗人民政府主办，科右中旗文化旅游体育局承办，分别设枫林草原健康跑、蒙古象棋（喜塔尔）、老年台球3个项目，来自全盟310名群众参加。同时开展全民健身特色品牌活动。

25日　科右中旗农村牧区基层党建工作调度会暨“晓景计划”推进会召开。会议贯彻落实盟委对农村牧区基层党建工作的部署要求以及全盟组织工作“揭榜领题”调度会和全盟“晓景计划”观摩调度会议精神，安排部署农村牧区基层党建工作重点任务。

26—29日　第六届内蒙古草原休闲体育大会在科右中旗五角枫生态旅游景

区举行。大会设置枫林草原5人制足球比赛、枫林草原徒步穿越赛、排球赛、拔河赛、哈日靶、搏克赛和老年门球赛等7项赛事,77支代表队800余人参赛。自治区体育局党组成员、副局长张志等出席。

29日 "庆丰收、迎盛会"——科右中旗2022中国农民丰收节开幕。活动对科右中旗优质特色农畜产品、林果产品和文创产品进行推介,同时开展印象科右中旗书画摄影大赛。

30日 全国第9个国家烈士纪念日——科右中旗烈士纪念日公祭活动在前德门山革命烈士陵举行。

9月,科右中旗博物馆开展"国宝我来讲——以文物看文明,传承中华文脉"2022年全旗中小学生演讲比赛等。

10月

1日 2022年科右中旗五角枫旅游节暨首届"枫趣童年"嘉年华在科右中旗五角枫生态旅游景区开幕。

2日 科右中旗新冠疫情防控工作调度会召开。安排部署国庆节日期间全员核酸检测工作和持续自查自纠工作,对各地各部门主要负责人、来(返)旗人员排查检查、人员密集场所管理等提出要求。

5日 2023年全旗主要经济指标分析暨项目建设汇报会召开。会议分析全旗经济运行特点,统筹安排疫情防控、厕所整改、"五个大起底""百日攻坚"、"12345"政务服务便民热线等各项重点工作。

7日 科右中旗新冠疫情防控工作会议召开。会议传达全盟临时静默管理要求,安排部署全员核酸检测、各项防控措施等。

11—12日 科右中旗委书记蔡宝军,旗委副书记、旗长王海英一行赴好腰苏木镇与通辽市边界疫情防控检查服务点、草高吐嘎查疫情防控检查服务点、旗内各社区等地,慰问防控一线工作人员,督查过往车辆人员排查登记、服务点防控措施落实、值班值守、后勤保障、社区疫情防控工作落实等情况。

14日 科右中旗"五个大起底"专项行动暨优化营商环境工作推进会召开。

17日 科右中旗高标准农田建设项目排查整改工作推进会召开,解读《科右中旗高标准农田建设项目排查整改工作方案》,安排部署有关工作任务。

同日 科右中旗新冠疫情防控工作调度会召开,传达《兴安盟新冠病毒核酸检测应检尽检和多渠道监测预警工作方案》,对全旗疫情防控措施提出具体要求。

27日 科右中旗京蒙协作工作领导小组调度会议召开,通报京蒙协作督察反馈情况。

28日 科右中旗青年工作联席会议第三次全体会议召开。会议传达中长期青年发展规划实施工作部际联席会议第四次全体会议精神、兴安盟青年工作联席会议第三次全体会议精神;听取2021年《内蒙古自治区中长期青年发展规划(2018—2025年)》实施情况的报告和《科右中旗推动落实〈内蒙古自治区中长期青年发展规划(2018—2025)〉中期评估报告(2019—2021年)》以及《2022年科右中旗贯彻落实〈内蒙古自治区中长期青年发展规划(2018—2025年)〉实施重点工作》起草情况的说明；审议并通过《科右中旗推动落实〈内蒙古自治区中长期青年发展规划（2018—2025）〉中期评估报告（2019—2021年）》《2022年科右中旗贯彻落实〈内蒙古自治区中长期青年发展规划（2018—2025年）〉实施重点工作》（审议稿）。

同日　科右中旗残疾人联合会第八次代表大会召开。大会选举产生新一届旗残联主席团委员和出席盟残联第八次代表大会的代表。新一届主席团委员召开主席团第一次会议，聘请科右中旗残疾人联合会第八届代表大会主席团名誉主席，提名通过旗残联第八届主席团主席、副主席，执行理事会理事长、副理事长、理事、各专门协会主席。

29日　科右中旗接收驻呼高校返乡大学生新冠疫情防控工作会议召开。

31日　科右中旗新冠疫情防控工作视频调度会召开，安排部署接收驻呼高校返乡大学生工作任务。

11月

3日　兴安盟足球协会在科右中旗召开座谈会，听取科右中旗足球运动推广普及工作和开展足球赛事活动准备情况。

7日　科右中旗“五个大起底”专项行动暨“12345”政务便民服务热线工作推进会召开。会议听取全旗补办和待办项目集中审批、“半拉子”工程、停建项目大起底、重大项目审批、“沉淀资金”大起底、闲置土地、批而未供、闲置矿权大起底、闲置资源要素、停产企业大起底、“12345”政务便民服务热线等开展和处置情况；安排部署全旗“五个大起底”、“12345”政务服务便民热线工作重点任务。

8日　霍林郭勒市、科右中旗友好城市发展座谈会暨友好城市合作签约仪式在科右中旗举行。两地签署“霍林郭勒市人民政府、科右中旗人民政府友好城市合作框架协议”，科右中旗人民政府与锦联铝材料有限公司、创源金属有限公司签署“新能源项目战略合作框架协议”“新能源项目战略合作备忘录”。

9日　兴安盟政协党组成员、副主席王英杰带领盟政协十届一次会议提案办理督察和监控考评组一行到科右中旗，考察调研旗蒙医药事业发展情况。

同日　科右中旗新冠疫情防控工作会议召开，对卡口防控、来（返）旗人员“两码一证”“点对点”运输方式闭环管理等提出具体要求，安排部署全旗疫情防控管控措施。

10日　北京一零一中学与科右中旗巴彦呼舒第三中学“组团式”教育帮扶全方位对接会以视频形式召开。

同日　科右中旗通用机场建设领导小组工作推进会召开，就项目建设相关事宜进行安排部署，按照“服务旅游、保证效率”原则推动选址立项等前期工作，及时向自治区民航机场公司提交机场选址。

11日　2022年科右中旗美丽乡村“体育彩票杯”篮球比赛在代钦塔拉苏木全民健身中心举行，全旗各苏木镇的11支篮球代表队110名队员参加比赛。

14日　全旗疫情防控工作领导小组会议召开。会议学习贯彻落实国务院联防联控机制关于优化防控工作的二十条措施，安排部署全旗疫情应急处置和防控重点工作。

19日 内蒙古兴安盟科右中旗马头琴酒业有限责任公司(高力板酒厂)为全旗捐赠100万元疫情防控物资。

23日 科右中旗重点工作调度会召开,会议学习习近平总书记关于做好当前疫情防控工作的重要指示精神、自治区党委书记孙绍骋重要讲话精神;传达中共科右中旗委员会办公室《关于做好21项报告报送工作的通知》;安排部署重点工作。

28日 蒙能集团科右中发电有限公司1号机组仅用113小时,实现首次带660兆瓦满负荷运行。

11月 科右中旗图书馆接收中宣部协调捐赠书籍28000册。

12月

9日 兴安盟委委员、副盟长姜天虎,盟行署副盟长梁彦君带领相关部门负责人一行赴科右中旗,调研蒙能2×66万千瓦电厂、京科1×35万千瓦扩建机组、天合15万千瓦光伏储能综合治沙等重大项目建设情况。

同日 科右中旗农村牧区工作领导小组会议召开。会议学习贯彻落实优化疫情防控“新十条”要求,安排部署各地各部门开展60岁以上老年人等重点人群疫苗接种工作,对巩固拓展脱贫攻坚成果同乡村振兴有效衔接提出要求。

同日 北京市海淀区与科右中旗举行东西部协作工作高层互访联席会暨捐赠仪式,海淀区委副书记、区长李俊杰出席。

14日 兴安盟乡村振兴局督导组一行赴科右中旗,查阅指导旗级档案工作。

15日 中共科右中旗委理论学习中心组学习贯彻党的二十大精神专题研讨会暨2022年第12次集体学习会召开。会议学习领会党的二十大精神,以发言交流、提交书面材料的形式进行研讨,集体观看视频《二十大报告解读》。兴安盟理论学习中心组学习巡听旁听工作组组长、兴安广播电视台党组书记、台长刘根到会指导。

同日 科右中旗委党的建设工作领导小组会议召开,要求各级党组织要学习宣传贯彻党的二十大精神,并落实到各项工作。同时,召开中共科右中旗第十五届委员会第6次全体会议,递补旗委委员、免去调出旗委委员职务。

16日 中共科右中旗委2022年度议军会议暨国防动员体制改革推进会议召开。会议传达学习习近平在出席军队领导干部会议时的讲话精神、国防动员体制改革相关文件精神;苏木镇党委书记代表进行党管武装工作述职;介绍科右中旗民兵“十四五”规划及2022年党管武装工作情况,并安排部署2023年党管武装工作任务;旗人武部汇报民兵队伍进一步规范化建设的建议。

17日 内蒙古能源集团科右中发电有限公司1号机组通过168小时试运行,实现高标准建成投产发电。

旗情概览

基本地情

【历史沿革】 科尔沁右翼中旗建制于清崇德元年（1636年），又名图什业图旗，简称科右中旗。1947年5月13日，兴安省和兴安盟建置被撤销，西科中旗直隶内蒙古自治政府管辖。1948年11月，内蒙古自治政府新设兴安盟，西科中旗隶属于兴安盟管辖。1949年3月，西科中旗恢复科尔沁右翼中旗称谓。1953年2月，内蒙古自治区东部区行政公署在乌兰浩特成立，科右中旗隶属东部区行政公署兴安盟管辖。同年3月，兴安盟被撤销，科右中旗直辖于内蒙古自治区东部区行政公署。1954年4月30日，科右中旗改隶于呼伦贝尔盟。1959年9月，撤销突泉县行政建制，划归科右中旗，旗人民委员会驻地从高力板迁址突泉镇。1962年4月，恢复突泉县行政建制，科右中旗人民委员会驻地从突泉镇迁址白音胡硕。1965年8月，科右中旗改隶于哲里木盟（今通辽市）。1969年8月，科右中旗随哲里木盟划归吉林省。1979年8月，科右中旗随哲里木盟复归内蒙古自治区。1980年7月，国务院批准恢复设立兴安盟建制。同年10月，兴安盟建制正式恢复，科右中旗划归兴安盟。

【行政区划】 全旗辖巴彦呼舒、高力板、吐列毛杜、巴仁哲里木、杜尔基、好腰苏木6个镇；有代钦塔拉、新佳木、哈日诺尔、额木庭高勒、巴彦淖尔、巴彦茫哈6个苏木；孟恩套力盖矿区、布敦化矿区2个工作部（旗内掌握的工作部）。有26个社区居委会。共173个嘎查、464个艾里。户籍总人口248171人，其中非农人口70761人。

【地理位置】 科尔沁右翼中旗（以下简称“科右中旗”）位于内蒙古自治区东部、大兴安岭南麓、科尔沁沙地北端，隶属于兴安盟，是兴安盟最南端的一个旗，也是兴安盟唯一的畜牧业旗。距内蒙古自治区首府呼和浩特市东北直线距离934公里，距兴安盟行政公署所在地乌兰浩特市西南160公里。全境地理坐标为北纬44°14′～46°41′，东经119°34′～122°18′。北与科尔沁右翼前旗（以下简称“科右前旗”）、突泉县接壤，东与吉林省通榆县、洮南市相连，南与通辽市科尔沁左翼中旗相接，西、西北与通辽市扎鲁特旗和霍林郭勒市及锡林郭勒盟东乌珠穆沁旗毗邻。

【地形地貌】 境域自西北向东南呈狭长状，南北长310公里，东西宽55公里，总土地面积15613平方公里。平均海拔260米至280米，地势西北高、东南低，中北部为大兴安岭南端，南部为松辽平原西缘、科尔沁沙地北端，山地、丘陵占总土地面积的66.4%，平原占22.6%，沙丘、沼泽占

11%。

【气候特征】 科右中旗为中温带半干旱大陆性季风气候区。大兴安岭山脉自东北向西南纵贯旗中、北部，山势自北向南逐渐降低，地势北高南低，并受海拔高度和纬度影响，全旗自北向南各地气温有明显差异。四季分明，太阳辐射强，日照丰富，雨热同期，有效降水多。春季干旱风大，气温回升快；夏季温热，雨水集中；秋季凉爽短促，霜冻频繁；冬季严寒漫长，积雪过冬。旗境最北部的巴仁哲里木镇（山区），冬季长达6个月以上（10月至翌年的3月），春季3个月（4—6月），夏季仅为1个月（7月），秋季为2个月（8—9月），初霜早，终霜晚。旗境最南部的好腰苏木镇（平原沙丘），冬季5个月（11月至翌年3月），春季2个月（4—5月），夏季为3个月（6—8月），秋季为2个月（9—10月）。气温年际变化呈单峰型，月平均气温以7月最高，1月最低。气温月际变化悬殊，初春（3—4月）及初冬（10—11月）变幅为10～12℃，春季回暖快，平均每天升温0.35℃，5月平均每天升温0.27℃。秋季（9—10月）冷空气活动频繁、势力强，降温幅度也比较大，每天气温下降0.28℃，秋末冬初平均每天下降0.35℃。盛夏（7—8月）气温月际变化最小，平均变幅为1～2℃。

【民族人口】 科右中旗少数民族人口219609人，有蒙古族、汉族、回族、满族等15个民族。其中，蒙古族215986人、回族126人、满族2362人、朝鲜族878人、达斡尔族95人、鄂温克族20人、鄂伦春族7人、壮族9人、藏族1人、锡伯族19人、苗族5人、土家族10人、彝族5人、维吾尔族5人、其他少数民族81人。蒙古族占总人口的87.03%，是内蒙古自治区蒙古族人口比例最高的民族聚居旗。

【信仰习俗】 有祭火、祭灶、祭天、祭祖、祭敖包、祭尚喜树、祭土地山水神、祭井、祭场院等诸多传统祭祀习俗；有佛教、伊斯兰教、基督教3种宗教派别。在册登记宗教活动场所有5处，即藏传佛教活动场所2处；伊斯兰教有科右中旗清真寺；基督教活动场所2处。

自然资源

【土地资源】 科右中旗土地总面积15613平方公里，适于农耕和畜牧14000平方公里。其中可利用草牧场面积约86.6667万公顷，是内蒙古自治区33个牧业旗之一，重要的畜牧业生产基地。全旗耕地面积约30.1333万公顷，林地面积约28.4000万公顷。具有栗钙土、黑钙土、暗棕土壤和草甸土等多种类型的土壤。

【水资源】 水资源总量10.54亿立方米，其中，地表水4.13亿立方米、地下水6.99亿立方米。境内有78处大小湖泊、67眼山泉、21条大小河流。最大河流为霍林河，属嫩江水系，全长590公里、境内流程285公里，流域面积11473平方公里，年均流量3.4亿立方米。境内有6座水库，总蓄水能力达18732万立方米。其中，翰嘎利水库最大，库容量1.18亿立方米，年可提供工业用水6000万立方米。

【矿藏资源】 科右中旗是矿藏分布较密集地区，已知的地下矿种有金、银、铜、铁、铅、锌、钨、煤、稀土、石灰石、蛇纹岩、硅石、沸石、珍珠岩、黑曜岩、松脂岩叶蜡石、高岭石、石英岩、花岗岩、亚黏土、硬质黏土、地热、矿泉水等30余种，其中，含量较大的有银、铜、石英岩、珍珠岩、硅石、煤炭等。

【野生动物】 野生动物有6个纲25目58科234种。其中，哺乳纲有6个目11科20种，鸟纲有16目38科160种，鱼纲有8个科22种，两栖纲有1个目2种，爬行纲有2个目3种，昆虫纲有1个科27种。

【野生植物】 野生种子植物和蕨类植物有67科279属566种。植物种数多于40种的大科有禾本科85种、菊科83种、豆科46种、蔷薇科40种；20种以上、40种以下的有百合科24种、蓼科21种、毛茛科20种；10种以上、20种以下的有7种；有54科植物均少于10种；只含1种的有16个科，比重较大的有禾本科、菊科、豆科、蔷薇野科等4个大科。有植物107属254种，分别占全植物属、种的38.25%和44.88%，科只占总数的5.97%。只含1～3种植物的科有39科，占总科数的56.74%，植物种64种，仅占全部植物物种的11.3%。

【五角枫林】 距旗政府所在地巴彦呼舒镇20公里，总面积61641.3公顷，是以五角枫、榆树疏林草原生态系统和图什业图王府园林、古树为主要保护对象的综合性自然保护区。五角枫学名色木槭，生长于山地和沟谷边的针阔混交林内，集中生长在沙地上的五角枫是科右中旗独有的，五角枫树叶片呈五角。保护区内有高等野生植物400种，鸟类156种。

【蒙格罕山】 距旗政府所在地巴彦呼舒镇西北15公里、距图什业图王府35公里，总面积21217.32公顷，主峰海拔高721.3米。蒙格罕山又名“古鲜卑山”，是科右中旗四大罕山之首，山上有古人齿石筑成的微型龙王庙和栖人石洞，洞壁刻有蒙古文、汉文、藏文、契丹文题记。

【科尔沁湿地】 科尔沁湿地位于科右中旗东北部新佳木苏木（乡）境内。科尔沁湿地保护区总面积136800公顷，其中，核心区27200公顷、缓冲区42300公顷。是以保护北科尔沁沙地草原、林地、河流、湖泊和沼泽型湿地等多样的生态系统及珍稀鸟类为主的综合性自然保护区，是地处科尔沁沙地北部的生态屏障。有湿地45500公顷，有鸟类175种。其中，国家一级保护鸟类7种，分别是白鹳、黑鹳、丹顶鹤、白鹤、白头鹤、大鸨、金雕；国家二级保护鸟类29种。白鹳、丹顶鹤、白鹤、白枕鹤被列入世界濒危物种，白琵鹭、大鸨被列入世界受严重威胁的物种。鹤类和鹳类在保护区的物种资源中占有十分重要的地位。全世界有鹤类15种，全国共有9种，居世界之冠。保护区有鹤类6种，其中，白头鹤、灰鹤属旅鸟，丹顶鹤、白枕鹤、蓑羽鹤在本地区繁殖，数量均很大。有种子植物452种。

【翰嘎利湖】 翰嘎利湖位于巴彦呼舒镇北9公里处，为沙地湖泊，属霍林河旁侧水库，是集发电、灌溉、养殖、游泳垂钓、休闲娱乐、生态观光于一体的旅游胜地。湖区面积3700公顷，水面3000公顷，总库容达1.7亿立方米，湖边有水上游船码头、水上渔村、蒙古大营等蒙古族特色饮食和游乐场所。年产无公害食品认证的银鱼100吨、商品鱼60吨。翰嘎利湖是独立的闭流区，呈南北狭长状，自北向南群山围绕着似纵卧的葫芦状的草原和湿地，从草原的北端向南流淌着一条由闭流区内本身降雨形成的径流小溪。有世界上稀有的蒙古黄榆、五角枫、桑树、杨树，灌木有山杏、针柴、灌榆、山丁、鸡豆等10余种。湖区边缘和山岗连接的地方布满柳树，有苦菜花、马莲花、龙胆草花、黄花、攀山虎等数十种，野生动物有狍狲、狐狸、狼、野兔、山鸡以及丹顶鹤、白枕鹤、灰鹤、白鹳等珍禽，有大鸨、雁鸭等野生鸟类。

【沙岛湖】 被誉为塞外江南的沙岛湖位于科右中旗巴彦茫哈苏木境内，距巴彦呼舒镇75公里。巴彦茫哈沙岛湖湿地面积约3333万平方米，主要地貌特点为波状的丘陵和沙丘，其间广泛分布着河谷，阶地低洼盆地和冲积川地。年平均温度为5℃以上，平均年降水量约为380毫米，且集中于夏季。有大小湖泊数十个。据了解，沙岛湖湿地有200余种珍禽鸟类生息繁殖。其中，有丹顶鹤、白鹤、白枕鹤等国家一、二级保护鸟类10余种，有数量可观的雁、鸭类、野鸡等鸟类。沙坨地植被和低湿滩地植被是沙岛湖湿地最突出的景观特点，也是科尔沁草原的典型代表。沙坨地上有榆树、乔灌等植物，在低湿滩地生长的芦苇面积达10000公顷。有种子植物450余种，其中野生药物100余种，主要有榆树、羊草、冰草、麻黄、芦苇、柳条、线叶菊等。

【霍林河】 霍林河位于吉林省西北部，内蒙古自治区东部，是嫩江的一条支流。辽代称浑河，金代称鹤王河，元代称哈老哥鲁河，清代称合河。发源于内蒙古自治区扎鲁特旗北部大兴安岭后福特勒罕山北麓，流经内蒙古科右中旗和吉林省通榆县、大安市、前郭尔罗斯蒙古族自治县等地，在前郭尔罗斯附近注入嫩江。全长590公里，流域面积313.2万公顷。多年平均流量为5.44立方米/秒、平均径流量为1.72亿立方米/年。在科右中旗吐列毛杜以上为上游，吐列毛杜至高力板为中游，高力板以下为下游。沿河建有向海、兴隆等水库及引水渠。因河流上中游大量引用河水，20世纪60年代中期起，河道逐渐干枯。自1971年，通过洮南市洮儿河右岸修建的龙华吐分洪滚水坝及“引洮入向”分洪工程，每年可从霍林河向海水库引水约1.4亿立方米。

【蒙古黄榆】 蒙古黄榆的树头似一把张开的蘑菇状的伞，是半沙漠地区特有的树种，是世界上的珍稀树种。最大的一棵位于原香海古庙遗址附近，有几百年历史，耐干旱、耐瘠薄、抗病虫害能力极强。科尔沁国家级湿地珍禽自然保护区的蒙古黄榆天然林达28000公顷。蒙古黄榆作为珍稀物种，具有抗旱防风、涵养水源的作用，是科右中旗重要的生态屏障，并为国家一级珍禽东方白鹤的栖息、繁衍提供天然场所。保护区内有近3000公顷西伯利亚山杏天然次生林。

【罕查干山】 罕查干山距科右中旗吐列毛杜镇20公里，是图什业图的四大罕山之一。罕查干山由东、西两大主峰并立而成，中间夹着一条狭长的小川，金界壕横卧在入口处。东西两侧峰顶上耸立着鹰石岩和秃头峰的一对天然大石砬子，从远处观望，酷似鹰和秃鹫坐落在峰顶。

【巴彦珠日赫山】 巴彦珠日赫山旅游景区位于科右中旗五角枫自然保护区境内，距旗政府所在地巴彦呼舒镇20公里。科右中旗山丘地貌型的旅游景观还有布日和罕山、奎屯罕山、五头山、毛勒台乌拉、勾塔、额不根乌拉、呼和湿都尔乌拉、额吉乌拉、吐列毛杜、翁和尔达巴、腰申达巴、奎屯乌拉等。

遗址遗迹

【哲里木十旗会盟地】 哲里木十旗会盟地即古哲里木会盟地遗址，位于内蒙古自治区兴安盟科右中旗吐列毛杜镇境内，后依哲里木山、前临霍林河、西望奎屯罕山、东视罕查干山，是从扎鲁特、巴林、巴仁哲里木山谷，经今霍林河煤矿至锡林郭勒大草原必经之路，从准哲里木山谷，经科右前旗至宝格达山与蒙古接壤，从阿贵山谷经六户可至乌兰浩特、嫩江，向南沿霍林河经巴彦呼舒可至通辽等地，呈“五岔沟”型，是军事战略要地和物资集散地。会盟地由1个大敖包和10个小敖包组成。在一略呈圆形的敖包群内，中间为主敖包，高6米、底部直径约5米。周围有10个小敖包，高近2米、底部直径约2米。主敖包与10个小敖包之间距离均为30米。大敖包代表盟，每个小敖包代表1个旗，分别为科左前旗、科左中旗、科左后旗、科右前旗、科右中旗、科右后旗、郭尔罗斯前旗、郭尔罗斯后旗、杜尔伯特旗、扎赉特旗。在盟、旗敖包前各竖立1块理石碑，用蒙汉两种文字在正面刻写该旗原名、背面刻写历史及现名，会盟地周围完成绿化，建设部分附属设施，初步形成既具有历史意义，又具有当地民族风情的人文景观。

【遐福寺】 科右中旗博克达活佛府邸（亦称遐福寺）位于科右中旗巴彦呼舒镇，在当地又称巴音和硕庙、黑帝庙、黑帝苏莫、伊克苏莫等，清廷赐名“遐福寺”，在清廷理藩院注册的13座寺庙当中位于首位。始建于清朝天聪八年（1634年）前后，以土谢图亲王巴达礼为首的科尔沁十旗王公贵族商定，在内齐托音居住的巴音和硕地方建立一座寺庙，当地民众又称该庙为“博格达庙”。历史上的巴音和硕庙规模宏大，由主佛殿遐福寺及其所属双福寺、慈福寺、广福寺、阐教寺等5座寺庙和博格多宫（乃吉托音府）、锡勒喇嘛府、堪布喇嘛府等呼图克图、葛根宫（府）及12个庙仓（吉萨）组成。遐福寺院后有白色佛塔一座，高21米。寺庙建筑风格多样，有汉族古典式、藏式、蒙藏混合式等。2007年，科右中旗恢复建设巴音和硕庙。遐福寺占地面积4018平方米，建筑面积823.58平方米。希热喇嘛仓占地面积1285平方米，建筑面积676.28平方米，有4座殿堂，大小25间房屋。堪布喇嘛仓共5间，为一层硬山青砖灰筒瓦顶。东西厢房为护卫和勤杂等人员的住所。整个建筑为起脊瓦顶，前廊后厦的砖瓦结构式建筑。后院是格格陵，是一座普通砖瓦结构的起脊平房。东侧有一座太布台小庙。固伦永安长公主陵及其出土石碑上的碑文，对研究清朝史及满族和科尔沁部之间的关系，具有较高的历史文物价值。

【金界壕】 金界壕（金长城）始建于金天辅至明昌（1117—1195年）年间，共进行5次大规模修建。科右中旗境内有两条金界壕，第一条是从呼伦贝尔市的莫力达瓦旗尼尔基镇起始走向锡林郭勒盟境内的第一条界壕分支出来的第二条线，第二条是从科右前旗阿力德尔下段的归流河右岸分支出来的第三条线。2001年，金界壕全线被国务院公布为第五批全国重点文物保护单位。

【吐列毛杜古城遗址】 吐列毛杜古城占地面积31万平方米，城墙结构为夯土、泥沙及卵石，城四角各有一座角楼，四周是一条宽阔的护城河。从城内采集到的文物如陶器、瓷器残片及瓷器残部、铁器中的盔、锅、矛、钾片、斧、刀等，证明吐列毛杜古城在金代是一个非常重要的城寨。古城分东、西两座，两城仅隔160米。西城呈长方形，周长为2382米。南墙和东墙都有近20米宽的城门，城门前均有用来防守的半圆形瓮城。城的四角筑有角楼，城墙上有用来防守的台基31个。城内西北处有一水井，西南角房舍比较集中。东城为整齐的长方形，周长1410米，城北有城门，城东有一便门，城外有宽5米的护城河。

【代钦塔拉M3辽代墓】 辽代墓葬在旗境内分布较多，均以群墓为主。全旗境内有辽墓4000座左右。其中，1991年因在自然塌陷出土的代钦塔拉M3(考古学编号)辽代多室墓最具代表性。代钦塔拉M3号辽代多室墓在王府北1.5公里处，因其出土文物等级较高，故具有重要地位。该墓为青砖多室墓，绘有壁画，为夫妻合葬墓，墓内出土许多有重要价值的辽代文物，被盟、旗两级文物部门主动性抢救发掘清理后回填。

【前德门山革命烈士纪念碑】 前德门山烈士纪念园位于科右中旗巴彦呼舒镇南前德门山，始建于1975年，由烈士纪念碑、烈士骨灰堂和英雄事迹展览厅组成。烈士纪念碑为混凝土构造，基座长、宽各22米，碑高12.5米，正面和背面分别用蒙汉两种文字镌刻着“人民英雄永垂不朽”。烈士骨灰堂和英雄事迹展览厅各为7间砖木结构的房屋，在烈士骨灰堂里安放着全旗革命烈士和革命老干部的骨灰。1987年5月，将在保卫高力板战斗中牺牲的额尔敦础鲁、田仓、太平3位烈士的骨灰迁置烈士骨灰堂。英雄事迹展览厅展出有关反映革命烈士英雄事迹的珍贵图片资料。

【九八抗洪纪念广场】 九八抗洪纪念广场位于巴彦呼舒镇区东部。主题纪念碑和浮雕墙记录历史事实，石碑上“灾后重建，再创辉煌”是1998年国务院朱镕基总理来到科右中旗在第三中学视察时亲笔题词，旗政府投资966万元修建2.4万平方米的九八抗洪纪念广场。

非物质文化遗产

【乌力格尔】 “乌力格尔”蒙古语，意为“说书”。自19世纪中叶，代代相传，在科右中旗发展起来，沿袭至今。中华人民共和国成立初，当地群众誉为“四大艺人”的扎那、蒯莽、常明、孟根高力套被旗政府授予“人民艺人”称号。1954年，组建旗民族曲艺团，在高力板镇成立第一家蒙古语说书馆。在科尔沁草原渐之形成以孟根高力套、额尔敦珠日合、布仁巴雅尔为代表的三种不同说唱风格的艺术流派。如今科右中旗新一代胡尔奇又将乌力格尔的研究推向新阶段。1993年，有7人在家乡举办的自治区首届大赛中分获一、二等奖和创作奖。1995年，科右中旗被自治区文化厅授予“蒙古族曲艺艺术之乡”。1996年，被文化部授予“中国民间艺术之乡”。在2000年和2002年全国第一届、第二届乌力格尔比赛中，科右中旗参赛选手获“功勋奖”和一、二、三等奖；在2002年“琶杰杯”全国大赛中获特别奖。2004年，甘珠尔、照日格图获自治区首届民间文化“阿尔丁成果奖”。2002年以来，科右中旗推出一年一届的乌力格尔艺术节，相继成立艺人协会和培训中心，并由政府设专户拨付资金对乌力格尔事业予以支持，对艺人加以培训。全旗登记在册的乌力格尔艺人有160余人，对于繁荣和发展民族文化做出积极贡献。2005年，建立130余人注册的科右中旗乌力格尔艺术家协会。同年8月，科右中旗举办自治区首届乌力格尔艺术节和全国第五届大赛活动，全旗48人参赛，获个人奖项39人、集体奖项20个。2006年，科右中旗乌力格尔艺术入选第一批国家级非物质文化遗产项目名录。2007年，科右中旗被自治区命名为“全区乌力格尔之乡”。2011年，科右中旗被自治区人民政府确定为“蒙古族说唱艺术文化生态保护区”，同年建立旗乌力格尔厅。2014—2016年，文化部授予“中国民间文化艺术之乡-乌力格尔”荣誉。2015年，内蒙古大学在旗乌力格尔厅挂牌内蒙古“胡仁·乌力格尔研究基地”和“内蒙古胡仁乌力格尔工作站”。2018年，“中央民族大学蒙古语言文学系蒙古族口承文化研究基地”落户于科右中旗，使民族文化借助于高校的学术优势得以更广泛地传播和推广。全旗40余名艺人先后在全国、全区乌力格尔比赛中获得83个奖项。有2名说书人连续两届获“内蒙古自治区民间文化阿尔丁优秀成果奖”，1人被自治区文联授予“终身成就奖”。旗乌力格尔厅自免费开馆说书以来，年均观众2万余人次，累计演出时长6000余小时，先后录存《平原枪声》等61部5760小时的乌力格尔曲目。科尔沁文化研究室编辑出版《科尔沁右翼中旗·享誉全国的乌力格尔之乡》《图什业图胡尔齐名录》等9部相关书籍。

【科尔沁蒙医药浴疗法】 “科尔沁蒙医药浴疗法”是以科尔沁地区普遍生长的相关植物为药材，用霍林河的水煮成药汤，让患者浸浴的一种药浴疗法。此疗法有近两百年的历史，传承至今，号称“科尔沁奇浴”。每年从内蒙古各地区、东三省、蒙古国、俄罗斯等地来的患者日均达到200余人，每年40000人次。蒙医药浴疗法中所用的药物有50余味，其中，有兴安冬青树、小白蒿、麻叶荨麻、麻黄、柳柏树、玉竹、刺柏树、红花等。16世纪末，随藏传佛教传入蒙古地区的医学巨作《四部医典》详细记载着传统浸浴疗术，也叫“德布特勒格”。蒙医古典医籍《月光医经》中也有记载。

【蒙古族拉弦乐器制作技艺】 蒙古族拉弦乐器包括潮尔、马头琴、四胡。马头琴多用于独（领）奏、重奏、合奏，以及与交响乐队、管弦乐队协奏。四胡不仅为蒙古族说唱类唱腔伴奏，也可在民乐队和混合乐队中担任重奏、齐奏、合奏和独奏，并可以弥补民乐队高音区之不足。清同治十年（1871年），图什业图（指今科尔沁右翼中旗）札萨克第十三世亲王巴宝多尔济执政期间，在代钦塔拉修建新王府。王府办有20余人的乐班，从民间请来多名工匠专门制作拉弦乐器潮尔、马头琴、四胡，迨至20世纪40年代末，其传承谱系沿袭至今。全旗有蒙古族拉弦乐器各种规模的手工作坊20余家，职业工匠、艺人50余人。被确认为自治区级蒙古族拉弦乐器制作工艺代表性传承人2人。2007年，申报的蒙古族拉弦乐器制作工艺列入第一批自治区级非物质文化遗产名录。2008年，自治区文化厅命名科右中旗为“蒙古四胡之乡”。

【蒙古族四胡音乐】 科尔沁右翼中旗是文化部命名的“中国民间艺术之乡”，国务院公布的首批国家级非物质文化遗产名录之一“乌力格尔”的发源地，自治区文化厅命名的“蒙古四胡之乡”。全旗16个苏木、镇、工作部，登记在册的蒙古四胡琴师、乐手、工匠有千人之多，其中有干部、工人、农牧民、个体户和离退休人员。大量的科尔沁民歌后来形成四胡音乐，在科右中旗流传的陶力有51首曲调，好来宝调有30余首，乌力格尔曲调有400余首。四胡是这几种说唱艺术的特色伴奏乐器，分为高、中、低音三种，演奏者根据曲目需要选择不同的四胡，为独奏和说唱类唱腔伴奏。自元代开始使用四胡伴奏的蒙古族说唱艺术，其演奏者称“胡尔奇”。扎那、常明、金宝山、蒯莽是图什业图王府的“四大胡尔奇”。20世纪40年代，关其嘎、德宝、孟根高力套分别师从内蒙古著名四胡演奏家色拉西、苏德那木、孙良学艺。70年代，享誉科尔沁草原的胡尔奇额尔敦珠日和是扎那的大弟子，布仁巴雅尔少年时代就师从金宝山学艺。2005年，科右中旗成立四胡艺术协会，分会覆盖12个苏木镇。登记在册的四胡专业演奏艺人达100人，热衷者2万余人。2007年，科右中旗被自治区文联和自治区民间艺术家协会联合命名为“四胡之乡”。2008年，首发音像制品《四胡神韵》，深受广大群众赞誉。2009年“蒙古族四胡音乐”被列入内蒙古自治区第二批非物质文化遗产项目名录。2011年，在科右中旗举办全国八省区第二届蒙古四胡演奏广播电视大奖赛。2013年，“蒙古四胡”艺术被自治区文联确定为内蒙古自治区第二批“一旗一品”文化品牌。2014年，“蒙古族四胡音乐”获批第四批国家级非物质文化遗产项目。新世纪伊始迄今，科右中旗职业、半职业四胡演奏人员在全区、全国比赛中，有100余人获取名次和奖项。2005年以来，出版《科尔沁右翼中旗·享誉全国的乌力格尔之乡》《科尔沁右翼中旗·民间文艺集锦》等多部研究当地传统音乐的专著。

【中国蒙古族刺绣文化】 起源于清代的“图什业图王府刺绣”，是图什业图地区传承风格独特的蒙古族传统美术技艺。2008年，在第四批全区民间文化之乡评选中，科右中旗被自治区文化厅评为“科尔沁服饰之乡”；2009年，图什业图王府刺绣被列入第二批自治区级非物质文化遗产名录；2016年，建立图什业图王府刺绣扶贫车间，采取“企业+协会+基地”的发展模式，让王府刺绣走出内蒙古，远销异国他乡，助力全旗脱贫攻坚。科右中旗挖掘、传承和发扬蒙古族传统刺绣艺术，成立专题性博物馆和规模化产业发展基地，成为蒙古族妇女“居家就业、巧手致富”的优秀范例与政府主导的“文化扶贫、脱贫攻坚”的生动实践。全旗173个嘎查集中举办刺绣培训班100期，培训绣工1.47万人次，培养出一级绣工1300人、二级绣工5000人、三级绣工8000人。从事蒙古族刺绣的牧民及居民超过2.1万人，实现1000万元的产销收入。蒙古族刺绣3次代表内蒙古自治区参加全国性的展览活动，在内蒙古自治区成立70周年大庆兴安盟文创大赛中获得金奖。2018年9月，蒙古族刺绣产品亮相巴黎服装服饰采购展及意大利米兰时装周、中国国际时装周、第六届中国公益慈善项目交流展示会，走向国际舞台，成为科右中旗脱贫攻坚进程中的一项重要富民产业。全旗2895名群众因蒙古族刺绣产业发展受益，实现人均年增收2000元。2019年，经中国民间文艺家协会考察论证，命名内蒙古自治区科右中旗为“中国蒙古族刺绣文化之乡”并同意成立“中国蒙古族刺绣文化传承保护基地”。

文化艺术

【乌兰牧骑】 科右中旗乌兰牧骑建于1965年，2017年荣获“十佳乌兰牧骑”称号；2018年春节期间，科右中旗乌兰牧骑赴澳门参加“节日传统手工艺术精粹”民族特色演出活动，为澳门市民展示传播民族风采；1999年至2019年，旗乌兰牧骑连续6次被内蒙古自治区文化厅评为“一类乌兰牧骑”。科右中旗乌兰牧骑每年深入基层表演100余场次，所表演的节目均自编自创。“弘扬乌兰牧骑精神，到人民中间去”，在新时期，科右中旗以“乌兰牧骑+”的方式，提供理论宣讲、农牧业及科技、医疗卫生、政法司法、脱贫攻坚等方面的综合性服务。

【赛马】 “赛马”是蒙古族的传统文化体育活动。科右中旗少数民族传统体育传承基地（图什业图赛马场）位于旗翰嘎利水库北侧，总投资近2.5亿元，总占地面积44万平方米，观礼台总建筑面积2.07万平方米，可容纳观众2万人。建有长度1400米沙地、1600米草地双赛道，为国内仅有。同时建有国际标准的马医院、马匹室内游泳馆、遛马机以及赛事综合服务大楼等设施，各项功能指标均走在全国同行前列。建成以来，先后承办全国速度赛马大奖赛、内蒙古国际走马大赛、内蒙古草原户外休闲体育大会、蒙古马大赛、国际骑师邀请赛、中华民族大赛马、国际赛马文化旅游活动周、国际马产业论坛、国际赛马嘉年华、大型马秀演出等一系列区内外大型马文化活动。2009年，科右中旗被内蒙古自治区全民健身委员会、内蒙古自治区体育局、内蒙古自治区体育总会、内蒙古自治区广播电影电视局、内蒙古电视台联合授予“赛马之乡”荣誉称号。2013年，启动建设“蒙古族传统体育传承示范训练基地”。2008年至今，连续举办11届全国速度赛马及4届国际赛事，获得“全国民族体育先进集体”“全国马术赛事优秀承办单位”等殊荣。

【国家中影影视基地】 科右中旗按照中央宣传部“吃生态饭、做牛文章、念文旅经”战略定位，以疏林草原上的沙地五角枫为核心，以科尔沁文化风情为切入点，以赛马运动、影视小镇为吸引点，凸显“枫、情、马、镇”四大功能，打造AAAAA级景区、国家级生态旅游度假区和中影影视基地、国家体育产业示范基地为主的“两区两基地”特色文化旅游产业。中影影视基地项目，位于图什业图亲王府西侧，计划投资6000万元，建设占地4万平方米、风格为20世纪60—70年代的县乡历史文化建筑，并配套建设电影博物馆和摄影棚项目。《枫叶红了》电视剧影视基地项目，占地面积3.5万平方米，总投资

7000万元，打造成集农家乐、牧家游、特色餐饮一条街等于一体的影视特色村落，并配套建设脱贫攻坚博物馆。《奔腾岁月》电影影视基地项目，位于马兰山五角枫景区，占地面积3万平方米，总投资1000万元，将打造成集马文化体验、蒙古包民宿、科尔沁民俗风情等于一体的影视特色村落，并配套建设马文化博物馆。

【科右中旗博物馆】 科右中旗博物馆位于科右中旗巴彦呼舒镇东，于2009年9月投入使用。占地面积1.2万平方米，建筑面积4833.6平方米，展厅面积2700平方米。整座博物馆的外观建筑以科尔沁蒙古族文化为背景，以“神弓后羿-科尔沁之首”为设计理念，是兴安盟第一个建成的旗县级综合性博物馆。隶属于旗文体广电局下设股级事业单位，馆内分为4个主展馆和1个临时展厅，4个主展馆分别为科尔沁蒙古族民俗及宗教展厅、科尔沁古代简史及考古发掘展厅、科尔沁国家自然保护区博物馆、科右中旗非物质文化遗产专题展厅，以镇馆之宝“元代五体文夜巡牌”“代钦塔拉三号辽墓”出土的200余件文物为代表，馆藏文物数量达5524件/组，其中，国家一级文物10件/组、二级文物30件/组、三级文物85件/组。2011年，科右中旗博物馆被评为国家AA级旅游景区；2013年晋升为“国家三级博物馆”，同年被命名为“盟级爱国主义教育基地”；2014年，被命名为“第一批全盟民族团结进步教育基地”；2015年，被评为“自治区级爱国主义教育基地”“全区基层大讲堂示范讲堂”；2017年被评为“盟级文明单位”。

【图什业图刺绣文化博物馆】 科右中旗图什业图刺绣文化博物馆位于图什业图赛马场东侧，展厅建筑面积1800平方米，由序厅、历史溯源厅、王府刺绣精品厅等6个展厅和17个单元构成，展现内容由新石器时代中晚期延伸至今，是一座集收藏、研究、展示、教育、宣传、娱乐、购物等功能于一体的刺绣文化艺术专题性博物馆。

【中国民间文化艺术】 科右中旗围绕“文化旅游强旗”建设目标，发展文化旅游品牌活动，以节庆活动为载体共举办2届“中国·科尔沁民间文化艺术节”、10届“五角枫旅游文化艺术节”、13届“科右中旗地方春晚”、14届“科右中旗乌力格尔大赛”、9届“图什业图广场文化节”等。乌力格尔的表演与展示构成民族文化旅游活动的重要组成部分，成为科右中旗的地域性文化品牌。1993年，全区首届乌力格尔、好来宝大赛在科右中旗举办，全旗7名选手分获一等奖、二等奖、优秀奖和两项创作奖。1996年，文化部命名科右中旗为“中国民间艺术之乡”。2000年和2002年全国第一届、第二届乌力格尔比赛，科右中旗参赛选手获“功勋奖”和一等奖、二等奖、三等奖；2002年“琶杰杯”全国大赛，获特别奖。2004年，甘珠尔、照日格图获自治区首届民间文化“阿尔丁成果奖”。2005年8月，科右中旗举办自治区首届乌力格尔艺术节和全国第五届好来宝大赛。2006年，乌力格尔被列为国家首批非物质文化遗产项目。连续举办25期“乌力格尔、好来宝培训班”，录存《平原枪声》等乌力格尔曲目61部5760小时，编辑出版“胡仁乌力格尔宝库”等乌力格尔系列丛书9本。有乌力格尔艺人160余人，四胡演奏人员8000余人，民间歌手1000余人。1996年至今，持续保持“中国民间文化艺术之乡”

荣誉。

【安代舞】 安代舞是蒙古族的一种集体舞，全旗各苏木镇建起业余安代舞表演队。2006年，科右中旗启动“万人跳安代舞”仪式；2007年，科右中旗被自治区文联和自治区民间艺术家协会联合命名为“安代之乡”。全旗12个社区有17支安代健身队；2014年7月，完成2000名学生的安代健身舞推广任务；2013年至今，由科右中旗承办的各类大型活动都有健身安代队伍的参与；在全区妇女民族健身操推广交流比赛中，科右中旗代表兴安盟参加比赛，自创的广场健身安代舞获得二等奖；同年，科右中旗健身安代舞被自治区体育局评为“自治区社区全民健身特色品牌项目”并获得奖金。

【科尔沁民歌】 科尔沁民歌是蒙古族民歌的一部分，在内蒙古东部区蒙古民歌中具有代表性。以短调民歌、叙事民歌见长的科尔沁民歌是蒙古族音乐文化中的珍品。旗乌兰牧骑声乐工作者创作出《奥巴的杭盖》《胡仁乌力格尔》《恋恋深情的五角枫》《沙岛湖》《七彩的江嘎》等科尔沁草原风格歌曲，并基于科尔沁民歌文学的鲜明特色，先后创作《诺丽格尔玛》《韩德日玛》《杂货买卖》《韩秀英》4部科尔沁民歌剧。同时，出版科尔沁民歌音像作品11张，应邀参加中央电视台《民歌·中国》栏目。2008年，科右中旗被自治区文化厅评为“科尔沁民歌之乡”，共举办12届科尔沁民歌大赛。蒙古族原生态歌手白玉花，曾获得首届科尔沁民歌大赛一等奖。2016年，科右中旗科尔沁合唱团和声田童声合唱团联袂演出的合唱《奔布莱》在中央电视台音乐频道《歌声与微笑》栏目录制的春节特别节目《合唱春晚》出演。

【蒙古文书法】 蒙古文书法作为科尔沁民族文化的重要组成部分，科右中旗旗委、旗政府通过在民族学校开设蒙古文书法课程，在社会举办蒙古文书法培训班，向社会各界发放蒙古文书法教程光盘，建设蒙古文书法展厅，申报蒙古文书法之乡等系列活动，加强蒙古文书法传承保护和创新发展工作，推进文化旅游强旗进程。2016年9月，举办科右中旗蒙古文书法千人笔会，挑战吉尼斯世界纪录称号——“最大规模的书法课”，来自全旗1354名书法爱好者参与挑战，经认证官审核，最终确定1260人成功挑战吉尼斯世界纪录。被内蒙古自治区文联授予“蒙古文书法之乡”称号。2018年，申报蒙古文书法项目为第六批自治区级非物质文化遗产项目名录。

中国共产党科右中旗委员会

综　述

【概况】 起草各类会议讲话、工作报告、汇报提纲等综合类文稿180余篇。侧重"中央宣传部汇报、乡村振兴、社会治理"等方面工作，先后起草全国、全区典型发言和向中央、自治区、盟级领导汇报材料。收到基层信息2600余条；上报自治区党委、盟委日常信息900余条、约稿信息19篇、基层反映信息66篇；盟委《兴安信息—手机报》采用119条、自治区党委《内蒙古信息》采用综合稿7篇；组织编发《中旗信息》34期。执行值班制度，安排法定假日旗级领导和办公室政务人员值班，全旗无重大紧急信息迟报、瞒报、误报、漏报现象。执行办会制度和会务工作流程，完成旗委（扩大）会议、现场会等大型会务的筹办工作，组织旗委常委会会议27次、全旗性会议19次，同时组织参加上级各类会议60次。及时优化办公环境，定期更新办公用品。常态化落实安全驾驶工作，未发生安全事故。完成各项接待工作，接待各级来宾889批次31203人次。

【督查整改】 旗委督查室按照盟委督查工作年度计划，切实推动盟委、旗委各项决策部署及整改任务落地落实落细。配合自治区及盟级部门开展实地督查检查考核3次、督导调研1次；自主开展重点工作任务实地督查5次；配合盟委督查调度330余次，完成旗级重点工作调度110余次；同时形成《督查专报》4期、《督办动态》2期。统筹规范督查检查考核，制发《科右中旗2022年度督查检查考核计划》，并结合实际对列入督查计划事项进行整合，减轻基层"迎检"负担。开展督查检查考核事项29项，整合开展事项10项，减少实地督查8次。及时回复群众诉求，按时保质完成人民网领导留言板块网民留言回复工作，累计收到网民留言33条，全部办结回复。

【森林草原保护管理】 为全面加强科右中旗森林草原保护管理，巩固生态建设成果，推动畜牧业与草原生态保护协同发展，根据《中华人民共和国森林法》《中华人民共和国草原法》《内蒙古自治区草原管理条例》《内蒙古自治区草畜平衡和禁牧休牧条例》等国家和自治区有关法律、法规，结合科右中旗实际，2022年制定印发《科右中旗禁牧工作实施方案》。

【旗级领导干部包联社区】 深入贯彻落实中共中央办公厅《关于推动党史学习教育常态化长效化的意见》及自治区党委、盟委有关要求，2022年，制定印发《关于旗级领导干部深入包联社区开展"访民情、解民忧、办实事"活动工作方案》。

【法治宣传教育】 学习贯彻习近平法治

思想，做好第八个五年法治宣传教育工作，根据《中共兴安盟委员会、兴安盟行政公署转发〈兴安盟委宣传部、盟司法局关于开展法治宣传教育的第八个五年规划（2021—2025年）〉的通知》，结合科右中旗实际，2022年，制定印发《科右中旗委宣传部、旗司法局关于开展法治宣传教育的第八个五年规划（2021—2025年）》。

【法治社会建设】 贯彻落实中共中央《法治社会建设实施纲要（2020—2025年）》《内蒙古自治区贯彻〈法治社会建设实施纲要（2020—2025年）〉落实举措》《兴安盟贯彻落实〈法治社会建设实施纲要（2020—2025年）〉实施意见》，统筹推进科右中旗法治社会建设各项工作，结合本旗实际，2022年，制定印发《科右中旗贯彻落实〈法治社会建设实施纲要（2020—2025年）〉实施方案》。

【农村牧区户厕问题摸排整改】 按照《县以上党和国家机关党员领导干部民主生活会若干规定》和自治区党委、盟委有关要求和工作部署，2022年，制定《科右中旗党政领导班子召开农村牧区户厕问题摸排整改专题民主生活会实施方案》。

重要会议

【旗委常委会会议】 1月3日，中共科右中旗第十五届委员会第十四次常委会会议召开。会议听取旗人民政府《关于科右中旗2021年财政预算执行情况》，审议《2022年财政预算（草案）的报告》；研究讨论关于处理农牧民冬季取暖用煤剩余煤炭相关事宜；传达学习中共中央办公厅巩固拓展脱贫攻坚成果同乡村振兴有效衔接督查调研报告和自治区第十一届党委常委会第2次（扩大）会议精神；研究讨论关于巩固拓展脱贫攻坚成果同乡村振兴有效衔接督查反馈问题整改专题民主生活会班子对照检查材料。

1月17日，中共科右中旗第十五届委员会第十五次常委会会议召开。会议研究讨论关于旗委班子党史学习教育专题民主生活会对照检查材料，关于旗级领导春节前走访慰问活动实施方案，关于科右中旗国家全产业链典型旗县财政奖补资金使用有关事宜，关于拨付翰嘎利－五角枫生态旅游度假区建设项目、五角枫营地和影视基地附属工程及科右中旗少数民族体育运动项目训练基地道路项目补办林地手续相关费用事宜，关于新建科右中旗白银物流园区项目一期工程有关事宜，关于科右中旗工商联第十届领导班子成员提名推荐人选有关事宜；听取全旗重大项目前期手续进展情况。

1月28日，中共科右中旗第十五届委员会第十六次常委会会议召开。会议传达学习《中共兴安盟委员会兴安盟行政公署关于以铸牢中华民族共同体意识为主线推进新时代党的民族工作高质量发展的实施意见》；研究讨论关于推荐自治区出席党的二十大代表候选人初步推荐人选事宜、关于2022年度推荐重点扶持嘎查发展集体经济事宜。

2月10日，中共科右中旗第十五届委员会第十七次常委会会议召开。会议研究讨论关于推荐2021年度优秀处级干部名单和《关于中共科右中旗第十五届纪律检查委员会第二次全体(扩大)会议工作报告》。

3月2日，中共科右中旗第十五届委员会第十八次常委会会议召开。会议传达学习《中央生态环境保护督察整改工作办法》《关于贯彻落实自治区党委第15次常委会精神做好迎接第二轮中央生态环境保护督察准备工作的通知》《全盟禁毒工作考评细则》；研究讨论关于旗人民医院五大中心建设项目选址变更事宜，关于旗委党校迁址新建有关事宜，科尔沁右翼中旗污水管网(一标段)、巴彦呼舒大街一期污水雨水管网工程(一标段)、王鲁嘎查林地排水工程(抢险救灾)建设有关事宜，关于坤能智慧能源服务集团股份有限公司光伏发电项目有关事宜，关于调整新时代文明实践中心领导小组、科右中旗新时代文明实践志愿服务总队和建立联席会议制度有关事宜；审议《中共科右中旗委员会 科右中旗人民政府关于以铸牢中华民族共同体意识为主线推进新时代党的民族工作高质量发展的分工方案》。

3月18日，中共科右中旗第十五届委员会第十九次常委会会议召开。会议传达学习全国、全区、全盟组织部长和宣传部长以及统战部长会议精神；听取2021年组织、宣传、统战工作情况，并安排部署2022年工作；研究讨论关于开展中共科右中旗第十五届委员会第二轮巡察工作有关事宜。

3月21日，中共科右中旗第十五届委员会第二十次常委会会议召开。会议研究讨论关于申报2022年地方政府债券资金、科右中旗肉牛良种繁育示范基地建设项目申请专项债券、推荐全国“人民满意的公务员”和“人民满意的公务员集体”事宜。

3月23日，中共科右中旗第十五届委员会第二十一次常委会会议召开。会议审议《关于科右中旗禁牧工作实施方案》；听取科右中旗巴彦呼舒镇河道疏浚工程设计方案并征求意见。

4月3日，中共科右中旗第十五届委员会第二十二次常委会会议召开。会议传达学习习近平生态文明思想、有关会议精神，黄龙云、林山青、石泰峰同志在中央第三生态环境保护督察组对内蒙古自治区开展督察工作动员会上的讲话，中央八项规定精神及其实施细则精神，习近平总书记、李克强总理关于安全生产工作重要指示批示精神，国务院关于安全生产十五条措施；研究讨论关于调整环保督察期间协调保障领导小组、建立旗级领导包联督办机制、成立旗草籽繁殖场、奶牛养殖小区和王鲁嘎查群众信访事项工作专班有关事宜，关于补充耕地指标交易有关事宜，协助推进科右中旗巴彦呼舒镇河道疏浚工程有关事宜，关于全旗保障性住房后期维修资金相关事宜，关于旗人民医院危重急病救治五大中心综合楼征拆资金相关事宜，关于自治区级现代农牧业产业园创建资金有关事宜，关于科右中旗2022年统筹整合使用涉农涉牧资金项目有关事宜，关于科右中旗小额信贷工作移交有关事宜，关于京蒙扶贫协作项目有关事宜，关于科右中旗法院拟处置拍卖旧审判用房有关事宜，关于调整旗委反腐败协调小组成员有关事宜；汇报全旗安全生产工作情况；审议《关于旗级领导干部深入包联社区开展“访民情、解民忧、办实事”活动工作方案》。

4月18日，中共科右中旗第十五届委员会第二十三次常委会会议召开。会议传达学习习近平总书记在第十九届中央纪律检查委员会第六次全体会议上的讲话和赵乐际同志在第十九届中央纪律检查委员会第六次全体会议上的工作报告，内蒙古自治区党委、自治区人民政府印发的《关于新时代加强和改进思想政治工作的实施方案》；听取科右中旗创建自治区级文明城市的情况；审议《科右中旗创建全国民族团结进步示范旗工作实施方案》。

4月29日，中共科右中旗第十五届委员会第二十四次常委会会议召开。会议审议《关于集中治理全旗党内政治生活庸俗化交易化问题的工作方案》；通报科右中旗人居环境整治工作督查情况；研究关于中央生态环境保护督察组交办信访举报问题整改落实工作有关事宜。

5月8日，中共科右中旗第十五届委员会第二十五次常委会会议召开。会议传达学习中央政治局会议精神、中央财经委员会第十一次会议精神，自治区党委孙绍骋书记对做好党的二十大维稳安保工作的批示、在兴安盟调研时的讲话精神，全区党的二十大维稳安保工作部署会议暨更高水平的平安内蒙古建设工作会议精神，盟委委员会议暨盟委财经委员会会议精神和《关于加强巡视整改和成果运用的意见》；通报全旗一季度经济运行情况和"三本清单"推进情况及落实盟市域社会治理现代化试点工作专项督查反馈意见情况；研究讨论关于追加资金、释佳矿业扎木钦铅锌矿环保问题整改、巴彦呼舒镇西日道卜嘎查水美乡村建设项目等有关事宜。

5月13日，中共科右中旗第十五届委员会第二十六次常委会会议召开，研究干部问责事宜。

5月17日，中共科右中旗第十五届委员会第二十七次常委会会议召开。会议听取中央生态环境保护督察组交办信访案件办理情况；研究讨论关于召开各苏木镇人民代表大会2022年度例会的有关事宜，关于申报盟级"最强党支部"示范点、示范基地名单有关事宜。

6月23日，中共科右中旗第十五届委员会第二十八次常委会会议召开。会议传达学习习近平总书记在中央政治局第三十九次集体学习时的讲话精神、孙绍骋书记在阿拉善盟和巴彦淖尔市考察时的讲话精神；通报2021年度旗县市、盟直部门领导干部考核结果；研究讨论关于污水处理厂、供水服务中心、保障性住房等运维资金，科右中旗招商引资优惠政策等有关事宜；审议《科右中旗国有企业重组整合方案》等；听取全旗推进党内政治生活庸俗化交易化问题集中治理情况的汇报。

6月27日，中共科右中旗第十五届委员会第二十九次常委会会议召开，研究讨论关于科右中旗国有企业重组整合后人员重新任命有关事宜。

7月18日，中共科右中旗第十五届委员会第三十次常委会会议召开。会议传达学习孙绍骋书记在视频调度二连浩特市疫情防控工作时的讲话以及在乌兰察布市和通辽市考察工作时的讲话，自治区党委常委、宣传部部长郑宏范和盟委书记张晓兵在科右中旗调研时的指示精神、具体工作要求，并安排部署当前重点工作，7月16、17日盟委书记张晓兵在盟委书记专题会议上的讲话,《中国共产党政治协商工作条例》;研究讨论关于举办“兴安盟·五角枫”杯世界疏林草原摄影大赛费用有关事宜,关于追加资金有关事宜,关于内蒙古自治区兴安盟科右中旗五角枫生态旅游景区51127平方米新建项目相关事宜,关于巴彦呼舒镇百吉纳路、都古林南街道路工程征收有关事宜,关于巴彦呼舒镇吐列毛杜大街改造工程有关事宜,关于百利舸园区偿还旗城投公司借款有关事宜,关于中央财政衔接推进乡村振兴补助资金项目有关事宜,关于《科右中旗财政衔接推进乡村振兴补助资金管理办法》有关事宜,关于科右中旗少数民族发展资金项目有关事宜,关于科右中旗国家级现代农业产业园中央财政补助资金使用方案有关事宜,关于科右中旗肉牛良种繁育示范基地基础设施建设项目有关事宜,关于鸿安牲畜交易市场项目和华阳肉牛育肥养殖项目有关事宜,关于生活垃圾焚烧发电、年产150万吨水洗煤等招商引资项目有关事宜,关于中央储备粮乌兰浩特直属库有限公司申请中央补助资金建库项目有关事宜,关于自治区开发区以案促改工作督导组核查反馈土地管理方面整改落实问题有关事宜,干部处分有关事宜。

7月26日,中共科右中旗第十五届委员会第三十一次常委会会议召开,研究讨论关于京蒙扶贫协作项目有关事宜。

8月22日,中共科右中旗第十五届委员会第三十二次常委会会议召开。会议传达学习习近平总书记在中央政治局第四十次集体学习时的讲话精神,中央统战工作会议精神以及兴安盟贯彻落实初步意见;审议《中共科右中旗委员会工作规则》《中共科右中旗委员会常务委员会议事决策规则》《科右中旗贯彻落实中央人大工作会议精神重点任务及分工方案》;研究讨论项目资金使用和民生项目建设等有关事宜。

9月4日,中共科右中旗第十五届委员会第三十三次常委会会议召开,研究讨论关于干部调整配备有关事宜。

9月14日,中共科右中旗第十五届委员会第三十四次常委会会议召开,研究讨论关于破坏草原林地违规违法行为专项整治行动以案促改11个较大面积图斑不予刑事处罚办结有关事宜。

10月21日,中共科右中旗第十五届委员会第三十五次常委会会议召开。会议传达学习《孙绍骋书记在自治区党委国安委第五次全体会议上的讲话》《内蒙古自治区党委、自治区人民政府关于构建亲清新型政商关系的意见》《孙绍骋书记在“担当作为好干部”命名大会上的讲话》《关于加强和改进新时代盟市旗县(市区)政协工作的实施意见》《关于当前我盟意识形态领域形势的通报》《关于贯彻落实全国文物工作会议精神的通知》;研究讨论关于全旗农村牧区户厕问题全面摸排整改工作有关事宜、关于旗人民医院、蒙医医院申请项目建设资金事宜、关于旗蒙医医院申请国家专项债购置医疗设备有关事宜、关于旗扶投公司产业扶持资金使用有关事宜。

11月20日,中共科右中旗第十五届委员会第三十六次常委会会议召开,研究讨论关于干部问责事宜。

11月28日,中共科右中旗第十五届委员会第三十七次常委会会议召开,研究讨论关于干部问责事宜。

12月13日，中共科右中旗第十五届委员会第三十八次常委会会议召开。会议传达学习《内蒙古自治区党委关于认真学习宣传贯彻党的二十大精神的决定》、孙绍骋书记在自治区党委十一届四次全会第二次全体会议上的讲话精神、中共中央办公厅印发的《关于进一步加强法学会建设的意见》、内蒙古自治区党委办公厅印发的《关于进一步加强法学会建设的若干措施》的通知；听取2022年度法学会工作汇报、旗委巡察工作汇报、关于当前全旗意识形态领域形势的通报的汇报；研究讨论关于全旗强化疫情管控期间各单位产生的费用有关事宜、关于棋丰小区北拆迁事宜、关于科右中旗第十七届人民代表大会第二次会议有关事宜、关于政协科右中旗第十二届委员会第二次会议有关事项、关于通用机场选址有关事宜、关于哈巴斯台等5个嘎查党支部书记调整事宜、关于旗直部分机关（单位）申报纳入参照公务员法管理序列事宜、关于中共科右中旗第十五届委员会委员免职、递补事宜、关于在有关部门设立党组事宜；审议《科右中旗县域共青团基层组织改革实施方案》《科右中旗2022年度“担当作为好干部”评选工作实施方案》。

12月29日，中共科右中旗第十五届委员会第三十九次常委会会议召开。会议审议通过《中共科右中旗第十五届委员会第七次全委（扩大）会议暨全旗经济工作会议上的讲话》《科右中旗政府工作报告》《科右中旗2022年国民经济和社会发展计划执行情况及2023年国民经济和社会发展计划草案的报告》《2022年预算执行情况和2023年预算（草案）的报告》、科右中旗第十七届人民代表大会第二次会议有关事宜、《科右中旗人民法院工作报告》《科右中旗人民检察院工作报告》、2022年度民生实事项目完成情况与2023年民生实事候选项目形成情况的报告。

12月31日，中共科右中旗第十五届委员会第四十次常委会会议召开。会议审议《科右中旗2023年春节走访慰问活动方案》；研究讨论关于干部调整配备有关事宜。

【旗委全会暨经济工作会议】 1月21日，中共科右中旗第十五届委员会全委（扩大）会议暨全旗经济工作会议召开。会议深入贯彻落实党的十九届六中全会和中央经济工作会议精神，全面落实自治区第十一次党代会及自治区党委十一届二次全会暨全区经济工作会议、盟委（扩大）会议暨全盟经济工作会议部署要求，回顾总结2021年工作，安排部署2022年任务。旗委书记蔡宝军作题为《坚定政治方向，保持战略定力，奋力推动全旗经济社会高质量发展》的重要讲话。旗副处级以上领导，旗级退休老干部代表，旗委委员、候补委员，各苏木镇党政正职，工作部党工委书记，旗直各部、委、办、局，各人民团体，各垂直管理单位，基层党代表、人大代表、政协委员代表、民主党派代表等参加会议。

12月30日，中共科右中旗第十五届委员会第七次全委（扩大）会议暨全旗经济工作会议召开。会议学习贯彻党的二十大和中央经济工作会议精神；落实自治区党委第十一届委员会第五次全体会议暨全区经济工作会议精神、盟委（扩大）会议暨全盟经济工作会议精神；回顾2022年工作，安排部署2023年任务。

（邓永星）

巡察监督

【概况】 2022年，完成旗住房和城乡建设局、旗档案史志馆、旗市场监督管理局、旗妇女联合会、旗政务服务局、旗工商业联合会、巴彦茫哈苏木葛根敖日都嘎查、哈吐布其嘎查、大茫哈嘎查、巴彦温都尔嘎查、好腰苏木镇花灯嘎查、南白音套海嘎查、新艾里嘎查、伊和呼热嘎查、哈日诺尔苏木巴彦高嘎查、海力森嘎查、图什业图嘎查、乌塔其嘎查6个旗直部门和12个嘎查党组织十五届旗委第二轮巡察工作；完成对旗城市管理综合行政执法局、旗融媒体中心、旗卫生健康委员会、旗红十字会、旗司法局、旗文学艺术界联合会、旗水利局、旗科学技术协会、杜尔基镇乌兰花嘎查、乌兰中嘎查、布拉格那日嘎查、达日罕乌拉嘎查、代钦塔拉苏木霍林郭勒嘎查、乌兰额日格嘎查、查干淖尔嘎查、吉力化嘎查、新佳木苏木赛音温都热嘎查、浩力宝嘎查、准太本嘎查、哈日巴达嘎查8个旗直部门和12个嘎查党组织十五届旗委第三轮巡察工作。

【巡察反馈】 2022年，完成十五届旗委第二轮巡察的6个旗直部门和12个嘎查党组织巡察反馈工作，立行立改问题5条，反馈问题163条，意见建议129条，移交问题线索3件。完成十五届旗委第三轮巡察8个党组织和12个嘎查党支部巡察反馈工作，立行立改问题8条，反馈问题182条，意见建议61条，移交问题线索10件。

【督查整改】 2022年，完成十四届旗委第十四轮巡察整改落实情况的督查通报和4个被巡察党组织巡察整改进展情况公开工作；完成十五届旗委第一轮巡察整改落实情况的督查通报和6个被巡察单位巡察整改进展情况公开工作。完成十四届旗委第一至第十四轮巡察整改督查情况和十五届旗委第一轮巡察整改督查情况向旗委巡察工作领导小组汇报及书记专题会议汇报工作。完成十五届旗委第一轮巡察6个被巡察单位，第二轮巡察6个旗直部门和12个嘎查党组织巡察整改中期督导工作，召开十五届旗委第二轮巡察整改调度会。

【重要会议】 1月13日，科右中旗委巡察工作领导小组召开会议，听取十五届旗委第一轮巡察情况汇报、十四届旗委第十四轮巡察整改落实情况督查评估报告及十四届旗委第一轮至第十四轮巡察整改落实情况督查报告。1月14日，科右中旗委巡察机构召开2022年第一次理论学习中心组（扩大）学习会，围绕党史学习教育专题民主生活会指定内容进行学习、开展研讨交流。1月20日，科右中旗委书记专题会召开，听取十五届旗委第一轮巡察工作情况汇报。1月21日，中共科右中旗委第十五届第一轮巡察现场反馈会议召开，3个巡察组分别向6个被巡察单位进行现场反馈。会议传达旗委书记蔡宝军听取第一轮巡察综合情况汇报时的讲话精神；向被巡察单位主要负责人和领导班子反馈巡察情况，对抓好巡察整改工作提出具体要求，各单位主要负责人作表态发言；同时巡察发现的问题线索，按有关规定移交旗纪委监委。1月24日，科右中旗委巡察办召开党史学习教育专题民主生活会，旗委党史学习教育第一指导组到会指导。2月18日，科右中旗委巡察机构召开2022年度工作安排部署会议，全面梳理总结各项工作，安排部署2022年度工作任务。2月25日，中共科右中旗委巡察机构2021年度总结表彰大会召开。3月8日，兴安盟委巡察工作指导督导组深入科右中旗开展指导督导。3月14日，中共科右中旗委巡察办召开新冠疫情防控工作专题会议。3月16日，十五届旗委巡察工作领导小组第四次会议召开。3月18日，十五届旗委第二轮巡察工作动员部署会召开，会议宣读《关于十五届科右中旗委第二轮巡察组长授权及任务分工的决定》。3月21—22日，十五届旗委第二轮巡察业务培训会举办，巡察组全体干部、十五届旗委第二轮抽调巡察干部等参加培训。3月22—24日，十五届旗委第二轮巡察3个巡察组陆续完成对6个旗直部门和12个嘎查党组织的进驻工作。3月29—30日，旗委巡察办派出指导督导组，对十五届旗委第一轮6个被巡察党组织开展巡察反馈意见整改情况的实地指导督导工作。4月20日，旗委巡察办组织召开巡察报告撰写专题培训会，十五届旗委第二轮巡察各巡察组组长、副组长、联络员和巡察办全体人员参会。4月21日，十五届旗委巡察工作领导小组第五次会议召开，分别听取第二轮3个巡察组巡察中期情况汇报。4月24日，旗委巡察办召开集中治理党内政治生活庸俗化交易化问题工作专题会议。5月11日，旗委巡察办就全盟巡察系统贯彻落实“省市两级巡视巡察办主任培训班暨市级巡察机构在上下联动中更好发挥作用试点工作总结会议精神”座谈研讨会精神开展专题学习。6月20日，旗委书记专题会议召开，听取十五届旗委第一轮巡察整改督查情况报告和第二轮巡察工作情况汇报，研判分析巡察发现问题，明确处置意见和巡察整改要求，并对旗委下一步巡察工作进行安排部署。7月13日，十五届科右中旗委第三轮巡察工作动员部署会召开，宣布巡察组长授权任职及任务分工的决定。旗委巡察工作领导小组成员、协作机制成员单位分管领导和联络员、巡察办、巡察组全体干部和参加本轮巡察的抽调干部参加会议。7月19日，十五届旗委第三轮巡察4个巡察组陆续完成对8个旗直部门和12个嘎查党组织的巡察进驻。7月20日，科右中旗书记专题会议召开，听取十五届旗委第一轮巡察整改督查情况报告和第二轮巡察工作情况汇报，研判分析巡察发现问题，明确处置意见和巡察整改要求，并安排部署旗委下一步巡察工作。7月27—28日，自治区党委巡视办一级巡视员周苏军一行莅临兴安盟调研指导巡察工作，了解盟、旗两级党委巡察工作开展情况，并召开调研指导座谈会。10月17—18日，十五届旗委巡察工作领导小组第七次会议召开。11月4日，旗委书记专题会议召开，听取十五届旗委第三轮巡察情况汇报，安排部署下一步巡察工作。12月14日，中共科右中旗委巡察机构2022年度工作总结暨2023年重点工作安排部署会召开，各巡察组组长、巡察办副主任、各股室负责人及驻村工作队汇报2022年度工作总结，安排部署2023年重点工作。

（韩斯琴塔娜）

组织工作

【干部教育管理】 2022年，组织党员干部参加自治区“半月谈”“云讲堂”等专题培训12期次；开展主体班次培训10期次；举办旗、苏木镇两级乡村振兴大讲堂81期次，参训人员达1.6万余人次；盟委党校对173个嘎查书记及第一书记进行全员培训，实现年度轮训全覆盖；有计划地在实践中锻炼培养干部，抽调21名年轻干部参加巡察；抽调120余名干部参加疫情防控工作；选派98名年轻干部驻村工作，44名选调生到嘎查任嘎查书记（嘎查达）助理，推动干部队伍政治素养和业务能力双提升。

【干部人才选配】 2022年，组织安排2个调研组开展“非提拔任用谈话”185人次；实施“双招双引”行动，招录公务员及选调生43名，招聘事业单位干部628名，引进高层次人才23人、急需紧缺人才42人；对2018年选调生能力素质进行考察评价，储备年轻干部备用人选50名。

【干部监督】 2022年，以线上线下方式开展督导工作20余次，全旗各基层党组织对照问题清单查摆问题236个，全部完成整改。推动干部“能上能下”，结合户厕整改、疫情防控、驻村工作有关问题，免去正科级领导职务干部2人，对4名干部停职检查处理，“点对点”发送工作提醒函24件。常态化开展“一人多证”专项排查、干部因公因私出国（境）审批备案等工作。

【公务员管理】 2022年，完成拟列入参公单位管理有关工作，在4个旗直部门设置所属独立股级机构，按身份妥善划转人员89名，厘清隶属关系。及时发放2021年公务员奖励性绩效工资，协调财政部门兑现2019年以来晋升职级公务员的差额车补125万余元。全面落实干部津补贴待遇等保障政策，拨付选调生补助资金67万余元。

【基层党组织建设】 2022年，召开“双书记”周例会40期，组织173个嘎查逐个编制《“五大振兴”重点任务清单》《集体经济发展规划（2022—2025年）》。选聘乡村振兴嘎查荣誉书记16名、发展顾问22名，将10名旗级“担当作为好支书”纳入“两团三库”师资队伍。制定10条措施和“4个1”管理机制加强驻村干部管理。推进党群服务中心功能分区建设，规范打造示范点，精细化梳理嘎查级办理事项80项。结合“书记项目”研究制定《党建引领产业发展实施方案》，集体经济年收入在20万元以上的嘎查达到88%以上。举办“抓党建促乡村振兴赴巴彦淖尔市实地考察培训班”，扩宽全旗推进乡村振兴思路举措。按时拨付工作经费，3个危旧嘎查党群服务中心开工改造，拨付8个中央扶持发展嘎查村级集体经济项目1000万元。3名嘎查党组织书记在全盟“擂台比武”活动中进入前5名，开展农村牧区基层党建“揭榜领题”项目拉练观摩暨苏木镇党委组织委员“擂台比武”活动。召开农村牧区基层党建工作调度会暨“晓景计划”推进会，分类施策培养各级“晓景计划”人选268名，举办专题培训班5期，依托扶持政策投入整合资金950万元，辐射带动5500余户农牧民，实现户均增收3000元以上。创新实施“旗编村用”引才机制，公开招聘150名高校毕业生到嘎查工作，研究制定专项管理办法，为驻村工作队轮换、增强基层党组织功能打牢基础。研究制定《“干部到乡”工作方案》，召开动员大会，全旗4869名干部与8735个农牧户结对。

【社区党组织治理】 2022年，开展旗级领导干部包联社区“访民情、解民忧、办实事”活动，解决群众急难愁盼问题154件。推进13个社区“四型”（聚力、和谐、绿色、智慧）建设。成立旗社会管控工作专班，建立健全社会管控制度体系，明确“4个机制、5类人员职责、3个流程、1个办法”，提高社会管控各环节运转效率。印发《关于落实旗级领导包联社区疫情防控工作的通知》，全旗4365名党员干部下沉疫情防控一线，招募志愿者近400人，形成疫情防控工作合力。向社区选派第一书记20名，实行派出单位及社区“双重”管理。组织召开社区“双书记”周例会20期，解决民生实事174件，对接共驻共建项目48个，走访群众1100余户，在疫情强化管控期间全部下沉开展防控工作。与旗委统战部联合印发《深入推进党建引领民族团结进步创建工作实施方案》，将铸牢中华民族共同体意识教育纳入旗委党校主体班次，着手打造5个“抓党建促民族团结”示范点。持续开展“民族团结一家亲”活动，组织全旗500余个基层党组织开展民族团结主题党日活动，4000余名干部到乡集中入户。推进“最强党支部”建设提质升级，评选盟、旗两级“最强党支部”示范点37个和示范基地8个。推进北疆模范机关创建工作，实施“四化四提升”工作法，组织开展旗直机关党建工作观摩交流活动。全旗121个机关单位4052名在职党员到社区报到，各基层党组织签订“全域互联共建”协议135份，提出需求清单4类217条、资源清单6类310条，开展志愿服务活动800余次，解决社区问题194个，解决居民难题1115件，以互联共建实现资源共享、优势互补。

【“两新”组织建设】 2022年，集中开展“百日攻坚”行动，提升“两个覆盖”质量，完成物流、外卖等5个重点行业群体的摸排，选派4名党建指导员，成立联合党支部1个。4个“红色驿站”“暖蜂驿站”建成并投入使用，联合相关部门组织新业态、新就业群体近400人参加交通安全知识培训、法律宣传等活动。

【人才引进培育】 申报2022年度“兴安英才”工程，推荐团队2个、个人2名，引导科右中旗本土人才投身发展。建立“兴安工匠”人才台账，组织选手参加乡村手工艺制作职业技能大赛，59人申请认定“乡村工匠”荣誉称号。持续实施“能人返乡、凤凰归巢”专项行动，掌握260余名返乡创业就业人才信息，梳理汇总130余名全日制硕士研究生和580余名高校毕业生信息。借助上级帮扶资源，通过召开帮扶全方位对接会等形式推进深度合作，柔性引才130余人。承接科技特派团和“组团式”人才帮扶，成立领导小组及4个产业专项组，科技专家先后6次深入科右中旗开展点对点式产业指导，举办专题讲座3期，开展服务基层活动67批次。结合乡土人才孵化中心规范化建设，召开乡村产业发展带头人座谈会，组织开展“村企支部联建”观摩活动2次，以产业振兴带动乡村经济发展。

（邢智慧）

宣传工作

【概况】 印发《2022年全旗各级党委(党组)理论学习中心组专题学习重点内容安排》《关于各级党委(党组)理论学习中心组专题学习重点内容安排补充通知》,对全旗党员干部学习习近平新时代中国特色社会主义思想做出明确部署和具体安排,通过集中学习、个人自学、专家授课等方式,组织各级党委(党组)理论学习中心组坚持带头学、示范学。围绕党的十九届六中全会精神、铸牢中华民族共同体意识、集中治理党内政治生活庸俗化交易化问题、党的二十大精神等主题,旗委理论学习中心组开展集中学习研讨11次,苏木镇、旗直单位开展集中学习1980余次,各嘎查社区结合“双书记”周例会、周议事会开展集中学习6055次。开展“上强国、铸同心、树清风,三学一创”活动,每日带动全旗4万余名党员群众学习相关内容。对12个苏木镇及71个单位开展巡听旁听14次,发现问题8个并全部整改完成。推动党史学习教育常态长效,开设专题专栏,以宣传宣讲、知识竞赛等形式抓好党史学习教育。组织融媒体中心录制《听主播讲党史》系列音频67期次。

【理论宣讲活动】 2022年,科右中旗“理论学习轻骑兵”“家门口唠嗑队”开展理论宣讲2640余场次;录制《理论微讲堂》视频12期次;旗乌兰牧骑、“文化村长”和文化志愿者到基层开展文艺宣传宣讲625场次。形成调研理论文章17篇,刊发6篇。开展全旗“学习强国”标兵分享会1轮。组织“学习强国”标兵诵读活动,全旗2650余人参与。成立科右中旗“学习强国”学习平台供稿小组,上稿204篇,其中全国主平台上稿10篇。

【意识形态工作】 密切关注意识形态领域新情况新动向,防范各类风险隐患,2022年,开展阵地排查检查6次、专项督查1次,备案各类讲座、论坛、报告会、研讨会、大型活动等16场次。召开全旗意识形态暨舆情信息联席会商工作调度会2次。

【网络安全检查】 制定印发《2022年科右中旗网络安全检查工作方案》并组织全旗各地各部门有序开展自查。严格执行网络舆情监看制度,监看涉旗舆情26期,涉疫舆情30期,刊发《网络舆情报告》30期。规范属地网上信息发布审核,落实敏感信息清查指令4条。组织属地政务网站、新媒体平台开展清查,修改不规范表述信息1329条、删除23条,累计整改1352条。整改微信公众号稿件表述不规范1次、网站稿件表述不规范2次。

【对外宣传】 以宣传贯彻党的二十大为主线,围绕“兴安岭上兴安盟”和科右中旗中心工作,在自治区级以上媒体发稿9500条次、盟级媒体发稿1543条次,自治区级以上媒体点击量10万以上的稿件50篇。旗级所属新媒体平台发稿1.9万余条次,制作电视新闻1200条,新媒体平台点击量5万以上的作品134个。开展“日日有采访、人人出精品”主题采访活动,12名一线记者推送主题新闻报道1383条次。持续开展网络外宣专项工作,推进“采访线”建设,发布原创帖3100条,爆款帖19条,转发帖10305条,互动量10万余次,被浏览量22.7万余次。

【精神文明建设】 2022年，组织开展“学雷锋”“我帮你”志愿服务活动近5400场次；常态化开展“三下乡”服务活动570场次，覆盖5万余人次。完成2022年度自治区文明城市复查和验收工作，王秀珍家庭获评“第三届内蒙古自治区文明家庭”，城市管理综合行政执法局、内蒙古京科发电有限公司、文化旅游体育局、教育局获评“第十届内蒙古自治区文明单位”，巴彦茫哈苏木哈吐布其嘎查获评“第七届内蒙古自治区文明村镇”；巴彦呼舒第一中学获评“自治区级文明校园”。经过推荐和考核，9人获得盟级“兴安好人”、2人获选兴安盟第五届道德模范。举办“榜样的力量”科右中旗精神文明建设评选表彰颁奖晚会，对评选出的旗级文明校园、道德模范等进行表彰。持续推动乡风文明建设，围绕移风易俗开展“婚事新办、丧事简办、余事不办”主题宣讲200余场次，发放移风易俗宣传单2.3万余份。持续推行积分奖励制度，建成文明团结超市125个，让“小积分”攒出“好习惯”，兑出“新风尚”。组织文化文艺志愿者拍摄制作少喝酒、文明祭祀等移风易俗小视频，并通过公众号、抖音等平台传播，其中《转思想观念 创亮丽家园》累计播放量8.8万次。

【新时代文明实践工作】 组建旗、苏木镇、嘎查及党员干部、社会组织、人民群体“三级三类”志愿服务队1900余支，线上注册志愿者2.2万余人，开展理论宣讲、科技与科普等志愿服务活动5600场次。重点打造“大喇叭说小事”“百名‘文化村长’进嘎查”“画筑同心文明墙”等旗级品牌项目和“牛日子”“拍全家福”“护苗爱苗”等13个苏木镇级品牌项目，培育“助农带货”等本土特色优势品牌，围绕项目开展活动1000余场次。在旗新时代文明实践微信公众号上开办《文明实践在行动》《聚焦党的二十大理论微讲堂》《抗击疫情》等专栏，发布360期次内容。

△5月15日，科右中旗“石榴籽同心筑梦——中华文化大家学”集中示范活动举行
（旗委宣传部　供图）

【文艺精品创作】 2022年，创作歌曲、舞蹈、乌力格尔、舞台剧等文艺作品42部。歌舞剧《雕花的马鞍》入选2022年自治区文艺作品质量提升工程；好来宝《总书记回信了》入选“喜迎二十大、说唱新时代”全国优秀曲艺节目展演；电影《枫叶红了》获得2022年自治区“五个一工程”奖。

【乡村文化】 2022年，举办“喜迎二十大、奋进新征程”科右中旗“逐梦乡村·我们的舞台”农牧民文艺活动219场次，参与群众5万余人次。125名“文化村长”进嘎查辅导达425次，服务时长890小时。旗乌兰牧骑开展“送欢乐、送文明”“戏曲进乡村”等基层服务活动80余场次。举办“我们的美好生活”文化文艺志愿服务活动暨“文化村长”助力乡村文化振兴行动观摩会。总投资4.6亿元的苏雅乐文化产业园项目完成文化展示厅、婚礼艺术中心、红色记忆馆和“非遗”研发中心一楼及二楼主体搭建。在盟级以上蒙古文媒体报送稿件265篇。接待内蒙古蒙古语卫视、内蒙古电视台蒙古语文化频道《社会观察》栏目组、《内蒙古日报》《兴安日报》、兴安广播电视台等媒体22名记者并下乡采访报道。

【草原书屋建设】 重点维护18个试点书屋的数据管理平台，制作安装牌匾、制度，图书馆分馆终端软件系统、鸿雁阅读软件，制作鸿雁阅读借书证系统软件和硬件设施。为全旗185个草原书屋补充更新图书31174册。挑选高力板镇和代钦塔拉苏木2个草原书屋为中心书房，开展阅读活动20余场次。

【全民阅读】 成立“科右中旗全民阅读领导小组”，制定全民阅读方案，组织开展“新时代乡村阅读季”阅读推广活动，上报“乡村阅读榜样”9人；开展全民阅读活动和阅读推广活动500场次，阅读总量7.2万人次。

【出版发行管理】 完成辖区内41家出版物发行单位的年度核验和7家印刷企业的年检初审工作。发放宣传材料700余份；开展专项检查，严厉打击各类侵权盗版行为，重点整治无证销售出版物以及侵权盗版教辅图书等行为；邀请自治区版权局工作人员对全旗画家、摄影家、“非遗”传承人等进行版权登记培训，助推版权保护工作。旗新时代文明实践中心版权服务工作站版权登记作品106个。联合开展“剑网”专项行动，严厉打击通过流媒体软件硬件传播侵权盗版作品行为并强化网上舆情信息监管。及时公开版权领域（执法）政务信息，进行查缴非法出版物集中销毁行动，销毁2000余件非法出版物、音像制品。

【软件正版化工作】 成立使用正版软件工作领导小组，建立健全软件登记明细和台账，严厉推进软件正版化的规定。抽查8个单位的计算机数量、软件配置、操作系统、办公软件和杀毒软件以及其他常用软件的正版数量，均使用免费软件。

【文化市场监管】 2022年，以八大专项整治为抓手，联合公安局、文化市场综合行政执法局等部门，深入辖区内文化经营类场所查处各类有害出版物及信息，出动执法人员2510人次，排查文化经营类场所892家次，口头警告3家次，立案3起，收缴违禁出版物255册，下架敏感教材、教辅和中小学课外读物69本。同时加强网络文化市场内容监管，联合网安大队等部门针对网站、自媒体常态化开展监察工作，定期开展平台自查自纠，检查国家重要信息系统及企事业网站，发现并上报境外非法网站110家，有害信息22条，有害网络文学及线索8条，未发现涉及、传播至辖区内的情况。结合“4·26世界知识产权日”“知识产权宣传周”等活动，设置专台专区介绍“扫黄打非”重要意义。集中开展各类宣传活动21场次，场所张贴海报80余张，发放宣传单7000余张，宣传品1400余份。在全旗44所中小学、幼儿园，以安全教育课堂等形式开展特色“护苗”行动，组织学生观看教育片，宣传“黄”“非”信息的危害性，普及师生2.8万人次。

【广播电视】 2022年，开展700兆赫地面数字电视频率迁移工作。配合自治区工作组完成前期信息填报、设备接收、发射机安装调试以及信号发射工作，截至9月，全旗5个发射台站12台发射机全部改造完成。联合旗文化市场综合行政执法局每月开展打击非法境外卫星接收设施整治行动1次，对图什业图影城、星空影城进行年检，加强影院日常疫情防控监督检查。加强LED电子屏、网络安全管理工作。加强后期维护长效机制建设，免费为农牧民维修广播电视户户通设备2000余台，免费更换高频头60个、遥控器22个，接听用户咨询电话533个，微信处理用户故障425个，更换电容110个。维修广播村村响大喇叭、地方台电视节目无线发射基站86次，出动250余人次，行驶里程2万余公里，各基站、村村响大喇叭正常运行。5月21日起，各放映队开始放映工作，截至10月底完成2076场次公益电影放映任务。先后开展元旦、春节期间“各族人民心向党中华儿女共团圆”电影放映活动，8月，开展“爱我国防共铸北疆”优秀军事题材影片展映活动以及“喜迎二十大共建强军梦”庆祝建军95周年主题电影放映活动；加大广播村村响大喇叭宣传力度，及时制作《疫情防控》《乡村振兴》《移风易俗》《品国学诵经典》《跟大熊猫学中华文化》等一系列政策理论音频节目，及时更新节目库，组织重大主题活动宣传推广。开展“大喇叭说小事”志愿服务，制作播发小视频32条，关注用户7700余人，总观看量491万次，单条最高观看量395.1万次，转发量10.2万次。

（孙嘉男）

统战工作

【民族工作】　履行旗委主体责任和旗委书记第一责任人责任，加强基层民族工作队伍建设，常态化开展民族领域纠偏正向工作。2022年，常委会专题研究讨论民族工作8次，旗委理论学习中心组集体学习6次、理论测试2次，将民族事务纳入城乡社区网格化服务管理。深入实施“14466”工作机制，建立健全铸牢中华民族共同体意识宣传教育常态化机制，建立宣传教育基地1处、实践创新基地4处，成立铸牢中华民族共同体意识促进会，全员化、常态化开展“三学一带一创”宣传教育活动1000余场次。推进民族团结进步创建工作，成立领导小组，制定创建方案和测评指标实施细则，深入实施创建工作“八进”，召开全旗推进会2次，调研指导20余次，督察检查54次。按照分众化、人文化、常态化的理念，农村牧区开展“听党话、感党恩、跟党走”、全社会开展中华文化大家学、城市社区开展各族群众互帮互助、教育系统开展推广普及国家通用语言文字助教助学“石榴籽同心筑梦”主题系列活动2845次参与约20余万人次，推进中华民族共有家园建设。在新佳木苏木试点开展“三结对同心筑梦、心连心共建家园”活动。全旗4869名机关干部与8735户农牧民结对，办理民生实事4000余件。

△ 5月27日，科右中旗“民族政策宣传月、民族法治宣传周”集中宣传活动举行

（旗统战部　供图）

【宗教工作】　2022年，科右中旗深入学习贯彻全国、全区、全盟宗教工作会议精神，落实《宗教事务条例》《互联网宗教信息服务管理办法》，采取多方措施推进宗教中国化，提升依法治理宗教事务能力。在

宗教界实施“铸魂”“雨润”“聚力”“培优”“筑墙”五大工程，加强教育引导和管理服务工作，开展宗教工作培训2次，“双月学习会”“同过中国节共育爱国心”等活动48次、“同心园地”大家谈活动2次，乡村振兴调研观摩活动1次。严格落实党建引领基层宗教事务治理正面、负面清单，将宗教事务纳入城乡社区网格化服务管理。开展宗教场所常态化疫情防控、消防安全及房屋安全调查排查等工作，持续开展整治非法宗教活动，与公安联合依法查处、打击非法宗教活动。

【铸牢中华民族共同体意识促进会】 2022年，科右中旗成立旗、苏木、嘎查三级促进会、促进分会207个，吸纳注册会员2347人。按照兴安盟委“三学一带一创”工作要求，围绕统战工作“14466”工作机制，研究总结科右中旗民族团结进步“丹枫”润心工作法，又称“五个一”工作机制。建立5支队伍、围绕5个主题开展活动，提升群众“五感”。苏木镇及嘎查促进分会以“5+N”模式成立队伍并开展主题活动，围绕“三学一带一创”工作思路，在实践中融入中华传统文化、法律法规等内容常态化开展宣传教育活动1000余场次。

△5月27日，科右中旗“民族政策宣传月、民族法治宣传周”集中宣传活动（旗统战部 供图）

【企业兴乡活动】 截至2022年底，累计39家企业、1家商会对接47个嘎查，投入资金1598.46万元，提供贷款1204万元；带动就业300余户1000余人，其中带动脱贫户7户，为嘎查平均增加集体经济收入12000元，每户年增收约1000元左右。协调海淀区及“万企兴万村”等社会捐赠资金33.46万元；京蒙协作北京资金投入800万元为集体经济相对薄弱的8个嘎查，金融机构向农牧民发放贷款58笔125万元；开展新一轮疫情防控工作，非公企业立足行业特点促进“企业兴乡”，捐款捐物200万元；9月29日，举办科右中旗2022中国农民丰收节，各企业负责人对科右中旗优质特色农畜产品进行推介，展示科右中旗当地农畜产品、林果产品和文创产品。重点发展规模种植养殖业、特色农牧业，设置农业、林下经济、庭院经济等农牧业生产经营模式。内蒙古二龙屯有机农业有限责任公司奖励资金5万元，兴安盟吉祥爱里农业发展有限公司奖励资金3万元。

【党外干部和代表人士】 2022年，对科右中旗党外干部进行精准统计，对党外副科级以上干部建立专门档案。党外科级以上干部20名。其中，处级3名、正科级4名、副科级13名。科级以下党外后备干部35名。重新统计全旗新的社会阶层党外代表人士，推荐新的社会阶层人士赴盟党校参加党外知识分子和新的社会阶层人士培训班。

【统一战线工作制度化】 组织统战各领域各界人士传达学习习近平总书记关于统战、民族、宗教工作的重要讲话精神及全国、全区、全盟相关会议精神，充分发挥旗委统一战线工作领导小组统筹协调作用。把贯彻落实《中国共产党统一战线工作条例》《宗教事务条例》《内蒙古自治区民族团结进步条例》等纳入各级党委（党组）重要议事日程和年度督察检查、绩效考核，纳入中心组学习、党校教学和统一战线领域各类培训和学习；制定《科右中旗新的社会阶层人士统战工作联席会议制度》，全面提升统一战线工作制度化、规范化高效运行。

（宁佳慧）

直属机关党建工作

【概况】 2022年，科右中旗直属机关工委11个党总支85个党支部，有1424名党员。

【党员思想建设】 2022年，严格落实党建工作责任制，结合“理论学习轻骑兵”“家门口唠嗑队”，围绕解读党的十九届六中全会精神、党的二十大精神等主题开展理论宣讲2640余场次。巩固拓展党史学习教育成果，组织举办旗直机关“喜迎二十大、建功新时代”党建知识竞赛，16支旗直机关事业单位党组织队伍参加比赛。

【党组织建设】 2022年，科右中旗16个机关企事业单位党组织被评为盟、旗两级“最强党支部”示范点、示范基地。结合“民族团结进步活动月”持续开展“民族团结一家亲”活动，组织全旗机关企事业基层党组织开展主题党日活动，全旗4869名干部与8735个农牧户进行结对，4000余名干部到乡集中入户，共画“党建+民族团结”同心圆。

【党员教育管理】 2022年，签订“全域互联共建”协议135份，提出需求清单4类217条、资源清单6类310条，解决社区问题194个、居民急难愁盼问题1115件。旗直机关企事业单位在职党员社区报到4052人，开展政策宣讲、“敲门行动”和人居环境卫生整治、矛盾纠纷调解、认领微心愿、“民族团结一家亲”等志愿服务活动800余场次，共办结承诺事项1100余件；90余家旗直部门单位（系统）3600余名旗直机关、企事业单位干部、志愿者（其中党员2442人）投入小区、卡口开展防疫工作。

【党内帮扶】 2022年，落实党内帮扶关怀机制，对《旗直属机关工委生活困难党员、老党员》登记名册，七一、春节等节日期间，走访慰问中华人民共和国成立前老党员、困难党员、因公殉职党员家属，发放慰问金0.55万元。组织女职工参加“女职工特病保险”活动。

（陈国霞）

机构编制管理

【编制条例贯彻】 2022年，规范执行《编委工作规则》《编办工作细则》《全旗机关和事业单位机构编制事项动议与论证程序》，制定印发《科右中旗机关事业单位使用编制程序》《科右中旗机关事业单位人员调动管理办法（试行）》。

【机构改革成果】 2022年，科右中旗规范开发区管理机构和以案促改工作，制定科右中旗产业园管理办公室、科右中旗产业园企业服务中心“三定”规定。根据开发区“以案促改”第三督导组反馈意见，关于选人用人方面任职不规范和人编分离2个问题，3月底全部整改完成。开展国防动员体制机制改革工作，经旗委编委第七次会议审议通过，组建旗国防动员领域机构，并进行修订涉改部门“三定”规定。

【事业单位改革深化】 2022年，科右中旗统筹优化事业单位布局，归并整合业务单一、职责弱化事业单位，将旗市场监督管理局投诉举报受理中心整合至检验检测中心；将旗林业工作站与旗草原工作站整合，组建旗林业和草原工作站。推进草原自然公园建设，成立旗额仑草原自然公园管理中心，核定科级领导职数2名（1正1副）。按照科级事业单位“撤一设一”、不突破现有总数的原则，将旗林业和草原事业发展中心降格为股级。优化调整养老、教育、乡村振兴等重点领域事业单位设置，增强公益属性。旗养老服务中心分支机构综合福利中心更名为旗社会福利中心；旗扶贫资产管理中心更名为旗乡村振兴服务中心，旗政务服务中心加挂旗“12345”政务服务便民热线中心牌子；经盟委编办批复，内蒙古科尔沁国家级自然保护区管理局增设内设机构社区事务科。理顺综合行政执法机构管理体制，将旗自然资源综合行政执法大队更名为旗自然资源和林草综合行政执法大队；调整隶属关系由旗自然资源局所属调整为旗政府直属，机构规格由副科级调整为正科级，重新核定科级领导职数为3名（1正2副）。配合组织部门完成参公单位相关工作，成立旗医疗保障事业发展中心、旗统计局普查中心等4个事业单位。结合个人意愿和双向适岗选择原则，完成17个单位81人转隶。保障卫生、文化等重点民生领域，为旗疾病预防控制中心、旗乌兰牧骑、旗党群服务中心等18个事业单位增加编制166名；保障社保业务经办机构编制，为社会保险事业服务中心增加事业编制15名。

【编制管理机制创新】 2022年，在旗级事业编制总量内调剂50名事业空编，建立旗级事业编制“周转池”，专门用于旗直事业单位引进高层次人才和急需紧缺人才的用编需求，“周转池”编制挂靠在旗机构编制服务中心，实行单列管理，由旗委编办负责具体管理，同时明确使用周转编制的程序、管理及使用的配套事宜。旗委党校、旗融媒体中心等4个事业单位使用“周转池”编制11名。推动编制资源向基层和一线下沉，在旗级事业编制总量内调剂150名事业编制，用于旗编村用招聘事业单位工作人员到苏木镇各嘎查党群服务中心工作，编制挂靠在旗党群服务中心管理，由旗委组织部具体负责。

【苏木乡镇改革成果】 2022年，建立苏木镇权责清单和公共服务事项清单，苏木镇综合行政执法局增加事业编制30名，12个苏木镇编制总量820名。总结和学习基层管理体制改革视频培训会议精神，细化完善内设机构职能职责及机构挂牌等。

【机构编制监督检查】 2022年，全面贯彻“编制就是法制”要求，抓好“三定”规定的落实，执行机构限额、领导职数、编制种类和总量等规定，加强挂牌机构管理，确保“不在限额外设置机构、不超职数配备领导干部，不擅自增加编制种类”。对全旗各类机构改革落实情况和编制使用情况使用效益开展“回头看”。2022年第四次编委会传达学习《机构编制违规违纪违法行为处理和问责规则》并转发至各机关单位。组织学习《机构编制报告制度实施办法》《机构编制监督检查工作办法》等制度。印发《科右中旗机关事业单位使用编制程序》，明确机关事业单位用编范围、原则与程序，推进编制管理规范化、法制化建设。与巡视巡察、组织、人社、审计等部门协作，将机构编制工作情况和纪律要求纳入巡视巡察、选人用人专项检查等监督范围。与旗委组织部、旗人社局联合制定《机关事业单位人员调动管理办法》，全面规范人事调动管理，明确和细化部门分工责任。

【机构编制统计】 2022年，完成机构编制管理证年检，调整人员288名、变更信息38条，年检机关单位308家并及时更换封皮。完成机构编制统计年报工作，准确把握统计年报口径、指标、变化，核对调整完善机构信息50余条、台账信息70余条、人员信息90余条。按期完成全旗210家机关事业单位2445名编外人员统计工作，按实名制统计口径录入系统2037名。

【招录招聘】 2022年，保障重点事业发展编制，配合组织部门完成机关招录45名（公务员30名、选调生15名）；配合组织、人社、教育部门完成事业单位招聘858名（教育系统274名、事业单位公开招聘544名、“绿色通道”人才引进40名）；完成招录招聘人员列编693人（2019年特岗教师41人、2021年事业单位招聘66人、2022年事业单位招聘522人、2022年公务员选调生招录41人、2022年“绿色通道”招聘23人）。为疾控中心增加编制3名、补充专业人才8人（“绿色通道”人才引进4人、公开招聘4人），计划招聘待统一考试11名，助力疫情工作需要；为妇幼保健院补充专业人才5名（调入1人、公开招聘4人）；基层卫生院计划公开招聘专业人才69名，其中，招聘17人，其他待统一安排考试；同时安置医学定向生3人，保障一线专业技术人才用编进人。补充农业科技专业人才9人（调入3人、事业单位招聘2人、“绿色通道”人才引进4人）。

【教育事业编制管理】 2022年，推进中小学教职工编制核定工作，重新核定科右中旗中小学教职工编制总量3283名。促进基础教育均衡发展，为公办幼儿园增加编制75名，调整编制23名；为公立幼儿园增加编制10名，公开招聘幼儿教师71名；补充专任教师70人（调入11人、公开招聘59人）；内部调整编制25名、调整教师70人。

【事业单位登记管理】 2022年，完成事业单位设立登记和变更，累计设立登记17家、变更登记29家、注销1家。完成事业单位年度检验，全旗152家事业单位参检率、合格率、公示率均100%。完成事业单位法人公示信息抽查，更新完善事业单位法人和执法人员名录库。完成中文域名注册和续费工作，全旗198家机关、事业单位成功续费率均100%，其中，新注册域名4个、变更域名10个、撤销域名5个。

（高　丹）

老干部工作

【概况】 全旗离休干部9人，其中，享受处级待遇5人、科级待遇4人。

【离退休干部政治待遇】 通过收看党的二十大直播、集体学习党的二十大报告原文、召开宣讲报告会、动员老同志撰写党的二十大报告感想和开展专题汇报演出等形式，组织离退休干部开展党的二十大精神学习宣传活动。创新活动载体，坚持和完善政治理论学习、阅读文件、情况通报等制度，组织离退休干部观看全国离退休干部网上专题报告会；开展“建言二十大”“我看中国特色社会主义新时代”等专题调研活动；组织部分离退休老干部开展“七一”考察调研活动；为离休干部征订《老年日报》《学习参考》《快乐老人报》《兴安日报》等学习资料。

【离退休干部生活待遇】 通过上门看望、查阅档案、电话沟通等方式，全方位采集全旗9名离休干部的家庭住址、联系方式、赡养情况、身体状况、服务需求等信息，做到“五清楚”，建立“一人一策”精准服务信息档案台账。经常性电话回访离休干部和家属，动态掌握离休干部健康状况、困难需求和待遇落实等情况，实现离休干部“一人一策”信息化、动态化管理。对重病、高龄、失能、失独、空巢、生活发生重大变故的特困离休干部及其遗属，给予一对一帮扶和救助，发放特困帮扶资金3人3000元。

【离退休干部宣传服务】 老科协围绕“吃生态饭、做牛文章、念文旅经”战略定位，开展文明旅游、绿色出行、保护生态环境等“科普+旅游”宣传活动，为近万名农牧民发放宣传手册20000余本、环保购物袋10000余个，宣传绿色出游、低碳出行、安全出行。助力乡村振兴，为农民致富指导中草药种植规模、改良牛养殖技术，推动科技为民服务。开展扶持困难青年养羊项目，新佳木、杜尔基两个项目区养羊户发展到189户，养羊数由124只增加到12503只，全部实现脱困。其中，15户成为青年农牧民致富带头人，2户成为新时代文明实践示范户（养殖业）。建立健全“银发人才库”，搭建老干部发挥作用平台。银发人才库宣讲员深入社区、学校和老年团体开展党的二十大精神宣讲活动。银发科技人才到基层，开展技术研究和技能培训，宣传接羔保育知识，提高科学养殖水平，推动全旗秸秆转化利用水平和青贮黄贮技术推广。

（李树花　冯高娃）

党校教育

【“学习型党校”打造】 2022年，打造“学习型党校”，制定学习计划，定期组织党员干部学习习近平新时代中国特色社会主义思想、党的二十大精神、旗委和旗政府主要领导讲话、重要会议精神等，引导党员干部“读原著、学原文、悟原理”。组织教职工深入旗直机关、苏木镇、社区开展调研交流活动。制定《中共科右中旗委党校“教学质量提升年”活动方案》，开展“教学质量提升年”系列活动。构建完备课程体系，结合上级党校和上级党委课程要求，构建包括基础理论、习近平新时代中国特色社会主义思想、党性教育、国情区情盟情旗情、能力素质提升五大板块的教学布局，打造覆盖面大、针对性强的课程体系。

【干部教育培训】 2022年，利用和发挥各种教学资源，开发党性教育、党建示范引领、乡村振兴、铸牢中华民族共同体意识、文化旅游等现场教学基地，丰富和完善课程体系，通过现场观摩、言传身教提高培训的针对性和实效性。举办主体班次3期次，参训达134人次；举办2022年科右中旗年轻干部及选调生政治素质提升专题培训班2期次；举办第十一期青年干部培训班，参训50人（因疫情防控形势变化，暂缓开班）。旗委组织部选派处级领导21名、苏木镇党政正职24名、旗直部门领导干部53名参加“全盟县处级干部及苏木镇党政正职学习贯彻党的十九届六中全会精神专题培训班”并组织科右中旗分会场。旗委组织部组织14名处级领导参加全盟换届后旗县市县处级干部提升政治能力履职能力专题培训班，组织科右中旗分会场，参加培训220人。为兴安盟乡村振兴大讲堂（5期）培训会提供场所。旗妇联和团旗委各举办1期全旗妇联干部和团干部培训。

【党校理论宣讲】 2022年，组建由常务副校长任组长、2名副校长任副组长、13名讲师任组员的理论宣讲小分队，分别到旗直单位、苏木镇开展党的二十大精神宣讲（因疫情防控形势变化，宣讲活动中途暂缓）。党校教师进行多渠道学习培训，分别选派教师在井冈山红色文化培训中心参加兴安盟党校系统井冈山红色文化教育培训班、通过线上线下形式参加全盟党校（行政学院）系统学习贯彻党的二十大精神集体备课班、参加全旗乡村振兴考察培训班、抽调参加旗巡察工作、通过中国干部网络学院平台多次参加视频直播课。年内上报6篇调研报告和理论文章。

【师资库储备】 2022年，通过接收返乡干部1人、引进“绿色通道”人才5名、考录事业编2名，切实解决马克思主义理论、经济、政治、法律等专业化师资不足的问题。围绕干部培训事业发展需要建立外聘师资库，有外聘老师32人，同时实施动态调整，完善专兼结合的师资结构。

（王乌兰）

科右中旗人民代表大会

综　述

【概况】 2022年，召开常委会例会6次、常委会党组会议16次、主任会议10次，听取和审议“一府一委两院”专项工作报告16项，做出决议决定3项，形成审议意见14件，组织人大常委会组成人员和人大代表开展执法检查、调研、视察等监督活动12次，配合自治区人大常委会在旗开展专题调研3次，配合盟人大工委专题调研15次。完成旗第十七届人大第一次会议确定的各项任务，并筹备召开旗十七届人大二次会议。

【重要会议】 1月4日，科右中旗第十七届人民代表大会第一次会议在科尔沁宣传文化中心礼堂召开预备会议。会议强调，要把加强党的领导贯穿各方面全过程，确保正确的政治方向。要认真履职尽责，聚精会神开好人民代表大会，高质量完成各项既定目标任务。要认真审议工作报告，办理好议案建议，准确把握和深刻领会会议精神，会后要及时将会议精神传达贯彻到基层群众中去，进一步扩大会议成果。要把坚持党的领导，充分发扬民主和依法办事有机统一起来，圆满完成大会选举。要把抓好换届选举作为履行管党、治党的政治责任，推进全面从严治党的重要实践，充分发挥党组织的领导和把关作用，充分发扬民主，坚持依法办事，要讲政治，讲团结，守纪律，以高度负责的态度对待此次选举，确保换届选举圆满成功。要强化组织领导和纪律要求，以零容忍的态度惩治换届选举的歪风邪气，全力营造风清气正的会议环境。预备会议以举手表决的方式，通过旗第十七届人民代表大会第一次会议主席团和秘书长名单、大会议程、大会议案审查委员会组成人员名单、大会计划预算审查委员会组成人员名单。5日，科右中旗第十七届人民代表大会第一次会议开幕。大会应到代表197人，因事因病请假12人，实到代表185人，符合法定人数。自治区、盟两级换届督查指导组到会指导。大会书面审议旗人民政府《关于科右中旗2021年国民经济和社会发展计划执行情况》及《2022年国民经济和社会发展计划(草案)的报告》《旗人民政府关于科右中旗2021年预算执行情况和2022年旗级预算(草案)的报告》。

1月5—7日，科右中旗第十七届人民代表大会第一次会议召开。会议审议通过关于政府、人大、法院、检察院工作报告及科右中旗人民政府《2021年度民生实事项目完成情况与2022年度民生实事候选项目形成情况的报告》，审查和批准《2021年国民经济和社会发展计划执行情况与2022年国民经济和社会发展计划草案的报告》《2021年预算执行情况和2022年预算草案的报告》，书面审议科右中旗人大常委会《2021年度民生实事项目监督工作专项报告》。选举科右中旗第十七届人大常委会主任、副主任、委员、旗人民政府旗长、副旗长、监察委员会主任、法院院长、检察院检察长，并向宪法宣誓。通过科右中旗第十七届人民代表大会各专门委员会组成人员名单，票决出科右中旗2022年民生实事项目。

3月22日，召开2022年旗人大代表建议交办会，转交旗政府办理的代表建议26件，涵盖乡村振兴、城镇建设、科教文卫体、交通商贸、农牧业水利、生态环保和社会保障等方面。

4月24—25日，科右中旗人大常委会党组、机关党组先后召开集中治理党内政治生活庸俗化交易化问题动员部署会。按要求在常委会党组、机关党组、机关党支部党员干部中开展集中治理党内政治生活庸俗化交易化问题工作，全面部署推进党内政治生活庸俗化交易化问题集中治理工作。

5月31日，科右中旗第十七届人大常委会第二次会议召开。会议听取和审议旗人民政府《关于2022年政府债务化解计划的专项工作报告》《关于专项债券管理使用情况的专项工作报告》《关于〈中华人民共和国安全生产法〉〈内蒙古自治区安全生产条例〉实施情况的专项工作报告》、旗人民法院《关于〈民法典〉贯彻落实情况的专项工作报告》，审议通过《科右中旗人大常委会关于召开各苏木镇人民代表大会2022年度例会的指导意见》。

6月25—30日，科右中旗12个苏木镇、2个工作部、2个农牧场先后召开2022年度第一次人代会。常委会班子成员分工分组，参加各苏木镇人代会，指导完成会议各项任务。

6月28日，科右中旗第十七届人大常委会第三次会议召开。旗人大常委会组成人员出席会议，旗政府、旗监察委员会、旗人民法院、旗人民检察院负责人以及旗直相关职能部门负责人列席会议。会议听取和审议旗人民政府《关于2022年民生实事项目落实情况的专项工作报告》《关于全旗交通建设工程开展情况的专项工作报告》、旗人大常委会视察组《关于全旗优化营商环境情况的视察报告》；审议决定有关人事任免事项，并举行新任职人员宪法宣誓仪式；研究其他事项。

9月26日，旗人大常委会组织各级人大代表深入哈日诺尔苏木、巴仁哲里木镇、吐列毛杜镇、额木庭高勒苏木，视察民生实事票决项目推进情况，观摩学习各地区“人大代表工作室”建设，人大代表助推产业发展、发挥作用情况。

12月25—30日，科右中旗12个苏木镇、2个工作部、2个农牧场先后召开2022年度第二次人代会。常委会班子成员分工分组，参加各苏木镇人代会，指导完成会议各项任务。

12月29日，科右中旗第十七届人大常委会第六次会议召开。会议集中学习党的二十大精神；审议通过旗人民政府《关于旗第十七届人大一次会议代表建议办理情况的报告》《关于以铸牢中华民族共同体意识为主线的民族团结进步工作报告》《关于2022年政府债务化解情况及2023年政府债务偿还计划安排情况的报告》《关于调整2022年度财政收支预算的报告》《关于2022年度全旗环境状况和环境保护目标完成情况的专项工作报告》；审查和批准旗人民政府《2022年旗级财政收支预算调整的报告》；审议通过旗人民检察院关于保护生态环境公益诉讼工作报告、驻旗自治区人大代表述职报告、科右中旗人大常委会代表资格审查委员会《关于科右中旗第十七届人民代表大会个别代表资格审查的报告(草案)》《关于提请任命旗第十七届人民代表大会专门委员会个别委员的议案(草案)》；审议决定科右中旗人大常委会《关于召开科右中旗第十七届人民代表大会第二次会议相关(草案)》；表决通过有关人事任免事项。

立法监督

【法治监督调研】 2022年，开展宪法宣传教育，贯彻习近平法治思想、落实宪法宣誓制度，举办宪法学习培训。开展《民法典》贯彻落实情况执法检查，推动《民法典》全面有效实施。听取和审议旗人民政府关于《中华人民共和国安全生产法》《内蒙古自治区安全生产条例》实施情况专项工作报告，赴内蒙古兴通煤矿开展安全生产大检查。配合盟人大工委完成法院金融案件审判工作及检察机关办理控告申诉案件工作情况的专题调研。推进基层立法联系点建设，成立专项调研组，多次到基层立法联系点开展前期调研及筹备工作，赴周边旗县考察学习基层立法联系点、“人大代表之家”建设情况，成立以常委会分管副主任为组长的立法联系点工作机构，制定立法联系点工作流程图、工作职责等相关制度，研究《内蒙古自治区科右中旗五角枫保护条例(草案)》《内蒙古自治区农膜污染防治条例》《内蒙古自治区城镇供热条例》《内蒙古自治区固体废物污染环境防治条例》《内蒙古自治区安全生产条例(修订草案)》等5部法规，提出32条意见建议。按照盟人大工委要求，开展涉及民族工作政策、计划生育内容法规规章等规范性文件的清理工作。

【预算监督】 关注经济运行情况，听取和审议旗人民政府关于国民经济和社会发展计划执行、财政预算执行、财政决算、财政收支审计、审计查出问题整改、政府债务化解、税收等情况的工作报告。2022年，开展预算联网监督工作，创新制度和形式，重点监督旗人民政府组织实施的15个盟级重大项目，实时联网监督项目资金拨付、使用、管理情况，实地开展调研视察4次。严格执行国有资产管理情况报告制度，听取和审议旗人民政府关于国有资产管理情况的专项工作报告，推动国有资产管理与监督工作制度化、规范化运行，确保国有资产保值增值。配合盟人大工委完成“政府债务审查监督情况、专项债券使用情况、财政资金保障基层‘三保’情况及预算联网监督工作情况”专题调研。

【生态环保监督】 2022年，贯彻习近平生态文明思想，立足旗委“生态立旗”战略，着力监督生态环境保护。开展《内蒙古自治区草畜平衡和禁牧休牧条例》贯彻落实情况执法检查，推动草原生态环境持续改善。听取和审议旗人民政府《关于2022年全旗环境状况和环境保护目标完成情况的专项工作报告》。配合自治区人大常委会完成农村牧区人居环境整治、污染防治工作专题调研以及《内蒙古自治区农膜污染防治条例》立法调研。配合盟人大工委完成《中华人民共和国环境保护法》执法检查、霍林河流域治理和保护情况专题调研以及《中华人民共和国森林法》《中华人民共和国草原法》贯彻实施情况书面调研。

代表工作

【人事任免】 2022年，坚持党管干部与人大依法任免干部有机统一，依法完成各项人事任免工作，任命41人、免职11人，同时组织宪法宣誓。

【依法履职】 2022年，完成新一届人大代表履职培训。举办苏木镇人大干事培训会，指导各苏木镇做好换届选举数据统计、档案资料整理归档、两级人大代表履职情况登记造册。累计组织参加盟人大工委举办的各类培训班40人次。对全旗重大项目推进、"人大代表之家"建设、乡村振兴、产业发展、人大代表发挥模范带头作用等情况进行实地视察和观摩学习，旗级人大代表参与120余人次。组织常委会组成人员和部分代表赴外地考察学习文旅产业发展、铸牢中华民族共同体意识等方面的先进经验。健全完善代表履职考核评价机制，建立完善常委会组成人员联系代表、代表联系群众"双联系"工作制度。制定印发《科右中旗人大常委会2022年重点议案建议分工督办工作方案》，健全代表建议办理工作机制，坚持"会议集中交办、领导重点督办、听取办理报告、回访办理成效"等做法，压实办理责任，推动代表建议办理落地见效。旗十七届人大一次会议以来，收到26件代表建议并全部办复，推动解决群众关心的热点、难点问题。

【视察调研】 2022年，围绕乡村振兴、民生实事项目、优化营商环境、交通工程建设、文旅产业发展、突发公共卫生事件应急管理、城市基础设施建设等情况开展调研、视察活动6次，推动惠民利民政策落地落实。配合自治区人大常委会完成兜底线、保基本、加强社会救助工作专题调研。配合盟人大工委完成《中华人民共和国乡村振兴促进法》执法检查和巩固拓展脱贫攻坚成果同乡村振兴有效衔接工作情况的书面调研。

【苏木镇人大指导】 2022年，学习贯彻新修正的《中华人民共和国人民代表大会组织法》，严格落实苏木镇每年召开人代会2次。常委会班子成员分工分组，指导苏木镇人代会筹备、调研、视察、执法检查和评议等活动，督促苏木镇人大工作规范化建设。同时，指导苏木镇人大管好用好"人大代表之家""人大代表工作室"，切实发挥代表履职阵地作用。

【民族政策宣传调研】 2022年，旗委定期听取旗人大常委会党组工作汇报，印发《科右中旗贯彻落实中央人大工作会议精神重点任务及分工方案》。以习近平新时代中国特色社会主义思想武装头脑、指导实践、推动工作，学习贯彻党的二十大精神、习近平总书记关于坚持和完善人民代表大会制度的重要思想、习近平总书记对内蒙古重要讲话重要指示批示精神。组织旗、苏木镇两级人大代表开展铸牢中华民族共同体意识大学习大讨论活动，到基层向群众宣传学习党的民族理论政策。组织人大代表深入基层开展专题调研，听取和审议《旗人民政府关于民族团结进步的专项工作报告》，监督党的民族政策落实情况。配合自治区人大常委会在旗开展“大力弘扬传承中华优秀传统文化、推进中华民族共有精神家园建设”专题调研。落实民族团结进步“八进”工作，开展“石榴籽同心筑梦”系列主题活动，深入包联嘎查和社区开展民族政策法规宣传、环境整治、送书、健康宣传和体检等多种形式的志愿服务活动。开展“三学一带一创”活动，深化“五个认同”“三个离不开”思想，促进各民族群众交往交流交融。

（马萨如拉）

科右中旗人民政府

综　述

【主要经济指标】 2022年，科右中旗地区生产总值82.83亿元；完成500万元以上固定资产71.8亿元；一般公共预算收入3.35亿元，公共财政预算支出45.16亿元；城镇常住居民人均可支配收入32587元，农村牧区常住居民人均可支配收入14302元；社会消费品零售总额9.81亿元。

【工业经济】 2022年，实施1000万元以上工业项目12个，总投资210亿元，完成投资42亿元。中广核200万千瓦风电项目累计完成投资45亿元。全区直属企业首台60万级机组、全盟最大的工业投资项目蒙能2×66万千瓦电厂投入运行。全盟单体规模最大的光伏发电项目天合15万千瓦光伏储能综合治沙项目并网发电。京科电厂1×35万千瓦机组项目主体竣工。兴安盟农畜产品开发区科右中旗产业园区供热管网、智慧园区项目投入使用，入园成本有效降低，闲置资源实现盘活，入驻企业达到30家。

【农牧业】 2022年，新建高标准农田3.05万公顷，总面积14.2万公顷。实施玉米密植免耕、玉米大豆带状复合种植、浅埋滴

△科右中旗2022年重大项目集中开复工仪式举行　　（旗融媒体中心　供图）

灌等9.47万公顷。完成黑土地保护性耕作6.47万公顷。粮食产量突破25亿斤。超额完成大豆扩种任务4.67万公顷。青贮、饲草种植面积6.67万公顷。全旗牲畜存栏稳定在206万头只。肉牛全产业链得到纵深发展,存栏42万头,同比增长10%。华阳肉牛屠宰加工项目和现代农牧业服务中心建设完成。鸿安牲畜交易市场交易量突破65万头只,交易额超20亿元。肉羊产业“品质提升工程”得到扎实推进,存栏163万只,同比增长9%。

【第三产业】 创建国家AAAA级、AAA级景区4处。翰嘎利湖休闲旅游度假区被认定为“国家3C级自驾车旅居车营地”。巴彦敖包嘎查获评“自治区乡村旅游重点村”。“枫趣童年”草原亲子主题乐园建成投运。总投资6000万元的硕轮物流园项目建成投入使用。全旗电子商务交易额达6.7亿元,快递物流突破670万件。

【城乡建设】 改造提升巴彦呼舒镇城区道路12.3千米,新建污水管道23千米、排水管道8.5千米、供水管道37千米。新增房地产开发面积21万平方米。开展巴彦呼舒镇城区城市管理集中整治行动,拆除违法建筑33处。高速5511主线竣工通车,完成农村牧区公路建设245千米。蒙能500千伏送出线路建成投运。

【生态建设与环境保护】 “三区三线”初步划定。实施增减挂钩项目56.34公顷。实施植树造林种草生态工程6666.67公顷。完成采石场、采砂场生态修复项目18个。水系连通及水美乡村项目全面开工建设,翰嘎利水库除险加固、霍林河中型灌区配套与节水改造、解生图河治理等项目主体竣工。

【乡村振兴】 投入3亿元,实施乡村振兴项目125个。坚决落实巩固拓展脱贫攻坚成果同乡村振兴有效衔接各项政策,做到及时帮扶、动态清零。加强扶贫资产管理,确认扶贫资产18亿元。完成173个嘎查实用性村庄规划编制,打造乡村振兴示范嘎查8个、水美乡村5个,建设“五好”嘎查蔚然成风。全力实施人居环境整治提升行动,“五美”人居环境成为新风尚。

【民生保障】 民生支出超过37亿元,占公共预算支出的82%以上。新增城镇就业1200人、高校毕业生就业770人。招聘学前教育及特岗教师214人。行政事业编制招录727人。投资4023万元实施5所学校基础设施工程。三级医疗卫生和公共卫生服务网络加快构建,旗内就诊率达90%以上。发放各类民政补贴1亿元以上,基本养老保险参保人数16.7万人。

【行政效能】 率先在全盟实现“交房即交证”“交地即交证”等服务事项,政务服务事项网办率100%。各类市场主体2.3万户。招商引资到位资金26亿元,超额完成年度任务。开展群防群治建设和社会治安防控体系“示范城市”创建活动,社会大局持续稳定。国防动员、双拥优抚、人民防空、科协、气象、档案史志、应急消防等工作得到新提升,工会、共青团、妇联、工商联、老龄、残联、红十字会、慈善等工作取得新进步。

【政府常务会议】 1月7日,新一届科右中旗人民政府第一次常务会议召开。会议安排部署全旗安全生产工作;研究审议关于处理农牧民冬季取暖用煤剩余煤炭、新建科右中旗白银物流园区项目一期工程、国有土地上房屋征收与补偿、科右中旗盟级“两牛”产业资金使用、科右中旗国家全产业链典型旗县财政奖补资金使用、科右中旗国有企业改革等事宜。

1月12日，贯彻落实盟委（扩大）会议精神科右中旗人民政府2022年第二次常务会议召开。会议传达盟委（扩大）会议精神；安排部署科右中旗2022年重大项目集中审批旗级领导包联工作；研究审议关于拨付翰嘎利－五角枫生态旅游度假区建设项目、五角枫营地和影视基地附属工程和科右中旗少数民族体育运动项目训练基地道路项目补办林地手续相关费用、申请清理核销往来款、申请城乡居民医疗救助资金、兴通煤业复产、扶贫专干补助等有关事宜。

1月29日，科右中旗人民政府2022年第三次常务会议召开。会议安排部署根治欠薪工作、百利舸园区审计问题整改工作、环保督察整改工作；研究审议关于旗人民医院五大中心建设项目选址变更、2所公办幼儿园更名、湘蒙农产品加工物流园保鲜库、棚户区改造项目、旗委党校新校舍建设、科右中旗博克达庙大雄宝殿复建、科右中旗20万吨牛肉冷链物流基础设施建设项目前期费用、全旗保障性住房后期维修资金等有关事宜。

2月16日，科右中旗人民政府2022年第四次常务会议召开，专题研究各级环保督察整改工作。

2月21日，科右中旗人民政府2022年第五次常务会议召开。会议研究讨论关于科右中旗2022年衔接推进乡村振兴补助资金项目管理有关事宜和京蒙扶贫协作项目有关事宜等。

3月2日，科右中旗人民政府2022年第六次常务会议召开。会议研究内蒙古兴安盟科尔沁右翼中旗污水管网工程（一标段）、巴彦呼舒大街一期污水雨水管网工程（一标段）、王鲁嘎查林地排水工程（抢险救灾）建设相关事宜。

3月8日，科右中旗人民政府2022年第七次常务会议召开，研究霍林河国控高力板断面问题整改销号相关事宜。

3月24日，科右中旗人民政府2022年第八次常务会议召开。会议研究关于科右中旗2022年统筹整合使用涉农涉牧资金项目有关事宜和科右中旗小额信贷工作移交等。

3月29日，科右中旗人民政府2022年第九次常务会议召开。会议研究审议百吉纳工业循环经济园区智慧园区建设项目立项事宜、开发区以案促改工作督导组核查反馈问题整改落实问题、百吉纳工业循环经济园区供热管网建设有关事宜、专项巡察涉粮问题反馈意见整改工作等事宜。

4月7日，科右中旗人民政府2022年第十次常务会议召开。会议传达学习习近平总书记、李克强总理关于安全生产的重要指示批示精神，国务院安委会关于进一步强化安全生产责任落实、坚决防范遏制重特大事故的“十五条硬措施”，内蒙古自治区安委会办公室《关于内蒙古包钢稀土钢板材有限责任公司球团带式焙烧机脱硫脱硝提标改造项目“3·14”较大生产安全事故的通报》，石泰峰实地督办中央生态环境保护督察组交办信访案件办理情况，王莉霞暗访督办中央环保督察组转交信访案件办理情况；听取全旗安全生产工作汇报；研究审议《科右中旗开垦林地草地变耕地以案促改问题处置建议》、霍林河河道疏浚工程等事宜。

4月18日，科右中旗人民政府2022年第十一次常务会议召开。会议研究审议自治区开发区以案促改工作督导组核查反馈土地管理方面整改落实问题、科右中旗疫情防控资金保障工作流程、同上海东方龙商务集团委托招商、科右中旗水源地居民污水改造项目、科右中旗巴彦呼舒大街改造工程（111线）建设、历史遗留民间采坑治理、启动水美乡村巴彦呼舒段—霍林河生态修复及综合治理（一期疏浚）应急工程、全旗“三类人员”就业援助岗位、退役军人就业援助岗位落实绩效工资考核管理办法及调整工资待遇等有关事宜。

5月6日，科右中旗人民政府2022年第十二次常务会议召开。会议传达学习习近平总书记在4月26日中央财经委员会第十一次会议上的重要讲话精神、盟委有关重要会议精神；分析研究全面加强基础设施建设问题，部署当前重点工作；研究审议关于中国牛交易大会活动资金、释佳矿业扎木钦铅锌矿环保问题整改、编制《科尔沁右翼中旗巩固拓展脱贫攻坚成果同乡村振兴有效衔接实施方案（2022—2025年）》等事宜。

5月17日，科右中旗人民政府2022年第十三次常务会议召开，专题研究关于清欠赤峰北辰公司拖欠账款资金有关事宜。

5月27日，科右中旗人民政府2022年第十四次常务会议召开。会议研究关于科右中旗招商引资优惠政策有关事宜、鸿安牲畜交易市场项目和华阳肉牛育肥养殖项目有关事宜、中央财政衔接推进乡村振兴补助资金项目有关事宜和科右中旗财政衔接推进乡村振兴补助资金管理办法等事宜。

6月9日，科右中旗人民政府2022年第十五次常务会议召开，研究关于京蒙协作资金项目事宜。

6月20日，科右中旗人民政府2022年第十六次常务会议召开。会议安排部署城乡建设用地增减挂钩工作、山水林田湖草沙一体化保护和修复工程项目、安全生产工作、中央生态环境保护督察信访举报问题办结工作等事宜。

6月21日，科右中旗人民政府2022年第十七次常务会议召开。会议审议国有企业重组整合方案、生活垃圾焚烧发电和年产150万吨水洗煤等招商引资项目、开发区以案促改、创建“中国天然氧吧”等事宜。

7月14日，科右中旗人民政府2022年第十八次常务会议召开。会议通报全旗安全生产形势及安全生产暗访暗查情况；审议关于G5511高速公路建设、给水管网工程、市政道路工程招商引资、巡游出租车运价标准试行价格、哈日道卜灌区项目建设等事宜。

8月15日，科右中旗人民政府2022年第十九次常务会议召开。会议研究关于旗住建局偿还旗城投公司借款有关事宜、肉牛产业再造行动实施方案有关事宜、关于肉牛良种繁育示范基地基础设施以租代购（售）协议有关事宜、关于科右中旗2022年第二批自治区衔接资金项目有关事宜、关于变更2021年衔接资金项目有关事宜、关于调整统筹整合使用涉农涉牧资金项目有关事宜、关于京蒙协作资金项目有关事宜等。

8月26日，科右中旗人民政府2022年第二十次常务会议召开，会议研究关于旗扶投公司产业扶持资金使用相关事宜、关于调整科右中旗2022年衔接资金及2021年结余资金项目有关事宜等。

9月26日，科右中旗人民政府2022年第二十一次常务会议召开。会议研究讨论关于“六个大起底”、安全生产、冬季取暖用煤实施方案、“十四五”新能源发展规划方案、清理拖欠民营企业账款等事宜。

10月27日，科右中旗人民政府2022年第二十二次常务会议召开。会议听取旗直有关部门关于前三季度经济运行和2023年重点项目谋划工作汇报；安排部署重点项目。

12月8日，科右中旗人民政府2022年第二十三次常务会议召开。会议安排部署60岁以上老人疫苗接种工作；研究审议通用机场选址、社区工作者公积金、方舱医院建设、棋丰小区北拆迁、中广核捐赠资金等有关事宜。

12月12日，科右中旗人民政府2022年第二十四次常务会议召开。会议研究讨论关于岁末年初安全生产工作及尾矿库闭库销号、科右中旗城乡建设用地增减挂钩项目拆旧复垦区实施方案、农业产业强镇2022项目建设内容变更、病死畜禽无害化处理项目、风电光伏发电项目等事宜。

12月20日，科右中旗人民政府2022年第二十五次常务会议召开。会议审议《政府工作报告(送审稿)》《2023年民生票决事项》《国民经济和社会发展计划的报告》、全旗2023年财政收支预算安排情况。

其他工作

【政务督查】 针对疫情防控、“三禁”、户厕改造、农村人居环境整治、安全生产、民族团结创建工作等专项督查33次。盟政协委员提案51件、解决50件，旗人大代表建议26件、解决24件，旗政协委员提案40件、解决37件，国务院“互联网+督查”平台群众留言督办件54件，全部办结。

【改革协调】 建立健全规范性文件审核备案机制，确保政府文件合法有效。严格执行政府法律顾问制度和“三重一大”重大行政决策制度，推进法治政府建设。结合旗委政府中心工作，梳理经济体制、生态文明及重大民生体制改革任务65项，完成改革任务40项，持续推进改革任务25项。

【电子政务】 建立健全信息公开工作制度，完成旗人民政府网站政务（府）信息公开系统升级更新，主动公开政府信息56条，其中，文件资料84条、领导分工9条、政府信息公开指南1条、信息公开年度报告1条、政府机构职能14条。

【疫情防控综合协调】 负责旗新冠疫情防控工作指挥部下设“综合协调组”“涉外及涉港澳台工作组”2个机构工作，同时实行合署办公机制，抽调旗卫健委、公安局、市监局、交通局等部门12名人员联合办公，成立公文收发、信息报送、纪要简报、会务筹备、后勤保障5个职能组，与其他工作组、各苏木镇、社区、各部门对接协调。

（吴敬涵）

合作交流中心

【公务接待】 贯彻执行中央八项规定及其实施细则、自治区实施办法及盟委相关规定，开展公务接待专项整改工作，完善接待管理制度，建立健全监督机制，围绕旗委政府各项工作安排部署，公务接待费243.76万元，接待889批次31203人次。

【品牌创新推广】 申报图什业图五角枫宾馆为旗级饮食类“非遗”文化传习基地、4名厨师为旗级饮食类“非遗”传承人。先后注册“五角枫”“图什业图王府家宴”等餐饮商标，研发相关菜谱，打造地方特色餐饮。在菜品选材上，向重点接待场所推介“小景计划”带头人的农特产品，拓宽销售渠道。设计制作“一味一码”畅享中旗味道小程序，每个菜名创建单独的二维码，手机扫码显示菜品原料、菜品故事及营养价值等，打造香形味俱佳的品牌食谱。同时，以“兴安岭上兴安盟”域牌主体形象，制作“兴安产安心选”等域牌形象标识卡上餐桌、进客房，根据来宾身份有意识摆放宣传当地旅游、物产以及招商政策、投资环境等宣传册。

（包 箭）

信访工作

【信访总量】 群众来旗走访219批次1336人次。其中，集体访58批次1036人次，个体访161批次300人次。进京走访4批次4人次，赴区走访18批次33人次。受理群众网络投诉信访件506件。其中，本级50件、上三级456件。收到复查申请案件2件，办结2件。

【信访“三率”】 信访部门及时受理率100%、满意率96.96%、参评率92.74%；责任单位及时受理率100%、按期办结率100%、满意率94.2%、参评率85.71%。

【领导接访】 旗级各领导接待信访群众49批次187人次。

【矛盾隐患排查】 开展全旗矛盾隐患排查7次，排查涉及1477人次。

【矛盾化解】 开展“集中治理重复信访、化解信访积案”专项工作，第一批交办本旗信访事项68件，上报化解68件，化解率100%；第二批交办信访事项涉及本旗16件，上报化解16件，化解率100%。

（贺喜格图）

政务服务

【“放管服”改革】 开展“蒙速办 · 四办”工作。“蒙速办 · 一网办”梳理发布政务服务事项1593项，网上可办率达98.87%，全程网办达95.54%。开设“蒙速办 · 一次办”线下受理窗口2个、自助全程网办窗口6个，能办理“一次办”事项135项，“一次办”办件量4693件。“蒙速办·帮您办”，推出可代办帮办事项40项，配备专兼职代办帮办员27人。主动对接企业27家，办结事项98项，召开会商会审会议7次。“蒙速办 · 掌上办”“蒙速办”App注册11.29万次，注册率55.7%，接入特色应用6个，“蒙速办”App可办事项1905项。中介超市入驻企业23家。推进“互联网+监管”工作，认领编辑检查实施清单814条。录入监管行为46583条。其中，录入检查行为35555条、处罚行为11028条。

【三级政务服务体系建设】 全面推行三级政务服务体系建设工作，构建三级联动为民服务体系。在苏木镇设立“便民服务中心”，在嘎查设立“便民服务站点”，12个苏木镇、173个嘎查实现全覆盖。实现便民服务项目全覆盖，旗政务服务大厅进驻部门39家，进驻事项1480项；试点苏木镇杜尔基镇便民服务中心可办事项506项，其他苏木镇可办事项497项；各嘎查村可办事项80项。推进“帮办代办”服务模式向基层延伸，全旗各苏木镇均设立帮办代办窗口，各苏木镇便民服务中心平均梳理公布帮办代办事项52项，配备帮办代办人员193人，帮办代办事项5409件；各嘎查平均梳理公布帮办代办事项50项，配备帮办代办人员1122人，帮办代办事项9057件。

【政务服务效能】 推出“上门办”，针对行动不便和特殊办事人群实行政务服务“上门办”，开展精准上门服务36次；推出“延时办”，推广“5+2”工作日模式，梳理各部门延时服务事项871项，大厅办理预约、延时服务事项859项；推出“随时办”，全盟范围内率先开通24小时自助服务区，实现17件政务服务事项“全天候、不打烊”；“容缺办”，全面开启“容缺受理”审批模式，协调旗直各部门全面梳理明确适用容缺受理的政务服务事项及材料，梳理出14个部门105项容缺受理事项清单，容缺受理事项67项。强化服务监管，落实“好差评”等监管制度，汇聚“好差评”评价数据96359件，办事窗口满意率100%。

【政务公开】 主动公开政务信息9992条，其中重点领域1277条。强化政策发布解读，在旗政府网站增设政策解读专栏，将政策性文件通过文字、图片、视频等方式展现给群众和企业，发布政策解读27条。持续推进政务公开，做好政府网站和政务新媒体登记报备、信息发布、更新维护等工作。将27个政务新媒体账号纳入国办系统进行管理，并建立网站栏目及新媒体更新保障制度，保证新媒体账号一周至少更新1次。

（王永林　永　青）

大数据中心

【电子政务外网建设】 建设完成12个苏木镇、2个工作部、4个国有企业、187个嘎查（社区）电子政务外网接入工作，接入率100%，实现全旗电子政务外网纵横网络体系贯通。11月，增加全旗电子政务外网万兆备用链路及相关传输设备。

【“蒙速办”推广】 为政务服务大厅各单位窗口及嘎查（社区）工作人员开展“蒙速办”注册培训会13场次；在旗五角枫广场、政务服务大厅等群众聚集区宣传屏滚动播放“蒙速办”注册使用宣传视频；中心工作人员进嘎查（社区）党群服务中心“一对一”，为办事群众指导安装注册使用“蒙速办”、申领健康码、行程码、电子社保卡等事项，同时宣传“蒙速办”的重要意义和功能特点；以张贴海报、“村村响”等形式宣传“蒙速办”，覆盖全旗各嘎查（社区）。全旗“蒙速办”注册率91%。

【基础设施网络安全】 每季度定期组织相关人员全面检查全旗各单位关键信息

基础设施网络情况。开展"永恒之蓝"勒索病毒全面排查，确保政务外网安全运行，终端设备使用正常，全年未发现网络病毒异常情况。开展网络安全宣传培训，对各单位网络安全责任人培训3场次，对嘎查（社区）工作人员开展网络安全常识培训7场次。

【网络环境优化】 为政务服务局提供基础网络服务优化，将政务服务局原有百兆上行通道升级为千兆；为民政婚姻登记处梳理陈旧婚姻数据，为数字化转型升级提供数据支撑；为百吉纳智慧园区建设提供技术配套支持、配套基础网络环境体系支持及可研技术参照；为自然资源局"一码管地"上线试运营，提供端口及测试环境；配合网安和网信办完成旗内网站2022年度网站漏洞安全扫描，对旗域属地网站漏洞情况进行梳理；优化党政综合楼万维网，将原千兆出口升级改造为万兆自适应出口。

【机房基础设施整合】 9月，全旗机房启动搬迁整合建设，完成铺设全旗各单位连接新机房线路的39%。10月，对政务服务局、自然资源局、联通、移动电子政务外网汇聚机房进行摸排与分析，将各个机房汇聚层与业务单位提供服务的低层设备进行整合，统一部署到大数据机房，以实现统一出口管理、缩短业务部门到网络源头的距离，减少中间环节提升网络宽带速度，同时可实现一站式安全等级保护，避免资金浪费。

【政府网站及政务新媒体】 完善政务新媒体数据发布和统计，对19个功能近似、内容雷同的政务新媒体进行关闭或整合。完成党的二十大期间网络信息及舆情收集、统计和修正，开设党的二十大专题入口，保障相关信息及时发布。更改加设政府网站的政府信息公开栏目、首页搜索、政府公报搜索、政府网站年报搜索等专栏。根据网站中不同栏目，分别按网站发展指导意见，对重点领域、规划计划、政策解读栏目等功能进行筛选优化。完成政府网站从IPV4到IPV6的升级改造，并增加预设适老化及无障碍化网站功能。完成政府网站信息公开栏目手机版自适应功能，为旗门户网站蒙古文版附值公安网络备案号，并添加网站找错功能。

（张新华）

机关事务服务

【办公用房保障】 旗直机关事业单位有办公用房38处，建筑总面积18.69万平方米，全部实施大热供暖管道维护及卫生间排水维修。对党政1号办公楼进行安全隐患大排查8次，更换一至三层水暖管道，逐一排查卫生间防潮情况，并将存在问题记录并及时处理。维修教育局等15家单位供暖、采暖设备及防水设施，做好冬季水电设施的保温工作，确保各项设施设备正常运转。

【公务用车管理】 出台《科右中旗党政机关公务用车管理实施办法》，规范保留车辆使用和租赁车辆管理，保障公务出行，加强事业单位车改后的车辆编制核定和档案更新管理工作。推进落实新增公务用车新能源化要求，配合相关单位做好新能源汽车充电设施建设。规范旗行政中心停车管理，提升公务用车管理效能和保障水平。有行政、参公单位公务用车244辆，事业单位公务用车222辆。前三季度登记来客来访21600人次，劝离、规范摆放机动车800余辆次。

【疫情防控后勤保障】 按照旗委政府的工作部署，完成疫情防控集中隔离点改造工作，储备隔离场所14家，房间1310个。其中，1～2天启用房间数745个，3～4天启用房间数377个，5～6天启用房间数186个。加强党政大楼扫码查验工作，落实测量体温、登记统计和情况报告制度，最大限度降低输入风险，严格控制外来无关人员进入，测量体温、核查“健康码”“行程码”超16万人次。优化会务工作管理，对会务工作人员每日定时进行体温检测，工作时间全程佩戴口罩，做到“一会一消毒”，同时做好会后消杀防护工作，避免因会务活动引发交叉感染。采取公共场所消毒灭菌、办公室内外卫生保洁等疫情防控措施，通过张贴疫情防控温馨提示、放新型冠状病毒防护须知等方式加强宣传，提升出入人员疫情防控意识。

【公共机构节能管理】 完成全旗51家节约型机关创建申报和3家自治区级节约型公共机构示范单位创建工作。加强机关运行成本管理，落实机关运行成本统计、分析，绩效评价机制，严格控制机关运行经费支出，指导能耗监管平台建设，提高公共机构能源消耗管理信息化水平、能源利用效率。持续开展能源审计、公共机构节能工作绩效评价等工作。

（萨如拉）

政协科右中旗委员会

综　　述

【概况】 政协科右中旗委员会2022年召开政协全委会1次、常委会4次、主席办公会议12次、党组会议11次,委员培训3次。

【重要会议】 2022年1月4—6日,政协科右中旗第十二届委员会第一次会议召开。驻旗盟政协委员列席会议。大会应到委员179名,实到委员172人,符合规定人数。会议听取和审议《政协科右中旗第十一届委员会常务委员会工作报告》《政协科右中旗十一届委员会常务委员会关于提案工作情况的报告》《政协科右中旗第十二届委员会第一次会议提案审查情况的报告》并通过相关决议;选举产生政协科右中旗第十二届委员会主席1名、副主席4名、秘书长1名及政协科右中旗第十二届委员会常务委员33名;十一届全体政协委员提出提案439件。经审查,合并整理后立案233件,提案办复率100%;委员满意率98%;宣读关于表彰优秀提案、优秀政协委员两项决定;宣读《政协科右中旗第十一届常务委员会工作报告的决议》《政协科右中旗第十一届委员会提案工作报告的决议》《政协科右中旗第十二届委员会第一次会议政治决议》。

调研提案

【调研视察】 根据年度政协协商计划,2022年,举办重要协商活动9次,开展视察考察调研14次,民主监督2次,形成调研报告7份,提出工作建议25条。

【提案工作】 2022年,审查立案提案40件,以文件形式交承办单位办理并强化跟踪督办,提案办复率100%。4月25日,组织各单位、委员参加盟政协提案办公平台操作培训;9月1日,组织召开2022年度政协提案专题协商会。

参政议政

【文史资料】 2022年7月,《科尔沁右翼中旗地名释义》出版发行,并分发至各地各部门。全书收录地名770条,汉文35万字、蒙古文70万字,详细解读全旗各地地名历史由来。

【履职平台建设】 2022年,在科右中旗原有"委员之家"、委员民生议事厅、委员工作室、委员工作联络站的基础上,新建、改建11个委员履职平台,累计建设各类委员履职平台134处,推动政协协商和基层协商有效链接。

（高海礁）

科右中旗纪律检查委员会
科右中旗监察委员会

综　　述

【纪委监委履职能力提升】 2022年，科右中旗多维度开展基层调研，形成调研报告6篇，其中《科右中旗纪委监委多措并举化解基层信访矛盾》被盟纪委监委推送至自治区纪委监委。组织派驻机构开展“学规则、谈心得”活动，促进深入学习领会《纪检监察机关派驻机构工作规则》，制作《派驻机构监督执纪资料汇编》，提升专业能力。

【“灯下黑”防治】 2022年，推进机关“三化”建设，对自查自纠发现的17项400余条问题及时整改、补齐短板。开展集中纠治办案安全突出问题“百日行动”，纠治问题116个。防治“灯下黑”，处置纪检监察干部问题线索11件，均了结，开展“三级家访”103人，激励约束干部。加强案件质量评查，制作《纪检监察工作常用法规汇编》，规范审查调查，提高案件查办质量。

【重要会议】 2022年2月11日，中共科右中旗第十五届纪律检查委员会第二次全体（扩大）会议召开。会议传达学习习近平总书记在十九届中央纪委六次全会上的重要讲话。要求全旗各级党组织、党员干部深入学习贯彻习近平总书记关于党的自我革命的重要思想，坚定党风廉政建设和反腐败斗争的必胜信心，不断推深做实全面从严治党各项工作；推动落实党中央决策部署和自治区党委、盟委、旗委工作要求，学习贯彻习近平总书记对内蒙古重要讲话和重要指示批示精神；加强全旗各级纪检监察机关对领导干部特别是“一把手”的监督管理，构建“三不”一体推进有效机制，加强年轻干部教育管理监督，完善权力监督制度和执纪执法体系，严格依规依纪依法履行职责。

政治监督

【监督重点】 聚焦五大任务和全方位建设“模范自治区”“政治要件”、贯彻落实党的二十大精神、总书记重要指示批示等“国之大者”，具体化、精准化、常态化推进政治监督，发现贯彻落实中存在的各类问题276个，坚决纠正落实偏差。

【管党责任】 推进干部约谈常态化，约谈提醒工作推进不力、责任落实不到位的“一把手”及相关责任人48人，做到早发现、早提醒、早纠治。严把“党风廉政意见回复”关，回复26批次1004人次，提出否定性意见4批次11人次。

【关键节点监督】 建立健全“节点前通报提醒、节中监督检查、节后严肃处理同步推进”机制，加强对部门三级单位的延伸检查，“室组”“组组”联动集中开展监督6轮次，发现问题10个，印发整改通知书4份，提醒谈话12人。

【重要人员监督】 日常监督各级党组织、党员干部履职不力、作风不实、推诿扯皮及“三多三少三慢”等问题。参加“三重一大”会议315次、巡察整改专题民主生活会17次。给予“关键少数”党员干部党纪政务处分9人，组织处理9人。

【事件查处】 查处违反中央八项规定精神问题10件，给予党纪政务处分10人，组织处理1人。查处形式主义、官僚主义问题3件，给予党纪政务处分6人，组织处理7人。

【反腐败工作】 保持反腐败高压态势，处置问题线索495件，同比上升24.7%。立案180件193人，同比上升53.8%；给予党纪政务处分247人，同比上升68%；组织处理179人，同比上升6.5%。2018年以来长期未办结的信访举报550件、问题线索209件全部办结，实现“存量清零”，做到“增量随清”。

【以案促改】 推动林草系统、教育系统、医保领域“以案促改”，剖析案例、对照查摆、找准“病灶”，发现行业性、普遍性、深层次问题，压实整改责任，排查风险隐患、堵塞制度漏洞，达到办案、整改、治理“三融合”，实现政治效果、社会效果、纪法效果相统一。

【警示教育】 召开各类警示教育会112次，任前谈话103人次，教育年轻干部扣好廉洁从政“第一粒扣子”。打造“一个中心、三个支点”廉洁教育基地，推动廉洁文化建设提质增效。对58名受处分人员开展暖心回访，以消除其思想顾虑、重拾干事创业信心。

专项整治

【民生领域专项治理】 部署生态环保、乡村振兴、营商环境、教育医疗等民生领域专项监督26项，处置问题线索59件，给予党纪政务处分67人，组织处理49人，追责问责10人，通报曝光2起。

【基层监督治理】 建立健全基层小微权力清单制度，制发《村务监督委员会实务手册》《基层“小微权力”清单监督手册》，梳理8项规范意见和7类35项权力事项，明确职责权限，规范权力运行。将“码上”监督延伸到苏木镇党群服务中心，打通政务服务监督“最后一公里”。设置“一机一网”综合查询监督平台，压实基层“三务”公开责任，制发建议函4份，查处不公开问题3件，立案1件，给予党纪政务处分1人，组织处理3人，通报曝光1起。

【群众诉求化解】 接受检举控告类信访举报323件，同比下降53.79%。其中，初次检举控告136件，同比下降71.78%，全部办结；重复举报187件，化解175件。创新“三方”反馈、“手递手三签字”化解机制，压实主体化解责任，解决群众合理诉求，做到“案结事了、事心双解”，满意率96.69%，提升34%。

（严璐森）

群众团体

总 工 会

【工会组织建设】 新建工会组织23家、工会联合会7家，实名录入会员4485人。以大货车司机、快递员、外卖配送员等新就业形态劳动群体为重点，开展入会集中行动。对已建立党组织的企业同步跟进建立工会组织；对未建立党组织的企业，指导建立工会组织。引导新业态、新就业群体向党组织靠拢，切实做到“党建带工建、工建服务党建”。

【职工权益维护】 帮扶困难职工90户，发放36.4万元；开展职工医疗互助，入会单位127家7612人；开展女职工馨康医疗互助，入会单位92家3244人；8月，组织开展2022年度职工医疗互助保障工作培训班，各基层工会参加培训70余人；开展快递、外卖、家政、环卫等行业女职工免费“两癌”（乳腺癌、宫颈癌）筛查活动，免费筛查221人；在妇幼保健院内创建“女职工休息哺乳室”并正式挂牌投入使用；11月，举办“新就业形态劳动者温暖服务季”活动启动仪式。通过微信公众号、工作群向全旗基层工会发出《2022年集体协商“要约行动”提示函》，要求企业工会根据实际情况，在做好疫情防控、保岗位、不裁员的同时，向企业行政要约，新签或续签集体合同、工资专项合同，26家企业签订合同并在旗人社部门审查备案，认定创建和谐劳动关系单位17家，劳动关系协调员12人，金牌劳动关系协调员2人。开展宣传讲解《中华人民共和国工会法》《中华人民共和国劳动法》等法律法规活动8次，发放调查问卷3次350余份。

【评先选优】 开展职工（劳模）创新工作室复核工作，及时清除失联、“僵尸”等工作室，培育沃尔墩刺绣工作室、鑫鑫混凝土搅拌有限公司综合活动室2家技能人才创新工作室。内蒙古京科发电有限公司的高级工程师田野被中华全国总工会授予“全国五一劳动奖章”荣誉；中国农业银行股份有限公司科右中旗支行营业室获得“内蒙古自治区工人先锋号”荣誉称号。16个基层工会和个人分别获得兴安盟工会授予的“五一劳动奖状”“五一劳动奖章”“工人先锋号”“兴安盟工匠”“兴安盟技术标兵”等荣誉称号。组织内蒙古京科发电有限公司开展“学技术、练硬功、创一流”职工职业技能竞赛活动，分两个阶段进行，分别为计算机操作技能竞赛、2022年安全生产知识竞赛，累计参赛90余人次。

【“喜迎二十大”系列活动】 3月7日，开展“喜迎二十大、巾帼共奋进”三八国际妇女节线上法律知识竞赛答题活动；5月

20日，联合共青团科右中旗委员会、旗妇女联合会举办喜迎党的二十大"走进工会、缘来为你"单身职工相亲会；5月31日，在2022科右中旗枫林马镇稻田文化节暨农道项目开工仪式系列活动中，组织开展插秧、拔河比赛活动；6月30至7月1日，为迎接党的二十大召开，与旗公安系统联合开展系列技能比赛；7月29至8月1日，与旗文化旅游体育局、旗直属机关工作委员会联合举办"喜迎二十大、建功新时代"2022年科右中旗"体彩杯"系列体育比赛；9月29日，与巴镇政府联合举办干部职工庆丰收及趣味比赛系列活动。7月，投入10万元，动员引导支持"中旗人游中旗"活动，免费提供数量不等的中旗三大景区（五角枫生态旅游景区、图什业图亲王府景区、中影制作基地景区）门票。

【帮扶慰问活动】 2022年，"两节"期间，为86名一线困难职工、困难劳模发放慰问金8万余元；三八妇女节，为二龙屯有机农业有限责任公司、内蒙古金格勒食品有限公司等8家企业女职工赠送价值2.3万元的慰问品；开展全旗职工"网络普法答题"活动，累计发放线上答题奖励资金1万元；开展"夏送清凉"慰问活动，投入1.5万元慰问环卫、中源热力公司、美团外卖、综合执法等一线职工；5月31日，组织开展"工会暖童心、快乐伴成长"庆"六一"关爱慰问活动；9月30日，开展2022年"中国农民丰收节"慰问活动，为一线农牧民工赠送米、面等慰问品；环卫工人节为北控城市服务（科右中旗）有限公司217名环卫工人每人赠送价值200元米和面；开展"我为群众办实事"活动，与包联社区签订全域互联共建协议书，开展志愿活动3次，党员干部对接14人，为明珠小区购买健身器材5套。

【铸牢中华民族共同体意识】 2022年，以"六送"活动为载体，深入企业、社区、帮扶嘎查、八大群体，宣传党的民族政策、工会职能及《中华人民共和国工会法》《宪法宣传手册》《职工维权手册》《法治宣传服务手册》等。利用网络平台开展政务新媒体宣教工作，通过"科右中旗职工之家"微信公众号、美篇等发布内容215条。其中，工会宣教工作49条，弘扬劳模精神、劳动精神、工匠精神；民族团结、市域治理等政策宣传166条。

（孟护民）

共青团

【概况】 共青团科右中旗委员会下设科右中旗青少年社会工作与维权中心，有基层团组织569个。其中，团委26个，团工委3个，团总支3个，团支部467个。全旗团员7606人，专兼职团干部851人。

【青少年思想政治教育】 2022年，以"学习二十大、争做好队员""学习二十大、永远跟党走、奋进新征程"为主题，线上线下结合开展主题教育活动300余场次，覆盖全旗少先队员13000人、团员青年4300人。组织开展"青年大学习""红领巾爱学习"网上主题团队课，"青年大学习"平均每期参学率达98%以上，排名位居全区前列；"青年大学习"宣讲交流进基层活动21场次，组织青年讲师团进嘎查、进机关、进部队，覆盖团员青年2000余人次。开展大学生"返家乡"社会实践活动，70名大学生投身乡村振兴、疫情防控、志愿服务等工作岗位。开展为期10天的“七彩假期”暑期公益课堂活动，参与小学生70余人。开展“水美乡村、走进稻田、收获成长”“零距离”体验法治工作、科普知识与观测体验等研学活动10场次，参加少先队员300余人。征集“青春向党喜迎二十大、建团百年奋进新征程”主题书画作品300余份。

【基层团组织建设】 2022年5月，对2021年发展的495名团员进行电子档案核查，查出“档案填写不规范、电子档案上传缺页”等问题并进行批评整改。按照发展团员“十步法”“九个严禁”要求，发展新团员267人。13个苏木镇、党群服务中心实现“青年爱里”全覆盖，其中3家入驻“青年爱里”云平台，录入活动48场次，签到1086人次。重点推进“‘河’我一起·保护母亲河”“蒙速办·码上办——青年志愿者下乡入村进家门推广活动”“青少年防溺水宣传教育”等志愿服务品牌，开展各类志愿服务活动400余场次覆盖1.9万余人次。疫情防控期间，全旗1825名团员青年参与一线防控；组建1支疫情防控党员特遣队；156名团干部、196名青年志愿者和1个青年社会组织组建14支青年突击队参与一线防控工作。

△6月1日，“河”我一起·保护母亲河（杨双　摄）

【青年就业创业】 2022年，与旗人社局联合开展“春风送温暖，就业送真情”春风行动。在新媒体平台发布信息11篇、发放宣传资料1200份，开展线上招聘会10场次提供岗位316个，参加招聘会1666人，达成就业协议180人。开展“百V百品”乡村振兴青年电商行动启动仪式暨“创业大巴乡村行”电商直播培训，覆盖青年30余人。组织2名兴安青年推荐官参加兴安盟农牧业高质量发展现场会暨“庆丰收、迎盛会”中国农民丰收节庆祝活动，在科右中旗展区开展2次“青耘兴安、秋收硕果”主题电商直播，累计观看人数达500余人次。举办“你好，兴安盟”2022年兴安推荐官云上主题活动（科右中旗站），鼓励和支持网络技能人才在拓宽地方旅游、地方农特产品上行渠道和打造消费新场景等方面优势，助推兴安盟乡村振兴“四乡工程”落实。

【青年文明号】 2022年，组织全旗开展“助力优化营商环境，微笑服务不打烊”主题活动、“喜迎二十大·青春在行动”青年文明号开放周活动30余场次，围绕学习党的二十大精神、习近平总书记关于青年工作的重要思想、深化党史学习教育、“我为群众办实事”、助力优化营商环境、“蒙速办”App宣传推广等，覆盖青年850余人次。

△7月28日，“喜迎二十大，争做好队员”科右中旗七彩假期公益课堂（韩迎秋　摄）

【"青听"活动】 2022年,到科右中发电公司、包联社区,分别与企业团员青年、"返家乡"大学生代表、社区团干部开展"青听"交流座谈会,梳理青年婚恋交友、工作生活等急难愁盼问题并给予回应解决,覆盖青少年70余人次。9月,组织10余名青年自媒体达人召开"青听"茶叙会。10月,组织兴安青年推荐官、自媒体工作者、新兴领域青年等20人开展"青听·青年交流"活动。通过线上发布调查问卷、开设"青听"专栏,线下开展座谈、一对一访谈、沙龙等形式,利用青年工作联席会议、"青年爱里"、"12355"青少年服务台等,深入各基层团组织开展"青听"活动。

【青年榜样评选】 2022年,开展"两红两优"推优工作,获得自治区级优秀个人2人,盟级优秀集体7个、优秀个人5人,评选出旗级优秀团组织19个、优秀个人91人。1名在校大学生获得"自治区级疫情防控青年志愿服务先进个人"荣誉称号。开展科右中旗"向上向善好青年"推选活动,通过单位推荐和线上投票推选方式,评选出55名科右中旗"向上向善好青年"。

【青年婚恋服务】 2022年,举办"青春喜迎二十大,民族团结一家亲"科右中旗青年干部职工联谊会,全旗各企事业单位单身青年70余人参加。

【"希望工程"项目】 2022年,落实"希望工程"资助项目,为巴彦呼舒第五中学争取"青联希望小屋"1间,价值4.5万元;争取自治区青基会"希望工程1+1——幻方助学计划"项目助学金24.6万元;为杜尔基中心校争取"点燃阅读星火,共建书香校园"图书室项目,受赠图书642册;与海淀区团委、海淀青联交流对接,"希望小屋"受赠图书400册、笔记本电脑20台、红色文创产品400套,价值12万元。

【关爱帮扶】 2022年,通过"新春送温暖,走访慰问""佳节尚文明,志愿关爱行""我们的节日·春节""六一儿童节"等节日,动员社会爱心力量慰问帮扶包联嘎查社区、青年之家联系户、敬老院,赠送生活用品、爱心礼包、学习用品等物资,覆盖50余人。

【青少年权益保护】 2022年,组织举办"青春自护·平安春节"主题青少年自护教育讲座,内容包括防疫安全、道路交通安全、用电安全、防火防灾、防溺水以及自护自救等常识,覆盖青少年100余人;开展"全民国家安全教育日"主题活动,覆盖全旗共青团员1400余人、少先队员1.3万余人。邀请科右中旗心理咨询中心主任、科右中旗心理协会会长、科右中旗"12355"青少年服务台专家孙淑贤老师,举办"轻松备考·12355与你同行"中高考减压专题讲座2期,覆盖青少年200余人。举办"与心灵相约,与健康通行"科右中旗"12355"心理健康专题讲座,覆盖青少年100余人。组织青年志愿者发放禁毒宣传册,讲解毒品危害、禁毒知识和法律法规。

【团干部队伍管理】 2022年,开展"青年大学习"宣讲交流进基层活动21场次、党的二十大精神宣讲29场次,覆盖团员青年及少先队员3500余人次。通过线上辅导、以会代训等方式开展基础团务知识培训12期次,专题培训发展团员、学社衔接、智慧团建。联合旗委党校举办全旗共青团干部暨青年讲师能力素质提升班1期、团干部及青年志愿者应急救护培训班1期。落实基层团组织书记述职考核评议制度,召开基层团干部半年工作推进会、全年工作述职评议会、中学中职学校共青团工作述职评议会；召开2021年度基层团组织书记述职评议，通过“自评打分+现场述职+综合考核”方式，评选出“好”团组织7个、“良好”团组织8个，并将考核结果与团内各类评优评先同步挂钩。

（云　鹏）

妇联工作

【妇联系统宣传教育】 依托微信群、微信公众号和“妇女之家”等平台，开展女性恳谈会、巾帼宣讲会等60余场次。利用清华大学乡村振兴远程教学站、巾帼思政大讲堂，组织基层妇联干部、妇女群众、学生、乡村教师等4000余人参加线上培训。创新组织设置，实现重点领域组织覆盖，加强联系女性社会组织，由旗妇联指导建立新业态妇联组织5个。推进新老媒体融合发展，将时事热点与妇联工作相结合，在科右中旗妇联微信公众号开设“先进典型展播”“国防教育宣传”“女性普法”等专栏传播巾帼精神。由嘎查、社区妇联组织牵头，动员优秀妇女代表参与维护妇女儿童切身利益的议事协商活动。全旗各级妇联组织全部实现妇女议事会制度，并成立1个盟级妇女议事会示范点——杜尔基镇乌兰中嘎查。全旗各级妇联围绕学习贯彻党的二十大精神开展线上线下宣讲恳谈会20余场次。

【妇联发展】 深化“乡村振兴巾帼行动”，举办高素质女牧民技能、民族手工艺、巾帼家政、烹饪等培训12期次，覆盖12个苏木镇1200余人次。联合旗人社局开展线上线下春风行动和秋季招聘会5场次。搭建平台，培育盟级乡村振兴发展的“巾帼领头雁”9人。依托各级巾帼示范基地，以巾帼家政服务、巾帼特色手工制作为抓手，推进女企业家开展合作交流，开发妇女灵活就业岗位。持续开展线上线下“强国复兴有我，北疆巾帼争先”兴粮爱粮节粮活动50余场次。组织动员乡镇、嘎查（社区）妇联执委、巾帼志愿者开展“巾帼美丽行动，建设美丽家园”、巾帼护河、家园清洁、植树护绿及禁毒禁赌、移风易俗等志愿服务活动100余场次。4月8日，组织各级妇联干部、妇女群众观看由自治区妇联举办的“北疆巾帼思政大讲堂”线上学堂，观看人数达500余人次。4月25日，为杜尔基镇宝根吉如和嘎查结对监测户捐赠鸡雏800只，并邀请盟级巾帼示范基地负责人、专业养殖大户开展鸡雏饲养实用技术专题讲座。8月中旬，举办全旗妇联干部培训班，采用线上线下培训方式，各旗直机关单位妇委会主任、苏木镇妇联主席及嘎查（社区）妇联执委1000余人参加。先后推选105名基层妇联干部、巾帼领头雁、致富女能手等赴自治区和盟参加各类业务培训。协调清华大学乡村振兴教学站为50名乡村教师捐赠50盏价值3万元的护眼灯。协助旗委、旗政府承办8月8日至9月7日在北京举办的“北疆儿女心向党、携手奋进新征程”兴安盟刺绣作品展。

【关爱服务】 利用三八妇女节、六一儿童节等节点，发动各苏木镇妇联开展慰问活动。向全旗各机关、企事业单位、爱心团体及人士发出“腾讯公益一起捐”参加“99

公益日”，为困难女童“春蕾计划”项目捐款22022元、困难妇女“母亲邮包”爱心项目捐款2763元。开展关爱服务系列活动，为包联嘎查、社区30名困难留守儿童捐赠价值1万元的书包、学习用品、足球等；为全旗90名困境妇女和90名困境儿童发放书包、血压仪等180份；由旗妇联主办、新八方家政服务培训学校承办的家政技能大赛，各苏木镇、嘎查、社区育婴和面点专业家政人员30余人参赛；邀请科右中旗心理咨询中心主任、国家二级心理咨询师孙淑贤开展“做合格家长，育健康少年”科学育儿宣讲；开展“少年儿童心向党，用心用情伴成长”儿童关爱服务、防溺水安全知识宣传等活动8场次。10月24日，开展新业态新就业群体慰问活动，为16名美团外卖女骑手赠送保温杯。

【专项救助】 联合旗红十字会在微信公众号平台发起2022年城乡低收入妇女“两癌”免费筛查募捐活动倡议，为10名社区困难妇女筹集“两癌”体检资助金；争取中央专项彩票公益金低收入妇女“两癌”救助金20万元，为20名患病妇女每人支付1万元；申报兴安盟本级“两癌”救助7人，发放救助金7万元。

【家庭创评】 开展“最美家庭”寻找和“美丽庭院”创建活动，通过线下推荐、线上展播的形式，组织举办“讲、议、赛、晒”等活动70余场次。新培树区级“最美家庭”1户、“五好家庭”1户、盟级“最美家庭”9户；创建“美丽庭院”示范户16户；通过网络投票在全旗范围内推选出100名“利索媳妇”；推选1名自治区级“爱心阿姨”最美巾帼志愿者。

【妇女儿童维权】 开展社会治理法治宣传，增强妇女维权意识，推进“家家幸福安康工程”。建立193个婚姻调解微网格，每个微网格至少1名“网格姐”负责联系服务妇女儿童和家庭，全旗2600余名“网格姐”每周五开展平安法治宣传服务。同时，通过妇联微信公众号及各级妇联组织开展禁毒、防艾、反邪教、国防教育、铸牢中华民族共同体意识等平安创建宣传教育活动。5月17日，组织巾帼志愿者在五角枫广场开展民族团结进步宣传活动，发放关于民族团结进步、《反家庭暴力法》《妇女权益保障法》等宣传资料。7月12日，联合旗司法局成立科右中旗妇女儿童维权工作站，并举行揭牌仪式，12个苏木镇实现妇女儿童维权工作室全覆盖，科右中旗烘晴律师事务所妇女儿童维权工作室挂牌。全旗妇联系统拐卖妇女儿童犯罪线索摸排4350户；组织各苏木镇妇联线上线下开展命案防控及科学理性饮酒31场次。

【家庭教育】 打造科右中旗家庭教育指导中心，依托各级“妇女之家”“儿童之家”开展家庭教育专题讲座，组建家庭教育讲师队伍，定期开展家庭教育培训。深入社区、嘎查开展关爱女性健康讲座20余场次，举办线上线下亲子阅读活动25场次，参与人数800余人次。争取自治区妇联“蒲公英”妇女儿童权益服务项目和兴安盟妇联“风信子”家庭教育支持服务项目资金5万元。联合旗教育局、旗关工委于5月9—15日全国首个家庭教育宣传周，在巴彦呼舒第三中学举办“送法到万家，家教伴成长”《家庭教育促进法》讲座。

（刘高娃）

工商业联合会

【科右中旗工商业联合会（总商会）第十次代表大会】　2022年1月22日，科右中旗工商业联合会（总商会）第十次代表大会召开。会议听取并审议“开拓进取 众志成城 为推进全旗经济建设做出新贡献”工作报告；审议通过《科右中旗工商业联合会（总商会）第十次代表大会选举办法（草案）》《科右中旗工商业联合会（总商会）第十次代表大会决议（草案）》；选举科右中旗工商业联合会（总商会）第十届执行委员会委员。在科右中旗工商业联合会（总商会）第十届执行委员会第一次会议上，审议通过《科右中旗工商业联合会（总商会）第十届执行委员会第一次会议选举办法（草案）》；选举产生了科右中旗工商业联合会（总商会）第十届常务委员会委员、第十届领导班子成员。尹晓朋当选为科右中旗工商业联合会（总商会）主席、会长。

【“万企兴万村”和“企业兴乡”】　2022年，与旗乡村振兴局沟通对接开展村企对接工作，旗内24个重点帮扶村和示范村与旗内外26家帮扶企业完成对接。4月8日至15日，旗工商联带领内蒙古京科发电有限公司、内蒙古二龙屯有机农业有限责任公司等24家非公企业到其对接嘎查村开展助力乡村振兴推进“万企兴万村”行动实施“企业兴乡”工程活动。7月4日，兴安盟工商联到科右中旗调研“企业兴乡”工作，先后前往兴安盟吉祥爱里农业发展有限公司、兴安盟罕山泉民族饮品有限公司，通过召开座谈会、实地调研了解“企业兴乡”有关工作情况。7月7日，召开全旗“万企兴万村”暨“企业兴乡”工作座谈会，各企业负责人汇报“企业兴乡”工程基本情况以及存在困难，就如何开展帮扶行动进行深度交流。7月19日，举办“企业兴乡”工程惠企政策解读培训班，培训40余人次。8月31日，内蒙古自治区工商联、自治区教育厅、内蒙古光彩事业促进会格乐国际公益基金管委会，在科右中旗中等职业学校举行“万企兴万村——同心助学”公益捐赠活动科右中旗启动仪式。格乐国际公益基金管委会为科右中旗中小学捐赠一批价值50万元的心理测评系统、智慧课堂、无人机、教育平板等教育信息化物资。

【民营企业系列活动】　2022年3月，组织民营企业家到内蒙古京科发电有限公司观摩铸牢中华民族共同体意识教育长廊；赴科右中旗卉峰园艺有限责任公司开展科右中旗铸牢中华民族共同体意识主题系列活动之“学习中华文化，做新时代模范职工”身边典型现身说法活动。10月28日，联合司法局前往科右中旗大千广告装饰有限责任公司、科右中旗卉峰园艺有限责任公司等5家中小微民营企业展开全面法治体检活动，加强对中小微企业经营法律风险预警预测预防。

【优化法治营商环境】　2022年3月，与旗法院联合召开优化法治营商环境企业家座谈会，反映企业发展过程中遇到的法治方面困难、问题及制约因素，并就如何优化法治营商环境，向法院提出具体要求。

【惠企利民走访活动】　5月18日，与国家税务总局科右中旗税务局、中国人民银行科右中旗支行组成走访工作组到科右中旗鑫鑫混凝土搅拌有限公司及兴安盟鹏达职业培训学校开展惠企利民走访活动，了解企业情况，宣传相关政策，收集、反映和纾解企业困难。

（乌日娜）

文学艺术界联合会

【概况】 科右中旗文学艺术界联合会（简称文联），下辖作家协会、摄影家协会、书法家协会、美术家协会、乌力格尔艺术家协会、四胡协会、舞蹈家协会、音乐家协会8个协会，有会员866人。

【文艺宣传活动】 开展线上学习贯彻党的十九届六中全会精神文艺作品展、学习贯彻党的十九届六中全会精神书法网络展；举办铸牢中华民族共同体意识科右中旗首届“图什业图杯”中小学生蒙古文书法比赛、科右中旗首届“五角枫杯”中小学生诗歌征文比赛；开展“迎新年·送春联·拍全家福”文艺志愿服务活动；承办“逐梦乡村·我们的舞台”——科右中旗农牧民文艺活动示范展演；主办“喜迎二十大，礼赞新时代”主题创作启动仪式暨书画创作笔会，展出“科右中旗优化营商环境主题优秀书法作品网络展”2期；主办“水美乡村、遇‘稻’中旗”主题采风活动暨创作交流基地揭牌仪式；联合举办“喜迎二十大，档案颂辉煌”科右中旗“6·9”国际档案日宣传活动暨新冠疫情防控工作专题展览；联合举办首届“珍惜湿地、守护青山绿水”生态主题摄影展；参与科右中旗“石榴籽同心筑梦——中华文化大家学”文化会演、“扫黄打非”宣传教育进校园发放绿书签活动；协办铸牢中华民族共同体意识文学翻译人才培训班暨2022《民族文学》少数民族文字版作家翻译家培训班；组织摄影艺术家赴通辽市参观学习喜迎二十大、奋进新征程——“蒙古马主题”阿音摄影艺术作品展览；在“庆丰收、迎盛会”科右中旗2022年中国农民丰收节开幕式上，开展印象科右中旗——书画摄影展，以展板形式展示二十四节气及农耕文明发展历程。

△ 2月27日，“逐梦乡村·我们的舞台”——科右中旗农牧民文艺活动示范展　　（苏敦　摄）

【文艺创作】 文学类有浩斯宝力高、白阿古楞报告文学（纪实散文）《那仁敖其尔事迹》、格那顺巴雅尔的长篇小说《弯弯的霍林河》；舞蹈类有海鸽舞蹈作品《志愿者之歌》；曲艺类有李照日格图好来宝作品《中华民族一条心》《乡村振兴》《图什业图五角枫》《喜迎二十大》《图什业图“非遗”赞》、乌力格尔作品《解放英雄郃喜德》《廉政干部林英》，韩福林好来宝作品《我们的好帮手》，李照日格图、韩良玉乌力格尔作品《志愿军白长江》，呼格吉勒图民歌剧《达那巴拉》。其中，长篇小说《弯弯的霍林河》、乌力格尔作品《喜迎二十大》《图什业图“非遗”》被列入2022年盟重点文艺创作项目。好来宝节目《总书记回信了》在中国文联主办的《与人民同行——纪念毛泽东同志〈在延安文艺座谈会上的讲话〉发表80周年特别节目》中演出。配合盟委宣传部、盟文联组织拍摄大型节目《赞歌》《草原上升起不落的太阳》。

【“文化村长”】 推动落实“文化村长”助力乡村振兴，梳理各村文化建设现状，确认26名“文化村长”（2名自治区级、2名盟级、22名旗级）。其中，科右中旗代钦塔拉嘎查为重点打造示范村。9月，开展“我们的美好生活”文化文艺志愿服务活动暨“文化村长”助力乡村文化振兴行动观摩会。“文化村长”文艺志愿服务项目设计推出理论宣讲活动、“村歌嘹亮”活动、为“你”起舞、画画我们村的“明星”和墙体墙绘、“微笑的力量”拍摄活动、赋雅乡村、名家为“你”写家训、“逐梦乡村 我们的舞台”农牧民文艺活动等品牌。巴彦茫哈苏木哈吐布其嘎查、巴仁哲里木镇哲里木嘎查完成“文化村长”对接工作。联合召沙嘎查开展“礼赞二十大·奋进新征程”——好腰苏木镇召沙嘎查“文化村长”志愿服务活动暨2023年迎新春文艺演出。

（苏　敦　叶茹汗）

△7月20日，“文化村长”组织志愿者绘制文化墙，嘎查“气质”“颜值”双提升　（李娜　摄）

残疾人联合会

【残疾人康复服务】 为26名0～7岁残疾儿童实施康复救助项目；为200余名残疾人免费提供辅具适配服务。

【残疾人教育就业】 在巴彦呼舒镇区、巴彦淖尔苏木等地开展残疾人实用技术培训班，130名残疾人参加。为10名学龄前残疾儿童提供学前教育，为招收残疾儿童学前机构发放教育补贴1万元。通过前期摸底数据基础，对150名智力、精神和重度肢体残疾人实施“阳光家园”日间照护服务。

【残疾人项目建设】 争取京蒙帮扶资金40万元，用于升级改造都兰温馨家园和呼和社区日间照料中心项目。开展残疾人证集中办理、上门服务、“跨省通办”等，发放残疾人证230本，对申请办证的残疾人做到“应评尽评，不漏一人”。落实专项改造资金为205户重度困难残疾人家庭进行家庭无障碍改造项目。

（亭　亭）

红十字会

【应急救护培训】 举办红十字应急救护员培训班17场次，普及性培训达2500人次、救护员和心肺复苏培训达800人次。

【人道救助】 开展“博爱一日捐，助你上大学”困难大学生助学活动，筹资善款5.4万元，资助困难大学生20名。开展红十字博爱助力民生，临时救助23人，发放救助金2.65万元。开展先天性心脏病患儿免费筛查活动，筛查患儿10名。通过“天使和小天使”红十字基金会项目，免费为4名白血病患儿申请项目资金12万元。开展红十字会转赠中国人权发展基金会资助孤寡、空巢老人公益慈善活动，为240名困难孤寡、空巢老人捐助爱心善款12万元。

【“最美救护员”典型】 宣传推选“红十字志愿服务先进典型”“最美救护员”，根据巴彦呼舒第七小学教师卢景平通过“海姆立克急救法”挽回学生生命真实事件，拍摄制作《现场无处不在，红十字会“救”在身边》短视频，推送至自治区红十字会。

【人道文化传播】 普及推广群众性应急救护知识，累计培训应急救护师739人，培训持证红十字救护员739人，普及2500人次。建成博爱家园3个、应急救护点4个、人道文化传播点1个、红十字示范校1所。依托“博爱家园”、人道文化传播点及红十字示范校等，传播红十字“人道、博爱、奉献”精神。

【基层组织建设】 推动嘎查级红十字会基层组织建设，巩固和发展现有红十字基层组织，提高基层红十字会组织“六有”达标率。开展红十字志愿服务工作，引导社会爱心人士加入红十字志愿服务，参加志愿服务200余人次、服务时长350小时。推进红十字志愿者网站注册，规范红十字志愿者管理。

【“博爱送万家”】 常态化开展“博爱送万家”活动，慰问全旗12个苏木镇在册困难户、低保户、孤寡老人和城镇困难职工等城乡困难弱势群体，惠及城乡困难弱势群体6000余户2万余人，投入款物63.65万元。

【“博爱一日捐”】 根据困难群众需要合理设置筹资项目，在重要时间节点组织募捐活动，运用互联网开展网络筹资，建立“博爱一日捐”长效工作机制，完成募捐筹资169.81万元，定向捐款119.52万元，定向捐赠物资97.67万元，收缴会费8.04万元。

【“三献”工作】 开展孤寡、残障、先心病、白血病等困难群众救助以及造血干细胞、遗体和人体器官捐献等特殊志愿者家庭救助活动。盟红十字会联合清华大学附属医院在全盟范围内开展先心病患儿集中筛查活动中，免费为旗内6名先天性心脏病患儿检查。通过“小天使”红十字基金会项目，免费为3名白血病患儿申请项目资金3万元。开展造血干细胞捐献、遗体和人体器官捐献、无偿献血的“三献”宣传，完成捐献志愿者资料入库、动员以及捐献服务保障，提升“三献”认知度和参与度。组织红十字志愿者在世界献血者日开展主题宣传活动。开展造血干细胞血样采集活动，参加40人份。开展世界骨髓捐献者日“以生命重启生命，感谢您，捐献者”宣传活动，回访造血干细胞捐献者、志愿捐献者、志愿者及无偿献血者260人。

【“博爱家园”建设】 推进中国红十字基金会博爱校医室援建项目，在科右中旗巴彦呼舒第一中学建设中国红十字基金会博爱校医室，并按照“博爱校医室执行标准和规范”投入使用。在巴彦茫哈苏木义勒力特嘎查实施“博爱家园”项目，投入资金25万元。推进设立“博爱家园”生计发展金项目，有针对性的精准扶持发展嘎查产业，实现增收创收和改善嘎查集体经济条件。在王布和蒙医医院实施“博爱家园”项目，配备救护车，支持和服务王布和蒙医医院乡村振兴、创建美丽乡村医院。在自治区红十字会帮扶嘎查高力板镇国光嘎查协调推进“人道基金博爱家园助力乡村振兴”项目，投入资金50万元，购买基础母牛，发展牛产业，壮大嘎查集体经济，完成项目的组织发展、软件建设。

【疫情防控捐助】 与社区联防联控，接收疫情捐赠款物531125万元。其中，资金502500万元，物资价值28625万元。红十字工作者及志愿者参与疫情防控856人次，开展疫情防控消杀面积2.3万平方米。贯彻落实自治区红十字会应急救灾救援物资储备标准，购置应急救灾活动板房54套。修订完善《科右中旗红十字会备灾救灾应急预案》，加强救灾物资管理、队伍管理、培训演练和应急响应，备灾储备金达133万元。

【公信力建设】 建成区级“博爱家园”1个、盟级“博爱家园”1个、旗级“博爱家园”1个；建设博爱校医室1个、博爱卫生站1个；建设应急救护点4个、人道文化传播点1个、红十字示范校1所；为6个乡镇疫情防控工作服务站提供板房8个，为6个单位提供帐篷9个；为北控集团环卫工人发放口罩2万只；为科右中旗综合福利院、科右中旗吐列毛杜区域性福利院、科右中旗中心福利院、图什业图社区、援助满洲里市抗击新冠疫情的民辅警发放慰问品。

（韩智慧）

科右中旗红十字会本级2022年捐赠款物接收、使用、管理情况明细表

序号	捐款项目名称	捐赠金额/元	备注
一、“博爱一日捐”捐款		1698143.59	
二、定向捐款		1195150.00	
1	接受“关爱女性 情暖兴安”活动捐款	1550.00	定向捐款
2	接受科右中旗中源热力有限公司扶贫款	150000.00	定向捐款
3	接受代钦塔拉苏木人民政府定向捐款	2000.00	定向捐款
4	接受北京港通路桥工程监理公司定向助学款	100000.00	定向捐款
5	接受久居安房地产开发有限责任公司定向助学款	21200.00	定向捐款
6	接受旗残联定向捐款	40000.00	定向捐款
7	接受中国人权发展基金会慰问金	120000.00	定向捐款
8	接受科右中旗兴融城市发展投资经营公司定向捐款	100000.00	定向捐款
9	接受白先生定向助学款	9900.00	定向捐款
10	接受疫情防控定向捐款	650500.00	定向捐款
三、存款利息		13287.37	
合 计		2906580.96	

序号	资金来源	支出用途	支出金额/元	备注
1	“博爱一日捐”款	开展“博爱送万家”送温暖活动	499968.00	
2		开展救灾救助	45070.00	
3		采购应急救护点物资款	2680.00	
4		支付更新人道文化传播点宣传栏展板款	6100.00	
5		开展大病人道救助	35000.00	
6		开展学生资助活动	64600.00	
7		购买学校“博爱超市”物品	199636.20	
8	“博爱一日捐”款	支付博爱家园项目（义勒力特嘎查）款	202296.36	
9		支付博爱家园项目（铜矿社区）款	44490.00	
10		据实列支工作成本	26242.68	
11	定向捐款	支付“关爱女性 情暖兴安”活动捐款	1550.00	
12		支付科右中旗中源热力有限公司扶贫款	150000.00	
13		支付代钦塔拉苏木人民政府定向捐款	2000.00	
14		支付北京港通路桥工程监理公司定向助学款	100000.00	
15		支付久居安房地产开发有限责任公司定向助学款	21200.00	
16		支付白先生定向助学款	9900.00	
17		支付中国人权发展基金会慰问金	120000.00	
18		支付旗残联定向捐款	40000.00	
19		支付科右中旗兴融城市发展投资经营公司定向捐款	50000.00	
20		支付疫情防控定向捐款	100000.00	
21	利息	支付转账手续费	24.29	
合计			1720757.53	

科右中旗红十字会本级2022年物资接受和使用情况明细表

序号	捐赠来源	捐赠物品名称	物品数量	物品价值	分配使用情况	使用物品数量	使用物品价值
1	兴安盟红十字会	家庭箱	150	44775.00	分配给国光嘎查、义和道卜嘎查	150	44775.00
2	中国平安财产保险股份有限公司兴安盟中心支公司	沃尔田复合肥	6吨	30000.00	定向分配给马架子嘎查、雅玛图嘎查、达日罕乌拉嘎查等	6吨	30000.00
3	山东步长制药股份有限公司	五维康心电仪、步长宣肺败毒颗粒、消毒液	291	28625.00	定向转给科右中旗人民医院	291	28625.00

续表

序号	捐赠来源	捐赠物品名称	物品数量	物品价值	分配使用情况	使用物品数量	使用物品价值
4	兴安盟红十字会	口罩	10000	2800.00	分配给义勒力特嘎查、义和道卜嘎查、国光嘎查，静默期间巴彦呼舒镇防控工作人员	10000	2800.00
5	兴安盟红十字会	防护服	200	14000.00	分配给义勒力特嘎查、义和道卜嘎查、国光嘎查	200	14000.00
6	包宝玉	服装	450	18000.00	分配给义勒力特嘎查、义和道卜嘎查	450	18000.00
合 计				138200.00	合计		138200.00

科右中旗红十字会本级2022年会费收缴情况明细表

序号	项目名称	会费金额/元	备注
1	团体会员单位会费	71000.00	
2	本级个人会员会费	120.00	
3	代管基层红十字会会费	9270.00	
合 计		80390.00	

科右中旗红十字会本级2022年会费支出情况表

序号	资金来源	支出用途	支出金额/元	备注
1	团体会员会费	支付《中国红十字报》知识竞赛题款	1200.00	
2		支付订阅《中国红十字报》款	3096.00	
3		上缴盟红十字会20%会费	14200.00	
4	本级个人会员会费	上缴盟红十字会20%会费	24.00	
5	基层红十字会个人会员会费	支付科右中旗中等职业学校医疗救助款	6096.00	
6		支付好腰苏木学校助学款	2900.00	
7		支付巴彦淖尔中心校超市物资款	1700.00	
8		支付巴彦呼舒第五小学助学款	7200.00	
9		支付巴仁太本中心校红会活动费用	1944.00	
10		支付巴彦呼舒第七小学助学款	3400.00	

续表

序号	资金来源	支出用途	支出金额/元	备注
11	基层红十字会个人会员会费	支付巴彦呼舒第四小学助学款	6344.00	
12		支付巴彦呼舒第五中学消防演练费用	3700.00	
13		上缴盟红十字会20%会费	1854.00	
合计			53658.00	

（科右中旗红十字会）

计划生育协会

【概况】 科右中旗计划生育协会（简称计生协会）成立于1987年，是非营利性群团组织。全旗12个苏木镇、1个党群服务中心、5个场矿、173个嘎查均有计生协会，协会会员2万余人。年初下发计划生育协会改革文件，计生协会退出事业单位序列，机构规格为股级，纳入群团机关管理，由旗卫健委代管。

【计生服务政策】 旗政府印发《关于加快推动全旗计生保险工作的通知》，全旗各苏木镇党委政府将计生保险工作纳入重要议事日程，召开苏木镇、嘎查两级计生保险专项工作推进会。18个基层计生协会发动参保8818人、总保费54.23万元，参保率超过常住人口的4%，理赔26人、理赔金额6.43万元。旗委、旗政府将计生特殊家庭关爱作为民办实事项目之一，每年为全旗计生特殊家庭成员代缴养老保险补贴100元，为农村低保特殊家庭成员代缴新型农村合作医疗费，为计划生育失独家庭购买134份国寿绿洲团体意外伤害保险1.34万元。组织各苏木镇、社区开展生育关怀活动，多渠道筹集资金，落实上级各项计划生育奖励优惠政策，生育关怀公益金资助农村牧区独女、双女户考上二本以上92户，扶助资金18.4万元。0～14周岁先天性心脏病儿童接受手术救助5人，救助资金1.07万元。

【计生文化宣传】 利用节假日、人口和计划生育重要纪念日、母亲节、“5·29”协会纪念日、“7·11”世界人口日、“12·1”世界艾滋病日等，组织开展计划生育文化宣传活动，宣传普及新型婚育文化，提倡婚事新办、婚事简办、适龄婚育、优生优育、老龄健康等。举行健康、疾病预防知识讲座，组织医务人员以发放宣传资料、设置宣传栏、张贴宣传标语、走访计划生育家庭户等形式，开展免费义诊和医疗咨询服务。

【计生维权服务】 为辖区计生特殊家庭开展“三个全覆盖”服务。固定3名联系人，实行岗位责任制，为特殊家庭全部建立健全信息档案，协调有关部门和单位给予必要帮助；建立绿色通道，在全旗4家公立医院和基层卫生院均开通“计划生育特殊家庭就医绿色通道”，做到计划生育特殊家庭优先挂号优先就诊；对特殊家庭进行家庭医生签约服务，按照属地优先、就近方便的原则，由乡村、社区指定1名医生与所属计生特殊家庭签订服务协议，为签约对象建立健康电子档案，详细记录签约对象健康状况，制定个性化健康管理方案，提供常见病、多发病的诊治和慢性病规范化治疗指导等基本医疗服务，同时提供健康评价、健康咨询、健康指导和危险因素评估等健康综合服务，全旗特殊家庭的家庭医生签约率100%。推行流出人口"宣传、访视、帮扶、联系"四到位服务管理模式，集中开展1次人口法规、生殖健康、避孕节育知识宣传培训，建立健全流动人口档案；对返乡流动人口主动进行"家访"，对在外遇上困难的人员进行"探访"，对群众反映有疑点的人员进行"查访"；对留守的父母和儿童给予生产、生活等照顾，解决空巢老人和留守儿童学习生活困难问题；准确掌握流出对象电话号码，定期与外出已婚育妇女联系，随时掌握流出已婚妇女的基本信息。

【计生健康检查】 育龄群众婚前检查1105对，婚检率95.66%；孕前优生健康检查715对，其中农村600对，完成农村任务100%；育龄妇女"两癌"筛查10000人。

【幸福工程——受助母亲育肥羊养殖项目】 与旗卫健委联合，多次到嘎查、村考察，并根据当地实际制定发展规划，调整产业结构，在吐列毛杜镇阿贵扎拉嘎嘎查落实科右中旗幸福工程——受助母亲育肥羊养殖项目，项目资金30万元，运作周期3年。挑选计划生育家庭15户。其中，3户种植药材，12户每户购买23只基础母羊，以合作社入股分红形式加入阿贵扎拉嘎嘎查王达木林种植养殖合作社，人均收入增加8000元。

【"暖心家园"计生特殊家庭帮扶活动】 8月，启动"暖心家园"项目工程以来，开展集体庆生、文体活动、健康知识讲座、交流联谊等"暖心家园"计生特殊家庭帮扶活动；节假日组织各苏木镇、社区协会会员走访慰问特殊家庭；邀请旗心理咨询机构老师为辖区特殊家庭开展心理健康疏导讲座。

（领　晓）

法　治

政法委与综治

【概况】 完成北京“双奥”、全国、全区两会、党的二十大等关键期安保维稳任务；旗反邪教协会开展警示教育活动6次。旗扫黑办以宣传落实《反有组织犯罪法》为抓手，组织各成员单位落实《常态化开展扫黑除恶斗争重点任务分工方案》，切实加强系统治理、依法治理、综合治理、源头治理。推进“12+2”专项整治，带动行业领域整治持续开展，确保涉黑涉恶案件数量下降、行业秩序好转、制度机制基本完善、人民群众满意度持续提升。借鉴“枫桥经验”，开展矛盾纠纷排查化解工作，全旗各调委会机构调解各类纠纷1424件，调解成功1420件，成功率99.6%，涉案金额1700余万元。

【全旗市域社会治理现代化试点】 召开全旗市域社会治理现代化试点工作推进会，系统推进市域社会治理现代化试点建设工作，切实提高市域社会治理系统化、社会化、法治化、智能化水平。加强城乡网格化管理，指导基层科学划分网格，实现多网合一、资源共用，逐步健全职责明确、渠道畅通、服务便捷的网格服务管理体系。

【治安防控体系建设】 推进治安防控体系建设。推进总投资1358万元的市域社会治理现代化前端视频建设项目；新安装高清摄像头覆盖镇区113个小区、16个平房区，覆盖苏木镇173个行政村、2个矿区工作部和2个国有农牧场。旗护路办组织7个沿线苏木镇开展“5·26我爱路”集中宣传活动，受教育群众8500余人次。对全旗重大工程建设项目开展科学分析和评估，完成项目评估18个。扎实推进命案防控工作，保持连续七个月无命案发生。

【“迎接党的二十大、优化法治营商环境、服务保障高质量发展”大讨论活动】 巩固政法队伍教育整顿成果，开展“迎接党的二十大、优化法治化营商环境、服务保障高质量发展”大讨论活动。完成集中学习、研讨检视和整改提升各阶段工作，并通过盟级验收。全旗各政法机关组织开展集中学习138次。邀请旗内企业家、个体工商户和涉案企业代表座谈17次，走访企业58家次。政法单位整改落实意见建议83条，并及时向市场主体反馈。累计开展“为企办实事”活动52次，各单位结合部门职能出台便民利企措施49条。

【法治科右中旗建设】 制定《2022年度全面依法治旗委员会工作要点》《法治科右中旗建设实施方案（2020—2025年）》；召开依法治旗委员会会议1次、依法治旗办公室会议2次；组织各级党委（党组）理论学习中心组学习习近平法治思想、习近平总书记关于全面依法治国重要论述140次；开展法治督察活动1次；办理行政复议案件34件，受理21件，审结16件；以“法律六进”为载体开展“菜单式”“点单式”普法宣传活动450场次；向旗直各部门单位、各苏木镇指派普法讲师56人次；组织全旗52个单位参加全国、全区民法典知识竞赛；公共法律服务站开展法律服务224人次，受理法律援助案件118件，为当事人挽回经济损失1865余万元；加强旗法学会建设，组织会员参与“东北法治论坛”“西部法治论坛”等征文评选，上报征文17篇；新发展会员18名；开展专题普法活动598场次。

【社会治安防控体系“示范城市”创建】 旗公安局推进信息技术与执法司法工作深度融合，建设“北疆云·智慧公安”。启用运行全区政法大数据智能化应用平台，实现案件网上办理、流转。移送起诉案件、提请批准逮捕案件网上推送率达100%，实现案件信息共享的常态化、制度化、规范化。提升技术防范水平，推进道路卡口、重要部位、复杂场所的视频监控和智能安防建设，完成“雪亮工程”项目收尾工作。推进“情、指、勤、舆”一体化实战化运行机制建设，将“情指中心、合成作战中心、反诈中心”三个中心一体化打造，融合4网14种手段资源，形成全合成、全手段、全权限的“情指勤舆”一体化实战化新平台，工作成效宣传稿件先后被公安部、自治区公安厅采用报道。提高联防联控能力，投资850万元建成并投入使用兴安盟边界进京检查站，基本满足反恐、禁毒、刑侦、治安、维稳，以及常态化疫情防控、各等级勤务查控等工作需要。

（赵梦迪）

公　安

【概况】 科右中旗公安局内设情报指挥、政治工作办公室、警务保障室、政治安全保卫大队、经济犯罪侦查大队、治安管理大队、刑事侦查大队、警支大队、监管场所2个（看守所、行政拘留所）、交通管理大队、督察法制大队、禁毒大队、反恐怖和特巡警大队、生态环境食品药品犯罪侦查大队、人民警察训练大队、内设机构14个、科尔沁国家级自然保护区森林公安分局、百吉纳工作循环经济园区分局。下设苏木镇派出所22个，实际运行派出所19个。

【“最强党支部”建设】 健全完善、严格执行党领导公安工作的各项制度，落实“第一议题”制度和学习贯彻党的二十大精神21项重点任务。2个临时党支部、38个党员突击队、7个党员示范岗，2个驰援小分队、4个外驻工作组完成党的二十大安保维稳、疫情防控及专案行动等任务。加强21项35条基层党组织建设，有区级“最强党支部”11个、盟级“最强党支部”8个。严肃党内政治生活，查处违纪干警46人。承担2个片区1586户入户核查任务，抽调警力88人开展阶段性核查任务，治安大队进行安排部署并制作分解详表。

【刑事案件侦办】 刑事案件立案816起、破获686起，破案率同比上升73.7%，超全区、全盟平均水平，现行命案保持13年全破。常态化推进扫黑除恶，深入开展打击整治枪爆违法犯罪、“云剑”“断卡”“断流”“清源断流”“昆仑”等行动，严厉打击“黄赌毒”“食药环”“盗抢骗”“电网诈”等突出问题。加强公共安全治理体系建设，综合利用警务移动终端、互联网等手段，组织各类治安要素的动态管控，压降立案数，提升破案率，受理行政案件992起，查处违法行为人1502人。

【社会治安管理】 强化巡逻防控，对全旗各重要部位、涉爆单位、金融网点、公共及休闲娱乐等场所开展安全大检查；充分发挥治安检查站和警务工作站作用，加大人、车、物的查控，最大限度过滤各类危险因素；严格民爆物品申购申运审批手续和安全监管，全旗未发生危爆物品安全事故。开展“平安”系列社会治安清查整治集中统一行动9次。

【道路交通管理】 围绕城区、国省道、农村牧区三大主战场，以道路交通事故预防“减量控大”为引领，重点实施农村牧区道路安全隐患突出路口路段治理、恶劣天气交通安全高影响路段优化提升“两项攻坚”，全旗未发生重特大交通安全事故。查处各类交通违法行为8万余起，处理道路交通事故千余起（1450起），排查整改各类隐患百余处。借鉴“枫桥”模式，推行交通事故人民调解机制，调解交通事故360余起；借助“好来宝”民间艺术，开展各类交通安全宣传30余（场）次，发放各类宣传材料3万余份。

△1月28—30日，“平安一号”社会治安清查整治统一行动　（旗融媒体中心　供图）

【监所管理】 围绕监管疫情防控、安全管理、队伍建设等重点任务，强化监所安全检查、风险人员分级管控、谈话教育等措施，最大限度防范非正常伤亡和因病死亡，确保监所防疫和管理“双安全”。旗看守所收押339人、出所348人（其中投送监狱61人），留所服刑76人。旗拘留所收拘764人。未发生在押人员自伤、非正常死亡、脱逃等监管事故，连续10年获评“全国一级看守所”、连续27年未发生监所安全事故。

【执法规范化建设】 成立执法规范化建设领导小组及办公室，明确各部门“一把手”为第一责任人。成立执法管理委员会，通过集体例会研究案件百余件，商请检察院、法院召开联席会议60余次，多次邀请检察机关提前介入案件研究。加强执法主体建设，组建27人的兼职法制员队伍和41人的兼职教官队伍；围绕“民警执法岗位职责和不同警种对应的执法问题”开展专门执法培训11次。针对执法流程中容易出现问题的环节，制定完善受案立案制度等多项执法制度。加强执法监督和执法公开建设，通过执法突出问题整治，加强执法巡查，杜绝“有案不受、有案不立、立案不查”等问题。利用大数据办案平台，实行全流程、闭环式监督管理。通过局执法公开网站，制度上墙、警情案件回访告知等措施，公布公安机关的职责权限、工作规程、办案程序、办理期限等。

【信访接待】 依托“1332”工作模式推动执法规范化建设，将执法规范化纳入部门领导绩效考核。累计被通报3次的办案部门，对负责人做出职务调整；构建“3＋3＋5”监督模式，划定3个执法区，由3名法治副大队长分片监督，另配5名民辅警协助管理；购买执法记录仪150台，全部配发至一线办案单位；增设案件受理室，规范报警程序，实现“三个当场”；信访接待大厅扩建到310平方米，配齐软硬件。警情超期处置同比下降83.3%，受立案超期均实现零发生。

【警务工作】 完成“雪亮工程”，利用各类平台破案86起；完成情指大厅改造，全面保障城市安防和大型安保现场指挥等。常态化启动“856”多警种巡逻防控机制，有效增强应急指挥和联勤处置的高效性。借助5000余名社会力量组建12支队伍做实群防群治。将全旗19个派出所和2个交通管理中队整合为9个警务区，由班子成员分管包片。

【情报侦察】 以涉谣言、涉暴恐等16类不稳定群体的情报为切入点，全面开展情报侦察报送工作。

【网络舆情管控】 严格落实“双负责制”，加强对重点领域信息的全天候监控处置，同时加大对本地重点网站、论坛和涉本地重点微博、贴吧、公众号等网络社区内涉警、涉稳、涉访等舆情信息的巡查力度，遵守“三同步”工作原则，严防造成重大负面影响、舆情风险向政治安全领域传导。密切关注各类网络重点人、重点群体，及时发现掌握群体勾连动向，协助治安、国保部门稳控重点人152人，稳控网安重点群7个、重点人17人。通过网上信息监控、线索排查和分析研判，深挖犯罪嫌疑人涉网线索，加强对网络违法犯罪活动的打击广度、深度和力度，坚决做到对网上违法犯罪行为“零容忍”，配合国保、治安、经侦等部门侦办配侦案件42起。依法履行网络安全监管职责，加大行政处罚力度，督促指导运营单位落实网络和数据安全主体责任，及时发现、整改网络安全漏洞隐患，检查企事业单位7家、医疗行业4家、国家重要信息系统9家、重点网站11家，完成整改6家。开展电子数据取证工作，配合各类案件76起，取证手机136部，采集数据3741万余条，上传BCP数据包136个。开展大数据平台应用培训班5场次；上报大数据周报33篇；大数据建模173个；疫情核查4万余条。

【便民利民和暖警惠警】 实现公安政务服务事项三个100%。两个“一站式”政务服务派出所和1个农村牧区派出所实现“一站通办、一网通办、一窗通办”，167项高频简单业务全部面向大众服务。制定47项便民利企措施，与55家企业构建“一企一警”常态化包联机制。侦办侵害企业合法权益类案件4起，挽回损失500余万元。全面实施“爱警暖警”措施，全盟率先解决辅警边远津贴，辅警薪酬标准全部按规定项发放，达到全盟最高标准。每季度开展1次“最美民辅警”评选；重大安保期间开展战时慰问；建立“困难民警档案台账”，在册的31名民辅警全部纳入帮扶范围；组建“公安乌兰牧骑多元化服务队”开展多形式慰问和演出。

（白萨日娜）

检　察

【刑事检察】 办理各类刑事案件646件775人。其中，审查逮捕127件173人，审查起诉519件602人，审结515件589人。开展羁押必要性审查90次，变更强制措施

85人，诉前羁押率32.7%。认罪认罚适用率93.2%，确定刑量刑建议采纳率98.6%。速裁程序适用率54.1%。向公安机关发出纠正违法通知书45件，向法院发出纠正违法通知书1件，均已纠正。办理立案监督案件15件。其中，监督立案9件，监督撤案6件，监督立案判处3年以上有期徒刑案件2件。受理审查起诉未成年人犯罪案件9件11人，其中，提起公诉2人、相对不起诉2人、附条件不起诉7人。开展社会调查20次、发放督促监护令7份、召开听证会1次。针对“在押人员管理、疫情防控、矫正工作不规范”等问题向公安局发出纠正违法通知书13件、检察建议6件，向司法局发出纠正违法通知书9件、检察建议2件，均整改并回复；对法院财产刑进行监督发现违规情形发出纠正违法通知书1件，重大案件侦查终结前讯问合法性核查工作3件3人。

【未成年普法宣传】 开展“七彩假期”暑期公益课堂、“法润娜荷芽，携手护未来”双语普法活动等，制作双语普法原创视频1个，发放宣传材料1000余册；开展法治进校园活动6次，覆盖中小学师生5000余人。与团旗委制定《构建未成年人检察工作社会支持体系合作实施协议》，深化未成年人司法保护。

【民事检察】 受理案件113件，发出检察建议87件，提请抗诉1件，支持起诉3件。依法对法院诉讼财产保全措施进行监督，发出检察建议3件，法院回复并采纳。开展“终结本次执行”监督专项工作，调取终结程序案件卷宗20件，对存在的问题有针对性地提出改进建议。开展“未依法退还案件受理费”诉讼违法专项监督活动，向法院调取民事裁判案件卷宗24件，发出检察建议，法院在规定的期限内整改并回复。持续开展虚假诉讼监督，受理当事人申请虚假诉讼监督案件9件，均为民间借贷纠纷案，向公安机关移送案件线索1件。解决农民工讨薪难问题，受理拖欠农民工工资案件1件，跟进监督1件。

【行政检察】 受理案件83件。其中，非诉执行监督案件68件，行政违法行为监督案件15件。提出检察建议34件，均被采纳。开展护航民生民利行政检察专项监督活动，围绕交通运输、公共卫生等领域发出检察建议。针对多家餐饮企业违规使用餐具问题召开社会治理检察建议公开宣告送达会，旗市场监督管理局履职并书面回复，切实维护公共卫生安全。开展行政违法行为监督，与旗自然资源局等行政机关召开联席会议，制定《行政检察与行政执法监督衔接办法》。以林草行政执法案件“回头看”的形式抽查科尔沁国家级自然保护区森林公安局近三年办理案件50余件，梳理问题案件，依法提出纠正违法检察建议，并及时完成整改。开展行政争议实质性化解工作，介入并化解医疗系统行政争议案1起，将申诉事项止于未诉。推进土地执法查出领域行政非诉执行监督专项活动，与自然资源局会商制定《行政检察与自然资源行政执法工作衔接办法》，抽查法院行政非诉执行监督案件并针对存在的问题发出检察建议，均被采纳。

【公益诉讼检察】 2022年，受理案件线索122件，立案76件，发出诉前检察建议58份，公告4件。开展对农业生产秸秆焚烧大气污染、污水排放等公益诉讼监督，受理环境污染类案件15件，发出检察建议5

份，其中原赛马场院内垃圾污染行政监督案，督促行政单位清理垃圾3880立方米，彻底清理长期污染周边学校、医院和居民区的垃圾，案件信息被分院和区院采用。开展“等”外领域案件办理，结合四号检察建议监督相关行政单位开展“窨井盖”安全排查。针对群众举报“铁路小区大型车辆违规占道问题”监督公安机关，有效遏止违规停车问题。设立检消协作办公室，定期对辖区内消防安全隐患开展调查，以“我管”促“都管”，促进消防安全溯源治理。

【五角枫保护“府检联动”机制】 针对五角枫病虫害及多年无次生林繁育问题，组织相关部门、邀请专家召开听证会。与旗政府联合出台《五角枫保护“府检联动”工作机制》，向旗人大常委会提出立法建议，共同推动《五角枫保护条例》立法进程，并被《人民日报》《检察日报》报道。

【公益诉讼检察“好案件”】 受理“包某某等3人非法狩猎案”，在依法对作出不起诉处理后，要求3人在辖区进行公益诉讼法治宣传，现身说法，以宣传者的“亲历性”促进群众的公益保护自觉，该案被最高检评为“全国公益诉讼检察好案件”。

【控申检察】 2022年，接待来访60件72人次，其中检察长接待6件7人次。践行“枫桥经验”，注重矛盾化解，院领导包案办理首次信访案件12件，其中“王某春刑事申诉案”，因案件时隔长、复查工作、化解难度较大，最终通过领导包案、上门公开听证、司法救助等手段成功化解，该案多次被最高检、自治区检察院报道。办理司法救助案件7件8人，发放救助金11万余元。

【优化法治化营商环境】 2022年，走访10余家企业，听取意见建议，了解企业的司法需求。各部门结合本职工作开展法治宣传4次，解答群众疑惑，引导群众自觉学法守法。通过征求意见座谈会、对照检视研讨交流会等方式征求意见建议8条，结合工作实际制定整改措施10个，在门户网站、新媒体平台发布工作信息300余条。开展涉企案件“经济影响评估”，在受理涉企案件时坚持“评估与办案”同步进行，做出有效防范和处置。工作做法类信息被《内蒙古日报》《兴安日报》采纳3篇，工作动态类信息被区院、分院、盟政法委转载30余篇。

（赵文慧）

法　　院

【概况】 科右中旗人民法院有综合办公室、政治部、立案庭、刑事审判庭、民事审判庭、行政审判庭、执行局、审判管理办公室、司法警察大队9个内设机构，下辖吐列毛杜、杜尔基、高力板基层人民法庭3个。2022年，受理案件10394件，审执结10110件，结案率97.27%；员额法官33名，人均结案306件；平均审执天数54.89天，同比减少18.89天。

【刑事审判】 2022年，受理各类刑事案件402件，审结392件，结案率97.51%，判处罪犯478人。审结“黄赌毒”、危险驾驶等犯罪案件232件。审结电信网络诈骗等犯罪案件27件。

【民商事审判】 2022年，审结各类民事案件6192件。坚持调解优先，民事案件调撤率57.56%。审结买卖、租赁、承揽合同纠纷案件1436件，建筑工程、房地产、物业服务合同纠纷案件227件，金融纠纷案件605件，民间借贷案件2205件，就业、医疗等民生案件137件，涉土地纠纷案件92件，离婚和赡养、抚养、继承等案件485件。

【行政审判】 监督支持行政机关依法行政，审结一审行政案件26件，审查非诉执行案件10件。行政机关负责人出庭应诉实现100%，使“民告官能见官”“官出庭又出声”成为常态。

【执行工作】 2022年，受理执行案件3439件，执结3412件，结案率99.33%。执行标的到位率3.499亿元。开展营商环境“护航企业”“雄鹰‘寅’春”等专项行动，司法拘传拘留154人次，在法院执行高压态势下，4365名被执行人履行法定义务。网络查控（线下）4365次，发布失信被执行人名单255人次，限制高消费1097人次。推行网络拍卖29次，成交金额661.47万元，为当事人节省佣金20万余元。

【优化营商环境】 深入贯彻习近平总书记“法治是最好的营商环境”指示精神，持续服务“六稳”“六保”，召开企业座谈会12次，实地走访调研企业、个体工商户85家，开通涉企案件立审执绿色通道，完善各项制度，为企业给予司法建议和帮助，助力企业防范化解法律风险。2022年审结各类涉企案件1161件，为企业纾困解难。

【信访工作】 完善代表委员、律师参与信访听证，律师代理申诉、参与调解制度。发放司法救助金15.8万元，帮助经济困难当事人缓解压力，妥善化解可能涉诉信访案件，推动信访工作落地见效。

【生态司法】 践行“两山”理念，筑牢全旗生态保护的司法屏障，支持检察机关提起公益诉讼，审结环境资源案件11件。

【“绿色直通车”开通】 开通立案“绿色直通车”，当场立案率95%以上。应用人民法院调解平台，联合旗人民调解中心、工商联、工会、妇联等部门开展诉调对接工作，多元化解纠纷1709件。为经济困难当事人减免缓诉讼费81532元。

（郜秀美）

司法行政

【依法治旗工作】 组织协调召开全面依法治旗委员会1次、依法治旗办公室会议2次，审议通过《科右中旗法治社会建设实施方案（2020—2025年）》《科右中旗法治宣传教育的第八个五年规划（2021—2025年）》等，将法治建设成效纳入年度考核重要指标。印发《2022年全旗各级党委（党组）理论学习中心组专题学习重点内容安排》，将习近平法治思想及全面依法治国的重要论述列入各级党委（党组）理论学习中心组学习内容，旗委常委会和中心组开展会前学法6次、旗政府常务会议集体学习3次、旗委党校开展主题学习2班次，全旗开展习近平法治思想学习140场次、参训5600余人次，针对12个苏木镇64家旗直单位开展法治督察活动2次。创新推进党政主要负责人述法全链条机制，实现旗直部门、苏木镇党政主要负责人专题述法全覆盖。督导各责任单位对照自治区反馈问题整改工作台账认领涉及问题并抓好整改落实，认领6个方面17大项32小项内容，细化分解40条整改措施，其中，完成整改35项、取得阶段性成效5项。盟依法治盟办督察反馈意见20条，制定整改措施42条，全部整改完成。

【法治政府建设】 组织36名执法人员参加执法资格认证考试，合格率94.74%。各领域开展执法培训120场次、参训2259人次，培训学时达148小时。深化行政执法体制改革，推动落实行政执法“三项制度”，动态调整并公布“八大领域”综合行政执法部门权责清单，厘清职责权限。在12个苏木镇设立行政执法协调监督工作室，规范执法，统一依法行政“尺子”。健全行政裁量基准，建立“行政相对人事前风险提示制度”，运用行政建议、劝导示范、说服教育、警示约谈等方式提升行政执法质效，制定并公布轻微违法行为不予处罚清单216项；证明事项落地实施告知承诺制23项；“减证便民”事项31项。开展行政执法活动48次、出动执法人员2351人次、检查各类主体3980家、行政处罚76件。组织行政执法案卷评查2次、评查案卷72件，并通报整改。建立执法案件移送机制，向有关部门移交案件20件。严格落实规范性文件有效期评估制度，梳理涉及50个部门的编制清单50个。同时向社会公布清理失效的规范性文件2件、继续有效文件21件。

【行政复议应诉】 行政复议接待大厅再次实现“提档升级”“四室分离”，8名行政复议工作人员均取得国家统一法律职业资格；健全完善工作制度，收集汇总行政复议服务事项13项，编制“一次性告知单”，为企业和群众提供行政复议立案“最多跑一次”服务27人次；在12个苏木镇设立行政复议代办点，打通群众申请行政复议“最后一公里”；集体“把脉会诊”提升案件审理质量，办理行政复议案件35件，受理22件，审结21件，其中运用“集体讨论”结案7件。

【矛盾纠纷排查调处】 推动人民调解进驻苏木镇社区，调解组织实现100%覆盖。全旗行业性专业性人民调解委员会增加至8个，有效拓宽行业专业领域矛盾纠纷的化解渠道。被评为盟级金牌调解员1名、盟级银牌调解员2名，同时申报自治区级金牌调解员3名、银牌调解员2名、首席调解员2名、一级调解员4名；申报一级司法所3个、示范司法所2个。全旗有113名苏木镇调解员、581名嘎查社区调解员、31名“公调对接”调解员。开展“调解促稳定·喜迎二十大”专项活动，开展矛盾纠纷排查514次、预防矛盾纠纷47件、调解矛盾纠纷1598件、司法确认287件。制作12个苏木镇、173个嘎查“命案防控暨矛盾纠纷排查化解图文平台”，并实时更新分布图标注内容，实现“一个嘎查一个图，命案防控暨矛盾纠纷排查工作全在手”。结合“三查一控”专项工作，加强与监狱、公安机关信息互联互通，及时掌握刑满释放人员，做到无缝对接。有在册帮教人员1214人，其中重点帮教对象38人；衔接安置帮教人员367人，其中，监狱释放人员77人、矫正解除290人，提供远程探视47次92人次。发挥“多调对接”机制作用，会同法院、公安派出所、交警队、信访办等部门协调配合，诉前调解委员会成功调解矛盾纠纷241件，司法确认287件；各苏木镇公调对接调解矛盾纠纷386件；道路交通调解684件；12个苏木镇矛盾调解中心司法席位接待群众538批次1274人次，接待法律咨询755件，成功调解矛盾纠纷637件。各人民调解组织调解各类纠纷1598件，成功化解1594件，涉及金额1800余万元，司法确认287件，开展矛盾纠纷排查514次，发现矛盾纠纷99件，预防纠纷47件。

【特殊人群管理】 健全机构，推进指导全旗12个苏木镇依法设立社区矫正委员会，实现旗、苏木镇两级社区矫正全覆盖；完善制度，提升社区矫正规范化水平，成立业务评查小组，到12个司法所检查全旗158个在册社区矫正对象工作档案、执行档案及各类工作台账；强化监管，确保矫正对象在管在控，受委托审前调查64件，其中，出具结论性调查评估意见60件、非结论性调查评估意见4件。修复关系，促进社区矫正对象回归社会，组织参加全盟社区矫正对象教育感化大会，参加矫正对象143人、工作人员35人。加强帮扶指导，慰问生活困难社区矫正对象及其家庭50户。

【公共法律服务】 建立1个中心、13个工作点、12个援助工作站、193个联络点法律援助服务网络，方便群众进行法律援助咨询，办理法律援助申请事项。在退役军人事务局、妇联、鑫鑫律师事务所分别成立法律援助工作站，接待法律咨询281人次。对未成年人、老年人、残疾人、妇女、农民工、军人军属、退役军人等特定群体申请法律援助，开通绿色通道、简化申请程序、缩短审查时间、降低群众申请法律援助门槛。开展案卷评查，受理法律援助案件162件，其中，涉及劳动报酬案件62件、残疾人案件1件、老年人案件23件、未成年人案件13件、农民工案件62件，避免和挽回经济损失约406.57余万元。开展法律援助宣传活动68次，解答各类法律咨询2000余人次。

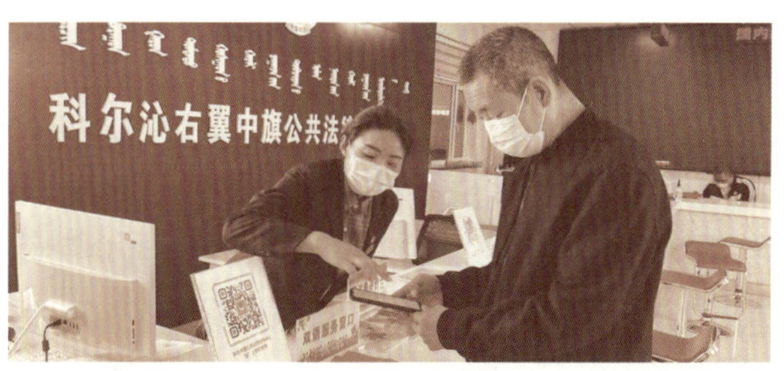

△6月6日，司法业务人员指导办事群众利用手机扫码了解办事流程　（李娜　摄）

【法律进乡村】 将法律顾问及公职律师工作列入年度工作要点，并纳入年度目标考核，构建旗、苏木镇、嘎查“三位一体”法律顾问体系架构。50个旗直部门、12个苏木镇、173个嘎查法律顾问和公职律师“双线”全覆盖，开展“法律顾问进乡村”活动19场次、解答法律咨询1000余人次。在工业园区希沐公司成立公共法律服务工作站，在鑫鑫律师事务所成立法律援助工作站，并办理援助案件35件。组织律师参与人大制定的《内蒙古兴安盟科右中旗五角枫保护条例》前期调研工作。全旗公职律师申请12人，完成注册3人。法律顾问和公职律师提供法律意见2件，参与规范性文件送审稿的起草、论证2件，参与审核重要的法律文书或者合同、协议2件，参与行政处罚审核、行政复议、行政诉讼等16件，开展“万名律师进乡村”法治体检活动9次企业44家。

【公证服务】 推出“超长待机”、节假日延时服务等10项便民举措，推广365天公证咨询热线，“最多跑一次”公证事项增加24项。服务群众1500余人次，办理国内民事公证459件、国内经济公证45件，提供上门服务80余次、延时服务39件，减免公证费5.8万余元。为军人军属、残疾人等特殊群体开辟“公证办理绿色通道”；为符合要求的老年人免费办理遗嘱公证；为行动不便当事人提供上门服务、预约服务；为符合特定条件困难群众提供免费法律服务。为军人军属、残疾人等特殊群体办理公证案件83件、公益性案件40件。发放公证宣传资料500余份。服务政府重点工作、民心工程，办理4起违章建筑拆除，为政府决策有效落实提供优质高效的公证法律服务。与律师事务所签署战略合作协议，办理涉企公证案件42件，为9家企业提供公证服务，持续优化法治化营商环境。

【全民普法教育】 推进全民普法教育。全旗1424名公务员、677名行政执法人员开展网上学法及考试活动；发挥“法治副校长”职责，选齐配强全旗43所学校法治副校长，开展法治宣传教育80场次、法治讲座86场次；全旗普法志愿者和司法所工作人员结合普法宣传“进乡村”活动，开展《中华人民共和国宪法》《民法典》《反有组织犯罪法》、反电诈、反养老诈骗、国家安全等法治宣传450余场次，发放各类宣传手册、宣传品12万余份；组成30人的法律服务宣讲团开展“送法进企业、法治促发展”“法治是最好的营商环境”等系列优化法治化营商环境主题宣传活动40余次，举办企业家法律培训班2期；将“法律明白人”培育工程纳入“谁执法、谁普法”普法责任体系，对519名“法律明白人”进行培训和考试；坚持“五治”融合推进民主法治示范嘎查创建，创建国家级“民主法治示范嘎查”1个，区级民主法治示范嘎查9个，盟级民主法治示范嘎查37个；培育特色法治文化，构建“守法”阵地，联合旗融媒体中心联合创办《学法进行时》《与法同行》栏目，“以案释法”录制播放节目120期；“线上线下”举办知识竞赛11期次、法治讲座180场次、法治乌兰牧骑演出102场次、演讲比赛7场次、执法案卷评查72份，公布典型案件310件；“喜迎二十大，党内法规网络竞答”活动荣获全盟第二名；围绕热点难点问题开展针对性普法宣传80余场次；4月22日，与林草局等7个部门组织开展“森林草原实地保护”法治宣传活动，设立宣传展板16块、条幅9条、咨询台7处，发放宣传单1500余份、手提袋500余份；推进普法责任制，12个苏木镇和65家旗直单位制定《普法责任制清单》770条。

【执法信息化建设】 在指挥中心建立多功能视频会议系统，实现“五级”连线对接，借助远程视频会议功能参加区、盟、旗组织的工作会议和业务培训80余场次，开展信息化“百日会战”培训班9期次。69个行政执法部门通过“法治政府建设智能化一体平台”上传执法部门、执法主体、执法人员等相关执法信息，维护677名执法人员、22名执法监督人员信息，向上级备案规范性文件6件。运用全国行政复议工作平台，录入行政复议案件22件、办结21件，不予受理13件。在内蒙古公共法律服务智能化一体平台录入调解案件1585件。打造“法治科右中旗”普法品牌，组建由律师、法律顾问、普法志愿者为成员的法律服务微信群13个，微信公众号累计发布普法资讯476余篇、普法短视频120条。依托内蒙古公共法律服务智能化一体平台中社区矫正模块实现集调查评估、矫正衔接、监督管理等功能，开展审前调查评估68人次、接收社区矫正对象265人，解除社区矫正311人，集中教育录入144次、集中公益劳动录入120次、外出审批143人次。

（乌日喜拉图）

军　事

人民武装

【民兵思想政治建设】 学习贯彻党的十九届六中、七中全会精神、民主集中制教育和军委主席负责制、“两个确立”决定性意义；深入帮扶点、社区和民兵群体宣讲党的二十大精神，党的十九届六中、七中全会精神、两会精神，集中组织“两个确立”解读宣讲2次；组织“忠诚维护核心、矢志奋斗强军”深化主题教育大课辅导、讨论交流；联合开展少年军校、国防预备排师生和民兵开展“寻找英雄、宣扬英模、祭奠英烈”主题实践活动；集中组织庆祝建军95周年暨“学习宣扬英雄模范，弘扬战旗精神”主题颁奖晚会，获得模范人物3人、提名奖10人；4名党委成员均在军委《建言献策》发表学习研究成果，年度累计上稿量在分区排名第一。先后在内蒙古电视台、北疆忠诚卫士公众号等省以上媒体播发、刊发新闻稿件30余篇。

【练兵备战】 完成基干民兵编组、民兵训练和补助发放工作。应急力量、支援保障力量人员编配、预建组织、档案建设和党员、退役军人比例等各项要求全部达标。年度集中组织民兵应急连整顿点验1次，联合组织基层武装部全面建设验收2次。完成民兵训练基地改建扩建工程，配套军事、政治和保障等设施设备，满足100人训练需求。注重研究战争，撰写上报专题要讯，完成分区党委赋予的作战课题成果研究。旗民兵参加全盟“一线、两训、三课”研学研训活动，获得分区党委“能攻善守模范”锦旗1面；按时进行巡察和维护设防工程，并多次进行军事设施保护法宣传。完成全旗多灾种综合应急联合演练、节日战备执勤待命等应急应战任务。

【征兵工作】 完成年度征兵工作，18周岁男性公民兵役登记率100%，完成新兵征集任务，超额完成大学毕业生征集任务。在中等职业学校成立国防预备排，开展国防教育、参观见学等配合活动。持续开展国防潜力调查月办公、季会审制度，组织重点潜力企业现地核查，数据质量逐年提高。

【基层武装建设】 打造“三个过硬”基层，拟制《挂钩帮建基层武装部工作方案》，依托专武干部例会集中培训、下基层考核检查一线指导、上级业务集训提升能力、大项活动和自主建设等提升层次标准。持续开展军地共建活动，参与军民共建民族团结示范校建设，投入专项经费保障学生训练服装，开展集中军训活动；部首长带头到少年军校开展“上校军官讲战史”活动、到职业高中、第五中学、旗委党校青干班开展主题国防教育，结合“铭记九一八”组织预备排人员到消防大队军营一日参观见学。开展乡村振兴工作，为帮扶嘎查自投办公经费购买安装太阳能路灯，协调旗政府资金修通水泥板路2公里。联合退役军人事务局先后开展慰问边疆军人家庭、零散烈士骨灰移葬烈士陵园和寻访助学英雄活动，并在《人民日报》客户端、《北疆忠诚卫士》等栏目报道。

【安全稳定工作】 统筹研究制定年度安全工作方案，对风险点全部拉单列项，明确权责和预防重点，切实贯彻“四严四整”教育整治。加强军地舆情管控，确保舆论方向不出问题。多次集中组织保密专项整顿，联合旗交警大队开展车辆专项教育整治行动2次。全面更新营房内外安全文化展板，更换监控设施设备和管线线路，定期检查安全设施。重点部署安全工作，统筹研究制定“百日安全活动”方案，现实安全隐患逐步清零。

（白文强）

人民防空

【机构重组】 12月，按照机构编制调整，组建科右中旗人民政府国防动员办公室，在旗发展和改革委员会加挂牌子。暂时保留旗人民防空办公室牌子，日常事务工作由旗国防动员委员会联合办公室承担。

【人防系统专项治理】 按照专项治理调查整顿发现问题整改处置台账任务要求，坚持每月“一调度、一汇总、一汇报”，《专项审计整改台账》查出的105个问题全部整改完成。《全区督查排查下达整改通知单台账》中58个项目全部整改完成。《兴安盟人防系统腐败问题专项治理调查整顿发现问题整改处置台账》整改进度达84.3%，推进问题整改“清仓见底”。

【人防业务审批】 人防审批业务纳入“一站式”办理窗口，实现政务服务“一网通办”、群众和企业办事“只进一扇门、最多跑一次”目标。

【人防应急指挥中心管理】 完成国防动员潜力人民防空数据统计调查上报任务，完善旗人防指挥中心管理工作，制定人防信息指挥中心管理制度。加强人防指挥通信设施和警报设施的维护保养和战备值班制度建设，检查和完善通信设施，确保战备功能正常发挥。

【人防方案编制】 完成《科右中旗本级人民防空方案》的编制工作，上报区办参加评审。

【平战转换】 按照《内蒙古自治区既有人防工程平战转换两年行动方案（2021—2022年）》要求，旗既有人防工程均完成平战转换工作，建立平战转换档案库，专家对工程处置方案进行评审并提出评审意见。

【人防工程排查】 对在建人防工程的施工安全和已验收人防工程使用情况及人防工程内的消防设备设施、疏散通道、用电线路、应急照明、存放有易燃易爆隐患等物品的行为进行检查；健全和完善安全防护措施，切实提高安全防范技能，确保人防工程绝对安全。按照《关于开展全区人防工程数质量普查工作的通知》要求，对7家已投入使用和在建的人防工程的防护设施进行质量检查，针对发现的问题现场提出整改意见。填写《科右中旗2022年人防工程数质量普查情况统计表》。

【人防科普宣教】 结合“5·12”防灾减灾日、警报试鸣日，开展人防知识的科普宣传和业务咨询，发放相关宣传资料3000余份。

（塔　娜）

经济管理

宏观经济调控

【重点项目建设】 2022年，科右中旗实施500万元以上固定资产投资项目90个，总投资332.93亿元，完成投资71.8亿元，比2021年的45.03亿元增长59.4%，完成年度任务68亿元的105.59%。其中，盟级重大项目投资完成54.84亿元，比2021年的34.01亿元增长61.25%，完成年度任务43.4亿元的126.36%。共争取中央预算内投资2.26亿元，自治区预算内资金0.26亿元。组织相关部门争取专项债1.85亿元。实施招商引资项目26个（不包括清洁能源）。其中，新建19个，续建7个，总投资108.03亿元，到位资金22.24亿元，完成全年任务18.3亿元的122%。

【营商环境优化】 制定《科右中旗落实〈内蒙古自治区以更优营商环境服务市场主体行动方案〉实施方案》，统筹推进148项任务，落实举措301条。入驻“蒙企通”平台市场主体7080家。完成项目审批备案128项，总投资59.24亿元。累计发布“双公示”信息4487条。

【粮食储备】 2022年，科右中旗保障疫情防控物资稳定供给。做好物资采购与储备工作，先后采储物资5批次，合计2796万元。组织召开2022年度粮食安全生产工作会议暨责任状签字仪式，与26家粮食企业法人代表签订“安全生产责任状”，并组织培训。完成全旗粮食收购许可备案粮食企业16家，与12家粮食应急保障企业签订粮食应急保障协议，并进行授牌。完成粮食购销领域腐败专项整治工作主体自查自纠和旗委交叉巡察组反馈旗发改委党组交叉巡察问题整改共78项。开展安全生产检查，出动30人次，检查粮食备案企业16家。完成转储3000吨盟级储备稻谷科右中旗金桥粮油贸易有限责任公司任务。推荐内蒙古二龙屯有机农业有限责任公司，申报国家级粮食应急保障企业和2022年粮食仓储设施维修改造资金项目。检查验收科右中旗金桥粮油贸易有限责任公司2021年轮换99.2吨稻谷、2021年科右中旗“中国好粮油示范县”内蒙古二龙屯有机农业有限责任公司。对鑫诚达粮食加工厂、银桥粮食加工厂商品粮大省奖励资金项目进行第三方绩效评估验收。

【乡村振兴项目建设】 2022年，科右中旗推进易地扶贫搬迁安置区后续扶持哈吐布其养殖小区项目，总投资1200万元，新建养殖小区棚圈1.19万平方米，硬化路800米并配套建设相关附属设施，受益搬迁42户118人，其中建档立卡困难人口22户56人。全部完工。争取“以工代赈”项目135万元，其中劳务报酬22万元占比

16.3%。新建2处混合式过水路面、1处圆管涵，全部完工，务工人均增收1万元以上。争取2022年大中型水库库区和移民安置区基础设施项目591万元，全部完工。谋划并批复高力板镇仓根巴达嘎查易地移民安置区基础设施项目，总投资870万元，建设卫生室、养殖小区、村庄美化建设、集中供水工程等项目及配套设施。

【重大行政决策合法性审查】 2022年，先后开展安全生产检查62次，发现问题隐患308项，下达责令整改执法文书50份。梳理权责清单256项。推进投资审批制度改革、公平竞争审查工作，从严落实重大行政决策合法性审查制度，聘请专职法律顾问，建立行政应诉制度。

【能源安全保障】 2022年，全旗电力企业11家。其中，火电企业1家、风电企业6家、光伏发电企业4家。总装机规模106.1万千瓦。其中，火电装机规模33万千瓦、风电装机规模55万千瓦、光伏装机规模18.1万千瓦。在建发电项目3个，装机规模347万千瓦。聘请内蒙古安邦安全科技有限公司和内蒙古安培生产技术服务有限公司，开展煤矿、电力安全生产检查43次，发现问题隐患283项，下达责令整改执法文书38份；配合自治区能源局、盟发改委、矿山安全监察局内蒙古局监察执法七处等部门检查9次，下达联合执法文书4份。制定《科右中旗2022年农牧民冬季取暖用煤工作方案》，完成农牧民冬季用煤的采购、运输、销售、发放等环节工作，累计输送全旗冬季取暖用煤50256吨。

【“六大起底”项目】 2022年，补办项目全部办结；完成2016年和2017年新增5000万吨粮食生产能力规划田间工程建设项目验收、科右中旗光伏扶贫村级电站项目变更等3个“半拉子”工程；停建项目1个（兴安盟科右中旗湘蒙农产品加工物流园项目），收回闲置土地并按照新项目用地需求分别出让给内蒙古华阳牛业集团公司10万头肉牛屠宰加工和20万吨冷链物流项目、科右中旗城投有限公司保鲜库项目、科右中旗年屠宰100万只肉羊项目。

【价格监管】 2022年，办理变更科尔沁右翼中旗住房和城乡建设事业保障中心、科右中旗巴彦呼舒汽车站收费公示清单收费主体。对巡游出租车运价标准试行价格进行调整，起步价和夜间行驶起步价较原定价增幅25%。办理32项义务教育阶段学生课后服务费收费清单变更。对供水、供热和污水处理等部分商品和服务完成定期成本监审。完成价格认证办结案件36起，涉案金额47万元。

（吴　凡）

财　政

【地方财政总收入】 地方财政总收入累计完成2.47亿元，同比减收2.68亿元、降低52.09%。其中，上划中央税收负8583万元，同比减收2.08亿元、降低170.05%；上划自治区税收负2991万元，同比减收6924万元、降低176.05%；上划盟级税收2702万元，同比减收1486万元、降低35.48%。

【一般公共预算收支】 一般公共预算收入完成3.35亿元，同比增收2421万元、增长7.78%。按收入项目看，税收收入完成8025万元，完成年初预算的58.98%，同比减收4516万元、降低36.01%，占公共预算收入的23.93%；非税收入完成2.55亿元，完成年初预算的318.95%，同比增收6937万元、增长37.34%，占一般公共预算收入的76.07%。一般公共预算支出完成45.17亿元，完成调整预算的97.68%，同比增长39.21%。上级财政下达补助资金38.14亿元。其中，一般性转移支付31.25亿元（其中财力性转移支付147620万元），占转移支付总额的81.94%；专项转移支付6.47亿元，占转移支付总额的16.97%。

【“三公”经费管理】 2022年，科右中旗“三公”经费支出1622.01万元。

【政府性基金运行】 政府性基金总收入4.96亿元。其中，本级政府性基金收入完成2.40亿元（完成年初政府性基金预算收入3.11亿元的77.05%），上年结余3947万元，上级补助收入823万元，债务转贷债券收入2.09亿元（再融资债券2351万元）。政府性基金总支出4.96亿元。其中，政府性基金支出完成4.14亿万元，债券还本支出6351万元。收支相抵，年终结余1812万元。

【社会保险基金】 社会保险基金收入安排4.21亿元（包括保险费收入1.71亿万元及财政补贴收入2.42亿元），上年结余4102万元；全旗社会保险基金预算支出3.39亿元，主要用于城乡居民和机关事业单位养老保险支出。当年结余8131万元，年末滚存结余2.35亿元。

【国有资本经营】 国有资本经营预算总收入40万元，其中，上级补助收入10万元，上年结转30万元，预算支出27万元。收支相抵，年终结余13万元。

【“三保”工作】 2022年，全旗“三保”支出15.79亿元，占一般公共预算支出的34.96%。累计分配直达资金12.35亿元，分配率100%。为保就业、保民生、保市场主体，推进重大基础设施项目建设提供有力支撑。

【预算绩效管理】 2022年，完成财政预算项目库绩效管理系统的旗本级项目支出、部门整体申报和上级专项资金的绩效自评工作，并聘请第三方机构对绩效自评工作进行审核指导。组织开展会计信息质量监督检查和乡村振兴衔接补助资金监督检查、重点财务风险排查和闲置封存物资清理工作。上级财政部门核定旗政府性债务限额25亿元，其中，一般债务限额19.3亿元、专项债务限额5.7亿元。转贷地方政府债券5.2亿元，其中，新增一般债券5000万元、新增专项债券1.85亿元、再融资债券2.85亿元。累计偿还地方政府债务到期本金3.25亿元，支付利息7755万元。年末地方政府债务余额23.58亿元。其中，一般债务18.54亿元，专项债务5.04亿元。

【中小企业融资】 2020年，鼓励辖区内金融机构对企业贷款，宣传引导辖区内企业入驻兴安盟中小企业融资服务平台。27家企业入驻兴安盟中小企业融资服务平台，累计放贷13笔8445万元。

【民生保障】 民生支出37.43亿元，占一般公共预算支出的82.88%。城乡居民基础养老金支出4511万元，人均标准提高5元。拨付医疗服务能力提升资金915万元。基本公共卫生服务补助资金支出1525万元，补助标准人均提高5元。投入巩固拓展脱贫攻坚成果同乡村振兴有效衔接资金3.42亿元，加大乡村产业振兴、改善乡村公共服务、提升乡村基础设施建设等领域投入比例。拨付疫情防控资金9306万元，构筑群众健康防护线。通过财政民生服务信息平台发放各类惠农补贴资金8.23亿元，惠及56.16万人次。

【财务调研培训】 2022年，组成专项检查组深入内蒙古白音胡硕国家粮食储备库进行检查、指导，规范和完善粮食企业财务核算和会计基础工作。组织召开全旗财政工作暨党风廉政建设工作会议。组织159个预算单位159名业务人员进行科右中旗2021年度政府财务报告集中会审。组织276名业务人员开展政府会计制度及会计基础工作培训。对12个苏木镇开展乡村振兴衔接补助资金监督检查。盟财政局绩效管理和监督局一行调研指导预算绩效管理工作。成立检查组抽查旗直3家行政事业单位和6家国有企业会计信息质量情况。

（张小平）

税　务

【“绣美右中、枫情税务”品牌创建】 2022年，科右中旗探索创建“绣美右中、枫情税务”党建品牌，汇聚“政企民银税纪”力量，与11家单位15个党支部签订“五星党建”互联共建协议；党委理论学习中心组学习和税收业务学习形式互融共促，打造民族团结宣传阵地，悬挂民族团结宣传标语，制作民族工作纪实材料，开展第六批民族团结进步示范单位创建工作。

【税费收入】 2022年，科右中旗扣除留抵退税因素还原后，组织全旗各项税费收入13亿元，同比增长34.83%。其中，税收收入累计完成4.51亿元，同比增长25.41%；社会保险费5.74亿元，同比增长6.12%；非税收入2.69亿元，同比增长356.96%；其他收入655万元，同比增长24.05%。扣除留抵退税因素还原后，一般公共预算税收收入完成1.93亿元，同比增长52.25%。

【税收政策宣传】 2022年，围绕“税收优惠促发展，惠企利民向未来”宣传主题，开展第31个全国税收宣传月活动，结合中旗地方特色，先后开展“邀请楷模宣讲税惠政策”“税收法律之花开满校园”“税企座谈共绘发展蓝图”“税务春风助力乡村振兴”“联合走访助企增添动力”等税收宣传活动，宣传税收优惠政策，确保新的组合式税费支持政策惠及各企业。统筹落实盟、旗县税务机关两级帮扶工作，推动盟、旗、村三级党组织共抓乡村振兴，形成“两级帮扶，三级共管”乡村振兴定点帮扶工作机制。组建“全员志愿服务队”，深入定点帮扶点开展“结对帮”入户走访活动。制作税务版“明白卡”，将各项税费优惠政策、城乡居民医疗、养老保险等政策融入原明白卡。

【退税减税降费】 2022年，成立青年党员“减税降费攻坚团”、设立“党员专家解答团”、开启“云税开讲啦”直播课堂发布退税减税最新政策；累计办理留抵退税68笔4.4亿元，有效缓解企业资金难题；累计为制造业中小微企业缓缴税费745万元，缓缴率100%。

【积案化解】 2022年，组织筹划化解方案，向地方党委政府和有关部门请示汇报、沟通协调，制定启动社会面帮扶计划，引入社会资本以公益捐赠形式重建酒厂，9月8日，签订息诉罢访协议，长达20余年的信访积案化解。

（朱英杰）

2022年科右中旗税收收入统计表

	收入完成/万元	同比增长量/万元	同比增长率/%
全旗各项税费收入	86009	36774	39.44
税收收入	1104	9140	25.41
社会保险费收入	53799	2941	5.78
非税收入	26882	21009	357.72
其他收入	4224	3684	682.22
一般公共预算收入	15833	3205	25.38

（科右中旗税务局）

审　计

【概况】 2022年，旗审计局实施审计项目35个。其中，完成上级安排审计调查5个，完成计划内项目30个。审计查出问题金额20.46亿元，挽回国有资产726.14万元，上缴财政633.47万元，非计量问题20个，提出审计建议50条。

【盘活存量资金专项审计】 2022年，以“统筹使用好各类财政资源，提高财政资金使用效益，更好发挥积极财政政策作用”为目标，重点关注盘活存量资金有关机制制度建立健全、财政资金结转结余管理和统筹使用等情况，审计调查抽查7个单位17个项目，审计调查发现结余资金未缴财政3.85万元并上缴财政，审计期间完成整改。

【优化营商环境审计】 2022年以“优化营商环境，充分激发市场主体活力和社会创造力，促进完善市场经济体制机制，促进自治区经济高质量发展”为目标，重点关注涉企收费、清理拖欠民营企业中小企业账款、政府采购和中介服务、行政许可事项清理下放、招商引资领域政务诚信建设、工程建设项目审批制度改革和“放管服”改革等情况，审计发现5个方面9个问题，其中管理不规范金额3335.96万元，非计量问题5个。

【义务教育阶段政策专项审计】 2022年，旗审计局开展义务教育阶段政策措施落实和资金管理使用情况专项审计调查，以“促进国家教育教学体制改革，推进国家、自治区义务教育政策落地落实，提升全区义务教育质量，促进教育公平，加强资金管理，增强资金使用效益，助力健全‘学有所教’基本公共服务体系建设”为目标，重点关注近三年来党中央、国务院关于义务教育政策措施落实情况、专项资金管理使用情况、专项资金绩效目标完成情况，审计发现问题5个，其中查出问题金额3.28万元，非计量问题3个。

【自然资源资产离任（任中）审计】 2022年，以“贯彻落实绿色发展理念、促进领导干部认真履行自然资源资产管理和生态环境保护责任”为目标，对旗水务局原党组书记、局长进行自然资源资产离任（任中）审计，审计发现未制定相关规划和调度方案、未办理取水许可证取用地下水、集中供水工程水源井管护不到位，应收未收水土保持费148.6万元等问题。

【领导干部任期经济责任审计】 2022年以“加强对领导干部权力运行的监督，推动部门及单位领导干部守法守纪守规、尽责担当作为、廉洁用权、干净干事”为目标，重点关注“本部门、本单位财政财务收支的真实、合法和效益，重要投资项目的建设和管理，重要经济事项管理制度的建立和执行，领导干部贯彻落实中央八项规定及其实施细则精神，遵守有关廉洁从政规定、厉行勤俭节约及促进财政资金提质增效”等情况，对旗委编制委员会办公室、旗委史志局等13个单位完成审计，查出违规金额551.08万元，管理不规范金额925.43万元，挽回国有资产90.51万元，上缴财政金额532.87万元。

【旗本级及部门预算执行审计】 2022年，以“促进建立现代财政制度、提高财政资金使用绩效、维护国家财政安全”为目标，对旗本级2021年度预算执行及其他财政收支情况审计，审计发现截至2021年末累计占用专项资金平衡预算16.86亿元、2021年末非税收入未及时缴入国库51万元、债券资金未能及时拨付使用1500万元；完成延伸审计9个部门2021年预算执行审计。对司法局2021年预算执行情况的审计、巴彦呼舒第一中学2020—2021年度财政财务收支情况的审计等，查出问题金额2403.44万元，挽回国有资产635.63万元，上缴财政1.34万元。

【乡村振兴项目专项审计】 2022年，对中央扶持发展嘎查村级集体经济项目、红色村组织振兴建设试点项目进行自查评估和专项审计，审计发现未按委托协议支付收益、缺少实质性抵押物担保和公证、缺少收益分配方案等问题。

【“沉淀资金大起底”专项行动】 2022年，旗审计局联合旗财政局、人民银行组织成立7个专项核查小组，9月2—19日，对全旗189个预算单位和2个代核查单位的沉淀资金情况进行全面核查，主要核实各部门单位自查情况的真实性、准确性、完整性、合规性，分析预算单位存在问题的原因，并针对问题提出可行性建议，实现沉淀资金“应盘活尽盘活”，增加的拟上缴资金全部上缴，拟撤销账户的销户手续银行进行办理，上缴财政资金99.26万元。

【审计整改】 2022年，加强审计查出问题的督促整改力度，召开整改工作推进会4次，集中开展“清零”行动2次，以上年度审计查出问题基本清零，上级审计整改问题10个。其中，整改完成9个、持续整改1个。旗本级审计查出问题99个，整改完成96个，整改率达97%。

【审计信息化建设】 2022年，加强计划统计、信息宣传工作，及时准确上报各类审计工作统计报表，上报审计工作信息95篇、审计论文4篇。

（满　都）

统　计

【股级普查中心设立】 2022年，设立科尔沁右翼中旗统计局普查中心，为旗统计局所属相当于股级公益一类事业单位。主要负责科右中旗全国人口普查、经济普查、农业普查等重大国情国力调查方案的组织实施，普查预算编制、宣传、后勤保障，普查员选调、培训，普查工作试点，普查各阶段工作质量评估和验收，普查数据收集、汇总、上报和发布，普查资料开发应用和编辑出版，普查后期档案工作和基本单位名录库的更新维护等工作。

【项目入库入统】 2022年与发改、税务、工信、交通等相关行业部门联合开展项目入库核查，完成企业一套表的联网直报工作，做到“随报随审、预报预审”，对上级查询的企业做好支撑材料上报审核，提供基础数据，确保应统尽统、及时入统。全旗入库四上企业8家，其中，投资4家、房地产3家、工业1家。退库1家。开展基本单位名录维护、更新工作，名录库在库企业3820家。其中，法人单位3282家，产业单位538家。

【大样本轮换】 2022年，完成住户收支与生活状况调查五年一次大样本轮换工作，4—6月，对全旗12个苏木镇范围内的所有普查区和普查小区有关信息进行核实，普查小区合并后90个，其中，城镇41个、农村49个。8月，住户调查业务人员走访被抽中新样本点选聘“辅助调查员”11名，并组织召开住户调查大样本轮换工作业务培训会。9月，完成“一图两表”绘制与填报工作，对抽中11个调查点1668户住户进行填报摸底问卷。10月，完成110户新样本开户培训工作。

【人口变动情况抽样调查】 2022年10月10日，组织开展人口变动情况抽样调查、建筑物及住房单元核实工作，在全盟率先完成2.5万个建筑物与住房单元的核实工作。10月31日，召开人口变动情况抽样调查培训会，12个苏木镇50余名统计助理与调查指导员参加。

【依法统计专项纠治】 2022年，推进“统计造假不收手不收敛问题”专项纠治工作，结合实际制定《旗统计造假不收手不收敛问题专项纠治实施方案》，召开调度会议，学习专项纠治工作重点任务，建立专项纠治工作台账，分阶段细化任务完成时限，逐项对账销号，解决权力干预、“数据寻租”、执法不严等顽瘴痼疾，按时按质完成自查工作。落实“双随机、一公开”工作要求，依法依规对调查单位开展统计执法检查，并公示检查相关信息，实现公开透明执法。

【常规调查统计】 2022年，完成粮食实割实测、夏季牧业普查、畜禽监测、劳动工资、商贸、规下服务业、小微企业及工业品价格、劳动力调查、脱贫监测、妇儿“两纲”监测等常规调查。

【统计信息服务和培训】 2022年，撰写《2022年科右中旗国民经济和社会发展统计公报》，编制发行《科右中旗统计年鉴》，撰写统计调研分析文章20余篇以及统计快讯、普查快讯、新闻报道等20余篇，及时向社会各界提供统计信息服务。开展人口普查、农牧业、工业、投资、城乡住户、工业生产价格等专业统计培训，选派业务人员参加自治区、兴安盟统计局举办的业务培训班。

【统计执法监督】 2022年，对照统计法律法规和“双随机、一公开”统计执法检查机制，健全、规范统计执法检查工作流程，联合市场监督管理局开展双随机执法检查、盟统计局执法检查组到旗规模以上工业企业开展统计数据执法检查、深入部分“四上”企业开展执法检查工作；各方开展的统计执法检查工作执法反馈未有差错。

（王文娟）

市场监督管理

【营商环境优化】 各类市场主体发展到23563户，新增2159户，同比增长10.08%。全面实现“多证合一”“审核合一”“证照分离”。通过企业开办“一网通”平台，实现企业登记、印章刻制、申领发票及税控设备、社保登记、住房公积金企业缴存登记等业务一网申请、多项联办、1日办结；将企业开办时间严格控制在0.5天之内，使办理流程更加便捷。制定“科右中旗市场监管局2022年度部门内‘双随机、一公开’抽查计划”“科右中旗市场监管领域2022年度部门联合‘双随机、一公开’工作计划”，并录入协同监管平台进行公示。部门内“双随机、一公开”抽查检查制定任务50个，全部完成，开展率100%、公示率100%；部门联合“双随机、一公开”抽查检查制定任务44个，全部完成，开展率100%、公示率100%。

【食品安全监管】 2022年，食品安全抽检监测任务分配621批次，其中，食品395批次、食用农产品226批次，全部抽检完毕。开展食品快检工作，抽检202批次，其中，蔬菜水果农药残留52批次、肉类兽药残留92批次、熟食产品中的亚硝酸盐58批次，检查结果全部合格。查办食品案件111起，罚没款32余万元。加强对乳肉制品、饮用水、食用植物油、白酒、糕点等重点产品监管力度，开展“守底线、查隐患、保安全”等专项整治行动；加大农贸市场、商场超市监管，保障米、面、油、蔬菜、肉、蛋、奶等质量安全；开展重点时段食品安全、特殊食品及食盐检查；开展餐饮服务环节食品安全风险隐患、房屋建筑和市政工程工地食堂、养老机构食堂食品安全、小餐饮食品安全等专项整治行动。出动执法人员3566人次、执法车辆652台次，检查各类市场主体4036户次，下达责令改正通知书189份。

【药品安全整治】 2022年，开展特殊药品、疫苗、药品网络销售、医用防护用品、隐形眼镜、化妆品等专项整治行动。查办“两品一械”案件16起，其中，行政处罚案件9起、罚没款8.48万元，简易案件7起。加强行刑衔接，向公安部门移交药品违法案件7起。药品抽检73批次，其中，盟级抽检任务42批次、完成41批次，列入自治区计划的盟市药品抽检任务31批次、完成17批次。上报药品不良反应100例、医疗器械不良事件69例、化妆品不良反应15例。

【特种设备安全监管】 2022年，组织执法人员重点对集中隔离场所、医院、商场、宾馆、敬老院等人员密集场所的特种设备及锅炉、起重机械、压力容器、场内机动车辆使用情况进行专项检查，出动执法人员102人次，检查特种设备使用单位96家次、452台次，发现安全隐患48处，下达特种设备安全监察指令书48份，立案1起，罚款5000元。开展烟花爆竹、“农资打假保春耕”、燃气具安全、电动车、储能电池产品质量监督、重点工业产品质量安全排查治理等专项行动。配合自治区产品审评查验中心、盟局抽检，检查滴灌带生产企业1家、销售领域5家6个批次，农用地膜1批次、液化气灶1个、液化气软管20米、高压阀5个。

【质量管理水平认证】 2022年，开展质量管理水平提升服务，上报金格勒食品有限公司、内蒙古二龙屯有机农业有限责任公司、内蒙古希沐节水灌溉设备有限公司3家企业为“质量管理水平提升行动服务企业”。申报（2022年首次申报）内蒙古玛拉沁现代农业科技发展有限公司和内蒙古金格勒品有限公司为第二批“蒙”字标认证企业。

【市场价格监管】 重点监管口罩、酒精、消毒液、防疫药品等涉疫物品和粮油肉蛋奶菜等生活必需品的价格动态，查处囤积居奇、哄抬物价，不明码标价，价格欺诈等价格违法行为；开展医疗领域收费检查，重点检查是否按规定执行《内蒙古自治区医疗服务项目价格（试行）2018版》价格目录政策的行为；加强教育领域服务性收费和代收费的检查，通过明察与暗访相结合方式对学校伙食费、课后服务性收费、作业本费、学生公寓床上用品费等服务性收费和明码标价情况开展专项检查；落实公平竞争审查制度，联合16个成员单位召开全旗公平竞争审查工作联席会议全体会议，总结全旗各部门落实《关于在市场系统建设中建立公平竞争审查制度的实施意见》工作情况。

【计量器具检定】 开展公平秤、强制检定计量器具等检定工作，检定血压计153台、压力表87台、天平13台、加油枪485把、数字指示秤9台。

【文化市场扫黄打非】 加强出版物市场及网络文化环境监管，深入辖区音像店、打字复印店、文化用品店、电子卖场、网吧等文化用品经营场所进行源头管理，出动执法人员144人次，检查车辆60余台次，检查文化场所经营户187家，未发现非法出版物。

【消费者维权】 2022年，聚焦食品、保健品等领域侵害老年人合法权益乱象问题，开展打击整治养老诈骗专项工作。通过来人来电、网络平台等形式，收到消费维权投诉举报602件。其中，“12315”投诉举报273件（投诉216件、举报57件），“12345”平台投诉举报179件，消费者来人来电150起。办结179件，为消费者挽回经济损失27万元。

【法律维权宣传】 2022年，开展消费者权益日、知识产权宣传周、世界认可日、世界计量日、食品安全宣传周、世界标准日、质量月等宣传活动，宣传消费者保护、食品安全、特种设备安全、工业产品质量安全等方面法律法规。

【疫情防控市场监管】 监督管理重点领域、重点场所、重点行业、重点人员，组织开展常态化、全覆盖、多轮次排查和监督，出动人员3685人次、车辆842台次，检查20824家次，其中，超市8036家次、餐饮服务单位4020家次、农贸市场625家次、宾馆498家次、小作坊134家次、其他行业7511家次。发布《科右中旗市场监督管理局关于疫情防控期间“保质稳价”的通告》，要求经营者遵循公平、合法、诚实信用的定价原则，依法明码标价，为消费者提供价格合理的商品和服务。

【知识产权保护】 全旗有专利112项，其中，发明专利10项、实用新型专利42项、外观专利60项。累计有效注册商标988件，新增注册商标78件；开展奥林匹克标志保护、侵权假冒专项整治等行动，严厉打击侵犯知识产权行为。出动执法人员296人次，执法车辆42台次，发现2起销售侵犯奥林匹克专用权的商品案，罚款5000元。

（张乌云嘎）

农业　水利

农 牧 业

【概况】 2022年，全旗农作物播种面积24.34万公顷。粮食作物21.78万公顷，其中，玉米15.46万公顷、水稻7240公顷、大豆4.49万公顷、小麦1866.67公顷、马铃薯920公顷、杂粮5920公顷、杂豆2300公顷，其他经济作物2866.67公顷。种植结构得到优化调整，粮食产量持续增加，粮食产量25亿斤以上，较2021年增长8%。

△ 4月13日，科右中旗高标准农田建设项目（李娜　摄）

牲畜存栏203.41万头只。其中，牛存栏38.83万头，同比增长10.51%；能繁母牛25.82万头，同比增长10.53%；肉牛存栏34.73万头，同比增长3.40%；育肥牛存栏4.03万头；肉羊存栏151.73万只，同比增长2.09%；生猪存栏11.15万口；能繁母猪保有量2.43万口；马存栏量1.29万匹；肉总产量6.45万吨，同比增长37.57%；奶产量8.43万吨，同比增长90.43%。

【牲畜良种化】 坚持大畜主推人工授精技术，推广西门塔尔品种，小畜采取优质肉羊种公羊本交改良和小畜人工授精同期发情、同时进行的方式，提高全旗牲畜良种繁育水平。重点依托中农兴安种公牛站，加大肉牛良种繁育力度，连续2年为全旗肉牛养殖户免费提供人工改良所需冻精，每年8万支。同时加强人工授精技术员培训力度，累计培训改良员300余人次，免费发放改良所需设备及液氮，基本实现全旗12个苏木镇无公牛全冷配全覆盖。发放210份液氮罐和改良器材，完成肉牛人工改良8.9万头。

【动物防疫】 按时完成春、秋集中免疫，免疫牲畜874.44万头只口（次）、禽64万羽（次），其中，牛口蹄疫71.6万头、羊口蹄疫335.6万只、猪口蹄疫24.2万口、猪蓝耳病24.2万口、牛羊布病203.6万头只、猪瘟12.1万口、牛炭疽12.28万头、羊炭疽40.86万只、小反刍兽疫150万、禽流感32万羽、鸡新城疫32万羽。无重大动物疫情发生。

【渔业生产安全监管】 2022年，在全旗渔业机动船舶重点水域开展渔业安全生产检查和船舶风险隐患排查，同时加大违规渔具、渔市专项清理整治力度，抽查渔具店和兽药店，无渔业安全生产事故发生。

同时结合“安全生产月”开展宣传活动，发放传单800余份。

【农牧业机械化】 全旗机耕面积14.87万公顷，其中深松作业面积3.47万公顷。机播面积21.88万公顷，其中，机播玉米13万公顷、机械水稻插秧7240公顷、机播小麦1866.67公顷、机播大豆4.49万公顷。完成机械收获面积6.9万公顷，其中，机收玉米2.35万公顷、机收大豆4.13万公顷、机收小麦1866.67公顷、杂粮杂豆2300公顷。

△ 10月1日，科右中旗农牧民进行青贮收割（白旭晴　摄）

【农牧业产业化】 销售收入百万元以上的农牧业产业化重点龙头企业25家，其中，自治区级7家、盟级5家、旗级13家。有机农业认证面积8266.67公顷，绿色食品认证面积3300公顷，农产品地理标志认证3300公顷。使用“兴安盟大米”标志企业4家。被认定为全国“一村一品”示范村1个、自治区级“一村一品”示范村5个。二龙屯公司被自治区农牧厅授予“蒙”字标首批获证企业、内蒙古品牌建设标杆企业、内蒙古“名特优”产品等荣誉。提升政务服务水平、优化营商环境，全系统入驻政务服务大厅率、授权到信率均100%。办理农作物种子生产经营备案584户、动物防疫条件合格证12户、兽药经营许可证55户、农药经营许可证5户。

【农畜产品质量安全】 定期或不定期对生产基地、种植养殖大户、屠宰场等开展抽样检测，确保农畜产品质量安全，同时开展“治违禁、控药残、促提升”专项整治行动，出动监管执法人员157人次，检查生产经营主体48家次，发放宣传资料800余份，印发《合理用药明白纸》200张。抽取样品130批次。其中，定性检测完成34批次，定量检测96批次（其中监督抽检11批次），检测合格率100%。自治区农牧厅、兴安盟农牧局例行监测和监督抽检9次、抽检样品107批次，其中，自治区例行抽检5次、抽检样品61批次（禽蛋23批次、蔬菜38批次）；兴安盟监督抽检4次，抽取蔬菜43批次、羊肉3批次，均合格。安排专人专班常态化对旗内屠宰企业开展畜产品屠宰检疫、检测工作，屠宰牲畜25885头口只，其中，猪6660口、牛237头、羊18988只。对检疫出的病害动物及动物产品严格进行无害化处理，处理病害猪4头。开展屠宰环节“瘦肉精”“非洲猪瘟”检测，完成瘦肉精检测1199例、非洲猪瘟检测199例，检测全部合格。

【农村牧区人居环境整治】 制定下发《科右中旗长效开展农村牧区人居环境集中整治行动的通知》，成立专班、压实责任，同时对各苏木镇开展定期督查，对发现的问题督促其立行立改，持续深入推进村庄清洁行动。全旗12个苏木镇、173个嘎查、464个艾里、18个社区全面开展人居环境集中整治行动，常住户均签订“门前四包”责任书，农村牧区环境整治由村屯面上清洁向屋内庭院、嘎查周边拓展，人居环境显著改善。9月，在上一阶段问题户厕摸排整改工作基础上，对2013年以来各级财政支持改造的农村牧区户用厕所进行拉网式、全方位再排查再整改，全旗户厕14952户，其中，住建系统牵头建设卫生水厕7829户、农牧系统牵头建设卫生旱厕5563户、卫健系统牵头建设卫生旱厕695户、原扶贫办系统牵头建设非卫生旱厕865户。排查出问题厕所4851户，其中，完成整改户厕1887户、短期内无法整改纳入“十四五”计划2269户、年久失修失去厕所功能准备报废处理695户。各苏木镇均建立管护制度、管护队伍，明确管护主体，落实管护责任，在全旗范围内制作音视频教程二维码，向农牧民讲解厕所使用常识和规范。

【农牧领域专项治理】 2022年，开展农牧领域专项执法检查32次，出动执法车辆34台次，检查主体111家次，累计出动执法人员346人次。检查种子经营店44家，农药经营店4家，饲料经营店11家，兽药经营店6家，农机经营店7家，渔业企业1家，肥料经营店32家，屠宰企业4家，抽查肥料品种20余种。查处各类违法违规一般程序案件11起，立案11起、结案8起，分别在农业农村部（农业综合行政执法信息平台）、全国农业综合执法信息共享平台、司法局（法治政府建设一体平台）、政务局（互联网+监管平台）等各类执法公示平台审理录入案件8起。同时围绕种子、农药、肥料、兽药、饲料等农业投入品质量安全及安全生产方面及禁渔期渔政执法和渔业相关法律法规进行宣传，发放各类宣传资料800余份、制作宣传展板4个。

（吕　晶）

2022年畜牧生产情况表

项目	单位	本月（累计）	上年同月	上月（累计）	同比增长/%	环比增长/%
一、牲畜总头数	头/只	2465739	2195010	2397152	12.33	2.86
（一）大牲畜和羊	头/只	2337471	2086751	2273895	12.01	2.8
1. 大牲畜	头	482590	383268	457056	25.91	5.59
牛	头	463458	364440	438117	27.17	5.78
能繁母牛	头	238564	237635	237563	0.39	0.42
肉牛	头	447563	349082	422369	28.21	5.96
西门塔尔牛	头	425685	340298	392576	25.09	8.43
三河牛	头	1863	1826	1694	2.03	9.98
良种及改良种乳牛	头	15895	15358	15748	3.5	0.93
能繁母牛	头	6518	6628	6527	–1.66	–0.14
其中：黑白花乳牛	头	736	743	723	–0.94	1.8
能繁母牛	头	465	431	476	7.89	–2.31
马	匹	14459	14056	14327	2.87	0.92
驴	头	4598	4705	4539	–2.27	1.3

续表

项目	单位	本月（累计）	上年同月	上月（累计）	同比增长/%	环比增长/%
骡	头	75	67	73	11.94	2.74
骆驼	峰	0	0	0	0	0
2. 羊	只	1854881	1703483	1816839	8.89	2.09
能繁母羊	只	1209587	1209562	1208265	0	0.11
绵羊	只	1664039	1522587	1641582	9.29	1.37
其中：细毛羊及改良羊	只	1635264	1510523	1594267	8.26	2.57
半细毛羊及改良羊	只	0	0	0	0	0
小尾寒羊	只	3357	3152	3342	6.5	0.45
山羊	只	190842	180896	175257	5.5	8.89
（二）生猪	头	128268	108259	123257	18.48	4.07
能繁母猪	头	24356	24933	24216	−2.31	0.58
二、禽存栏	只	1033707	1258879	971165	−17.89	6.44
1. 鸡存栏	只	1021047	1245367	959468	−18.01	6.42
其中：专用型蛋鸡	只	182548	243695	171628	−25.09	6.36
专用型肉鸡	只	432657	505697	412576	−14.44	4.87
其中：黄羽肉鸡	只	0	0	0	0	0
兼用型鸡	只	405842	495975	375264	−18.17	8.15
2. 鸭存栏	只	6352	6653	5854	−4.52	8.51
3. 鹅存栏	只	6308	6859	5843	−8.03	7.96
三、兔存栏	只	3758	4866	3627	−22.77	3.61
四、出栏情况						
1. 出栏肉猪	头	147588	137463	137353	7.37	7.45
2. 出栏肉牛	头	132624	134285	121122	−1.24	9.5
3. 出栏肉羊	只	1523642	885926	1382125	71.98	10.24
4. 出栏肉禽	只	836272	465823	671497	79.53	24.54
其中：出栏肉鸡	只	773625	312683	605243	147.42	27.82
五、畜产品产量						
（一）肉类总产量	吨	64522	46902	58904	37.57	9.54
1. 猪肉产量	吨	13914	11584	13045	20.11	6.66
2. 牛肉产量	吨	24022	20625	22067	16.47	8.86
3. 羊肉产量	吨	24530	13528	22114	81.33	10.93
4. 禽肉产量	吨	2056	1165	1678	76.48	22.53
（二）禽蛋总产量	吨	5623	8023	5605	−29.91	0.32
（三）奶类总产量	吨	84356	44298	78637	90.43	7.27

续表

项目	单位	本月（累计）	上年同月	上月（累计）	同比增长/%	环比增长/%
其中：牛奶产量	吨	84356	44298	78637	90.43	7.27
六、毛绒总产量	吨	3607	3469	3607	3.98	0
1. 绵羊毛产量	吨	3465	3363	3465	3.03	0
其中：细羊毛产量	吨	488	465	488	4.95	0
2. 山羊绒产量	吨	142	106	142	33.96	0
说明						
填报人：徐雪	要求上报日期:2022年6月25日					
注：	牲畜总头数=大牲畜和羊+生猪；大牲畜=牛+马+驴+骡+骆驼；牛=肉牛+良种及改良种乳牛；羊=绵羊+山羊；绵羊≥细毛羊及改良羊+半细毛羊及改良羊；生猪≥能繁母猪；肉类总产量≥猪肉产量+牛肉产量+羊肉产量+禽肉产量；毛绒总产量≥绵羊毛产量+山羊绒产量					

（科右中旗农牧业与科技局）

林业和草原

林业和草原管理

【概况】 完成人工造林666.67公顷、退化林修复666.67公顷、植被恢复153.33公顷、村屯绿化9个嘎查村20.47公顷、森林抚育333.33公顷，新栽果树199.53公顷，森林覆盖率达18.54%。完成2021年度内蒙古高原生态保护和修复工程毒害草治理266.7公顷，草原植被盖度达76.14%。

【森林草原资源保护】 严格执行天然林禁止商品性采伐政策和森林采伐限额制度，2022年，办理采伐证154份，蓄积量48508.19立方米，出材量28640.67立方米，采伐638.60公顷。全旗完成林业有害生物防治2666.67公顷，其中，榆紫叶甲1866.67公顷、黄褐天幕毛虫2800公顷、栎实象666.67公顷。在全旗各苏木镇重点林地悬挂美国白蛾诱捕器200套，并划分普查小组6个，定期巡查辖区内的所有松树、木材加工厂、建筑施工区、涉木企业等。完成草原鼠虫害防治18000公顷，其中，鼠害防治11133.33公顷、虫害防治6666.67公顷。聘用国家级公益林管护员985名、生态护林员1000名，建设管护用房7个，常年开展巡山护林工作。编制《科右中旗林草系统森林草原初期火灾应急预案》，签订“2022年森林草原防火目标管理考核责任状”，建设网格化队伍，落实森林草原防火责任制。同时利用电视广播、各项会议、印发宣传资料，书写宣传标语等形式，宣传护林防火知识及有关法律法规，发放宣传单15000余份、张贴宣传画册500余张。制定《科右中旗禁牧工作实施方案》，成立各苏木镇、保护区、禁牧专项执法队伍，对全旗12个苏木镇、4个保护区、公益林管护区等重点区域进行24小时全覆盖巡查，严格控制违规违法偷牧行为，累计处罚违反禁牧条例案件687起。加强全旗野生动物疫源疫病监测，重点监测候鸟主要迁徙通道及全旗野生动物养殖经营户，同时联合公安、法院、市场监督管理和各自然保护区开展野生动物保护普法宣传活动。

【林（草）长制推行】 全面建立旗、苏木镇、嘎查三级林（草）长制组织体系和运行机制，截至2022年，设置林（草）长公示牌185个，设立总林（草）长209名，其中，旗级总林（草）长2名、苏木镇级总林（草）长22名、嘎查级林（草）长173名、农牧林场和保护区林（草）长12名。起草《科右中旗全面推行林（草）长制实施方案》《科右中旗林（草）长会议制度等五项制度》，各苏木镇、嘎查林（草）长办参照制定相关实施方案。印发《关于进一步加强草原禁牧工作的令》《关于做好森林督查工作的令》《关于做好当前森林草原方灭火工作的令》3个林（草）长令，并成立工作专班，开展林（草）长制工作。

【森林草原执法】 规范征用使用森林草原审核审批程序，受理征占用草原项目12个，其中，永久占草原项目4个64.23公顷，临时占用草原项目8个34.22公顷。均按照审核权限予以审核，对权限外的初审后上报盟局复审。受理征占用林地项目31项，其中，永久占林地项目25个295.61公顷，临时占用林地项目6个31.02公顷。推进破坏草原林地专项整治行动、以案促改及森林督查，全旗破坏草原林地问题案件及问题图斑408个1986.67公顷，全部整改销号，销号率100%。2022年，森林督察违法图斑125个，全部整改合格。

【林下经济项目】 围绕以健康产业为引领，林下经济与苗圃建设项目相结合，发挥林下经济项目对困难户的带动作用，落实好科右中旗国有林场中央财政衔接推进乡村振兴补助（欠发达国有林场巩固提升）项目建设，有效衔接困难人口与项目利益联结机制。

（敖德荣　高　娃）

林　场

好腰苏木林场

【概况】 好腰苏木林场建于1972年，位于科右中旗南部，距旗政府所在地巴彦呼舒镇98公里，东接壤吉林省瞻榆镇，南毗邻通辽市科左中旗，西靠通辽市扎鲁特旗，距好腰苏木镇所在地3公里。隶属科右中旗林草局股级事业单位，林场总经营面积11487公顷，下设2个作业区、7个公益林管护站，户籍人口179人。

【育苗绿化】 2022年造林山杏85公顷，成活率良好，按质按量完成植树绿化营林抚育工作。补植造林杨树64公顷。

【病虫害防治】 森林病虫害防治306公顷，按时完成上级下达的森林病虫害监测和防治工作。

【森林防火】 2022年防火期，森林扑火队对防火器材进行全面检修、调试，在各管辖区内采取设立警示牌、发放宣传单等方式，开展防火宣传工作，在7个管护站配备森林消防设施。

【公益林管护】 落实管护员72人，并签订护林员合同。

【牧业】 采取多元化经营，有大小牲畜1444头，牧业收入108.2万元。

（包娜仁）

义和塔拉林场

【概况】 义和塔拉林场位于距科右中旗政府所在地巴彦呼舒镇南23公里处，在布敦化苏木辖区。北与巴彦呼舒镇相邻，东与高力板镇毗邻，西与扎鲁特旗接壤。总经营面积6.01万公顷，辖公益林4.74万公顷。全场总人口1230人，下设5个党支部，3个营林作业区，11个公益林管护站。

【育苗绿化】 2022年，欧李种植面积70.67公顷，果树经济林540.03公顷，其中，家杏106.67公顷、文冠果253.35公顷、李子26.67公顷、沙棘153.34公顷。溏心沙果产量15万千克，苹果（123、K9、寒富、鸡心果）产量5万千克以上。8公顷欧李进入盛果期，产量5万千克，投入京蒙协作资金500万元，建设300平方米保鲜冷藏库和欧李产品深加工，主要生产欧李、沙果罐头、果脯和饮料等产品。

【病虫害防治】 根据各类林业有害生物发生频率、危害程度及对林业发展的影响，确定重点防控对象为黄褐天幕毛虫。以飞防和人工防治相结合，病虫害防治466.69公顷。

【森林防火】 各公益林管护站出动宣传车在管护区各嘎查巡回宣传，设立宣传牌50个，张贴标语发放宣传单2000余份。护林员、公益林管护员全员上岗，加大看守力度，确保山林安全。

【社会事业】 整合耕地承包给旗招商引资企业，上缴财政耕地承包费400余万元。协调内蒙古银行贷款200万元，帮助群众调整农牧业结构。为考入本科院校的学生发放助学金1500元、考入专科院校的学生发放助学金1000元。

（段振飞）

红星林场

【概况】 红星林场始建于1972年，位于科右中旗巴彦呼舒镇。下设2个分场、7个公益林管护站、2个苗圃。总经营面积3.24万公顷，其中，林地2066.67公顷、苗圃地73.33公顷、宜林地5226.67公顷、公益林1.73万公顷、耕地333.33公顷。总人口631人。

【营林生产】 植树造林118.41公顷，其中，义务植树造林10公顷、补植补造100公顷，全年完成新育苗4.2公顷、锦鸡儿2.67公顷、五角枫育苗1.53公顷。完成3个嘎查村街道绿化，封山育林666.67公顷，森林抚育333.35公顷。

【护林防火】 组建1个护林队，建立60余人的非专业扑火队伍，实行小班巡护，建成地面巡护林情火情监控体系。发放防火宣传单1000余份，防火条幅20条，防火彩旗200余面。

【公益林管护】 2022年公益林管护人员80人，按照国家重点公益林分布区域、管护区域进行分配，并通过远程监控设备对管护站进行监督。管护站严格执行各项制度，进行全日制巡查、管护，全年未发生毁林开荒、林区失火、乱捕乱猎等违法行为。

【“三禁”工作】 结合实际情况成立“三禁”工作领导小组，明确各成员单位的职责，加大执法力度，宣传“三禁”工作，增强人民群众对保护生态资源的责任意识和法律意识。

（张清茹）

代钦塔拉林场

【概况】 科右中旗代钦塔拉林场成立于1976年5月，隶属于林业和草原局正股级公益一类事业单位。位于大兴安岭山脉中段脊部，距科右中旗政府所在地巴彦呼舒镇北25公里。设温度日化管护站、查干保好管护站、二龙屯管护站、阿贵管护站、罕查干管护站、米家营子管护站、敖扎拉嘎管护站、第二作业区8个管护站。全场有153户418人口。

【营林生产】 建设13.33公顷药材基地1处，培育中药材苍术1公顷、赤芍1公顷；实施完成抚育7.33公顷、植被恢复110公顷、山杏造林13.33公顷、义务植树13.33公顷、果树基地补植33.34公顷、蚂蚁森林补植53.34公顷；完成河北省、辽宁省、陕西省境内周边省市20个采集点收集594份五角枫标本，收集种子146份，标本制作594份，五角枫、元宝槭种质资源培育35000余株；建设完成"十年千亩林"公益造林项目6.67公顷经济林鸡心果栽植任务。完成排水沟修建2900米。

【病虫害防治】 根据各类林业有害生物发生频率、危害程度及对林业发展的影响，确定重点防控榆紫叶甲、黄褐天幕毛虫。以飞防和人工防治相结合，通过化学防治迅速应对爆发性病虫害。

【森林防火】 制定应急预案、防火制度，成立森林防扑火组织机构，广泛宣传、动员，监管巡查，全年无森林火灾发生。

【公益林管护】 加强各管护站基础设施建设，落实管护员92人，提高公益林管护员综合素质，完成国家重点公益林管护工作任务。

（萨如拉）

杜尔基林场

【概况】 杜尔基林场始建于1971年5月，位于科右中旗中部，距旗政府驻地巴彦呼舒镇以北50公里。隶属科右中旗林草局正股级事业单位，户籍总人口221户664人。有1个作业区，8个公益林管护站，1个苗圃基地。

【植树造林】 2022年补植补造96.67公顷。完成森林督察和外来物种入侵调查工作，有效保护森林资源。

【病虫害防治】 森林病虫害防治667公顷。

【林政防火】 制定应急预案，成立快速防扑火队，宣传、动员，监管巡查，全面落实责任。

【公益林管护】 将全场111名子弟员分配到公益林区内的8个管护站，加强管护工作制度建设，明确管护员岗位职责，提高管护员责任意识。

（白苏雅拉图）

哈日诺尔林场

【概况】 哈日诺尔林场（前身哈日努拉机械防火站、哈日努拉国有林场，2013年7月变更为林场）位于距旗政府西北174公里处的哈日诺尔苏木政府所在地。施业区涉及巴仁哲里木镇、吐列毛杜农场、哈日诺尔苏木。下设6个公益林管护站和1处呼和温都尔高山瞭望台（海拔1348米）。户籍总人口226户425人口。

【森林资源培育】 良种苗木培育基地增加培育文冠果苗1.2公顷3.8万株、山杏苗0.93公顷22万株。培育基地有各种苗木42万余株。根据国家森林督查恢复植被图班显示辖区内有3处共2.84公顷采石坑需要恢复植被，4处恢复原貌2.75公顷。

【公益林管护】 对公益林管护队伍进行

科学调整，加强对公益林管护的宣传巡查力度，有效遏制乱砍滥伐林木、非法毁林开垦、侵占林地、猎杀野生动物、破坏野生植物和林业重点工程项目区、公益林管护区的碑、牌、界桩、标牌、网围栏等违法行为。

【病虫害防治】 加强对森林病虫（天幕毛虫、榆紫叶甲等）及外来物种（如美国白蛾、松材线虫等）的监测、防治力度。

【森林草原防灭火】 各公益林管护站巡护员每天两次巡查山林，发现火情及时采取扑救措施，并第一时间上报主管部门。每年10月20日前经上级相关部门审批按质按量完成盟界防火隔离带的点烧任务，完成全线点烧。9月29日、10月14日，巴仁哲里木镇老头山嘎查、哈日诺尔苏木德布特尔达坝嘎查发生火情，经林场快速扑火队及全体干部职工的科学扑救，未造成人民群众生命、财产损失。

（金树友）

水　利

【概况】 2022年，实施完成投资779万元的杜尔基镇镇区、布敦化矿区工作部和高力板镇东风嘎查农村牧区供水保障工程，受益人口3810人。开展水土保持监督检查，完成“六大起底”涉及水利水土保持方案26个和取水许可工作3个，征收水土保持补偿费442.58万元。推行行政执法责任制，公开行政执法依据，分解行政执法职权，强化水行政执法监督，落实安全生产“一岗双责”，完善应急预案。水旱灾害聚焦防范超标洪水、水库失事、山洪灾害“三大风险”、病险水库以及在建水利工程建设管理规范到位，防汛工程内无重大事故发生，完成任务100%。全旗用水总量控制在2.81亿立方米以内，万元工业增加值用水量35.6立方米左右，农田灌溉水量有效利用系数达到0.565，均完成上级下达的控制指标。

【水利工程续建】 持续推进总投资1.23亿元的科右中旗霍林河中型灌区续建配套与节水改造工程；总投资2.29亿元的翰嘎利水库除险加固工程，累计完成投资1.91亿元；引绰济辽工程完成征占地614.37公顷，累计拨付土地补偿金7334万元，全部完成临时占地延期协议；总投资1500万元的2021年度国家水土保持重点工程哈达阿拉、新艾勒2个小流域治理工程全部完成建设；总投资893万元的2021年侵蚀沟专项治理工程兴安敖包、拉拉屯2个项目区全部完成建设；总投资3390万元的2021年科右中旗杜其营子河治理工程全部完成建设。

【水利工程新建】 2022年，总投资3.15亿元的科右中旗水系连通及水美乡村建设试点县项目，完成投资1.87亿元。其中，水利投资8200万元，整合资金1.05亿元，全面启动建设；建设完成总投资2890万元的科右中旗解生图河治理工程；总投资611万元的杜尔基镇镇区和巴彦呼舒镇布敦化矿区工作部供水保障工程，全部完成建设；总投资2897万元的科右中旗水美乡村巴彦呼舒段霍林河生态修复及综合治理（一期疏浚）应急工程，长度11.36公里的清淤任务全部完成；总投资168万元的2022年科右中旗高力板镇东风嘎查农村牧区供水保障工程，全部完成建设；总投资500万元的哈日道卜灌区工程，12月，启动并完成招投标。

【防汛抗旱】 按照“安全第一、常备不懈、预防为主、全力抢险”的防汛工作方针，完善水库防汛应急预案3个、堤防防汛应急预案1个，批复水库调度运行计划5个。提前谋划防汛抗旱水利工程水毁和山洪灾害预警设施的修复管理。4月，对防汛物资仓库进行全面整理更新清点。建成全旗中北部山洪预警系统，覆盖北部7个苏木镇的44个自然屯，并进行维修养护，同时在中北部增设10个监测站点加强测报，为全旗各苏木镇（工作部）发放防汛编织袋1.5万条。

【农村牧区安全饮水管护】 建立农村牧区安全饮水管护长效机制，持续推进水费收缴，推动农村饮水安全向农村供水保障转变。加强派驻第一书记、驻村工作队、结对帮扶干部的日常管理，与嘎查“两委”联合建设“五好”嘎查、打造“五美”人居环境。通过开展4次“干部到乡”工程、人居环境整治、“我为群众办实事”等活动，严格落实驻村干部“四个一”工作机制常态到嘎查村。组织干部职工80余人到帮扶嘎查查干套勒盖和准布敦花嘎查开展人居环境整治、践行河长制、“保护母亲河”行动、霍林河巴镇段沿岸拾捡垃圾等服务活动6次。

【河湖长制】 加强地下水资源保护，对农业用水实行总量控制，确保农田灌溉水有效利用系数在有效范围之内。利用“河湖长制宣传月”活动，实行台账跟踪督办，河湖长制办公室组织“清四乱”8次，主要清理霍林河周边垃圾，全旗各级河湖长巡河次数全部达标。组织开展“保护水环境”“宣传河湖长制工作”宣传活动7次。加强水土保持方案和扰动图斑核查认定整改工作。

（白丽雪）

工　业

综　述

【概况】 2022年，开工建设工业重点项目10个，总投资205.761亿元。续建项目7项，总投资200.51亿元、完成投资49.7186亿元。其中，中广核风电扶贫项目完成投资31亿元，蒙能科右中发电厂新建项目完成投资8.3亿元，内蒙古京科发电有限公司第二台35万千瓦机组项目完成投资4.7亿元，天合科右中旗光伏储能综合治沙项目完成投资4.4亿元，年生产25万立方米加气混凝土砌块、30万立方米干混砂浆建设项目完成投资600万元，蒙东兴安科右中发电厂项目搭建基建工程，内蒙古京科发电有限公司节能、环保技术改造项目完成投资460万元。新建项目3项，总投资52510万元、完成投资45202万元。计划工业固定资产完成投资396112万元。实施商贸流通重点项目3项。其中，持续推进华阳20万吨牛肉配送冷链物流项目，碲源机动车报废拆解项目完成基础土建工程，硕轮粮食仓储物流园区建设项目建设完成一期工程。

【电商助力乡村振兴】 结合科右中旗产业特色，组织“网上冰雪年货节”“双品网购节”、兴安盟“6·18”年中购物狂欢节、“电商助农兴安行”“乡村振兴、人民助力”直播带货专场、“大美五角枫，直播进行中”等电商助农系列活动。线上销售“兴安盟大米”2800余吨，销售额2000万元；牛肉干、奶制品、豆角干等线上销售额突破2100万元。组织开展直播带货培训11期次参加794人次。15家电商服务站进行功能升级为“便民商贸服务中心”，完善配套设施和功能板块。借力京蒙协作，拓展农产品进京销售渠道，开展牛羊肉、大米、杂粮杂豆、木耳、食用油等优质农特产品在京“七进”活动，主动对接学校、幼儿园、医院、机关、企业事业单位100余家，通过线上线下方式，实现农产品进京销售6800万元。

△ 6月18日，科右中旗采取“文艺＋”活动模式，让农牧民享受文化利民的实惠　（图雅　摄）

【外贸外资】 组织企业参加“第六届丝绸国际博览会”“第二十二届中国国际投资贸易洽谈会”、蒙古国俄罗斯国际大型展销会、2022中国（兴安盟）绿色产业博览会暨中国（阿尔山）口岸国际商品博览会等国内外大型展洽会，与来自蒙古国、俄罗斯、日本、韩国等40家国际采购商开展线上展洽活动，提升内蒙古“蒙”字标产品认可度，提升企业品牌知名度与影响力。建立完善2022年外经贸项目库，定跑项目。组织旗内外贸企业参加2022年全区外贸业务培训班，帮助企业了解新业态新政策，推动外贸企业高质量发展。为企业申报中小企业国际市场开拓资金，为特牧公司、金格勒食品有限公司申报产品认证项目资金12.01万元。

【社会消费品零售】 结合“消费促进月”“云闪付”抢卷活动，多层次、多视角、全方位宣传报道；组织科右中旗驰程汽车开展下乡惠民车展活动；组织赛罕塔拉大酒店和草原明珠大酒店，结合节假日开展为期2个月的餐饮促销活动，因疫情、修路、更换下水管道等原因，限上企业销售额0.59亿元。

工业企业管理

【疫情防控企业管理】 加强对生活必需品市场的日常监测、分析和预警，及时上报疫情防控指挥部；持续完善生活必需品重点保供企业，及时调整生活必需品保供企业“白名单”、及时掌握重要商品产销、商品调动渠道，充分发挥其重点生活必需品生产加工和调运主渠道的作用。与12家企业签订“2022年新冠疫情防控期间生活必需品保障供应协议书”，保障疫情防控期间生活必需品供应；为企业开具疫情防控监管责任证明600余份，为“白名单”企业开具人员通行证和车辆通行证。安排干部职工包联大型商超、快递企业，督促指导疫情防控工作，负责大型商超、外卖、邮政快递行业从业人员核酸检测应检尽检工作；协助罕乌拉社区在吉雅腾小区、检察院家属楼开展全员核酸检测、包联管控各项工作。监督邮政快递企业收取件的消毒、管理工作，快递分拣中心、邮政分公司、美团、京东、顺丰、中天物流6家冷链物流企业，4家大型商场超市、6家大型生产企业进行单位工作人员一对一包点监督检查和培训宣传疫情防控指导，并设临时隔离区。

【工业企业安全管理】 工业企业和商贸流通企业未发生安全生产事故。组织召开2次专题会议，与32家工业企业和商贸流通企业签订“安全生产责任状”。开展“安全生产月”安全宣传进企业活动，发放安全生产法律法规宣传材料、悬挂安全生产宣传横幅。通过实地走访、查看台账资料等方式开展安全生产检查，排查整治隐患，了解企业各项安全管理制度、措施落实情况。督促企业落实安全生产主体责任，推进企业由被动接受监管向主动加强管理转变、安全风险管控由政府推动为主向企业自主开展转变、隐患排查治理由部门行政执法为主向企业日常自查自纠转变，持续落实“五项常态化”工作机制，提升企业本质安全水平。

【民营企业中小企业账款清理】 召开民营企业中小企业账款清欠工作专题会议，组织专人负责，规范工作台账，完善治理清欠长效机制，清偿金额17558.16万元。

（丽 娜）

制 造 业

【兴安盟农畜产品开发区科右中旗产业园】 2022年，实现工业总产值9亿元，税金完成

0.5亿元，固定资产投资完成14.08亿元。

8月22日，组织召开开发区领域闲置资源要素大起底工作会议，会议邀请旗纪检委派驻纪检组到会指导，学习贯彻《内蒙古自治区开发区闲置资源要素大起底工作方案的通知》《科右中旗工业领域闲置资源大起底大整治工作方案》，审议通过《科右中旗百吉纳工业循环经济园区闲置资源大起底大整治工作方案》，安排部署闲置资源大起底大整治工作。

11月1—10日，按照《关于开展2022年度第二轮党政机关干部职工"进企纾困"活动的通知》，走访入驻企业开展"进企纾困"活动，了解收集企业存在问题，开展惠企政策宣传，针对不同企业存在的不同类型问题进行分析研判。同时，结合自治区"六大起底"工作，联合旗工信局重点深入园区停产企业，帮助企业谋划出路、盘活资产。

（何　良　黄小龙）

【东达百利舸城乡统筹产业园区管理委员会】 园区有1家肉羊养殖企业（内蒙古九府牧业有限公司）、2家肉羊养殖合作社。管委会经与旗乡村振兴局、农业银行协调，为符合条件的24户养殖户申请购羊贷款120万元。向旗政府申请、发放购羊补助资金59.52万元。改造羊舍118户，完成转型60户，园区肉羊存栏1.1万余只。组织举办肉羊养殖技术培训班1期。

完成棚舍398户以及16栋496户生活区住宅楼建设，4.78万平方米；建设完成楼区间硬化及主干路绿化、有线宽带接入、幼儿园及卫生室；建设完成道路21公里，园区内形成"四横五纵"的路网格局；建设完成园区入口处大门及园区铁艺围封、经四路与国道111线连接工程；牲畜粪污转化有机肥厂进行选址和前期设计；建设完成现代农牧业服务中心主体工程。

落实"吃生态饭、做牛文章、念文旅经"产业定位，引进牛产业龙头企业，发展肉牛养殖。入驻山东鸿安广富畜产品有限公司、亿利源清真肉类有限公司、内蒙古华阳牛业科技集团有限公司3家肉牛养殖企业和5个嘎查集体经济组织，完成牛舍改造159栋，新建青贮窖10座，肉牛存栏5500余头。

（刘瑞香）

△5月1日，鸿安现代肉牛交易中心

（永峰　摄）

自然资源　生态环境

自然资源管理

【概况】　2022年，出让国有土地使用权27宗地68.57公顷，实现收益2.09亿元；审批划拨用地27宗43.51公顷。自治区审批农用地转用项目7个，面积37.51公顷。开发区“以案促改”涉及的两宗地的国有土地使用权全部依法收回。完成规划评估、专题研究报告、“三区三线”划定和中心城区用地布局优化调整等规划编制任务；完成全旗11个应编苏木镇国土空间规划；编制完成全旗173个嘎查的实用性村庄规划，并获旗政府批复；《科尔沁右翼中旗矿产资源总体规划(2021—2025年)》上报盟局待批复；推进建设项目用地“多审合一、多证合一”，核发要件86项。

【耕地保护】　2022年，落实耕地保护党政同责，与12个苏木(镇)签订“耕地保护目标责任状”，保障全旗耕地保有量不低于21.45万公顷，基本农田保护面积不低于17.61万公顷。持续加强设施农业用地管理，完成上图入库375宗，总占地面积807.3公顷。推进耕地占补平衡项目建设，巴彦淖尔苏木广太号嘎查补充耕地项目提质改造完成233.05公顷，并报自治区自然资源厅申请解锁。全面清查整治非农建设占用黑土耕地，经排查，2018年以来批准建设的非农建设项目6个，占用黑土耕地63.22公顷。其中，4个项目占用前进行表土剥离；立案查处2个违法占用项目，占用黑土耕地36.93公顷。编制完成《科右中旗建设占用黑土耕地表土剥离工作管理制度》。

【矿业管理】　开展安全生产工作，累计检查9次、矿山19家，未发现重大安全生产隐患。按照《兴安盟盘活矿业权工作方案》，14家矿山停产，完成5家矿业权阶段性处置。推进2022年度中央生态环境保护督察反馈问题整改，17家露天矿山全部完成年度治理任务，治理总面积10.4公顷。完成矿山地质环境排查工作，2083处下发图斑的外业核查成果上报盟自然资源局。内蒙古兴通煤业有限公司完成绿色矿山创建任务，并申报自治区级绿色矿山。

【企业服务专窗】　打造“一证一码”，实现地籍地块图“码上查”，权利人通过扫描二维码即可生成宗地图、房屋分户图，宗地、房屋基本信息。开设企业服务专窗，落实服务专员提供不动产登记全流程服务，“一套材料、一个环节”所有流程0.5个工作日内即可办结，实现企业办理登记“只跑一次”。推广应用电子证照，不动产登记中心在全盟首个推出科右中旗不动产登记电子证照，在企业开办、公安落户、金融机构抵押等多部门多领域办事中的15

类电子证照应用场景，并向社会发布。

【自然资源确权】 开展林权类地籍调查工作，建立林权档案电子化数据库、林权地籍调查数据库。配合自治区测绘局开展乌力吉木仁河的自然资源确权登记工作，参与完成发布通告、公告、地籍调查、界线核实和权属争议调处等工作。

【土地执法监管】 出动巡查车520台次、执法人员1680人次，立案查处土地案件9起，全部结案。受理信访、“12345”政务服务便民热线受理工单47件，全部处置完毕。2022年度下发卫片执法图斑2523个，其中，完成外业核查及系统填报图斑1998个、开展外业核查举证图斑525个。纳入百日攻坚行动整改问题台账197个，完成整改图斑157个，未完成整改图斑40个，整改完成率77.4%。

【自然资源平台服务】 通过自然资源“一码管地”平台将不动产测绘、权籍调查、楼盘落宗、契税缴纳等工作进行前置，通过流程再造全盟首个实现“交地即交证”“交房即交证”工作新模式。实现不动产登记与司法查控、金融机构服务“全程网办”，线上办理司法查封业务5件、抵押登记业务368件、解除抵押登记业务25件。开设“全盟通办”服务点2个，办理业务370余件，实现不动产登记信息查询等业务异地办、就近办、“全盟通办”。

【自然资源项目建设】 统筹推进城乡建设用地增减挂钩项目工作，实施项目7个，立项面积154.42公顷，自治区技术审核后面积91.34公顷，第一批交易面积56.34公顷，年内实现交易额2.54亿元。申报“兴安盟科右中旗历史遗留废弃矿山生态修复项目”入库项目通过专家论证，并于12月16日在自治区自然资源厅网站完成公示，申请自治区财政资金4228.90万元用于治理全旗44处历史遗留及无主工矿废弃土地，实施生态修复总面积183.25公顷。

【自然资源“大起底”工作】 自治区下达“增存挂钩”任务131.17公顷，超额完成处置任务，处置率120%。系统待认定闲置土地面积8.95公顷，全部处置完成，处置率100%。按期完成闲置矿业权排查阶段工作，并按“因企施策”原则对10家矿山逐矿提出处置建议，完成闲置采矿权阶段性处置工作2家。

（杜　杨　孟金牛　代永花　包红霞）

生态环境保护

【生态污染防治】 全旗范围内开展黑臭水体排查工作，不存在黑臭水体情况；排查梳理完成“高力板断面总氮超标问题”并形成销号材料；加强日常监管，全旗18家重点排污（水）企业稳定运行且达标排放。对内蒙古京科发电有限公司、内蒙古京科硅业科技有限公司、科右中旗兴通铁路储运有限责任公司等18家涉气企业的污染防治设施运行情况进行日常监督检查，无污染事件发生；加大对36家加油站油气回收治理检查力度，发放加油站油气回收合格证36个；全旗道路机械化清扫率达到自治区考核要求、施工工地达到“六个百分百”要求；按照《科右中旗秸秆禁烧工作实施方案》开展日常督查，未发生焚烧秸秆情况；巴彦呼舒镇建成区设置城市区域声环境监测点位104个、城市道路交通声环境监测点位20个、城市功能区声环境监测点位7个，完成年度监测任务；加强非道路移动机械监管，完成编码登记审核通过422台；对科右中旗人民医院、科右中旗第二人民医院、科右中旗蒙医院、科右中旗中医院4家医院开展辐射安全监督检查，均合格。印发《科右中旗2022年危险废物规范化环境管理评估工作方案》并完成相关企业考核评估。配合疫情防控工作，启用应急转运车1台。医疗废物转运至旗区域外的焚烧炉进行焚烧，转运焚烧3033.5千克；对辖区内6家尾矿库风险隐患进行逐一检查，原孟恩套力盖银铅矿选矿厂尾矿库完成生态恢复治理，原兴安盟科右中旗中山矿业有限责任公司铁矿尾矿库、原科右中旗巴扎拉嘎毅旺铁矿尾矿库自然恢复，科右中旗通冶矿业有限责任公司尾矿库闭库申请退出销号，兴安盟释佳矿业有限责任公司扎木钦铅锌矿尾矿库和兴安盟精诚矿业有限责任公司尾矿库均处于停产。兴安盟释佳矿业有限公司、内蒙古泰蒙矿业有限公司、中石油布敦化油库3家企业启动土壤环境污染状况调查工作。

【营商环境优化】 落实深化“放管服”改革、优化营商环境要求，聘请咨询专家与法律顾问，主动对接服务，为企业协调难题，提供24小时“保姆级”服务。完成审批17个建设项目环境影响报告表，包括旗内重大项目3项，环境影响登记表备案67个，全旗核发排污许可证32家。其中，重点管理7家、简化管理25家。待批项目大起底工作中补批、待批项目涉及16个建设项目，均完成审批和组件任务。服务和指导翰嘎利水库除险加固工程、科右中旗肉牛良种繁育示范基地建设、科右中旗水系联通水美乡村旗内3个重点项目，获得环境影响报告书的批复；邀请盟级环评专家组成专家评审小组，先后对6个项目进行技术评审，并形成技术评审意见，召开评审视频会议2次，最大限度做到“为企办实事”。通过内蒙古促信网“月调度系统”和信用中国（兴安盟）网站、科右中旗人民政府网，按时报送“双公示”、信用制度建设、信用宣传、重点领域失信问题治理等情况，接受政府、行业组织、社会公众的监督。依法公示行政审批14个，生态环境信用承诺14个。

【生态功能区核验】 推进生态功能区考核工作，完成全年监测工作。2015—2022年争取上级生态功能区转移支付资金8.07亿元，由2015年的0.7886亿增长到2022年的1.23亿元。推进“两山”实践创新基地复核验收工作，与北京科技大学签订技术服务合同，组织开展资料收集、台账整理等准备工作；同时编制完成并印发《科右中旗生态环境保护“十四五”规划》。

【环保宣传教育】 以雷锋日、六五环境日、全国低碳日等为契机，通过线上线下的方式开展宣传工作。线上发布生态环境保护相关信息，微信公众号发布1125条，官方微博发布1137条，官方微博获“内蒙古十大生态环境系统微博”称号，并受到内蒙古自治区生态环境厅通报表扬。联合依法治旗办、文明办、民委、团委、旗教育局等部门开展“首届生态文明网络知识竞赛活动”，全旗中小学生近4000人参加答题。线下通过悬挂条幅、发放宣传册、购物袋等形式，到嘎查、社区、企业、学校等开展生态环境保护宣传工作，发放宣传品2300余份；联合巴彦呼舒第二小学、巴彦呼舒第二中学、科右中旗中等职业学校开展“共建清洁美丽世界”环保设施向公众开放活动，150余名师生参加。

【生态环境执法监管】 “12369”群众电话举报案件27件，网络举报案件27件，“12345”举报案件18件，全部办结，不属于管理范围的案件全部移交其他相关部门。行政处罚案件5件（其中，超标排放污染物案件2件、未采取有效覆盖措施防治扬尘案件1件，未批先建案件1件，未验先投案件1件），罚款77.8万元，查封（扣押）1件，举办听证1次，全年无行政复议案件。按照双随机管理及生态环境部制定的要求，检查企业267家次，出动执法人员810人次。移动执法检查企业216家次（包含部门内双随机执法检查），上传执法信息216条，任务完成率100%，其他检查51家次。完成2022年8月29日霍阿一级公路运输柴油罐车发生交通事故、柴油泄漏突发环境事件应急处置。启动生态环境损害赔偿机制，经过磋商、鉴定评估，对现场进行清理，司法鉴定中心专家对现场土地进行采样，铺垫新土进行恢复。将受污染的土壤10.86吨进行无害化处置。召开生态环境联勤联动执法工作第一次联席会议，建立生态环境联勤联动执法工作机制，构建行政执法和刑事司法无缝衔接体系，依法惩治生态环境违法犯罪行为。

（吴雅媛）

自然保护区

【综述】 科右中旗旅游资源丰富，人文旅游资源拥有的单体数量有197种、自然旅游资源单体数量有53处，分布在全旗各地，具有较大的开发价值。其中，极具代表性的有科尔沁草原原始景观、五角枫景观、蒙古黄榆景观、沙地湖泊景观、湿地珍禽景观等。全旗有1个国家AAAA级景区翰嘎利–五角枫休闲旅游度假区，4个国家AA级景区：中影制作基地、蒙格罕山生态旅游景区、科右中旗博物馆、巴彦敖包生态旅游度假村。形成贯穿全境的“十点一线”精品旅游线路，包括科尔沁国家级自然保护区、图什业图亲王府、遐福寺、图什业图赛马场、哲里木十旗会盟地、金界壕、吐列毛杜古城遗址等。

科尔沁国家级自然保护区

【概况】 科尔沁国家级自然保护区位于松嫩平原最西端，松辽平原最北端，科尔沁草原腹地，是大兴安岭向科尔沁沙地过渡地带，是一个以保护科尔沁草原、榆杏树林自然景观、鹤鹳类珍禽及其赖以生存的栖息环境——湿地为主要对象的综合性自然保护区。保护区北靠突泉县，东与吉林省向海保护区相连，总面积11.96万公顷。其中，核心区1.78万公顷，有物种保护核心区3828公顷，生态系统核心区1.04万公顷，珍禽繁殖地核心区3565公顷；缓冲区1.44万公顷；实验区8.74万公顷。保护区有珍稀树种蒙古黄榆2800公顷，有湿地1.8万公顷。有种子植物498种，野生动物285种，鸟类225种，其中，国家一级保护鸟类有丹顶鹤、白鹤、白头鹤、白枕鹤、东方白鹳、黑鹳、大鸨、虎头海雕、金雕、草原雕、乌雕、秃鹫、栗斑腹鹀、青头潜鸭、黄胸鹀、黑嘴鸥等16种，国家二级保护鸟类有灰鹤、蓑羽鹤、大天鹅、白琵鹭等40种。

【保护区资源管护】 制定并下发《关于加强禁牧工作的通知》《关于做好湿地保护工作的通知》等，确保草原、湿地、野生动植物资源安全；向管护员和社区群众宣传《内蒙古自治区草畜平衡和禁牧休牧条例》《中华人民共和国野生动物保护法》《中华人民共和国湿地保护法》等；重要时期实行24小时不间断巡护，通过视频监控系统及时发现并制止乱砍滥伐、乱捕滥猎、乱占林地等违法违规行为，查处违法放牧620起；开展各管护站行政执法情况督导检查；开展林业有害生物监测和防治工作，完成防治面积3466.67公顷。

【森林草原防灭火】 制定并下发防火工作通知和防火预案，部署春、秋季森林草原防火工作；执行24小时值班制度、视频监控常态化巡护，确保第一时间发现火灾隐患、第一时间上报；开展业务培训和防火演练，提高森林草原防火认识和应急处置能力；与辖区牧铺、护林员签订“牧铺防火责任状”170份、与牧铺签订“牧铺自备台安全用电防火责任状”35份，覆盖管护辖区13个嘎查、32个自然屯；开展牧铺调查，掌握牧铺与输配电路设备底数现状，调查登记牧铺基本信息195户；开展森林草原防扑火宣传，制作宣传单3000张、警示牌30个、防火宣传旗500面，出动宣传防火用车30台次，更新宣传牌23个；在辖区内大白花—敖其尔等12个路段修建防火道69.5公里；开展野外火源治理和查处违规用火行为专项行动，重点治理教育野外吸烟人员7人，检修维护输配电路10次，排查火灾隐患30处，有效维护辖区生态资源安全，实现全年火灾零发生。

【湿地保护与恢复项目建设】 启动建设内蒙古科尔沁国家级自然保护区湿地保护与恢复项目，建设内容为湿地保护、湿地修复、湿地监测、科普宣教，项目规划建设三年，总投资6057万元，其中，中央财政资金4846万元、地方配套资金1211万元。

【环境教育中心建设】 建设环境教育中心，投入中央资金470万元，建筑面积900平方米、展区面积2000平方米，展厅布展面积20000平方米，主要有湿地及湿地鸟类展厅、蒙古黄榆及西伯利亚山杏天然林和猛禽展厅，昆虫及两栖爬行类展厅、植物展厅。

【保护区十年总体规划】 申报《内蒙古科尔沁国家级自然保护区总体规划（2023—2032年）》，内含保护管理、科研监测、公众教育、可持续发展、管理设施、防灾减灾、节能环保和智慧保护区工程建设，项目总资金2.12亿元，其中，建安工程5424万元、设备购置3710万元、其他6028.63万元、预备费758.13万元，编制完成并上报至国家林草局评审。

【保护区执法监督】 配合旗林草局和新佳木苏木、高力板镇、代钦塔拉苏木政府开展以案促改专项整治工作；完成2021年森林督查问题整改工作；2月，拆除电影《奔腾岁月》拍摄临时设施；完成自然保护地人类活动核查工作，监管系统下发疑似点位93处，其中，居民点80处、其他人工设施13处，完成实地核查、上报并审核通过；组织管护人员开展常规巡护，加强对违规建设项目、违规采沙、破坏林地、草原等破坏生态资源行为的监督检查。

【保护区科研监测】 开展鸟类、植被监

测，监测到迁徙鸟类48种55996只、植物20科40属；制作安装东方白鹳招引巢13个，东方白鹳筑巢繁殖2个，其中1个招引巢孵化出幼雏；与中国林科院全国鸟类环志中心开展科研合作，对2只东方白鹳幼雏进行卫星跟踪；开展丹顶鹤人工繁育工作，繁育出幼雏3只；开展环境教育中心内部布展，制作植物标本335种、植物液体标本42种；制作《科普宣教图册》2000册。

【野生动物疫源疫病监测】 在重要时期3—5月和8—10月，开展陆生野生动物疫源疫病监测防控工作，向国家林草局陆生野生动物疫源疫病监测防控信息管理系统上报周报18条、日报125条。

【野生动物救护】 野生动物收容救护中心救护野生动物8种17只。已有野生动物21种78只，其中，国家Ⅰ级保护鸟类有丹顶鹤、黑鹳、秃鹫、草原雕；国家Ⅱ级保护动物有蓑羽鹤、大天鹅、猕猴等。同时组织开展野生动物救护认领饲养活动。

【湿地生态修复】 连续开展河道疏浚等湿地生态修复工作，辖区形成以巴林湖、阿林湖、墨林湖、乌丹湖、赛罕湖、贝子湖等为主的大小湖泊37处，完成阿林湖的大坝加固工作，保护区湖泊湿地面积由1000公顷增加至3700公顷。

【保护区宣教】 落实“三审制”，上报信息76条，其中《科尔沁国家级自然保护区迎来珍稀候鸟》《科尔沁保护区迎来大批迁徙候鸟》《生态中旗 候鸟翔集——科尔沁国家级自然保护区迎来大批南迁候鸟》等被《人民日报》《中国日报》、央视2套、央视13套、央视17套、中央广播电视总台、人民网、新华网、学习强国平台等30余家媒体平台关注、报道和转载；通过发放宣传单，设置警示牌、安插宣传旗、出动宣传车等方式宣传，提高辖区居民生态环境保护、森林草原防火和法治意识；保护区是自治区级环境教育基地，辖区内的巴彦塔拉管护站、野生动物救护中心常年对外开放，为中小学生、游客、农牧民讲解保护区动植物情况。

（杨晓红）

蒙格罕山自治区级自然保护区

【概况】 内蒙古蒙格罕山自治区级自然保护区位于内蒙古兴安盟科右中旗中西部的巴彦呼舒镇和杜尔基镇境内，东与巴彦呼舒镇莫力哈达嘎查相邻，南与巴彦呼舒镇的乌逊嘎查相连，西与杜尔基镇巴彦乌拉嘎查接壤，北与杜尔基镇巴彦乌拉嘎查和赛罕乌拉嘎查交界。总面积2.12万公顷，其中，核心区面积4574.72公顷、缓冲区面积4396.93公顷、实验区面积1.22万公顷。

【森林资源管护】 日常管护7894.12公顷公益林，聘用护林员38人，签订管护协议38份。同时加强护林员理论学习，组织开展护林员理论知识考试。

【森林草原防火】 在森林防火期间，管理局全面进入待命状态，提高护林员巡护次数，检查用火情况、排除火灾隐患，严格执行24小时值班制度，领导带班坚守岗位，严密监控防火动态。开展森林草原防火模拟演练，了解掌握机具装备的操作方法，增进实战能力。在人口密集场所张贴森林防火宣传标语、发放防火禁牧宣传资料，演练出动工作人员28人次、宣传车3台次，发放传单2000余份。

【野生鸟类监测】 开展保护区内珍稀鸟

类黑鹳和猎隼野外活动监测工作，并调查记录巢址、种群数量等情况，发现黑鹳巢址1处、猎隼巢址2处。

△ 2023 年，野生鸟类监测
（蒙格罕山保护区　供图）

【国家重点野生动植物保护项目】　开展2022年国家重点野生动植物保护项目，总投资80万元（资金来源于2022年中央财政重点野生动植物保护补助资金），用于实施远程视频监控体系建设。部署500万像素高清数字球形摄像机10台，并配套太阳能供电系统等设备及网络组件，实现核心区全覆盖，分别在4个管护站安装液晶显示屏4台，所有设备全部安装完成并投入使用。

（巴达拉呼）

五角枫自治区级自然保护区

【概况】　内蒙古兴安盟科右中旗五角枫自治区级自然保护区位于内蒙古自治区兴安盟科右中旗中部，是以保护五角枫、榆树疏林草原生态系统为主的自然保护区。

【保护区管护】　在保护区杜尔基镇朝好图嘎查达坝哈拉山核心区天然林密集区域和哈日道卜管护站辖区核心区内天然林密集区域各安装1组远程网络监控，有效监控与防范火灾、偷牧等活动，提升保护区管护能力。

【“三禁”宣传】　组织护林员在保护区辖区内嘎查、牧铺发放禁牧宣传单，入户讲解禁牧工作政策，与旗自然资源综合行政执法大队开展联合禁牧执法，严厉打击偷牧行为，有效落实生态环境保护责任。

【森林草原防火】　围绕“预防为主、积极消灭”原则，确立“隐患险于明火，防范胜于扑救，责任重于泰山”指导思想，采取网格化管理、农牧户遍访、与牧铺签订共同防火协议、重点区域重点盯防、防火演练、新媒体宣传等方式开展森林草原防火工作。

【病虫害防治】　与中国社会科学院、中国林业科学研究院等科研单位合作，与中国林业科学研究院华北林业实验中心签订五角枫自然保护区元宝槭籽象虫害生物防治协议，基本掌握元宝槭籽象虫害的习性和生物特征，有利于开展生物防治、利用天敌开展无污染、无公害生物防治。

【野生动物保护】　持续开展农牧户遍访行动，通过入户宣传和新媒体传播等方式加强野生动物保护、候鸟保护救助意识。在水泊湖面重要区域、关键路径开展监测巡护，消除监测盲区，及时发现和查处违法行为。

（艳　红）

乌力胡舒自治区级自然保护区

【概况】　科右中旗乌力胡舒湿地自然保护区位于内蒙古自治区兴安盟科右中旗的南部，北和西与本旗的巴彦茫哈苏木、巴彦淖尔苏木毗邻，南与好腰苏木相连，东与吉林省接壤。保护区总面积3.89万公顷，划分为2个核心区、2个缓冲区和1个实验区。其中，核心区1.34万公顷，占总面积的34.4%；核心区Ⅰ面积8217.58公顷，占总面积的21.1%；核心区Ⅱ面积5165.22顷，占总面积13.3%；缓冲区8302.61公顷，占总面积的21.4%；实验区1.72万公顷，占总面积的44.2%。乌力胡舒自然保护区是以保护湿地生态系统及鹤类等珍稀鸟类的栖息地和繁殖地为宗旨，以改善生态环境、调节气候、涵养水源、保持水土、防洪泄洪为目的，集生物多样性保护、科学研究、宣传教育、生态旅游和可持续利用等多功能于一体的综合性自然保护区。于2007年批准提升机构规格为自治区级自然保护区。2022年，乌力胡舒湿地自然保护区成功入选为“自治区重要湿地名录”。

【保护区森林草原防火】　3月12日，出动工作人员26人、宣传车10台、发放防火三禁宣传单2000余份、签订“森林草原防火责任状”56份。全年对违反“三禁”、不履行“三禁”工作的农牧民人员进行教育，处罚180人次。

【保护区基础设施建设】　争取2022年中央财政湿地补助资金300万元用于保护区基础设施建设项目，建设完成2个瞭望塔塔基，瞭望塔主体钢架开工建设，安装远程监控设备监控范围覆盖保护区全境。

【动植物科研监测】　购置各种监测设备，对保护区范围内的所有动植物进行科学监测，有国家级重点保护鸟类37种，其中丹顶鹤等国家一级保护鸟类8种。有维管束植物419种。有陆基动物24目61科。同时配合旗林草局开展外来物种调查摸底工作和病虫害防治工作，为生态保护工作提供有效数据。

（海　军）

城乡建设与管理

住房和城乡建设

【概况】 2022年，新建项目4项，总建筑面积20.55万平方米，总投资7.14亿元。加强住宅专项维修资金的缴存、管理、使用，收取维修资金749.1万元。实施老旧小区改造工程，总建筑面积2.49万平方米，涉及272户。

【市政基础设施建设】 实施市政基础设施重点项目22个，总投资7.98亿元。其中，新建项目18个，总投资7.12亿元；续建项目4个，总投资0.86亿元。新建项目围绕城区精细化管理，启动污水管网、排水管网、给水管网、道路项目建设。改造污水管网23公里、雨水管网8.5公里、给水管网项目6项，铺设给水管网37公里、道路工程6项，建设长度12.3公里。同时实施道路罩面工程。

【农村牧区危旧房改造】 推进农村牧区危房改造工作，农村牧区完成危房改造139户，其中，C级57户、D级82户。

【公共租赁住房】 公共租赁住房分配房源33套，保障性住房准入、退出实现动态化规范化管理。发放低收入保障对象家庭租赁补贴143户17.18万元。

【用地征收】 对文化宫东侧、棋丰小区北侧、人事局东侧、文物古迹用地、民族幼儿园北侧等5个重点地块474户进行入户测量及统计评估工作，完成签约333户、付款143户。

【物业管理】 严格落实旗疫情防控指挥部决策部署，开展全旗住宅小区疫情防控工作，接待受理各类物业投诉案件19件，全部解决并答复上访人。

【市政管理】 参与推进基础设施改造项目，日常现场监督检查工程质量、安全、进度等。镇区道路罩面改造72332.84平方米；镇区填补坑槽4875.82平方米；维修镇区内损坏井盖96套、盖板232块、路缘石160块；清掏边沟（管）270米；菜市场北侧、养路段东、五完小西、五角枫广场南等污水管道维修160米。

【亮化工程】 检修维护镇内所有路灯、变压器、配电箱、避雷器等，完成春节等节日的亮化工程。

【建筑市场监管】 在建工程全部履行基本建设程序，落实项目法人责任制。全面检查建设项目是否办理建设工程施工许可证、相关责任主体单位是否履行安全生产主体责任、安全教育培训、危大工程、农牧民工工资支付情况。受理监督工程项目34个，检查并下发限期整改通知书37份，全部完成整改。切实防范农民工欠薪隐患，联合旗人社局对全旗房屋市政在建项目开展“双驻双查”检查行动，未发现违规违法行为。

【建设工程质量安全】 在建工程安全监督覆盖率100%，未发生重大质量事故。对已办理施工许可的在建工程加大安全监督力度，重点对危险性较大部分项工程进行专项治理，下发整改通知42份、机械设备停用11份，责令责任主体单位立即整改，强化施工现场安全措施，排查安全生产隐患。

【消防管理与建筑节能】 办结消防设计审查10项、消防验收5项、消防竣工备案4项、竣工验收备案项目2项。城镇绿色建筑占新建项目比例78.57%，申请认证“绿色建筑材料”1家。开展“绿色低碳、节能先行”全国节能宣传周活动，推动落实《内蒙古自治区民用建筑节能和绿色发展条例》。

【供水管理】 完成售水量147万吨，上门维修服务4000余次；中型维修100余处；主管道大型抢修、维修60余处。

【燃气专项检查】 传达上级部门相关文件精神，深入城镇燃气企业、店铺检查13次，存在隐患问题52项，均督促整改完成。

【污水处理服务】 9月1日，污水厂提升改造工程施工方进场施工，持续开展日常巡查工作，排除事故隐患，加强对设施故障等突发事故的快速反应及应急处理能力，确保安全生产。

【住建领域信访维稳】 受理信访件37件，均完成办结。

【营商环境优化】 深化服务改革、简化工作流程、优化项目审批，落实“蒙速办·四办”工作。持续优化营商环境，建设工程施工许可证和竣工验收备案，实现“一网通办”，核发施工许可电子证照。推进“互联网+政务服务”，强化“双随机、一公开”监管，加强事中事后监管。

【全国自然灾害综合风险专项普查】 完成对全旗住建领域房屋建筑和市政设施自然灾害普查工作。

【自建房安全专项普查】 完成全旗自建房安全隐患排查摸底工作，并对存在安全隐患的自建房进行鉴定。

（王媛媛）

2022年科右中旗住建系统数据统计表

市政基础设施建设项目	全旗住宅小区	栋数	总户数	备案物业服务企业	保障性住房
22个	140个	568栋	30258户	25家	3916套

（科右中旗住房和城乡建设局）

城市管理综合行政执法

【市容市貌整治】 发布《关于依法开展巴彦呼舒镇城区城市管理第一次集中整治行动的通告》，开展为期2个月的市容环境整治行动，将整治任务细化16个网格，采取“四定四到位”工作方法。改进巡逻工作，初步治理“巡逻多”“管事少”一多一少问题，不间断治理市容市貌乱点。出动执法人员20364人次，执法巡查14516小时，开展市容市貌专项整治行动50次，宣传活动15次；清理流动商贩5240次，清理门前乱堆乱放6397处、跨门店经营5250处；

以党政一条街等区域为重点，清理户外广告2435处，清理条幅、小广告5572处；下发机动车违停通知书2570份、暂扣物品56件，清理“僵尸车”196辆，清理车体广告车131辆；清理建筑垃圾1540立方米，清理工地围挡97米；发放“门前五包”585份，发放宣传单150余份。查处渣土车未盖防尘网等影响市容环境行为7起。

【违法建设治理】 8月18日，举行科右中旗巴彦呼舒镇城区私搭乱建违法行为专项整治第一次集中行动启动仪式，发布《关于开展依法整治私搭乱建违法行为第一次集中整治行动的通告》，推行网格化巡查，采取重点时段、重点区域巡逻执法和“5+2”盯控措施，拆除违法建设44处2020.97平方米；拆除违法建设构筑物阳光房16处539.73平方米；拆除院墙13处351.7延长米。受理涉及违法建筑案件线索36起，立案7起。

【“环卫＋执法”管理】 创新建立市容环境卫生问题“环卫发现、指挥中心交办、执法队处置”的“环卫+执法”模式，定期召开环境卫生研判会，对各类违法违规行为进行快速反应、快速处置。办理“环卫+执法”案件4起，处罚2人。按照“一洒、二扫、三冲洗”工作流程，督促管理“六个到位”，实行“五定”精细化管理模式，推行五个时段机制，严格执行《科右中旗环境卫生作业标准》，实行“日巡查月考评”。将巴镇镇区550余个垃圾点进行反复收集运输，背街小巷两日一清，主街路可视区和小区物业垃圾点做到日产日清，密闭转运，运输过程无“抛洒滴露”现象和垃圾“二次污染”。按照上级环保督察反馈意见整改要求，垃圾处理场生活垃圾填埋区在原有基础上增加防飞散网400余米，解决防飞散措施不完善、垃圾飞散出库区的问题；调蓄池扩建及浮盖系统项目建设完成，扩建的调蓄池存储量达3000立方米，解决原调蓄池设计容积小、气味直接排放及库区渗滤液积存的问题；完成填埋场堆体覆盖项目，严格执行《建筑垃圾管理规定》，杜绝建筑垃圾与生活垃圾混合堆存、随意倾倒现象。

【园林绿化提升】 在图什业图广场和“九八”抗洪广场、阿斯纳广场、巴仁哲里木大街与扎木沁路、巴扎拉嘎路交会处道口、图什业图大街与巴扎拉嘎路交会处道口、吐列毛杜大街与扎木沁路交会处道口、巴彦茫哈大街与高力板路交会处道口等区域，培育10种各色花卉4万株、出动工人21356人次、各类机械设备7177台次、各街路及广场灌溉量34929立方米、清理杂草2329立方米、修剪绿篱24.80万平方米；清理小游园垃圾箱40个。

【城市执法服务】 接入网络固定摄像头，对镇区内市容秩序、环境卫生、市政设施及火灾隐患等进行常规巡查，发现问题及时联系相关部门解决。严肃保密办理统一投诉举报电话，第一时间将反映问题进行分类登记，确保“件件有回音、事事有着落”，接到群众来电405件，其中，无效类43件、有效类362件。“12345”政务服务便民热线平台投诉117件，全部办结。办理“响应率”“解决率”“满意率”均100%，“三率”综合得分8月、9月在全旗排名均第一。

【执法规范化建设】 推行《行政执法公示制度》《执法全过程记录制度》《重大执法决定法治审核制度》，实行“双周法治培训”。开展民法典、保密法、国家安全法和“12·4”宪法宣传周等宣传活动。开展法治培训8期，规范行政审批事项12项。审核案件7起，政务服务行政许可审批窗口办理行政许可事项585件，信用科右中旗双公示平台报送行政许可信息499条；内蒙古自治区“十四五”时期社会信用体系月调度报送499条。聘请法律顾问为执法工作提供法律咨询服务；实行执法人员持执法证上岗和资格管理制度，持证率100%。

【执法宣传】 在新闻媒体网站上报各类信息319篇，其中，《魅力兴安》采纳2篇、《中旗信息》采纳5篇、《科右中旗发布》采纳10篇、《魅力科右中旗》采纳17篇、《科右中旗纪检监察网》采纳8篇、《兴安盟长安网》采纳1篇、《法治科右中旗》采纳4篇、《科右中旗人民政府网》采纳3篇、《科右中旗组工》采纳2篇。制作抖音作品《柔性执法，让城市管理更有温度》《城管之声第一期》等，点击量达2.6万人次。

【提案建议办理】 实行局长负总责、分管领导具体负责、各股室、队、中心具体承办，采取电话交流沟通的方式，办理工作沟通率、面商率、按期“办结率”和代表委员“满意率”达100%。承办旗人大建议3件，盟、旗政协提案10件，办理结果为A类。

【疫情防控执法】 组织90余名党员志愿者协助包联社区开展全民核酸检测；城管执法队出动执法车，制作疫情防控音视频，在前德门社区等13个重点社区开展宣传防控；累计完成49860人11轮核酸检测；静默期间协助包联社区完成6316人3轮核酸检测；疫情强化管理期间，协助包联社区完成30351人14轮核酸检测。

（蓝春艳）

住房公积金管理

【公积金缴存额】 正常缴存单位有259个，正常缴存11264人，当年缴存2.22亿元（其中财政补贴8165万元）。累计缴存19.43亿元。

【公积金提取额】 全年提取额1.54亿元。累计提取12.28亿元。公积金缴存余额7.15亿元。

【公积金贷款】 贷款发放230户，7272.8万元，个贷率86.73%。公积金累计放贷额16.91亿元，贷款余额6.2亿元。资金使用率95.12%。

（张马莲根）

兴融城市发展投资经营

【投融资】 完成银行贷款和基金的还款工作，收到财政预算资金2.29亿元。用于偿还贷款本金1.88亿元，其中，国开行棚改贷款本金3040万元、农发行棚改贷款本金6972万元、农发基金本金100万元、建行巴镇基础设施建设项目贷款本金8686.93万元。用于偿还贷款、基金利息4079.39万元，其中，棚改项目贷款利息2395万元、棚改项目基金利息108.28万元、基础设施建设项目贷款利息1539.99万元、基础设施建设项目基金利息36.12万元。完成棚户区改造资金使用工作，支付党校东侧及美好时光小区房屋征收补偿款累计2728.68万元。完成科右中旗光伏扶贫村级电站建设项目的资金收支工作，支付工程款及费用款1691.71万元，其中，光伏电站工程款1580万元、废机油处置费0.4万元、突发环境事件应急预案编制费1.2万元、杜尔基电站勘测定界和地形测量费16.74万元、杜尔基电站投运施工费21.41万元、杜尔基电站场区地貌恢复施工费3.3万元、征用草原补偿款40.45万元、草原植被恢复费5.80万元、设计费及技术服务费22.41万元。完成光伏扶贫村级电站发电收益结算工作，收到电费收益2027.66万元，并开具增值税专用发票。收到光伏扶贫村级电站电费补贴91.84万元。分配光伏扶贫村级电站电费收入及补贴至惠及嘎查，累计金额2488.39万元。完成光伏村级电站日常维护资金结算工作，支付运行维护费用款64.78万元，其中，厂区内除草工程款17.74万元、监测系统服务和维护服务费6万元、消防沙箱及灭火器费用2.35万元、应急预案编制评审技术咨询费4.5万元、巴彦塔拉电站场区平整施工费1.5万元、电站数据采集器3.6万元、杜尔基电站新建围栏工程款29.09。完成科右中旗气象防灾减灾指挥中心代建项目的资金支付工作，支付项目款675.25万元，其中，工程款602.23万元、林地可研报告费2万元、设计费8万元、项目预审与选址勘测测绘费0.6万元、岩土、水文地质勘察费4.5万元、防空地下室易地建设费8.30万元、施工图审查费0.64万元、项目建安险5.98万元、可研报告费4万元、社会稳定性风险评估费3万元、变压器费用款19万元、场地平整费用款17万元。完成教育局工程代建项目的资金支付工作，支付各项费用款219.01万元。其中，详细规划、现状测绘、勘界报告80万元；可研编制费42.86万元；初步设计评审费4.5万元；规划选址咨询服务费（铅矿幼儿园）6万元；施工图审查费2.36元；招标代理费22.71万元；造价咨询费10.29万元；建安险及人身意外险16.52万元；临时用电工程款20.85；防空地下室易地建设费12.92万元。完成气象局西侧棚户区改造项目的资金支付工作，支付前期费用款130.2万元，其中，新增专项债券可研评审费10万元、咨询服务费15万元、绩效评估服务费5万元、配套工程建设可研编制费20.2万元、工程测绘、勘测定界、规划设计费80万元。完成科右中旗湘蒙农产品加工物流园农产品保鲜库代建项目的资金收付工作，退回京蒙帮扶资金32.98万元。收到乡村振兴局拨付京蒙帮扶资金158.8万元，支付工程款145.8万元。完成赛马场民宿改造项目的资金支付工作，支付民宿改建工程款18万元，其中，绿化款6万元、扩建工程款7万元、拆除款5万元。完成鄂尔多斯酒业东兴制酒厂仓储园区改建项目的资金支付工作，支付改造工程款34.77万元，其中，新建库房工程款8.54万元、拆除改造工程款26.23万元。完成出借资金的收付工作，收到科右中旗兴通铁路归还暂借蒙医远东融资款299.39万元，支付蒙医第十五期本利329.39万元。收到集体经济投资款收益62.25万元，其中，内蒙古鸿安牛业科技有限公司17.55万元、内蒙古中阳农业发展有限公司21.30万元、科右中旗兴通铁路储运有限责任公司23.4万元。配合完成扶贫资产绩效评估单位评估工作及国资改革审计工作，提供相关资料、原始凭证、账本及资金使用明细。完成“企业兴乡”工程捐赠工作，捐赠红十字会款10万元，其中，分配代钦塔拉苏木5万元、巴彦呼舒镇政府5万元。

【气象防灾减灾指挥中心建设项目】 建设科右中旗气象防灾减灾指挥中心建设项目，计划总投资1494万元，总用地面积3112.10平方米，建筑面积2765.53平方米。项目主体及外立面完成建设，室内装饰装修进行施工。

【教育强国代建项目】 新建教育强国代建项目3个。其中，科右中旗布敦化中心幼儿园建设项目开工建设，总投资625万元，用地面积517.81平方米，建筑面积912.46平方米；科右中旗巴彦呼舒第二小学2号教学楼建设项目完成基础工程，总投资1580.82万元，用地面积1135.3平方米，建筑面积3809.48平方米；科右中旗巴彦呼舒第六中学食堂建设项目建筑主体完成封闭，总投资1250万元，用地面积1244.03平方米，建筑面积2401.4平方米。

【气象局西侧棚户区改造项目】 推进建设气象局西侧棚户区改造项目，计划总投资3.44亿元，完成项目二期建设工程。其中，一期投资2.54亿元用地面积35432.27平方米，建筑面积57907.11平方米；二期投资9063.73万元，用地面积12661.97平方米，建筑面积17240.07平方米。完成气象局西侧棚户区一期改造建设项目的专项债券申报工作以及规划条件书、可行性研究报告批复等前期手续。

【光伏扶贫项目】 9个光伏电站（其中杜尔基电站于6月10日重新运行）累计发电量6909.348万千瓦时，完成年度计划100%。累计收入5182.01万元，其中，电价2096.99万元、补贴3085.02万元。完成各电站的逆变器、箱变及一二次舱的日常巡检工作、故障维修工作，累计巡检76次、故障维修5次。其中，更换莫力黑嘎查电站（3–4#逆变器）、元宝屯嘎查电站（4–10#逆变器）、嘎旦扎拉嘎嘎查电站PT柜避雷器3只，（4–9#逆变器）、召沙嘎查电站PT柜电压互感器1只。配合电力局进行倒闸操作36次，完成9个电站的电度表调试、外网转内网工作。配合电力局及监控厂家对召沙嘎查电站、草高吐嘎查电站内部远程监控主机主体进行调试，将电站监控视频由无线转为有线。根据旗发改委关于电站整改问题清单要求，组织运维部各班组对电站进行整改问题排查与处理。完成对9个电站的光伏组件及支架检修（其中老公司电站组件角度调整为15°）。组织运维部各班组开展安全生产月活动，组织安规考试1次、三级教育考试2次、防地震灾害应急预案演练1次、物体打击事件现场处置方案1次、防汛和防强风对流天气专项应急预案演练1次、触电急救演练1次、消防安全应急演练1次，每月安全教育累计开展45次。

（齐慧军）

中源热力

【企业运营】 有调峰备用循环流化床热水锅炉4台，总装机容量130吨/每小时，其中，30吨/每小时1台、25吨/每小时2台、50吨/每小时1台。下辖换热站38座，一次供热主管网45.78千米（沟长），二次供热主管网68.95千米（沟长），一次网阀门井106座，二次网阀门井672座，分水站57个，巴镇城区供热面积320万平方米。

【智慧供热】 持续推行智慧节能供热建

设，安装远程控制系统，采用光纤数据传输方式监控换热站全自动运行，全部换热站实现无人值守。

【便民服务】 利用供热收费管理系统、微信公众号等，实行线上"全程网办"，线下选派工作人员进驻政务服务大厅开展供暖报装和线上缴费业务。与旗信用联社合作，拓宽服务项目，增设银行代收缴费业务。安排专人负责兴安盟联众平台"12345"政务便民服务热线工单办理工作，按照网格划分派单至各供热所，实现第一时间上门为用热户服务。

（姜丽丽）

国网供电

【公司概况】 2022年，国网内蒙古东部电力有限公司科右中旗供电分公司（简称国网科右中旗供电公司）经"职能大部门+中心供电营业所"体系建设和综合改革，将原10个职能部门、业务机构整合为"五部一中心"，分别为综合部、政治部、安全质量与物资部、建设运行部、市场营销部、科右中供电服务中心；18个供电所整合为6个中心供电营业所，分别为花灯、高力板、百吉纳、代钦塔拉、吐列毛杜、巴仁哲里木中心供电营业所。供电面积1.56万平方公里，供电人口约25万人。

【电网概况】 辖区内220千伏变电站2座；66千伏变电站17座；66千伏在运线路24条，总长度483.78公里；10千伏线路85条，总长度4704.11公里；10千伏公用线路73条，总长度4609.95公里（含用户分支）；10千伏专用线路12条，总长度94.16公里；0.4千伏及以下线路总长度5165.80公里；配电变压器4116台，总容量454.52兆伏安。其中，公司产权配电变压器1255台，容量127.02兆伏安；用户产权配电变压器2861台，容量327.50兆伏安。

【供电服务】 结合服务现状，全面打响"供电服务攻坚战"，确定供电服务8大目标、6项原则、58项措施。克服疫情影响，精准落实疫情防控各项举措，党员干部、生产一线、调度及变电站值守人员坚守岗位，实施"欠费不停电"，切实保障公司500余名职工生命健康安全、全旗25万群众平稳用电。开展"党建+创优质产品"，蒙汉双语宣传惠及农牧民群众近万余人。售电量完成4.79亿千瓦时，同比增长15.01%。电费回收率100%。

【经营管理】 历时7个月完成"职能大部门+中心供电营业所"体系建设和综合改革工作。创新应用采集异常处理"112工作法"，狠抓"跑冒滴漏"和违窃电行为，追补电费44.21万元，综合线损完成5.24%，同比下降2.24个百分点。优化绩效考核方案，增加基层一线岗位绩效激励和偏远补助，工资总额同比增长16%，人均工资较去年增长近1.3万元。

【工程建设】 蒙东兴安科右中电厂500千伏送出工程项目总投资3.8亿元，建设规模2×660MW机组以500千伏一级电压接入系统。工程以蒙东兴安科右中电厂为起点，全线途径巴彦呼舒镇（东布敦化、西布敦化、海龙屯嘎查）、高力板镇（赛汗塔拉嘎查）、巴彦茫哈苏木（达力哈日沁嘎查、葛根敖日都嘎查、义勒力特嘎查）、布敦化牧场、义和塔拉林场、良种场等地，止于扎鲁特换流站。全线杆塔434基，科右中旗境内杆塔建设399基。政企联动，克服疫情影响，超前8个月完成科右中电厂500千伏送出工程属地协调任务，超前6个月完成天合光伏220千伏送出工程属地协调工作。农网改造投资1亿元，按里程碑计划全部完成。杜尔基、巴仁哲里木、吐列毛杜、新佳木、百吉纳5处供电所完成新建并投入使用。

△3月24日，总投资3.8亿元蒙东兴安科右中电厂2×660兆瓦机组500千伏送出工程Ⅱ标（旗融媒体中心 供图）

【安全生产】 开展11个专业的“红线违章10条”学习，排查水淹厂房隐患，向相关部门行文发函6次，有效解决潜在触电隐患。一体推进安全生产专项整治、森林草原防火等重点任务，整改问题隐患180余项。发现并联系警方处置社会人员在公司所属线路非法作业3次。“线上+线下”督查施工作业现场315个，查处违章61起（严重违章8起、一般违章53起）。完成迎峰度冬、党的二十大和中高考等重大政治保电任务。完成“石榴籽同心筑梦”、枫林马镇稻田文化节、五角枫音乐节等重大活动保供电任务。完成“电力爱心超市”建设任务，激励村民参与乡村治理、疫情防控、公共服务和电力隐患排查等活动。

（张　浩）

农村牧区经营服务

【新型农牧业经营主体项目管理】 实施合作社发展项目，争取上级扶持资金321万元，惠及合作社24家。根据《关于做好培育指导新型农牧业经营主体工作的通知》，新认定家庭农牧场成功申报230家，累计认定家庭农牧场5264家。开展农牧业生产社会化服务，培育社会化服务组织230个，统计服务面积5.33万公顷。上级下达社会化服务项目任务8800公顷1200万元，完成8800公顷，盟级审核审批服务组织13家。

【农村牧区土地承包管理】 继续推进农村牧区承包地确权登记颁证“回头看”工作，组织各苏木镇和测绘公司，进一步查缺补漏、完善细节。解决“耕地地块权属清楚、未签承包合同，耕地地块漏确的变更登记”等土地确权遗留问题；推动土地承包档案规范管理，投入20万元规范建立“土地承包确权成果数据库”，投入70万元实施档案数字化管理平台，完成达标自治区级档案管理标准；建立土地确权经营信息平台，配备和培训土地承包经营信息应用操作人员，确保信息平台正常运行。中心仲裁办受理案件26件，其中，仲裁3件，调解案件11件、化解矛盾案件12件。

【集体经济财务管理及资产指导】 开展2021年度资产清查工作，流动资产核实16194.74万元，农业资产核实3200.48万元，长期资产核实6550.56万元，固定资产核实134525.17万元。集体土地总面积112.54万公顷，其中，农用地111.08万公顷、建设用地1.13万公顷、未利用地

3293.33公顷。全面开展全国农村集体资产管理系统重复成员信息删减工作，系统内重复人员1485人，核实确认后删减1215人。按时完成全国农村集体资产管理系统信息填报工作，系统上报率达100%。按照自治区要求每年以10%的比例对“软弱、项目多、群众反映强烈”的嘎查进行抽查审计，完成20个嘎查的农村审计工作。

【农村牧区产权交易】 2022年，旗政府投入150万元建设“科右中旗农村牧区产权交易中心”，5月正式投入运营。交易平台具备服务农村牧区的22项业务功能，录入土地确权、集体经济、新型农牧业经营主体等各类信息3万条，同时与中国建设银行兴安盟支行合作办理发放农牧民土地流转经营权证抵押贷款业务。登记办理土地确权抵押贷款的农牧民1090户，办理贷款800户，抵押确权证亩数5290.19公顷，发放贷款5380万元。

【嘎查经济补贴】 2022年，发放全旗173个嘎查级离任“两委”正职生活补贴295人385.77万元。拨付嘎查办公经费1730万元、党员活动经费140.64万元、取暖经费173万元、现任嘎查干部报酬2906.84万元、绩效工资205万元、奖励工资353.28万元，合计拨付5894.53万元。

（萨日娜）

乡村振兴

【防返贫监测】 2022年，建立健全防止返贫动态监测和帮扶机制，全面加强对脱贫不稳定户、边缘易致贫户、突发严重困难户的动态监测和管理，做到应纳尽纳、动态调整。全国防返贫信息检测系统内，全旗脱贫户6497户15911人，防止返贫监测对象738户1976人。其中，脱贫不稳定户89户248人，边缘易致贫户332户860人，突发严重困难户317户868人。按照分类施策原则，对上述人员分别实施政策兜底、“防贫保”救助、公益性岗位安置、就业帮扶稳岗拓岗、光伏帮扶等帮扶政策。全旗风险消除430户1027人，投保防贫保险41677人，安排公益性岗位825个。

【衔接项目资金】 2022年，上级下达中央、自治区衔接资金2.02亿元，统筹用于7个方面89个项目，建设类项目全部完工。

【扶贫资产清查】 2022年，聘请第三方专业机构开展扶贫项目资产清查评估工作，经核查确认，全旗累计形成扶贫项目资产18.11亿元，按照形成扶贫项目资产的性质、属性、特征进行分类统计汇总，完善资产台账。

【就近就地就业】 增强就业培训力度，就近就地安置就业。通过培训安置就业300人；通过京蒙劳务协作帮扶赴京就业26人，赴东部其他地区就业113人，实现就业1547人；针对脱贫户（含监测人口）继续开发公益性岗位，帮助脱贫人口通过公益性岗位政策就近就地实现稳岗就业；在全旗选聘村级就业帮扶协管员173人。

△5月10日，科右中旗乡村振兴农牧局就业技能培训班 （旗委宣传部 供图）

【易地扶贫搬迁】 2022年，完成总投资1150万元的哈吐布其嘎查安置点养殖小区建设项目和易地搬迁安置区后续扶持供暖给排水及污水处理项目建设。同时通过制定易地扶贫搬迁集中安置点管理办法，完善“网格员”制度促进搬迁群众融入，实现“搬得出、稳得住、能致富”。

【光伏帮扶电站】 有2批次村级光伏帮扶电站9座，总规模41.56兆瓦，惠及全旗138个困难嘎查。村级电站累计电费收益4117.22万元，集中电站累计收益2040.06万元，收益惠及全旗1003户无劳动能力、残疾户，户均年收益3000元。集中电站收益余额用于支付就业协管员工资124.56万元。

△ 2022 年 3 月，“风光储”一体化治沙 100 兆瓦光伏发电项目区　（张泽蒙　摄）

【防贫保险】 2022年，制定《科右中旗巩固拓展脱贫攻坚成果建立完善防贫保险工作实施方案》，与太平洋保险公司、人保财险公司、中航安盟3家保险公司签订防贫保险协议，参与“防贫保”41677人，有效防止因病、因灾和突发事件返贫致贫风险。

【京蒙协作】 2022年，拓展京蒙协作工作。海淀区选派2名教师、2名医生赴旗挂职，旗内选派3名干部赴海淀区挂职。上级下达京蒙协作资金8231万元，用于实施乡村振兴类、产业合作类、基础设施类、劳务协作类、人才培训类共5大类32个帮扶项目。“万企兴万村”等社会捐赠资金203.5万元（含捐物折款），通过捐款捐物，全面开展协作帮扶工作。消费帮扶销售金额9320.97万元，其中进京销售额4413.97万元。北京市11个乡镇街道与全旗12个苏木镇结对并签订结对帮扶协议，完成对接14次；北京市10个社会组织与旗内10个嘎查结对并签订结对帮扶协议，完成对接20次。

【乡村振兴示范项目建设】 2022年，打造乡村振兴示范嘎查8个，总投资1.32亿元，其中重点打造2个亮点村，总投资8247万元。实施“牛羊出院”人畜分离试点项目3个。选定盟级乡村治理示范嘎查3个，并进行重点打造，为全旗乡村治理探索模式、奠定基础。

【“四乡”工程】 统筹推动“市民下乡工程”，吸引市民下乡创业，鼓励引导返乡下乡人员及兴乡企业在农村牧区注册企业公司。

（包明英）

扶农投资

【概况】 科右中旗扶农投资发展有限责任公司成立于2019年7月，企业注册资本1000万元，属于旗属国有独资有限责任公司。旗国有资产监督委员会授旗人民政府委托履行出资人职责，监管国有资本保值增值；旗乡村振兴局、农科局为公司的业务主管部门，对公司进行经营业务指导。主要经营范围：旗级层面涉农涉牧和衔接资金类项目（包括京蒙协作资金）投资管理、资产运营、咨询服务；旗级或跨苏木镇投资建设形成的嘎查产业类集体资产的运营管理。

【国有企业改制】 2022年是自治区政府提出的国有企业改制三年行动的第三年，按照旗委、旗政府制定的国有企业改制方案，2022年8月，完成旗扶投公司与兴安盟农投公司科右中旗子公司和兴安盟农担公司科右中旗分公司实行“一套班子合署办公管理运营”相关事宜。同时修改公司章程，选举产生党支部书记、专职副书记和党务工作人员。

【义和塔拉林场管辖公司接收】 2022年，通过旗政府常务会议研究决定，将国营义和塔拉林场管辖科右中旗阿如纳豆果类有限公司和科右中旗塔日格台肉业有限公司管理权限划归旗扶投公司，成为下辖子公司。

【扶贫资产核查】 根据国家和自治区乡村振兴部门的统一部署，2022年3月，与第三方专业机构联合开展全旗扶贫资产底数摸排、核准评估工作。截至2022年年底，共摸排核准2012—2020年全旗投入各类扶贫项目建设资金24.44亿元，形成资产类资金原值为18.11亿元，占项目投资总额的74.10%。按形成资产类型分类：经营性资产5.06亿元，占资产总额的27.94%；公益性资产7.15亿元，占资产总额的39.48%；到户类资产5.89亿元，占资产总额的32.52%。按形成资产属性分类：国有资产1.66亿元，占资产总额的9.17%；集体资产10.55亿元，占资产总额的58.26%；到户资产5.89亿元，占资产总额的32.52%。

【产业项目投资扶持】 截至2022年12月底，全年周转滚动累计投资产业扶持资金8063万元。旗政府及乡村振兴局授权扶投公司投资监管资金4503万元，投资扶持中阳农业、鸿安牛业、浙泰畜牧、二龙屯有机米业4家龙头企业和金农种植等6个农牧业专业合作社；盟农投公司授权旗农投公司投资管理债权资金1000万元，扶持蒙源科技有限责任公司发展肉牛养殖项目；配合盟农担公司投放担保贷款2560万元，扶持3家龙头企业和5个农牧业专业合作社。

【饲草产业加工物流交易园区项目】 2022年底，旗扶投公司与旗直相关部门协调配合，负责推进饲草产业加工物流交易园区项目的前期准备工作。项目计划总投资3000万元，占地5.82公顷，建设原材料防晒棚、动物中央厨房、秸秆、草木及紫花苜蓿草粗加工车间及成品储存用房，成品牧草仓库超市，园区智慧管理系统及安防系统等设施。

【碳汇项目】 2022年，与深圳绿能生态技术咨询服务有限公司合作洽谈碳汇项目，合作组织实施碳汇交易项目。旗政府组织召开专题会议2次，研究部署碳汇项目建设相关事宜。

【光伏电站监管主体企业变更】 2022年，为理顺扶贫光伏电站监管运营主体企业，规避扶贫光伏电站项目运营风险，由旗扶投公司接收光伏项目监管权，完成基本户变更、专户设立、营业范围增项、开具发票等工作，旗国资委派出审计组进驻旗城投公司开展光伏电站项目的投资运营管理审计。

（宝鲁尔）

交通　运输

公　　路

【概况】 全旗公路总里程3250公里。其中，国道3条406.2公里，省道2条69.8公里，县道10条618.4公里，乡道16条412.2公里，专道3条40.9公里，村道427条1702.5公里。全旗173个嘎查、464个艾里，其中173个嘎查、461个艾里畅通硬化路。全旗12个苏木镇全部通油路，艾里畅通99%。营运客车41辆，开通客运线路31条。城市公交开通镇区公交线路4条、城际公交线路1条，运营总长度203.2公里，有公共汽车41辆（其中新能源公共汽车16辆）。城市出租车公司3个，投入出租车470辆。

【国省干线建设】 2022年，高速5511线全线发放征地补偿款551户8632万元，高速主线全线通车，辅道进行附属设施施工；高速1015线完成征拆地块初步测量工作，发放征地补偿款418户，完成95%；国道334新发至科右中旗段进行外业土地确权工作；省道210突泉至地宫化二级公路开展前期准备工作。

【农村公路建设】 总投资1115万元、全长19.9公里的村级双车道改造项目建设完成，年度完成投资400万元；完成布好线“白改黑”36公里，完成投资900万元；总投资1.1亿元、总长55公里的巴仁哲里木至扎木钦公路改造工程建设完成，年度完成投资9275万元；总投资6000万元的自然村通硬化路项目建设完成73.5公里，年度完成投资2679万元；总投资783万元、15.7公里的巴开线至呼和索格建制村通双车道公路建设完成，完成年度投资783万元；6条9.7公里较大人口规模自然村通硬化路建设完成，完成年度投资680万元；全长34.5公里的巴乌线至巴仁浩若旅游公路，建设完成路基、桥涵工程，摊铺沥青混凝土路面26公里，完成总投资3870万元；巴准线县级公路养护工程和村道安防工程启动复工。

【乡村振兴工程】 启动实施25.4公里的乌拉盖至乌兰河旅游公路、12.5公里的巴彦淖尔至联合联网公路、广太号至五十八屯等4条（50.9公里）建制村通双车道和县级公路养护工程等项目。

【运输服务管理】 以“三优”“三化”为目标，完善服务功能，对上下班、学生上学放学加密车次。出租车市场开通电话叫车、微信小程序叫车等服务。高考期间，与新时代文明实践中心联合组建“爱心送考·我帮你”志愿服务车队35辆，累计接送高考学生150人次。

【建设“四好农村路”】 2022年，以创建自治区级“四好农村路”示范旗为目标，筹备创建“四好农村路”示范县，打造“通畅乡村路、安全农村路、管养洁美路、服务优质路”。明确路长制责任目标，各苏木、各嘎查成立农村公路交通管养机构，设立路长制工作牌，组织各苏木镇农村公路管养相关负责人员27人参加农村公路技术状况检测评定线上培训。开展县级公路病害调查，编制养护计划，组织人员针对强降水巡查县乡公路、对水毁过水路面进行修复，临坡邻水路基进行加固，确保行车安全。配合旗公安局交通管理大队及各苏木镇对农村公路事故易发多发点段进行评估，并建立台账，逐步销号处理。

【交通综合执法】 2022年，贯彻执行国家有关路政管理法律法规，加强农村公路执法力度，严厉打击“黑车”、出租车上线、客车串线经营和不按核定班次运行、站外揽客、乱停乱靠，维修业户无证经营、驾校不按规定设立报名处和练车场等违法行为。开展路警联合治超行动，处理群众来信来访和举报投诉，做到“早发现、早处理”，第一时间消除存在的安全隐患，有效预防、制止、查处损（破）坏、污染、侵占农村公路等违法行为，保护路产、维护路权，保障农村公路完好、安全和畅通。累计出动交通执法人员11848人次、执法车辆3949台次，检查各种营运车辆27342台次，批评教育纠正轻微违章经营行为1571件，查处违法违规经营车辆95台，罚款20万元。

【疫情防控运输监管】 针对重点工程、运输企业建立“白名单”制度。其中，重点工程建立“白名单”197人，运输企业建立“白名单”89人。开展入盟卡口疫情防控检查工作，出动执法人员32人，配合属地、公安、卫生等部门完成入盟人员查看“两码一证”+“落地检”工作。成立来（返）人员信息处置和跟踪管控工作专班，重点开展对呼市入盟人员信息推送工作，推送至有关旗县信息600余条。完成返乡大学生“点对点”闭环转运工作，组建应急转运车队，出动车辆263台次，转运呼市返乡学生3976人、高风险地区返乡人员68人；完成密接人员转运工作，组建应急转运车队，出动120余台次，转运人员1032余人；完成隔离人员转运工作，转运619余人并分流至各苏木镇。保障核酸采样人员入户采样，组建核酸采样车队，24小时机动调度；完成高风险地区返乡人员引导工作，分流高风险地区抵旗人员489人，在指定地点做“落地检”并分流二次转运；协助开展包联社区疫情防控工作，交通系统包联社区核酸检测点3个，派出工作人员66人核酸检测、管控等任务。

【安全运输宣传培训】 成立安全工作领导小组，在春节、两会、冬奥会、重点节假日及安保、反恐、防火等重点时段开展督查。通过专项检查、“双随机、一公开”抽查、“四不两直”等方式，排查“两客一危”运输企业、驾校、出租车、公交车、施工现场等企业40余家次，排查一般隐患12条、整改12条，整改率100%。开展宣传安全生产工作，在车站、公路及施工现场等悬挂横幅、摆放展板及LED滚动播放标语10余处，发放交通安全法规宣传资料200余份、咨询100余人次。累计开展各类安全生产及应急管理培训4次400余人次。

【优化营商环境】 受理“12328”举报电话102件，全部办结；受理“12345”服务电话127件，全部办结。通过微信公众号、微信小程序等新媒体平台，宣传推广“掌上办”，提升“蒙速办”手机App的覆盖率。

办结“一次办”业务803件，“一网办”办理电子证照录入674个，年审和办证1156个，即办件比率95.24%，承诺时限压缩比率93.85%，“最多跑一次”事项比率100%，网办占比100%，全程网办（Ⅳ级）100%，办理“帮您办”业务23件。宣传推广“蒙速办·掌上办”，通过亮证、扫码方式办理事项，提高工作效率和便利办事群众。对取消和下放行证审批的事项，加强事中事后监管，制定监管细则。围绕“4·15”国家安全教育日、“6·5”世界环境日、“民族法治宣传周”“安全生产月”“12·4”宪法宣传日（线上学习）等重要时间节点，在旗汽车站和公交公司等企业不定期举办法治宣传活动和法治讲座，开展“以案释法”和警示教育，普及交通运输法律常识。制定《2022年“双随机、一公开”工作计划》，开展“双随机、一公开”联合检查3次、系统内部检查12次，检查企业19家，均符合有关规定，并录入平台进行公示。

（白喜报）

铁　　路

【火车站概况】 白音胡硕站地处内蒙古自治区科右中旗巴彦呼舒镇，中心线位于通霍线自通辽起203.838千米处，站舍面积2387.56平方米，在技术作业上为中间站、在业务性质上为客货运站、按工作量为二等站，主要担负列车会让和部分车辆的中转、解体和改编作业，同时担负货物发送、到达、装卸任务和专用线取送车任务，办理客运业务。

【列车经营收入】 主要担负列车会让和部分车辆的中转、货物列车的编组、解体、甩挂、货物装卸和专用线取送车任务。装车67712车、日均装车189车，卸车20415车、日均卸车57车，合计日均装卸车246车。发送旅客6.6万人次，客运收入完成318.5万元，车站安全生产121189天。

（金　坤）

邮政　通信

邮　政

【概况】 科右中旗邮政分公司内设综合办公室、市场部、寄递事业部3个职能部门，下设代理金融业务中心、渠道平台中心、集邮与传媒中心和3所金融网点以及21所农村邮政代办网点。

【邮政业务收入】 2022年，实现收入2365.73万元，完成计划的100.16%。其中，储蓄业务收入1124.55万元，函件业务收入152.47万元，包快业务收入449.83万元，短信业务收入77.52万元，渠道业务收入194.28万元，报刊业务收入89.82万元，汇兑业务收入0.57万元，保险业务收入176.81万元，集邮业务收入95.46万元，其他业务收入4.42万元。

（韩庆成）

电　信

【概况】 中国电信股份有限公司科右中旗分公司成立于2008年，隶属于中国电信股份有限公司兴安分公司，设财务部、政企部、渠道部、网络部4个部门。

【网络建设】 中国电信4G网络信号覆盖全旗，在城区内建设5G基站55个，5G信号覆盖中旗城区。新建立4G基站4个，覆盖各苏木、镇、各村屯。投资800万元完善网络建设。实施“5G业务+互联网业务+信息应用业务”移动综合信息化建设，满足客户高速无线上网、远程视频会议、远程应急指挥、实时随地监控，手机上收看全国5G网上直播、电视节目，以及即时聊天、流媒体、手机视频等信息化需求。

【经济效益】 2022年，移动业务发展量1.54万户，完成收入895万元。其中，完成移动网收入任务835万元，占总收入的95%；发展宽带用户4500户，固网业务收入60万元，完成固网收入任务57万元的95%。

（龚连胜）

联　通

【概况】 中国联通科右中旗分公司内设政企网格、商企网格、渠道网格、中心营业厅、驻地网格（四季商场营业厅、桥南营业厅）、综合部、综合维护责任单元等机构，下属8个乡镇支局、12个乡镇营业厅、39个合作营业厅。

【市场经营】 2022年，出账净收入6610.27万元；移动业务发展9180户，累计93900户；宽带用户发展4153户，累计

35713户，联通电视用户累计214户。

【宽带信号维护建设】 2022年，开通自建宽带村24处，新建端口1536个，宽带覆盖率87%，安装开通5G基站13个、4G基站33个，手机信号覆盖率94%，提高了农村牧区手机信号和光纤宽带覆盖率。

【疫情防控通信服务】 2022年，开通疾控中心至獭兔基地等4个防控点电路；为4个隔离酒店675个隔离房间安装开通宽带网和电视；安排3人一个月驻点免费维修疫情隔离点摄像头、门磁；11月，为疫情防控一线人员提供爱心通信服务，免费赠送每月30G流量业务614户，免费赠送3个月1000分钟通话业务258户。为獭兔基地紧急安装5G基站1个，解决疫情隔离点手机信号弱的问题。

（张其林）

移　动

【概况】 中国移动通信集团内蒙古有限公司科右中旗分公司于2000年4月20日正式挂牌成立，隶属于中国移动通信集团内蒙古有限公司兴安分公司。科右中旗分公司内设市场支撑中心、网建支撑中心、政企客户中心、网格、营业厅等部门，业务覆盖移动电话、固定电话、信息化应用、互联网应用、网络电视、技术服务、物联网、电子产品智能设备销售、电信增值业务、网络集成、工程施工维护等，营业网点遍及全旗各苏木、镇、场矿、嘎查和自然村屯。

【市场经营服务】 2022年，以企业品牌和客户品牌为驱动力，结合地域经济特点、民族特色、客户结构等情况开展市场经营工作；举行个性化的线上线下营销活动；结合公司实际，围绕市场拓展、客户服务、信息化应用、网络维护、5G建设等任务，常态化开展“为民服务、创先争优”、服务流程穿越、总经理接待日、服务能力提升等活动和培训；聘请社会行风评议员加强社会监督，持续提升服务质量和客户满意度。

【5G网络建设】 2022年在持续优化全旗苏木、镇、农牧林场、矿、嘎查、艾里有线和无线网络的基础上，开展“5G”网络建设，累计开通5G基站62处。同时配合旗委、旗政府完成各项活动、赛事的通信保障工作，全面助力地方经济社会的发展。

（宁显其）

商贸服务业

烟草专卖

【概况】 2022年，科右中旗卷烟销量、销售收入、单箱结构较同期分别增幅0.80%、6.24%、5.39%。以柜计划和现代终端建设推动卷烟营销网络建设工作新成效，“柜计划”改造目标基本完成，对55户现代终端客户按照蒙选118流通品牌VIS手册要求进行改造，形成统一的标识和形象。建立零管系统规范运行模式，推进并提升零管系统规范运行水平。持续开展“我与客户共成长”主题活动，推动诚信互助小组建设。

【专卖市场管理】 开展2022年度打假打私破网。在盟、旗两级烟草和公安部门的协助下，破获“7·6”通过微信非法销售假烟网络案件1起，涉及银行卡资金流水7.5亿元，抓获顶级生产销售商2人、分销商22名和线上网络销售商124名，累计查获假冒卷烟7000余条，摧毁生产销售窝点4处，斩断涉及内蒙古、广东、四川、黑龙江、安徽、浙江、山东、江苏等25个省（区、市）非法网络销售走私假冒伪劣香烟的庞大营销链条。零售户重点信息维护率95%以上，APCD月均分析比例10%以上，月均双随机监管任务完成率100%。严密监控零售户卷烟经营行为，通过对异常零售户加大检查频率，重点查找非法囤积、违规销售线索，查获运输环节真烟案件9起，查扣卷烟17.18万支，案值5.56万元。运输环节真烟查获率1.6%，完成年度运输环节真烟查获率指标。注重对电子烟市场的监管，未发生电子烟相关案件。落实“放管服”改革和优化营商环境审批服务便民化的各项工作部署，创新方法，优化证件管理，全年发生行政许可352项，办证过程中没有乱办证、办人情证及超期办证的现象。

【“四小税”缴纳】 2022年，缴纳房产税2.07万元，土地使用税7973.92元，印花税62.9元，个人所得税11.93万元。

（金　铭）

供销合作

【基层社改造】 2022年，改造薄弱基层社1家（巴彦茫哈基层供销合作社）；新发展开放办社企业5家，分别为科右中旗中天振兴商贸有限责任公司、内蒙古中阳农业发展有限公司、科右中旗银丰农业种植专业合作社、内蒙古巴图查干奶制品有限公司、兴安盟吉祥爱里农业发展有限公司；新发展村级综合服务社50家；发展社员2660人。

【社会化服务】 2022年，完成社会化服务面积1666.67公顷，其中，土地流转1333.33公顷、土地托管333.33公顷。

【“四社”申报】 2022年，申报盟级基层标杆社2家，分别为巴彦茫哈基层供销社、新佳木基层供销社；申报盟级农牧民专业合作社示范社2家，分别为科右中旗银丰农业种植专业合作社、科右中旗建辉养殖业专业合作社；申报三星级社2家，分别为科右中旗好腰苏木供销社大呼热嘎查综合服务社、科右中旗好腰苏木供销社新艾里嘎查综合服务社。

（庞铁明）

盐品销售

【盐品市场营销】 2022年，完成各类盐品销售1738吨，与上年期增销16吨。其中，小包装食盐销售918吨、牧业盐销售760吨、其他盐销售60吨。完成政府食盐储备和社会储备盐800吨，其他盐储备180吨。开展“四位一体”的营销措施，以客户为中心，配送工作的各环节分别落实到人头。实现大部分商户电话订货，巩固一批经营能力较大的商超，确保主流商品地位。到商店、超市讲解产品质量、国有品牌担当、服务及售后保障等方面知识，与到店访、销有机结合，发放各种宣传材料5000余份。

【企业管理】 2022年，增加配送车辆，缩短配送访销周期，取消全部委托配送，仅限公司自身配送，增加配送成本和劳动强度。两组配送人员累计下乡送盐885次，配送各类盐近1700吨、运货里程9万余千米。

（白宏伟）

石油销售

【油品质量计量管理】 2022年，加强质量计量管理，按季度对加油机检定，杜绝任何环节上出现油品计量、质量问题。协调组织油源并开展春播秋收“送油下乡”活动，保障广大农民春播、秋收两季用油和重点工程用油量。

【成品油销售】 2022年，科右中旗成品油销售5.92万吨，非油品销售（小商品）890万元。

【加油站监管】 2022年，强化HSE风险，增强风险控制能力。按照加油站HSE标准化建设规范内容，定期对所属加油站开展安全大检查活动，对设备设施进行全面排查，消除了各类不安全因素。对所属21座加油站逐月进行检查，再通过夜查、稽查，设定专人监管视频扫站，杜绝违章、违纪行为。

（于玲玲）

旅　游

旅游资源

【概况】 科右中旗人文旅游资源拥有的单体数量有197种、自然旅游资源单体数量有53处，分布在全旗各地。其中，极具代表性的有科尔沁草原原始景观、五角枫景观、蒙古黄榆景观、沙地湖泊景观、湿地珍禽景观等。有1个国家AAAA级景区翰嘎利-五角枫休闲旅游度假区，4个国家AA级景区：中影制作基地、蒙格罕山生态旅游景区、科右中旗博物馆、巴彦敖包生态旅游度假村，形成贯穿全境的“十点一线”精品旅游线路，包括科尔沁国家级自然保护区、图什业图亲王府、遐福寺、图什业图赛马场、哲里木十旗会盟地、金界壕、吐列毛杜古城遗址等。

【重点项目建设】 2022年，实施总投资0.5亿元的“枫趣童年”草原亲子主题乐园项目，十一假期实现试运营；开工建设总投资4.6亿元的苏雅乐文化产业园项目，完成文化展示厅、婚礼艺术中心等部分单体主体工程建设；总投资0.4亿元的兴安盟科右中旗翰嘎利-五角枫旅游区旅游基础设施项目被列入2023年文化保护传承利用工程中央预算内储备项目，完成立项审批及申报资金工作；完成总投资0.35亿元代钦塔拉文旅小镇项目总工程的90%；申请2022年度自治区旅游发展资金项目183万元，用于景区标识牌、文创品等项目建设；获得盟级2022年文化旅游产业扶持补助资金310万元。

【草原游乐场建设项目】 新建的“欢乐草原”无动力游乐场建设项目是与华侨城集团合作共建项目，计划总投资1亿元。2022年实施一期工程，计划投资0.5亿元，建设4万平方米的“枫趣童年”草原亲子游乐场1处。同时，优化改造五角枫生态旅游景区门户区，完成实施停车场、商业区、游客休息区等基础设施“补短板”工程，已实现试运营。

【中影制作基地建设项目】 中影制作基地建设项目是续建项目，计划总投资7000万元，完成建设占地面积4万平方米、建筑面积1万平方米的影视基地，并配套建设2100平方米的数字摄影棚项目，主体竣工并投入试运营。2022年，成功申报翰嘎利湖休闲旅游度假区、五角枫生态旅游景区2个AAAA级景区和中影制作基地1个AAA级景区。

旅游营销

【网红打卡地】 启动创建“国家全域旅游示范区”工作；创建五角枫生态旅游景

区、翰嘎利湖休闲旅游度假区为AAAA级旅游景区，中影制作基地（含图什业图亲王府）、巴彦敖包生态旅游度假村为AAA级景区；巴彦敖包嘎查被列入“自治区重点乡村旅游村名录”；创建翰嘎利湖休闲旅游度假区自驾车营地为国家CCC级自驾车旅居车营地；赛汗塔拉酒店评定4星级宾馆完成实地验收；科右中旗五角枫生态旅游景区（枫林营地）参加第六届中国文旅大消费年度峰会暨“龙雀奖”全球评选，入围文旅场景类总榜，获得“最佳乡村振兴先行示范区”称号；翰嘎利湖休闲旅游度假区获得内蒙古自治区文化和旅游厅“内蒙古网红打卡地”称号，中影制作基地、图什业图亲王府、五角枫生态旅游景区、巴彦敖包生态旅游度假区等7个景区获“兴安盟网红打卡地”称号。

【“科右中旗文旅”品牌推介】 2022年，在央视CCTV-13和中央广播电视总台2个频道及旅游直播网播放科右中旗相关旅游宣传短片。制作宣传片“美在‘旗’中，兴安右中”，推动文旅品牌打造，全方位展示地域风貌。完成《内蒙古乡村旅游指南》五审复核工作。参与“知味兴安盟”美食纪录片拍摄，完成巴图查干奶制品、翰嘎利湖银鱼、“非遗”美食肚包肉、义和塔拉林场欧里等“金牌旅游小吃”拍摄，推进美食文化对外传播力度。辖区内5个A级景区均完成与内蒙古自治区文旅厅“自治区文旅分时预约平台”数据对接，实现游客在线预约预定、分时预约游览等功能。围绕“枫情马镇”打造“科右中旗文旅”品牌，运用抖音、快手、微信短视频和微博等多渠道进行宣传，借助抖音、快手、学习强国等多个平台直播宣传科右中旗文旅资源，累计发布作品327条、直播359场次，浏览量50万余人次。在“中国旅游日”内蒙古分会场活动“兴安盟·阿尔山杜鹃节旅游推介会”中，向参与活动的80余家文旅企业推介科右中旗文旅资源；赴“童话阿尔山·冰雪大兴安”第十七届阿尔山冰雪节，参加2022年兴安盟冬季旅游推介会，发布冬季旅游优惠政策及产品。全年游客176万人次，收入9.4亿元。

【景区市场发展】 在哈日道卜举办“2022科右中旗枫林马镇稻田文化节暨农道项目”活动，对接联络电视剧《枫叶红了》演员拍摄“名人短视频送祝福”，同时开展精品演艺、文创、“非遗”、图书、文明旅游进景区活动，实现农文旅深度融合，助力乡村振兴。在科右中旗图什业图亲王府推出以“星辰大海，月满中秋”主题系列活动，为期3天，通过景观灯景、音乐节、美食街打造夜游、夜赏、夜购的环境，弘扬优秀传统文化。举办2022年科右中旗五角枫旅游节暨首届“枫趣童年”嘉年华，为期15天，包括“非遗”蒙绣展览、滑稽表演、演绎进景区、乐园嘉年华等等；辐射全内蒙古的创新型乐园项目“枫趣童年”草原亲子主题乐园进入试运营，试运营当天旅游收入6.66万元。落实盟委、行署《关于实施“四乡工程”促进乡村振兴五年工作意见》，推出科右中旗“市民下乡直通车”乡村深度体验游等短时游、周边游线路，送“客”至嘎查。组织辖区内A级景区、旅行社、旅游商品企业、民宿经营管理者、乡村旅游重点村参加兴安盟涉旅从业人员培训班、兴安盟乡村振兴民宿管家培训班、兴安盟旅游饭店星级标准培训班、兴安盟旅游业高质量发展提升班、兴安盟优秀导游员技能提升班、兴安盟乡村旅游人才培训班、兴安盟乡村旅游人才孵化营等，参与全盟旅游产业高质量发展现场观摩点踩线活动、“兴安人游兴安”系列活动及“乐购兴安·助商惠民”优惠券活动，助力兴安盟文旅市场恢复发展。组织景区讲解员参加兴安盟乡村振兴职业技能大赛。做好辖区内非A热门景点的统计摸排工作。

【旅游宣传推广】 以节庆和周末为主开展“喜逢冬奥、欢乐元宵”“2022年五角枫旅游节暨首届枫趣童年嘉年华”等系列活动，以及王府灯会、烟花闹元宵、民间艺术专场演出、周末景区演出等主题演艺活动，丰富景区业态，带动景区二次消费升级，推动门票收入型景区向多种消费型景区的转变。通过回引科右中旗籍歌手返乡，举办为期9天的“2022年首届中国兴安盟五角枫音乐节”，同时举办美食集市、烟花秀、灯光秀表演等，开幕式当天游客3万余人次。2022年，完成广州、深圳等地旅游协会的合作协议签订及美团、携程、同程、抖音等平台宣传合作协议，已构筑宣传平台网络。推进网红助力线上推广，邀请蒙旅等抖音达人到景区探店，发布视频1000余条，实现视频播放量约425万次。策划“五一黄金周”“暑期休闲游”“十一黄金周”景区营销活动，联动各景区特色看点，针对3.5小时车程半径辐射的一级市场客群定制旅游宣传推介方案，发出移动短信100万余条，定向宣传景区项目内容。参加深圳招商推介大会、阿尔山区域旅游企业联合发展大会等活动，推介文旅资源。

（白明扬）

【景区运营活动】 2022年，开展“喜逢冬奥 欢乐元宵”主题王府灯会、烟花闹元宵、猜灯谜等系列活动；赴粤港澳大湾区参加招商推介会，同广东省哈斯塔娜文化传媒有限公司、惠州市旅游协会签署合作框架协议，促使景区举办活动专业化优质化，丰富景区发展资源；接洽研学游活动，完成与旗华夏幼儿园、特殊教育学校的大型研学活动。

【文旅招商】 2022年，组建文旅招商引资小分队，分赴北京、广东、呼和浩特等地开展文旅推介及招商引资活动。开展“线上+线下”招商引资对接会，与黑龙江旅投集团中青旅公司、浙江未来建设管理集团、北京山海文旅等企业对接文旅项目、洽谈合作事宜。持续推进与华侨城集团合作，推进实施五角枫生态旅游景区和图什业图亲王府景区规划设计及提档升级项目。与中青旅合作，在翰嘎利湖休闲旅游度假区原有基础上进行规划、设计提档升级项目，打造“自治区级休闲旅游度假区目的地”。引进上海天基旅游公司，在中影制作基地民宿、商业店铺运营方面达成协议；引进内蒙古曲歌文化传媒股份有限公司，以“纯商业”模式举办景区大型节庆演艺活动；与深圳普乐方公司初步达成“欢乐草原”无动力游乐场二期项目合作建设意向。

【景区安全管理】 通过课堂讲授、现场示范、操作训练、经验分享等方式，提高员工的安全管理意识，增强安全管理责任感，提高事故预防与应急处理的能力，确保良好的旅游秩序；制定应急预案，健全事故应急响应机制；制定发生火灾、交通意外、游乐项目、人群聚集场所、公共卫生等事故事件的应急处理预案，常态化进行应急救援演练，及时启动应急响应机制。

（李宗泽）

金　融

金融监管

【存贷款余额】　各项存款余额75.11亿元，比年初增长9.94亿元。各项贷款余额63.16亿元，比年初增长9.57亿元。累计发放支农再贷款11000万元，余额11000万元，两权抵押贷款余额58312万元，累放18215万元，活期余额44550.34万元，累放19538.3万元。涉农贷款余额44.70亿元，比去年同比增长12.9%。为辖内9家企业成功申报民贸民品生产贷款贴息181万元，金额为去年近3倍。引导6家金融机构为100余家企业融资16698万元。

【金融风险管控】　2022年，开展对金融机构利率定价能力的评估，指导金融机构增强利率、收费价格的透明度。细化评估方法，研究指导金融机构合理定价的方法和途径，因地制宜采取多种形式指导金融机构健全科学定价制度，改进定价技术，提高定价能力。密切监测利率变动趋势，提高分析质量。做好利率报备监测等基础性工作，密切跟踪并全面掌握利率政策执行过程中的新情况、新变化，研究并加以解决，相关情况及时上报。落实存款保险制度相关工作要求，指导辖内银行业金融机构开展存款保险宣传月活动，力求宣传全覆盖。履行辖内金融稳定工作职责，规范金融机构重大事项报告，确保各金融机构应报尽报，守住不发生系统性金融风险底线。综合运用多种监管措施提高监管效能，以推动法人义务机构洗钱和恐怖融资风险自评估为重点抓手，加强对辖区义务机构自评估工作的指导和监管。

（李颖雪）

银行业

农业发展银行

【存款】　2022年，各项存款余额2.08亿元。其中，企事业单位存款1.13亿元，财政性存款余额9524万元。

【信贷】　2022年，各项贷款余额2.60亿元。其中，政策性财务挂账贷款2.45亿元，地方储备贷款600万元，市场化收购贷款1000万元。

【助力地方经济】　2022年，投放贷款2500万元，全部为帮扶贷款。贷款支持粮食购销企业收购玉米9623吨。累计帮扶脱贫人口23人，累计增收7.78万元，实现人均增收3384元。

（韩志梅）

工商银行

【个人存量客户】 2022年，个人存量客户62023户，较年初增长3193户。

【各项存款】 2022年，各项存款余额6.33亿元，较年初新增2596万元。其中，储蓄存款新增8179万元，公司存款新增负859万元，机构存款新增负4724万元。

【各项贷款】 2022年，贷款余额3.55亿元。发放小企业贷款1000万元，乡村振兴贷款1400万元，住房贷款和消费贷款累计发放4368.5万元，不良贷款65万元。

【中间业务】 2022年，中间业务收入完成309万元，拨备前利润1511.45万元，经济增加值634.51万元。

（宋　茹）

农业银行

【概况】 中国农业银行股份有限公司科尔沁右翼中旗支行下设支行营业室、巴彦呼舒支行、新兴支行、火车站分理处4个营业机构。

【存款】 2022年，各项存款时点余额24.6亿元，较年初增加4.64亿元，余额及增量市场份额分别为33.62%、50.30%，居全旗金融机构第二位、第一位；日均余额22.8亿元。其中，个人存款时点余额19.01亿元，较年初增加2.3亿元，余额及增量市场份额分别为34.06%、28.40%，余额及增量市场份额均居全旗金融机构第二位；日均余额17.6亿元。对公存款时点余额5.59亿元，较年初增加23380万元，余额及增量市场份额分别为32.22%、208.99%，居全旗金融机构第二位、第一位；日均余额5.19亿元。

【贷款】 2022年，各项贷款余额26.27亿元，较年初增加4.07亿元，余额市场份额41.60%、增量市场份额42.51%，余额和增量市场份额均居全旗金融机构首位。其中，个人贷款余额18.47亿元，新增1.20亿元。对公贷款余额7.8亿元（含贴现3.81亿元），新增2.88亿元。

【中间业务】 2022年，手续费及佣金净收入863万元，同业市场份额69.78%，继续保持首位。

【利润】 营业收入1.0亿元，拨备前利润7254万元，拨备后利润6077万元，净利润4489万元。

【金融服务实体经济】 2022年，持续打造金融服务全流程，“贷”动肉牛全产业链发展。累计投放农户贷款5.9亿元，建立农户信息档案9766户，较年初新增3017户，支持8422户农牧民，贷款余额12.37亿元，较年初增加5887万元。科右中旗华阳冷链物流等项目累计投放贷款8800万元。乡村振兴监管指标上，国家级乡村振兴重点帮扶县贷款余额26.27亿元，增量4.07亿元，计划完成率254%，高于全国贷款增速2.84%；脱贫县贷款余额26.27亿元，增量4.07亿元，计划完成率407%。在支持普惠金融领域上，银监局口径普惠金融领域贷款余额2.44亿元，较年初增加5194万元，计划完成率353%，占各项贷款余额的9.29%，普惠全领域贷款增速27.07%，高于各项贷款增速8.75个百分点。

【助力地方经济】 响应国家针对小微企业提出的“减费让利、降低企业负担”的号召，采取担保公司担保模式与纯信用线上贷款模式相结合的惠企政策，支持小微企业及个体工商户。以上贷款户均实现减免抵押登记费、评估费，实行普惠利率，解决企业准入难、担保难、抵押难、融资贵问题，减轻了企业压力。同时简化企业开户流程，采取“线上预约，线下办理”模式，缩短办理时限。派2名员工任嘎查第一书记和驻村工作队员，定点帮扶哈日诺尔苏木巴彦高嘎查。为嘎查捐赠扶贫专项资金15万元，用于肉羊育肥及改良款项支出。累计为嘎查村民投放贷款415万元，实现贷款全覆盖。积极争取项目资金助力地方数字场景建设。累计争取项目资金122万元，用于搭建农村集体“三资”管理平台、中医院“智慧医院”平台和六中、四完小“智慧校园”平台。

（曹锦艳）

内蒙古银行

【概况】　内蒙古银行兴安盟科右中旗支行是内蒙古银行在兴安盟境内的第一家旗县支行，2013年7月9日成立支行筹备组，2014年5月14日正式开业。

【存贷款余额】　2022年，各项存款余额2.99亿元，较年初增长3608万元。其中，对公存款余额6239万元，较年初增长2325万元；储蓄存款余额2.37亿元，较年初增长1631万元。各项贷款余额2.44亿元，其中，个人类贷款余额8581万元、小企业类贷款余额7575万元、公司类贷款余额8260万元。

（独　蓝）

农村信用联社

【概况】　科右中旗农村信用合作联社下设联社营业部、巴彦呼舒信用社、新盛信用社、西尔根信用社、布敦化信用社、布敦化牧场信用社、新佳木信用社、高力板信用社、好腰苏木信用社、杜尔基信用社、巴扎拉嘎信用社、吐列毛杜信用社、巴仁哲里木信用社、吐列毛杜农场信用社、火车站储蓄所、罕山储蓄所、中兴储蓄所、市场储蓄所、兴安储蓄所、巴彦茫哈分社等20个非法人机构。

【资产规模】　2022年，资产总额34.21亿元，同比增加4.02亿元，增幅6.86%。

【存款】　各项存款29.39亿元，同比增加3.51亿元，增幅10.46%。

【贷款】　截至2022年末，各项贷款余额21.64亿元，同比增加2.26亿元，增幅10.44%。其中，累计投放涉农贷款20.54亿元，占总贷款投放额83.46%；“富民一卡通”贷款累计授信10974户，授信金额12.85亿元，用信余额10.18亿元；小微企业及个体工商户贷款授信1620户、余额3.49亿元，较年初增加179户、金额6106万元。

【股金】　2022年，股东218户、股金总额7504万元，全部为投资股。其中，法人股6户4742万元，职工股113户1485万元，自然人股99户1276万元。

【经营效益】　2022年，各项收入2.07亿元，拨备前利润8023万元，利润总额2689万元。

【服务实体经济】　开展“2022春天行动”“丰收行动”，坚持“做小、做散、做精”、支持“三农三牧”，累计发放涉农贷款20.54亿元，累计发放小微企业和个体工商户贷款40037万元；巩固拓展脱贫攻坚成果同乡村振兴有效衔接，累计发放脱贫人口小额信贷840户金额3331万元；解决农牧户融资难问题，拓宽抵押担保渠道，累计投放活体抵押贷款817笔金额5008万元；累计投放草牧场经营抵押贷款958笔5421万元；对受疫情影响出现困难的小微企业，采取延期还本付息、展期续贷等方式纾困解难，涉及信贷资金8969万元；加快推进信用体系建设，评定旗域首个信用苏木，下调贷款利率3.55个百分点。已评定信用村8个、信用镇（苏木）1个，授信总额1.2亿元。

【优化金融服务】 在保障资金业务需求基础上，运用充盈资金，开展国债、同业存单等新业务，丰富负债来源，提升主动负债能力。对公存款余额7.8亿元，累计存放同业17.48亿元，其他投资累计6.3亿元，实现收入884万元；突出做好第三代社保卡发行，加大移动支付在民生领域的应用场景拓展力度，提升市场占有率和影响力。截至年末，累计制作社保卡24.02万张，发卡23.04万张，发卡率99.94%。

【贷款风险处置】 2022年，清收处置不良贷款3210万元。争取地方党政支持，将1.19亿元抵债资产原值转让城投公司，搭建政府挂帅，城投公司与联社合作处置平台，拓宽处置渠道；遏制增量。从严落实授信业务审批指引和贷款“三查”制度，规范使用信贷合同、完善信贷档案，做实做好尽职调查，提升新增贷款风险管理水平。申报政府专项债1亿元，增强风险抵御能力。坚持“零容忍、强高压、长震慑”态度，全面排查存量贷款风险，按日监测不良贷款，及时动态掌握信贷风险变化情况，严防新增。

【网点转型升级】 2022年，通过转型解放柜面人员充实信贷队伍7人，大堂营销人员27人。增设智能柜员机9台，全辖网点累计布放18台，增设便携式柜员机1台，优化低效率ATM自助设备2台，智能柜员机覆盖率94.74%，电子交易替代率90%、较年初增长8.51个百分点。

（王红亮）

保险业

中国人寿保险

【险种】 个人保险产品有鑫裕金生、鑫耀东方、鑫耀至尊、国寿福盛典版（AB款）、锦绣前程少儿两全保险、百万如意行庆典版、如E康悦百万医疗保险等。团体保险有国寿绿洲团体定期寿险、国寿绿洲团体意外伤害保险（AB型）、国寿附加绿洲残疾烧伤团体意外伤害保险（AB）、国寿附加绿洲疾病住院费用补偿团体医疗保险、计生家庭保险、女性安康保险、老年人保险和国寿旅游意外伤害保险等。依托政府支持，发展计生保险和保险先进村建设，服务“三农三牧”，引导农牧民逐步从单一社会保障向“社会保险和商业保险相结合”的全面保障转变。

【业绩目标】 2022年，月均举绩目标32人，月均举绩人力35人，达成109.37%，公司月均长险举绩人数排全盟第一。季均有效人力季度目标58人，一季度达成59人、二季度达成60人、三季度达成48人、四季度达成42人，季均有效人力52人，达成89.65%。

【保费收入】 盟公司下达2022年个险渠道首年保费任务718万元，累计完成生效首年期交保费411.65万元，达成57.33%，全盟排名第三；十年期交保费任务389万元，累计达成298.73万元，达成76.79%，全盟排名第一；标保任务指标320万元，累计达成192.41万元，达成60.12%，全盟排名第一；保障型产品任务达成123.78万元；短期险年度指标176万元，累计达成132.1万元，达成75.06%。

【赔付支出】 2022年，完成商业保险理赔593笔578.88万元，其中单笔理赔最大金额15.57万元。完成城乡居民合作医疗意外伤害理赔689笔539.53万元。完成城乡居民合作医疗大病理赔1903笔652.01万元。

（王克敏）

中国人保财险

【险种】 涵盖机动车辆险、企业财产保险、家庭财产保险、责任保险、信用保险和保证保险、短期健康保险和意外健康险、农村保险等非寿险。

【保费收支】 全年保费5257万元，同比增速负8.4%。其中，车险保费完成1757.55万元，同比增速8.17%；财产险保费完成54.9万元，同比增速负0.02%；意外健康险完成333.8万元，同比增速负23.7%；农险完成2914.63万元，同比增速负10.14%。赔付支出3145.5万元。其中，车险738.8万元，农险2092.27万元，非车险269.41万元。

【内部管控】 建立完善各项规章制度和管理办法，促进管理水平；配合有关社会预警部门防灾防损管理，进行安全大检查，参与疫情防控等社会责任工作；同时加强业务管理和保障服务，重点提升客户服务工作。

（王玉凤）

中国平安财险

【概况】 中国平安财产保险股份公司科右中旗支公司2012年入驻，内设承保部、理赔部、综合部、农险部4部门。经营业务涵盖车险、财产险、意外健康险、农村保险等法定产险业务。

【保费业务】 2022年，调整业务结构、加强管理、提升效益，完成保费5500万元，同比增长80%。其中，车险保费完成895万元，同比增长14%；财产险保费完成200万元，同比增长5.77%；农险完成4695万元。

（杨留柱）

教育 体育

教 育

【概况】 2022年，落实立德树人，增强未成年人思想道德建设。继续开展“道德银行美德存储与激励”活动和学雷锋志愿服务活动。评选表彰旗级“校园之星”“校园之星楷模”“道德标兵”共916名；获评旗级“新时代好少年”10名、“美德少年”10名。开展“铸牢中华民族共同体意识班队会”“清明祭英烈活动”“不忘初心 筑梦青春第二届青年教师主题演讲比赛”“民族政策宣传月活动”“踔厉奋发新征程 迎接党的二十大”等主题教育活动。在全盟中小学生“弘扬中华优秀传统文化 传承中华传统美德”讲故事比赛中分别获得小学组优秀奖、初中组优秀奖、二等奖和最佳表演奖，高中组一等、三等奖、优秀奖和最佳表演奖。把思政课建设作为党的建设和意识形态工作的标志性工程摆上重要议程，旗常委会十五次会议通过中小学思政课一体化建设、思政课建设所需经费事宜，印发《关于建立旗委领导、教育局和中小学主要领导联系思想政治理论课教师制度的通知》，建立学校党支部书记、校长带头抓思政课工作机制。印发《关于按照兴安盟普通中小学课后服务经费管理使用办法（试行）做好课后服务工作的通知》，完成各级课后服务补贴工作。建立课后服务优质教师资源库和课后服务案例课程（活动）资源库，开展义务教育阶段学校作业设计及管理优秀案例征集和上报工作，累计上报优秀作业设计27个。强化专项治理。成立全旗“双减”工作专班，联合市监、公安、综合执法等部门开展6轮执法检查。全旗33所非学科类校外培训机构全部实行资金监管，完成率100%。30所培训机构开通线上支付渠道，完成率90%以上。

【学前教育】 2022年，召开全旗学前教育工作专题培训会，对民办幼儿园规范化管理和内涵建设进行指导。对民办幼儿园名称不规范、收费不合理、办园条件不达标等问题进行清理和治理。5所民办幼儿园搬迁新址，8所民办幼儿园转营其他项目。巴仁太本中心幼儿园于2022年秋季开园招生，21所民办幼儿园被认定为兴安盟普惠性民办幼儿园。推进幼儿园课程改革。制定印发《科右中旗幼儿园推广普及国家通用语言文字助学助教暨结对帮联工作方案》，提升幼儿园教师使用国家通用语言文字进行保育教育能力。娜荷芽幼儿园“悦动小白马”、赛罕幼儿园“小枫树”、塔拉幼儿园“乐探”等课程在课程改革中发挥示范引领作用。巴彦茫哈中心幼儿园等9所幼儿园获批“兴安盟第三批安吉游戏实践园”。2022年，学前三年毛入园率96.08%，普惠率86.97%，公办幼儿园占比50.67%。

△6月2日，科右中旗塔拉幼儿园优良的育人环境　（麦丽苏　摄）

【义务教育】　印发《科右中旗2022年秋季学期小学一年级招生工作意见》，采取精准“学区划分”、分类“阳光分校”方式，完成2022年秋季学期招生工作。做好2022年中考报考、指标分配、定校择优、政策加分等工作。严格控制义务教育起始年级班额，小学不超过45人、初中不超过50人，将大班额比例控制在自治区规定范围内。继续深化课堂教学改革，组织开展为期6天的科右中旗中小学创新课堂教学展示及经验交流培训会，培训2616人次，实现中小学学校干部、一线教师、研训员全覆盖。加强科技创新教育，组织学生参加全区第十七届宋庆龄少年儿童发明奖比赛，18名学生获奖。

△5月12日，巴彦呼舒第七小学开展“规范书写我最棒”汉字书写活动　（麦丽苏　摄）

【普高教育】　以“京蒙对口帮扶”为契机，通过跟岗学习、支教和线上交流等方式，学习北京市海淀区结对学校先进教学理念和教学方法。成立科右中旗教育系统高考综合改革工作领导小组，研究制定《科右中旗高考综合改革工作推进实施方案（2022—2025年）》，建立通用语言授课高中与民族语言授课高中“一帮一”邦联体，编制普通高中办学条件改善《2022—2025年三年改善计划》，实行“一校一案”。完成申报2023年度基础教育普通县域高中建设采购项目。完善“选课走班实施方案”，组织开展2022级高一学生选课模拟演练。构建校级学生综合素质评价体系，开展普通高中综合素质评价系统试运行工作。

【职业教育】　2022年，中等职业学校实现招生362人，在校生816人。推进教育教学模式改革与管理，突出“做中学、做中教”“以赛促练、以赛促学”职业教育教学特色，提高教育教学质量。做好自主研发和民族手工艺制作与传承专业，2020级学生白黎光自主研发的“前挂式割草机”已申请国家专利。联合有关部门，开展乡村振兴致富带头人和乡土人才种植养殖实用技术培训，培训120余人次。培训马头琴制作31人，电商直播120人。

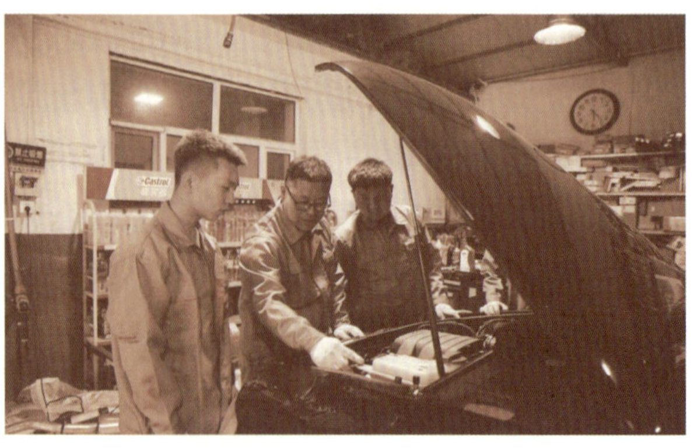

△5月18日，科右中旗中等职业技术学校汽修专业学生进行实训　（麦丽苏　摄）

【国家统编教材使用】　全旗27所义务教育阶段民族语言授课中小学1—8年级实现推行使用“三科”统编教材全覆盖。配齐配足学科教师，2022年面向全旗中小学开展国家级、盟级、区级各级各类国家通用语言文字能力提升培训6次，受训教师1000余人。全旗义务教育阶段学校及民族语言授课高中一年级已实现三科统编教材使用全覆盖。推进民汉合校办学模式，将有条件的民族语言授课学校逐渐转为民汉合校办学模式，已有11所民汉合校增加至19所。全年办理“民转汉”转学业务48人，保证民族语言授课中小学生到普通学校就读和转学需求。

△4月19日，科右中旗塔拉幼儿园推广国家通用语言文字　（李娜　摄）

【特殊教育】　贯彻落实特殊教育提升计划，研究制定烹饪课等特殊校本课程，开展“我能”为主题的系列教学活动。加强适龄入学残疾儿童“送教上门”教育，全年开展“送教上门”服务650余次。全旗有“三类”残疾儿童116人，入学率100%。

【教育督导】　组建教育局学校管理专项督导组，到全旗各学校、幼儿园围绕党建、教育教学、队伍建设、育人管理、办学行为、“双减”“五项管理”、疫情防控、校园安全等工作进行2轮全面督查指导。组织召开全旗学校幼儿园精细化管理现场观摩评比会，促进学校、幼儿园精细化管理工作的整体提升。按照义务教育优质均衡发展“校校达标、项项达标”要求，组织开展全旗义务教育学校现状调研评估。完成30名督学换届，幼儿园办园行为督导评估工作。

【教学信息化建设】　开展新型教与学模式实验区工作，制定实施《关于基于教与学改革、融合信息技术的新型教与学模式实验区工作推进方案》。推广普及国家智慧教育公共服务平台，线上培训校长、教师315人次，全旗学校、幼儿园国家公共服务平台激活率100%。组织参加全区中小学2022年全国师生信息素养提升实践活动和各项信息技术比赛。在内蒙古自治区2022年寒假“双减”在行动——假期欢乐多主题系列活动中巴彦淖尔中心校被评为优秀组织学校，4名学生被评为“环保达人”，2名学生被评为“灵巧小创客”。高力板中学上报的自治区级课题“交互式电子白板在九年级课堂教学中有效性应用的研究”完成结题。组织完成审查清理图书16279册。完成初中学业水平考试初三年级信息技术操作和理化实验操作考试和初二年级生物实验操作考试。利用京蒙协作资金200万元，为全旗学校购置200台3D打印机，锻炼学生创新思维和创新能力。

【教师队伍建设】　按照“走出去、请进来”的思路，完成41期各项培训任务，培训6321人次。招聘学前教育教师71名、事业编教师37名、特岗教师143名、学校会计22名，调整补充校长9名。为1790名农村牧区教师发放自治区连片特困地区乡村教师生活补助资金。为2021年上岗的116

名特岗教师和77名事业招聘教师办理转正定级手续。制定并印发《科右中旗教育局关于印发〈科右中旗教育系统师德师风建设工作方案〉的通知》，开展新一轮全旗教育系统师德师风建设主题活动。规范干部人事档案收集、审核、鉴别以及信息化建设等工作。对2022年招聘的教师和会计人员273卷档案进行任前审核、专项审核。对外旗县调入人员25卷干部人事档案进行任前审核、验收入库。完成3822卷数字化档案。

【校园安全】 先后2次组织召开全旗教育系统学校安全管理工作专题会议，开展教育系统“安全生产月”活动，制定印发《2022年全旗中小学幼儿园安全稳定工作要点》《2022年全旗学校安全稳定工作要点相关文件汇编》。组织各学校、幼儿园，通过“开学第一课”、升国旗仪式、主题班会、观看警示教育片、家长会等方式，对学生进行交通、消防、食品、防溺水等专题安全教育。开展2022“绿书签行动”系列宣传活动，提高师生“扫黄打非”自觉性。联合旗文化市场综合行政执法局、旗网络安全应急指挥中心在巴彦呼舒第五中学开展“护苗·绿书签”主题活动，倡导绿色阅读、文明上网。召开全旗中小学、幼儿园安全教育工作会议，建立和完善全旗校园周边环境治理工作联合整治协调机制，成立联合督查组，对全旗各学校、幼儿园和校外住宿点安全检查2次，对发现的问题限期整改。开展防范中小学生欺凌、管制刀具和其他违禁物品、体育游戏设施、用电设施设备等各领域安全隐患排查10余轮。强化校园“三防”建设，每月开展“一键报警系统”演练测试和设备维护。视频监控扩大覆盖面，基础保障存储90天。对校园实行封闭式管理，严格实行外来人员、车辆审查、登记制度。全旗学校幼儿园二楼及二楼以上楼层均安装限位器、防护链、防护栏纱窗或防护网等防意外坠楼设施，严防发生坠楼事件。推进盟级“平安校园”和“消防安全标准化管理达标校”创建工作，将巴彦呼舒第二小学、巴彦呼舒第四小学、巴彦呼舒第六中学3所学校确定为申报盟级“平安校园”创建学校，将赛罕幼儿园、巴彦呼舒第四中学、中等职业学校3所学校确定为申报盟级“消防安全标准化管理达标校”创建学校。严格执行《科右中旗校车安全运行考核细则》，加强接送学生专用车辆运行管理。优化整合南部40台校车线路，11台校车向北延伸至巴扎拉嘎中心校和坤都冷中心校，受益农牧民家庭600余户。

【素质教育】 举办全旗第十八届中小学生乒乓球比赛、第十三届中小学生田径运动会、中学生排球比赛、“旗长杯”校园足球联赛。承办2022年全盟中学生乒乓球比赛。参加“盟长杯”校园足球联赛和全盟中小学生乒乓球、篮球、搏克等比赛。在全盟第三届青少年传统搏克比赛中吐列毛杜中学代表队获得少年男子组和女子组团体冠军，巴彦呼舒第一中学代表队获得青年男子组团体冠军和青年女子组团体亚军。联合旗文联举办铸牢中华民族共同体意识科右中旗首届“图什业图杯”中小学生蒙古文书法比赛和“五角枫杯”中小学生诗歌征文比赛。在全盟第十三届“银铃杯”中小学生诗歌朗诵大赛中旗参赛队员分别获得小学组和高中组二、三等奖和优秀奖，初中组三等奖和优秀奖。在全盟师生合唱节活动中，巴彦呼舒第一中学获得小合唱第一名，吐列毛杜农场小学和巴彦呼舒第二中学获得小合唱第二名，巴彦呼舒第三中学获得精品合唱第二名。在全盟美术作品比赛中，巴彦呼舒第二小学《踏青》、孟恩铅矿小学《沐浴美好》获得小学组一等奖，巴彦呼舒第四中学《在阳光下成长》获得初中组一等奖，额木庭高勒中心校《党的光辉照学校》、巴彦呼舒第二小学《开往春天的列车》获得教师组二等奖。2022年参加全盟中考体育考试学生数2161人，满分618人，平均分38.01分，列全盟第一。

【教研活动】 以"跟岗蹲点"形式组织研训员到全旗义务教育阶段学校和公办幼儿园开展教学常规工作视导、创新开展全学科研训活动。结合疫情防控形势，先后到巴彦呼舒第一小学等7所学校开展"订单式"教研活动。按照学校"订单服务申请"，制定"一校一案"式指导服务方案，对"三科"统编教材的推行使用工作、近三年入职青年教师的教学业务、各学科常规教育教学等工作进行针对性的精准指导服务。全年入校听课1575节、评课1575节、开展专题讲座229次，检查学科教师教案、教学设计1907份，学生作业6159本，完成"订单"服务223份，开展名师工作坊活动60次，提出改进建议1215条。

【教育惠民政策】 先后组织召开10次专题工作会议，成立科右中旗教育局巩固拓展脱贫攻坚成果同乡村振兴有效衔接工作领导小组和工作专班，研究制定《科右中旗教育局巩固拓展脱贫攻坚成果同乡村振兴有效衔接实施方案》《科右中旗教育局关于"一家一案，一生一策"控辍保学工作实施方案》。精准聚焦"两不愁三保障"目标任务，落实教育惠民政策，构建防范致贫返贫工作机制，巩固拓展教育脱贫攻坚成果。全面落实从幼儿园到大学的一系列学生资助政策，教育帮扶政策资助补助金共计2360.11万元，受益学生达27210人次，为全旗4376名大学生办理生源地助学贷款4047.75万元。党员干部与困难学生"一对一"结对856人，减免伙食费161人。争取中央专项彩票公益金等各项资助金94.6万元，受益师生596名。做好义务教育控辍保学工作。先后6次组织苏木镇（社区）、学校对全旗6—15周岁儿童面临辍学、失学情况进行排查，全面做好疑似面临辍学学生劝返、登记、书面报告制度等工作，做到"一生一案"，实施跟踪管理、动态监测、靶向施策。因肢体残疾或智力残疾不能入学的，由特殊教育学校开展适龄残疾儿童"送教上门"服务，"送教上门"服务260人次。贯彻落实农村义务教育学生营养改善计划，农村义务教育学校营养改善计划覆盖全旗农村牧区义务教育学校26所，共计6860名学生享受营养餐补助，2022年，累计拨付资金485.82万元。全面做好教育系统内部审计工作，实行跟踪审计回访制度，抽调业务人员对全旗各学校、幼儿园2022年财务收支情况和26所农村义务教育学校营养改善专项资金使用情况进行专项审计。严格按照上级有关招生考试相关要求，组织中考、高考、汉考、学业水平4次统一考试，参考学生8233人次。

【京蒙教育帮扶】 北京市、鄂尔多斯市9所支援学校共派出40名优秀骨干教师到7所受援学校支教。结对帮扶工作开展以后，科右中旗率先在全盟开展高中生涯规划指导和选课指导，全旗直播共享，点击量4万余人次。巴彦呼舒第三中学召开学校“五年发展规划”务虚会，就学校教育教学管理、教育理念、教学研究等内容进行探讨。受援学校与创新人才教育研究会资源共建共享联盟，为组团式帮扶学校免费开通联盟网所有中小学教育资源，开展同屏互动，包括课堂教学展示，互动评课、教育教学讲座等。爱心企业捐赠1000套学生课桌椅。一零一“帮扶团”通过北京市海淀区教育基金会，发起“草原上的爱心书屋”公开募捐项目，定向用于购置图书馆和班级图书角的图书。同时，海淀区教委与科右中旗教育局共同进行的教育结对协作工作同步开启。北京一零一中教育集团与巴彦呼舒第三中学草拟帮扶合作协议，旨在实现海淀区学校与科右中旗学校在教育改革方面新的突破与发展，推进双方教育优势互补、共赢发展。

【教育信息宣传】 建立健全舆情搜集、分析研判、应急预警、应对处置机制，2022年“科右中旗教育”公众号共发布335期1878条信息。被中央媒体平台采用6条信息，被自治区媒体平台采用8条信息，被盟级媒体平台采用241条信息。

【教学楼项目建设】 启动实施计划投资2629万元，总建筑面积6060平方米坤都冷中心校食堂、代钦塔拉中心校教学楼、额木庭高勒中心幼儿园和巴彦呼舒第五中学运动场地项目工程，除额木庭高勒幼儿园项目外，其余3个项目已完工。推进新建项目建设。启动实施计划投资5447万元、总建筑面积14443平方米的巴彦呼舒第二小学1号教学楼、2号教学楼、布敦化幼儿园保教楼、巴彦呼舒第六中学食堂、巴彦呼舒第七小学塑胶运动场地项目工程。巴彦呼舒第二小学1号教学楼项目已完工，其余4个项目均已完成基础施工。推进迁建项目。计划投资1953万元、总建筑面积3200平方米的特殊教育迁建项目已完成社会稳定风险评估。推进维修项目。先后投入1025余万元，对巴彦呼舒第四小学等12所学校取暖管道、门窗、院墙等基础设施进行维修。切实做好教育事业统计工作。完成2021年度财务决算及教育经费统计任务。按时完成教育事业综合报表统计工作。推进解决学校消防工程设计审查验收工作。全旗34所学校84栋单体消防未验收项目中已有6所学校18栋单体建筑完成验收，其他学校将陆续开展验收。

【教育系统疫情防控培训演练】 召开全旗教育系统疫情防控知识培训及应急处置演练工作会议，成立督查组多次对全旗学校、幼儿园、校外培训机构疫情防控工作进行督查指导，对发现的问题要求整改。建立两个信息数据共享群，及时对疫情防控各类数据汇总上报。组织全旗师生完成疫苗应接尽接工作。召开驻呼市高校大学生信息收集工作会议，成立工作专班，向旗防指、合署办推送返乡人员信息3488人次。完成学生常见病和健康影响因素监测工作。

（李毕鑫）

体　育

【全民健身活动】 开展全民健身活动12

场次；举办“喜迎二十大，建功新时代”主题系列赛事活动4次；申请承办2022年“全民健身、健康中国”——内蒙古科右中旗县域乡村足球系列活动；结合冬季旅游，举办科右中旗冰雪趣味运动会；赛事活动参与10000余人次；推进国民体质监测工作，完成监测1500余人次；6月18日，举办纪念毛泽东同志题词70周年暨全民健身第三次气功、太极拳交流展演活动，由科右中旗武术协会承办；7月9—10日，举办“喜迎二十大、筑梦向未来”科右中旗2022年“体彩杯”乒乓球、门球比赛活动；8月8—10日，与兴安盟体育彩票分中心联合在科右中旗图什业图广场举行“喜迎二十大·一起来运动”全民健身日主题活动；11月11日，在代钦塔拉苏木全民健身中心举办2022年科右中旗美丽乡村“体育彩票杯”篮球赛，全旗各苏木镇11支篮球代表队110名队员参赛。

【第六届内蒙古草原休闲体育大会】 持续打造品牌赛事，9月26日，承办第六届内蒙古草原休闲体育大会，在科右中旗五角枫生态旅游景区开幕。比赛内容包括五人制足球赛、排球赛、拔河赛、徒步穿越赛、哈日靶、搏克赛和老年门球赛7项，共有77支代表队800余人参赛。

【首届兴安盟社区运动会】 9月24日，由兴安盟文化旅游体育局与科右中旗人民政府主办，科右中旗文化旅游体育局承办的兴安盟2022年社区运动会在科右中旗五角枫生态旅游景区开幕，设枫林草原健康跑、蒙古象棋（喜塔尔）、老年台球3个项目，集健身、趣味、竞技于一体，全盟310名群众参与。

【青少年体育活动】 在全民健身中心增设青少年业余体校弓箭和击剑项目，并针对性开展招生及培训；推进体教融合工作，6月2日，在代钦塔拉中心校开展“冠军进校园，榜样力量向未来”中华传统射箭项目进校园活动；7月2—3日，与旗委统战部、旗信用联社、科右中旗青少年业余体校联合举办“喜迎二十大、建功新时代——石榴籽同心筑梦”科右中旗2022年“信合杯”羽毛球比赛；7月29日—8月1日，与科右中旗直属机关工作委员会、科右中旗总工会联合主办，科右中旗青少年业余体校承办，科右中旗教育局协办“喜迎二十大 建功新时代”2022年科右中旗“体彩杯”系列体育比赛，分别在巴彦呼舒第一中学、巴彦呼舒第六中学、科右中旗全民健身活动中心举办；8月20—21日，举办“喜迎二十大、建功新时代”科右中旗2022年“体彩杯”排球、网球比赛，分别在巴彦呼舒第四小学、巴彦呼舒第七小学、科右中旗全民健身活动中心举办，比赛为期两天，全旗19支代表队340余人参赛。

【体育设施建设】 推进体育公园项目筹备；推进体育健身设施建设，完成全旗12个苏木镇173个嘎查健身路径摸排整治工作，记录健身路径1523件，发现问题设备106件并完成整改；上报申请全旗范围内健身路径缺口43套；基本形成城市社区“15分钟健身圈”。

△2月1日，全局健身活动中心羽毛球馆（旗委宣传部　供图）

【体育协会换届】 2022年10月，完成科右中旗第二届足球协会、科右中旗体育总会换届工作。

【体育人才培育】 开展国家社会体育指导员培训班2次，分别为兴安盟国家二级社会体育指导员培训班、科右中旗国家三级社会体育指导员培训班；举办纪念毛泽东“发展体育运动增强人民体质”题词70周年暨健身气功、太极拳交流展演活动1次，全旗跆拳道俱乐部交流大会1次；发布线上居家科学健身教学视频2次；逐步完成各项目运动员注册工作，完成注册盟、旗级篮球、乒乓球、田径、中国式摔跤项目运动员61人。

（白明扬）

【老年体育协会】 全旗总人口25.2万人，老年人4.66万人，占总人口的18.5%。参加各类文体活动的老年人近3万人，占老年人口的64%。协会下设14个委员会，包括门球，台球，网球，乒乓球，羽毛球，柔力球，棋牌，书画，科研保健，钓鱼，拳操，风筝，单车，艺术团等，会员800余人；广场舞队伍33支，队员2000余人；各类教练员、裁判员386人。其中，台球三级45人、二级6人；乒乓球三级54人、二级4人；门球三级85人、二级16人、一级4人；广场舞教练员172人。全旗12个苏木镇、173个嘎查、13个社区均成立老年体协组织。

【老年体育设施建设】 旗委、旗政府每年投入20余万元支持老年体协开展各项赛事活动，同时加大投入建设老年人体育活动场所，有办公室54平方米，体育活动中心5处，其中，台球馆500平方米、网球馆2400平方米、门球馆1400平方米、棋牌室2000平方米、艺术团活动室250平方米。有乒乓球案18个、台球案24个、门球场29片、网球场1片、晨晚练点94处、健身器材约580件。全旗12个苏木镇老年体协活动室严格按照《兴安盟老年人“345”体育工程要求》建设，其中，高力板镇、吐列毛杜镇、杜尔基镇活动室均为500平方米；好腰苏木镇、巴仁哲里木镇活动室为400平方米；其余7个苏木镇活动室均为300平方米以上。

【老年文体活动】 通过赛事推动、节庆拉动、骨干带动、交流互动等形式开展多种老年人体育健身活动。七一期间，棋牌委员会举办全旗老年人嘴和比赛，12个苏木镇各派出代表队1个、旗直代表队4个等16个代表队64人参赛；门球委员会举办全旗老年人门球赛，16个代表队、96人参赛；举办“庆国庆、迎二十大”全旗农村牧区老年人门球赛，8个代表队60人参赛；台球委员会举办“庆国庆、迎二十大”全旗老年人台球赛，80余人参赛；单车委员会多次组织开展赛事活动，会员150人。组织参加盟老年体协组织的台球比赛，旗老年体协台球代表队获得团体、男单、女单、男双、混双等第一名5个。参加盟里举办的那达慕嘴和比赛，获得团体第二名、个人二等奖1名、三等奖2名。旗老年体协艺术团与通辽市科左中旗老年体协艺术团联合演出，观众200余人。

（白金龙）

科　技

科学技术事业

【农机技术推广】 2022年，推广黑土地保护性耕作技术，完成保护性耕作免耕播种作业面积6.47万公顷。其中，补助5.33万公顷，涉及项目补助资金3230.5万元，投入作业机组461台（套），信息化远程监测率达100%。推广耕地深松整地技术，完成耕地深松整地2.33万公顷，涉及项目补助资金875万元，投入作业机组80台（套），信息化远程监测率100%。开展拖拉机牌证清理整治工作，年检车辆800台次，注册登记车辆1000台次，合格率100%，驾驶员培训4期次300人次。完成农机专业合作社规范化建设工作，农机专业合作社注册登记73家，注册资金1590万元，入社社员590户，从业人员近645人。拥有拖拉机700余台，其中，大中型拖拉机300余台、收获机械60台、各类农机具2600余台（套）。

【农牧技术指导】 2022年，组织农牧技术专家对指导员进行培训，参训80余人次；组织指导员深入田间地头、畜禽养殖场进行现场指导230余人次；技术指导员对科技示范主体网络培训600余人次；同时开展高素质农牧民培育工作，培训高素质农牧民241人次。

【科技科普】 在高力板镇农耕文化体验园举办“关爱科技园、农耕文化体验园、科技示范基地、2022年度劳动与科技”讲座。

科学技术协会

【科普宣传】 2022年，利用科普日、科技活动周、开展“自治区百名专家走进盟市旗县科普传播行”活动、“提高公民科学文化素质，加强科学技术普及工作”科普宣传系列活动、“科普+旅游”活动、“草原综合服务轻骑兵”文明实践志愿服务活动等，在全旗12个苏木镇嘎查（场、矿）以及社区举办科学知识普及、实用技术培训班、健康讲座和义诊活动70场次，发放科普宣传册15万册，参加活动2万余人次。

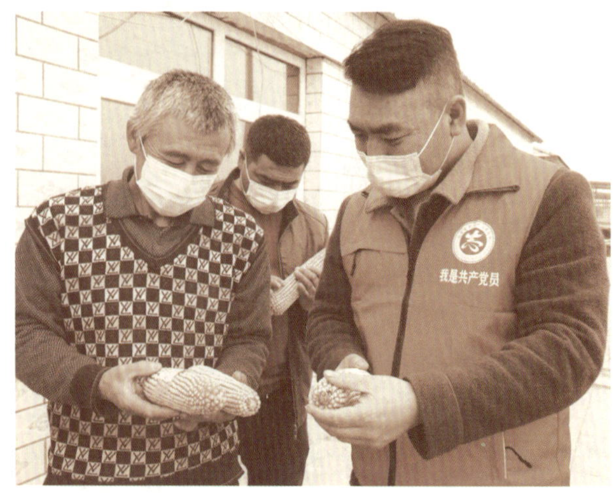

△3月24日，科技科普志愿者与农牧民讨论选种问题 （旗委宣传部　供图）

【企业科协】培育发展农技协、龙头企业、种植养殖大户等新型经营主体，为困难户提供就业岗位，建立与困难户稳定的带动关系。指导内蒙古科尔沁国家级自然保护区管理局、科右中旗蒙医医院（科右中旗蒙医研究）等成立科普教育基地2个，并开展相关工作。

【学会工作】指导科右中旗蒙医蒙药学会工作，组成科普宣讲义诊团，到全旗各苏木镇和嘎查开展科普宣传、医疗帮扶、下乡义诊、学术交流等活动8次、健康教育5次。

【青少年科普工作】5月19日，组织举办科右中旗第二届青少年机器人大赛，全旗20支小学队伍50名选手参赛，根据比例分别评选出一等奖2名、二等奖5名、三等奖8名、优秀奖35名。常态化运行流动科技馆，结合科技活动宣传周、科普日活动，在巴彦呼舒第二小学、第三小学、第四小学、第七小学、第八小学开展流动科技馆巡展活动，在巴彦呼舒镇哈日道卜嘎查研学基地进行巡展，参观人数5000余人次。同时指导西日嘎中心校、新佳木中心校申报“内蒙古自治区青少年科普研学基地”。

【科普信息化建设】加大广播、报纸、电视等传统媒体传播科普知识力度，在“魅力科右中旗”设立《科普之声》栏目，实时传播科普知识。参加盟科协举办“公民科学素质大赛”，科右中旗代表队荣获一等奖。利用科协网站、科普内蒙古平台、微信、快手、抖音、微博等新媒体，推送、宣传科学防控新冠疫情相关知识。开展网上科普知识有奖答题活动，转发并组织参与自治区、盟科协网上科普知识有奖答题活动。将内蒙古九府牧业有限公司（羊业）、科右中旗威利斯种植养殖专业合作社（牛业）纳入“科右中旗科技小院培育计划”。推进手机App应用，新增科普信息员13040人，转载、推送分享科普文章8788100次。被中国科协评为“表现突出的科普中国信息员组织单位”，被内蒙古科协评为“全区优秀组织单位”。自治区科协及盟科协调研科右中旗教育示范基地、科普示范基地、科技小院创建工作3次。

（刘春梅）

气　象

【气候特点】2022年，全旗年平均气温正常、降水偏多、光照充足，大风日数少于常年；各季降水分布不均，夏季多局地强降水；各地受不同程度的旱灾、洪涝、大风、冰雹等灾害影响。

【气象要素】平均气温6.8℃，比历年平均值6.7℃高0.1℃；年极端最高气温33.8℃，出现在9月8日；年最低气温零下21.3℃，出现在12月22日；年降水量508.2毫米，比历年平均值361.9毫米多146.3毫米；一日最大降水量110.3毫米，出现在6月5日；全年日照总数2942.3小时；大风日数明显较常年偏少，年大风日数45天，比历年平均值74.4天少29.4天。

【防雹增雨】作业季前通过电视、微信公众号对作业区内开展蒙汉双语作业公告。与兴安盟人工影响天气指挥部签订“安全生产责任状”，同时与旗内4个苏木镇负责人签订责任状，将安全作业、弹药运输和出入库、持证上岗、空域请示等责任落实到位。为全旗所有高炮作业人员购买人身意外伤害保险。协调旗政府将全旗防雹作业点及人员待遇纳入地方财政预算，拨款70万元地方人影经费用以提升人工影响天气能力。举办高炮作业人员培训班。对全旗15所炮点开展安全生产大检查2次。人工增雨作业8次，消耗火箭弹95枚；人工防雹作业30点次，消耗防雹炮弹1291发，最大限度减轻冰雹灾害。

【社会监管】 推行行政执法“三项制度”，依法履行行业监管管理职能，开展“双随机、一公开”监管工作。联合兴安盟气象局法规科、执法队、旗应急管理局、旗文旅体育局开展专项检查78家、巡查40家，为属地企业解决问题11次。动态更新《科右中旗气象局权责清单》，依法对执法主体、执法人员、执法事项开展公示。动态更新防雷重点单位监管清单及监管对象库。坚持“谁执法谁普法”工作原则，累计普法800余家次，发放宣传单10000余份、普法宣传图册400余套。落实“放管服”“优化营商环境”各项举措，优化行政审批事项、政务服务事项，制作旗本级《行政审批和政务服务指南》，压缩审批和办理时限。落实“承诺告知事项”改革及“政务服务延时服务”改革要求。加强对“互联网+监管平台”“全国防雷减灾综合服务管理平台”的信息维护工作。

【天气预报服务】 通过电视影视、微信公众号等平台发布每日天气预报；通过手机短信、微信群等发布雨雪情报短信65条、各级预警信号112条，发布决策和公众气象服务产品121期、为农气象服务产品29期。完成“科右中旗2022年多灾种综合应急救援演练”气象服务保障。为“首届中国兴安盟五角枫音乐节”制作为期16天的逐日滚动天气预报和开幕式当天逐2小时天气预报。推进科右中旗“中国天然氧吧”项目建设。

【气象科研与获奖】 2021年度领导班子和领导干部工作实绩考核中获得垂直管理单位优秀领导班子称号。3人获共青团科右中旗委员会组织评选的科右中旗“向上向善好青年”称号。2022年兴安盟综合气象行业职业技能竞赛中取得团体一等奖；1人获得兴安盟技术能手称号、个人全能二等奖、装备技术保障单项一等奖、强天气监测预警服务单项一等奖、应急气象观测数据处理单项一等奖、综合业务基础理论单项二等奖、人工影响天气基础理论单项二等奖；1人获得个人全能三等奖。全盟羽毛球、排球比赛均获冠军。课题“五角枫枫叶观赏期预报模型及旅游等级指数研究”和“科右中旗气象要素对光伏发电量的影响分析”结题并业务应用，同时申报“高力板国家气象站站址迁移对比分析”“科右中旗哈日道卜水稻产量与气象要素的关系”两个课题。

（孟庆霞）

文 化

文化创作与文化保护传承

【文艺创作】 乌兰牧骑开展“送欢乐、送文明”基层服务活动112场次，创作原创作品16部，其中，乌力格尔《草原之子》入围第十二届中国曲艺牡丹奖全国曲艺大赛；好来宝《总书记回信了》参加全国优秀曲艺节目展演；乌力格尔《扬鞭催马新征程》亮相第八届全国少数民族曲艺展演；小品《致敬逆行者》获得第三届全区曲艺小品那达慕三等奖；歌舞剧《雕花的马鞍》入选2022年度“剧本孵化项目”剧本名单；8月，旗乌兰牧骑在第九届全区乌兰牧骑艺术节中获得团体金奖和7个单项奖。

【文化遗产保护传承】 做好“非遗”宣传，设立“非遗”创意空间，展示“非遗”项目文创衍生展品260件（套）；举办“非遗”购物节等文化和自然遗产日系列活动；启动民间文艺版权保护，106件作品获“区级版权保[illegible]整理图什业图民俗、图什业图刺绣和博物馆珍贵[illegible]认定李春花等126人为“第七批旗级非物[illegible]产代表性项目代表性传承人”，旗级代表性传承人增至499人。举办科右中旗蒙古族拉弦乐器制作技艺培训班3期，分别培训马头琴、四胡、潮尔等制作技艺。开展文物巡查60余次，配合基础建设完成21个项目基本建设范围文物勘查，总面积约481平方公里。申请博克达活佛府邸消防工程资金，申报嘎查营子遗址和额日吐墨书题记为“第六批自治区级文物保护单位”。8月，内蒙古民族文化产业研究院将“产学研基地”落户科右中旗，并设立文旅融合发展文创研发基金。

公共文化服务与监管

【公共文化服务】 “四馆一厅”接待线上线下观众、读者28.15万人次。推动公共文化服务高品质和多样化，举办“百姓大舞台”群众元旦晚会及全旗春晚等大型群众文化活动。旗美术馆开展“石榴籽同心筑梦”艺术作品专题展等主题艺术展5场次。“嘎查文化志愿服务项目”全年开展“逐梦乡村·我们的舞台”等文化活动482场次，开展“戏曲进乡村”基层巡演72场次、“文化服务工作者”结对辅导32场次。

【文化市场监管】 开展安全生产专项整治[illegible]年行动，出动[illegible]00余人次，检查1000[illegible]单位，整改安全隐患95处。组织开展文旅市场各类专项检查行动，出动执法人员3700余人次，检查经营单位1500余家次，立案查处违法违规行为10起。提升行政执法规范化水平，落实行政执法“三项制度”，做出行政处罚决定书10份，开展执法培训2次。对职责范围内所有政务服务事项进行梳理，编制《全局高频事项清单及办事指南》。实行“最多跑一次”网上办理，压缩审批时间60%以上，累计办理行政审批事项29件。

【农村牧区文化发展】 6家农村牧区文化户被评为自治区第二批农村牧区文化示范户。5月31日，2022科右中旗枫林马镇稻田文化节暨农道项目开工仪式系列活动在哈日道卜嘎查正式启动，同时组织旗美术馆、图书馆、博物馆等公共文化服务单位推出“稻梦‘非遗’长廊”“稻田赏画”“流动图书馆下基层新书展阅”“以文物看文明传承中华文脉”等文化专题展览。

【博物馆展览】 8月，博物馆数字化保护项目完成140件文物三维扫描及虚拟展厅制作并做好线上博物馆VR全景融媒体展览；先后开展“5.18”国际博物馆日、“小小解说员”等社会教育活动6场次；9月，开展“国宝我来讲——以文物看文明，传承中华文脉”2022年全旗中小学生演讲比赛等。

图书馆

【概况】 2022年，科右中旗图书馆执行无假日免费对外开放，日接待读者270人次，年内接待读者9.5万人次；在自习室设政府信息查询纸质专区和数字查阅“二维码”供扫码查阅；在外借区备有自助借还机，提供触摸屏检索机、数据中心以便查阅或扫描登录政府网站所需资源。接收中宣部协调捐赠书籍2.8万册，馆藏图书增至13万册。

【公共图书馆评估筹备】 根据全国第七次公共图书馆评估标准，组织全员参加线上线下评估定级业务培训会，从达标县级国家“一级图书馆”评估标准“必备条件”“服务效能”“服务能力”“保障条件”4个方面入手，把任务分解到领导和职工，利用4个月收集整理2018—2021年相关材料，严格审核把关，完成线上提交工作，上传评估材料470项。

△4月24日，草原书屋中心书房洋溢着浓厚的学习氛围　（麦丽苏　摄）

【全民阅读活动】 组织开展“4·23”系列诵读活动、征文比赛、手抄报大赛等活动12场次；服务宣传周开展“我们的节日”朗诵比赛，全民阅读进景区、读书分享会等系列活动10场次；开展民族团结进步月系列活动，举办专题书展3次，建图书角8个，开展“苏雅”“书香科右中旗”等品牌系列活动20场次，举办地方文献展览、传统文化书籍展览等“专题书展”4次，播放业务讲座4次；开展“践行党的二十大，送书下基层”、阅读推广下基层等活动13场次。接待读者4万余人次。为送书点送书8次1.2万册。开展馆外活动71场次，其中下基层活动40场次。

（白明扬）

△4月19日，科右中旗塔拉幼儿园图书漂流区　（李娜　摄）

科右中729台

【概况】 内蒙古广播电视传输发射中心科右中729台位于科右中旗东郊，隶属于通辽广播发射中心台全额拨款的公益一类正科级事业单位，是集中波、调频、地面数字电视和应急广播于一体的多功能发射台站。占地面积93000平方米，建筑面积1100平方米。台站有12部主用发射机，发射总功率21千瓦，日播出时间215小时，转播中央台广播节目3套、自治区级广播电视节目8套、盟市级广播节目2套。

【安全播出】 发射12套广播电视节目，其中，5套中波广播发射总功率14千瓦、6套调频广播总功率6千瓦、1套数字电视发射功率1千瓦。全台总发射功率达21千瓦，日播出时间215小时。完成北京冬奥会、冬残奥会、中国共产主义青年团成立100周年大会、庆祝香港回归25周年大会、党的二十大、烈士纪念日敬献花篮仪式，以及元旦、春节、全国两会等10次党和国家重大活动，累计完成34天重要保障期及日常安全播出任务，实现连续4年“零停播”。重要保障期期间，组成应急值班组和应急抢修队，24小时值班值守保障安全播出。完成8部中波发射机及5套中波天调网络更新工作。

【技术改造】 2022年，在安全播出大检查的工作中，开展自检自查、组织落实、技术系统配置、维护运行、应急处置、网络安全、技术安全等方面隐患排查工作。安装调试完成网络安全二级等级保护硬件设备，将监测平台的音频工作站、数据监测服务器、视频监控、可视电话、视频会议服务器、智慧平台服务器等数据纳入二级等保，实现网络安全二级等级保障能力，筑牢安全网络屏障。同时搭建光纤内网，与外界互联网进行物理隔离，确保全链路安全。聘请有资质的施工方对1座自立塔、3座拉线塔、外电线路和设备开展集中统一巡检，排除安全隐患。更换服役超期的8部中波发射机和4部中波天调网络系统。信源系统全部使用防5G一体化高频头，并增加光纤信源。

（斯日古楞）

融媒体中心

【媒体传播成果】 从主题宣传到重大项目、从典型宣传到疫情防控，以“文图音视”等媒体渠道展现全旗各项事业新风貌、新变化、新成效。新闻作品获得盟级以上荣誉35项。其中，国家级集体荣誉1项、区级3项、盟级13项；国家级个人荣誉2项、区级2项、盟级14项。打造集“两微一端”、抖音、快手、广电等17个新媒体平台和2个传统媒体平台于一体的传播矩阵，其中，“魅力科右中旗”客户端多次荣登“全区草原云旗县级客户端周排名榜首”，下载量由1.7万次增至8万次。中心所属新媒体平台累计“粉丝”量近22万人次。入驻新华社、《人民日报》等权威媒体客户端。

【主题宣传策划】 执行“周”调度会制度，策划开展《我们的新时代》《乡村振兴》《铸牢中华民族共同体意识》《优化营商环境》《我为群众办实事》《四乡工程》等主题宣传，开设特色专栏《这苏木那嘎查》《最美退役军人》等，制作微短剧《命案可防可控》《新冠疫苗接种》、海报《致敬劳动者》《草原印象、科右中旗》。全年开展“日日有采访，人人出精品”主题采访活动，克服人员严重紧张情况，派出记者1990人次，完成稿件900余篇，播发蒙汉语电视新闻1100余条，新媒体平台发稿1.8万余条（次）。

【外宣发稿】 制作原创短视频400余条，原创“爆款”产品频出，浏览量100万人次以上3条、50万人次以上6条、10万以上人次62条。盟电视台发稿300余条，同年度相比发稿量实现翻番；学习强国平台发稿量居全盟第一；发挥宣传主力军作用，外宣发稿量居全盟第一名，入围新华社客户端订阅号2022年度内蒙古旗县融媒体发稿量排行榜前五名。作品《候鸟北归，东方白鹳抵达科尔沁保护区筑巢》在中央电视台、央视频等媒体平台刊发，累计单条推送120余条次；作品《鸟儿声声脆，候鸟变“留鸟”》《沃野披“绿装”，稻田插秧忙》被媒体刊发；作品《杏花绽放盼游人 不负春光不负卿》入选新华社发起打榜活动，获得全国第八名；公益宣传片在内蒙古广播电视台《助力乡村振兴爱上内蒙古一县一品》播出；旗融媒体中心《科右中旗：五心联通、一心为民》作为全区典型案例，在内蒙古日报社、自治区贯通“四个中心”开展我帮你实践活动中进行展示。

【社会热点宣传】 全媒体平台全年无停发日。疫情防控宣传“日日推”，媒体平台主动发声、正面引导，多层次、高密度发布权威信息1600余条（次）。在全盟推出的《主播说》系列栏目中，播出“主播说理论”“讲中华优秀传统文化”等。重点打造《记者带您去认门》《一把手在现场》《晓景计划·点亮乡村》等专栏，以记者体验式宣传报道形式，展现“旗委、旗政府心系群众、敢于担当的为民情怀”。针对性开展精神文明教育，开设《人曝光》《最美践行者》《创城有我 共绘文明》《向善向上好青年》等专栏，以曝光、展示、互动等形式提升媒体为民办实事效能。新闻《科右中旗加快道路改造提升群众幸福指数》报道当日阅读量近3万人次，《巴彦呼舒镇城区私搭乱建违法专项整治第一次集中行动》跟踪报道总点击量破10万人次。

（王桂芸）

2022年度科右中旗融媒体中心集体获奖情况统计表

序号	获奖集体 作品（项目）名称	奖项 （荣誉称号）	获奖级别	颁发机构 （命名单位）	获奖 时间
1	《杏花绽放盼游人 不负春光不负卿》	全国区县融媒赏春榜第八名	国家级	新华社新闻信息中心	2022年7月

续表

序号	获奖集体 作品（项目）名称	奖项 （荣誉称号）	获奖级别	颁发机构 （命名单位）	获奖 时间
2	《科右中旗： 五心联通 一心为民》	2021年度全区贯通“四个中心”开展“我帮你”为民办实事案例征集活动中被评为优秀示范案例	区级	内蒙古日报社	2022年7月
3	《于常友： 退休不褪色 余热映初心》	“丁香花·基层党组织优秀带头人”主题传播活动中荣获优秀作品奖	区级	内蒙古日报社	2022年7月
4	《枫林马镇“枫”姿卓越》	优秀作品	区级	天目新闻客户端 内蒙古日报社	2022年12月
5	《科右中旗： 发展清洁能源 做强绿色产业》	荣获2022年度 兴安新闻奖二等奖	盟级	中共兴安盟委宣传部、 兴安盟新闻工作者协会	2022年11月
6	《兴安盟科右中旗： 1.61万公顷高标准农田建设护航春耕生产》	荣获2022年度 兴安新闻奖二等奖	盟级	中共兴安盟委宣传部、 兴安盟新闻工作者协会	2022年11月
7	《倾注满腔情 倾心下一代 “最美五老”王努拉》	荣获2022年度 兴安新闻奖三等奖	盟级	中共兴安盟委宣传部、 兴安盟新闻工作者协会	2022年11月
8	《奋斗叩响幸福门》	兴安新闻奖一等奖	盟级	中共兴安盟委宣传部、 兴安盟新闻工作者协会	2022年11月
9	《第九届内蒙古自治区 乌兰牧骑艺术节基层演出 走进科右中旗》	“乐见兴安盟” 短视频大赛一等奖	盟级	中共兴安盟委宣传部、 兴安盟新闻工作者协会	2022年11月
10	《让中华优秀传统文化 浸润乡村》	荣获2022年度 兴安新闻奖三等奖	盟级	中共兴安盟委宣传部、 兴安盟新闻工作者协会	2022年11月
11	《鸟儿声声脆 候鸟变“留”鸟》	兴安新闻奖二等奖	盟级	中共兴安盟委宣传部 兴安盟新闻工作者协会	2022年11月
12	《巴彦敖包嘎查奏响 “团结曲”开出“团结花”》	优秀奖	盟级	兴安日报社	
13	《科右中旗： 清洁能源助力绿色发展》	2022年度 兴安新闻奖二等奖	盟级	中共兴安盟委宣传部 兴安盟新闻工作者协会	2022年11月
14	2022 年度“学习强国” 优秀通讯站	2022 年度“学习强国” 优秀通讯站	盟级	中共兴安盟委宣传部、 “学习强国”兴安盟管理组	2022年12月
15	《第九届内蒙古自治区 乌兰牧骑艺术节基层演出 走进科右中旗》	“乐见兴安盟” 短视频大赛一等奖	盟级	中共兴安盟委宣传部、 兴安盟新闻工作者协会	2022年11月
16	《少年》	2021年度兴安盟 “优秀融媒体作品”称号	盟级	中共兴安盟委宣传部、 中共兴安盟委网信办	2022年1月
17	2021年度兴安盟 “网上重大主题宣传贡献奖”	2021年度兴安盟“网上重大主题宣传贡献奖”	盟级	中共兴安盟委宣传部、 中共兴安盟委网信办	2022年1月
18	文明单位	旗级文明单位	旗级	旗精神文明建设中心	2022年3月

广电网络

【“智慧广电”重点工程建设】 实施牧区“智慧广电”宽带网络覆盖与服务工程建设，涉及20个苏木乡镇、173个行政村，开通、敷设2085公里光缆、110个自然村、19座无线铁塔引接光缆建设。12个乡镇主干光缆已联通，156个行政村、110个自然村支干线光缆已联通，敷设支干线光缆2085公里。112个行政村、90个自然村分配网已建完开通信号。41个行政村信号正在建设调试，无线已安装438户、有线安装2093户。

【应急指挥调度系统联网工程建设】 实施全区宣传文化系统应急指挥调度系统联网工程建设，12个苏木及巴音胡舒镇，已接通9个苏木、4个在建。

【市域治理工程建设】 实施市域治理工程建设，城网113个小区、16个平房区、518个探头，主干光缆使用广电网络公司路由，已完成工程建设。农网12个苏木镇573个探头，完成398个探头，完成率69%。市域治理工程完成916个探头，完成率83%。

【网格优化工程建设】 实施网格优化工程建设，16个小区光缆已敷设完成。集团客户业务工作，现已安装开通广播电视局、综合执法局等单位。新建楼房已完成枫林艺墅小区、中电佳苑小区、现代城小区、都古林二期小区光纤入户工作。

（韩　磊）

档案史志

【综合档案馆投入使用】 科右中旗综合档案馆项目总投资810万元，总占地面积2873.55平方米，基地占地面积871平方米，建筑面积2613平方米，三层，2019年9月开工建设，2020年12月底竣工，2022年11月投入使用。

【档案法治宣传】 为迎接党的二十大、庆祝第15个国际档案日，6月9日，与旗委宣传部、旗文联联合主办，旗疫情防控领导小组指挥部办公室、旗文化旅游体育局、旗卫健委、旗市监局、旗交通局、旗教育局、党群服务中心、旗融媒体中心协办，在旗新时代文明实践广场上举办“喜迎二十大·档案颂辉煌”暨新冠疫情防控专题图片展活动。通过图文结合方式，主要展现档案知识、疫情防控知识、疫情防控应急管理程序、科右中旗疫情防控工作、疫情防控主题摄影书画作品、典型人物6大板块。通过大屏滚动播放2022年国际档案日宣传标语、档案法律法规，现场发放宣传单200余份。

【档案查阅利用服务】 开展档案查阅和提供利用服务工作，2022年接待查阅利用445人次，查阅利用档案资料502件。

【档案接收征集】 接收科右中旗不动产登记中心林权类不动产档案739件27538卷，电子档案222；接收代钦塔拉苏木12个嘎查、新佳木苏木13个嘎查、高力板镇22个嘎查、额木庭高勒苏木16个嘎查、杜尔基镇18个嘎查等5个苏木镇81个嘎查脱贫攻坚档案11501件2330卷，并完成移送入馆；跟踪开展全旗新冠疫情防控工作档案整理，全面完成“两类档案”移交入馆。

【档案业务指导】 指导人大、旗委宣传部、党校、社保局、中源集中供热公司等机关单位年度档案归档工作；指导推进农村牧区土地确权档案归档。

【党史资料编纂】 与旗委组织部联合推进《科右中旗组织史资料(2001—2018年)》编纂工作，完成资料收集并形成初稿。全面启动《社会主义革命和建设时期党史资料》征集工作，推动科右中旗相关资料征集。

【志鉴编纂】 完成《科右中旗年鉴(2022卷)》资料收集、初审、交叉审、统稿工作，送入印刷厂排版后进行各承编单位复审，完成二校稿、三校稿并定稿，已移送出版社进行审批。推动《巴仁哲里木镇志》编纂试点工作，完成二次校对修改，相关内容基本补充完善(因经费等客观因素，出版工作延期)。按照自治区、盟级业务部门要求，协调有关部门，组织撰写《内蒙古年鉴(2022卷)》《兴安年鉴(2022卷)》的科右中旗资料，完成撰写任务并全部上报。

【史志业务培训】 组织业务干部参加自治区年鉴工作线上培训和中指办组织的“精品年鉴品读季”活动启动会议暨2022年中国年鉴精品工程研讨会、第七期全国年鉴主编培训班等；参加盟档案史志馆召开的精品年鉴交流品读会，选派业务干部参与品读，同时向自治区报送精品年鉴品读论文1篇并获得一等奖。

(王晓晶　王乌日罕)

新华书店

【概况】 承担全旗28所小学、9所初中、2所高中、1所职业中学等40所学校2.5万名学生的国家免费课本和自治区地方免费课本以及教师用书、教辅材料的发行任务。发行国家免费课本、自治区地方免费课本645万元，教师用书及学生教辅材料900万元，一般图书134万元。

【全民阅读服务】 参与公共文化服务体系建设，开展文化惠民活动推动全民阅读。开展建设“最美书店”“书友读书分享会”“朗读者”“亲子阅读”“好书进校园”“读万卷书，行万里路”科尔沁文化研学之旅等社会服务活动；组织工作人员到各个机关、企事业单位、乡镇嘎查、工厂学校、军营等开展流动售书和送书活动达56次；响应全区“草原书屋”活动，为全旗185个草原书屋配送37万元图书，书屋培训管理员18场次；优化基层阅读资源配置，实现科右中旗乡镇网点的合理布局，依托兴安盟推进全域旅游发展优势，与文旅局合作，在店堂内设立非物质文化遗产多元产品专柜，开展非物质文化遗产推广活动；与巴彦呼舒镇政府共同建设哈日道卜闻“稻”书苑和哈日道卜“双减”研学实践基地，并向闻“稻”书苑捐赠1.05万元图书；新建“高力板中心书屋”“代钦塔拉中心书屋”中心书屋2个，持续补齐草原书屋的品种和数量，提高草原书屋出版物配备的针对性、适用性和可读性，同时开展管理员培训工作，提升草原书屋助力乡村振兴的服务效能；建设“书香校园”工程，为孟恩铅矿学校、巴彦呼舒第二中学捐赠图书近5000元，惠及学生近2000余人。

【图书发行】 承担党和国家政治读物和全旗“全民阅读”等各类图书的发行任务，拟“指定书目”，设立红色专柜，将党史学习教育系列书籍和政治类读物重点陈列。

发挥国有发行主渠道作用，开展电话、微信征订和送书上门服务，以方便党员干部群众对党史类书籍的购买和阅读。组织工作人员开展学习材料宣传征订工作，并将学习材料送到全旗各单位及185家嘎查“草原书屋”和2个中心书屋。

【“枫叶文化主题”门店】 2022年，“枫叶文化主题”门店开展“因爱而生、为爱循环”内蒙古自治区“阅旧知新·图书共享”公益行动，在科右中旗巴彦呼舒第二中学、西日嘎中心校、哈图布其嘎查建设3个站点，捐赠27万元码洋图书。门店与各个出版社对接联系，北京出版集团为科右中旗农户捐赠大米5000余斤。全旗185个草原书屋开展各类活动、管理员培训会、“百姓点单”推进会等，打造以“草原书屋”为主的基层文化阵地。以“石榴花开手拉手，籽籽同心向未来”主题活动、“绘本亲子阅读活动”“春风国通语”系列活动为载体，开展“最美书店”“最美服务”建设工作。“4·23”世界读书日，与旗人民政府、旗文旅局联合承办“悦享新时代”首届科右中旗五角枫读书暨全民阅读活动，活动中开展“万人捐赠书籍展和百米书卷签名活动”。与科右中旗第七小学开展“书香涵养精神，阅读启迪人生”读书活动，捐赠图书5万余元。与旗团委、旗宣传部、旗公安局、各个社区等开展“万家支部结新华”系列活动40余场次。

（春　英）

文化市场综合行政执法

【概况】 2022年，落实疫情防控工作，严查文化市场经营秩序，提升执法办案质量，出动执法人员5420人次，检查经营单位1360家次，立案查处10件。

【文化市场疫情防控】 落实防控措施，根据《文旅市场疫情防控应急预案》成立市场检查队伍2支，专项检查和督导辖区内KTV、网吧、影剧院、游乐场、健身场馆、游泳馆、台球厅等人员密集文化场所。对落实疫情防控要求不力的场所下达《疫情防控行政建议书》15家次，采取停业整顿措施4起。

【文化市场安全督查】 2022年，联合旗消防部门开展全旗文化市场经营场所消防隐患排查工作，检查辖区内网吧、歌舞娱乐场所、电影院、旅行社、A级景区、星级酒店等，建立检查台账，消除火灾隐患，摸排出安全隐患并落实整改工作，专项督导检查38次、检查单位1000余家次、整改安全隐患23处。

【文化市场“扫黄打非”】 制定《2022年“扫黄打非”工作实施方案》，探索网络“扫黄打非”机制，严厉打击政治性有害出版物、淫秽色情出版物、侵权盗版出版物和非法报刊，根据上级违禁出版物查缴目录开展文化市场清查、专项调查，加大对网吧、歌舞娱乐等各类文化市场经营场所日常管理和宣传教育，提高各业主对“扫黄打非”工作的认识，检查网吧是否含有禁止类游戏、歌舞娱乐场所点歌系统曲库是否含有禁止类曲目，立案查处案件7起。立案查处新闻出版类案件3起，依法收缴非法出版物500余册。结合“4·23”世界读书日、“4·26”世界知识产权日，履行“谁执法谁普法”责任，现场发放《出版管理条例》《争当扫黄打非卫士倡议书》《侵犯著作权应承担哪些法律责任》等相关法律法规宣传资料300余份、“扫黄打非”宣传品200余件。开展侵权盗版及非法出版物销毁活动，销毁非法出版图书1000余册、盗版光碟500余张。同时通过张贴海报、发放宣传图册和宣传单等方式宣传“扫黄打非”工作成果。

【文化市场扫黑除恶】 常态化开展辖区内文化、旅游市场经营场所扫黑除恶专项斗争，加强对文化经营场所存在恶意挂账、网络暴力、收取保护费以及景区周边强买强卖、旅行社擅自增加自费项目等线索搜集，同时宣传扫黑除恶专项斗争工作意义。

【“双随机、一公开”监管】 制定《2022年度“双随机、一公开”工作计划》，通过国家企业信用信息公示系统开展检查14次85家，抽查范围涵盖所有监管领域，抽查结果公示率100%，实现阳光行政执法。

（佟拉嘎）

卫生　健康

卫生健康委员会

【综述】 全旗医疗卫生机构284个。其中，疾病预防控制中心1个、卫生健康综合行政执法大队1个、妇幼保健院1个；三级乙等医院1个、二级甲等医院1个、二级乙等医院2个；苏木镇卫生院19个、社区卫生服务中心1个、场矿卫生院2个、嘎查卫生室165个、社区卫生服务站2个；各苏木镇计划生育服务中心17个。全系统职工总数2086人，其中，执业医师446人、执业助理医师156人、注册护士（师）596人、其他卫生技术人员888人。旗直4家公立医院总收入2.8亿元，2022年度总收入2.78亿元，同比增长200万元；旗直4家公立医院门诊615871人次，2022年度门诊482179人次，同比增长133692人次；旗直4家公立医院出院29010人次，2022年度出院29134人次，同比减少33人次；2022年药占比30.8%，2021年药占比32.09%，同比减少1.29%。全面贯彻《关于组织开展2022年度公立医院党委书记和院长“讲医改、见行动、出成效”活动的通知》，6月29日，启动“讲医改”活动，4家公立医院先后召开“讲医改、见行动、出成效”启动仪式；7月中旬，4家公立医院进行院内宣讲4场次，同时开展培训及讲座，各项活动全部完成。

【公共卫生均等化服务】 各基层机构完成新旧系统交接、新系统录入，建立电子档案216178个，建档率99.16%。新生儿（活产数）1091人、访视1071人，访视率98.17%；0～6岁儿童10513人、随访9918人，访视率94.34%；早孕建册1056人，建册率96.79%；产后访视1079人，访视率98.90%；65岁及以上常住人口22718人，接受健康管理老年人10701人，健康管理率47.10%；老年人健康体检22298人，健康体检率98.15%；辖区内高血压患者应管理21000人，已管理22579人，超额完成核定任务，规范化管理17438人，管理率83.03%，血压达标15602人，血压控制率69.1%；辖区内应管理糖尿病患者5700人，已管理5938人，超额完成核定任务，规范化管理4606人，管理率77.57%，血糖达标3989人，血糖控制率67.18%；辖区内登记在册确诊严重精神障碍患者1088人，规范管理1020人，管理率93.75%；社区居家在册严重精神障碍患者1018人，健康管理率93.57%；上级医疗机构确诊并基层医疗机构管理的肺结核病患者107人，已管理107人，管理率100%；同期已完成治疗肺结核患者161人，按要求服药患者160人，规律服药率99%；辖区内65岁及以上常住居民22781人，接受中医药健康管理服务16567

人，健康管理服务率72.72%；辖区内应管理0～36个月儿童10513人，接受中医药服务3074人，健康管理服务率75.17%；登记传染病例41种，网络报告传染病例41种，报告率100%；报告传染病例41例，报告及时41例，及时报告率100%；报告突发公共卫生事件相关信息164个，及时报告164个，报告率100%。

【家庭医生签约服务】 全旗常住人口218000人，签署家庭医生签约服务协议书700余份，签约99899人，签约率45.82%；辖区重点人群49174人，签约31723人，签约率64.51%。辖区内脱贫人口16088人。其中，常住人口13307人、外出2781人，死亡249人，签约服务13307人，签约率82.71%。

【基层医疗建设】 加强医疗卫生服务体系建设，总投资7457.76万元，主体8层、地下室1层，总建筑面积12858.60平方米，购置电梯5部、中央空调1部、变配电等设备及建设停车位52个、床位200张，完成基础建设；总投资1108.20万元，其中申请京蒙帮扶资金500万元，建筑面积2442.78平方米、附属用房120平方米、停车位130个，全部完成建设；启动总投资1.02亿元、总建筑面积14000平方米以及配套建设综合楼1栋项目建设，同时对场区进行硬化、绿化；启动总投资4000万元、占地8030平方米项目工程，项目建设面积7000平方米，其中，综合楼6464.25平方米、配套附属用房535.75平方米；完成总投资380万元、建筑面积1100平方米的吐列毛杜镇坤都冷卫生院综合楼的发改立项等前期手续。

【核酸检测与疫苗接种】 全旗17个行政区域对各采样点现居住人口底数进行再次核查并定期更新数据，开展大规模核酸检测提供人员基本数据储备。3月中旬，组织开展1次全员核酸检测信息管理系统培训会，围绕手机版全员核酸检测系统对受检人员信息采集、系统应用模拟、采样点实操等内容和注意事项进行培训，演示模拟操作并现场进行答疑解惑。全旗组织开展全员核酸应急演练411场次，累计采样162831人次。通过督导应急演练强化信息录入、样本转运、开封箱二维码应用等工作，保证全员核酸检测“采、送、检、报”全流程有序衔接。9月4日—10月13日，开展全旗全员核酸检测11轮174.92万人次。设置固定接种点19个，设置接种台45台，投入专业医务人员280余人，二级以上医疗救治队伍40余人。严格落实接种前健康状况询问与接种禁忌核查，按照“三查七对一验证”“四有”等要求开展疫苗接种，累计接种新冠病毒疫苗483425剂次，其中，第一针187162剂次、第二针181234剂次、第三针115029剂次；全旗60岁以上累计接种新冠病毒疫苗76662剂次，其中，第一针29121剂次、第二针26881剂次、第三针20660剂次。

【疾病预防控制】 开展布病筛查、诊疗和防治管理工作，对全旗牧业大户、市场、肉摊经营者、冷库从业人员等高危人群进行布病血清采样，累计筛查812人，发现阳性患者63人，总阳性率7.76%，发现率10.10%。在好腰苏木镇、巴彦茫哈苏木、巴彦淖尔苏木、高力板镇、新佳木苏木等5所学校抽取200名学生，开展碘盐尿碘采样和甲状腺肿大B超检查，在5个苏木镇抽取100名孕妇开展尿碘及家用食用盐采集工作，根据《碘缺乏病消除评价内容及判定标准》评价，全旗碘缺乏病在持续消除标准。开展水氟水砷调查工作，在巴彦淖尔苏木、好腰苏木镇、巴彦茫哈苏木、新佳木苏木、准太本等中心校抽取533名8～12岁儿童开展氟斑牙病检查。其中，牙齿正常469人，牙齿异常64人（可疑氟斑牙53人、极轻度氟斑牙10人、轻度氟斑牙1人）。

【卫生监督执法】 开展日常卫生监督工作，监督检查公共场所454户，存在部分住宿场所卫生管理制度不健全、公共用品用具消毒设施不规范、消毒不彻底、清洗消毒记录不完整、未做到从业人员健康证持证率100%等情况，下达整改意见981份。

【中医药（蒙医药）政策落实】 根据《兴安盟"十四五"中医药（蒙医药）规划》，从中医药（蒙医药）服务体系、服务质量、人才培养、传承创新、健康产业、文化传播、开放发展，以及政策制定等方面研究制定《科右中旗"十四五"中医药（蒙医药）发展规划（初稿）》，落实《中共兴安盟委员会办公室、行政公署办公室关于促进中医药（蒙医药）传承创新发展的实施方案》《兴安盟卫生健康委员会关于印发振兴中医药（蒙医药）行动2022年推进方案和重点任务台账的通知》，研究制定《科右中旗卫生健康委关于印发振兴中医药（蒙医药）行动2022年推进方案和重点任务台账》《健康科右中旗——中医药（蒙医药）振兴行动2022年实施方案》，实施中医药（蒙医药）健康促进专项行动，安排部署2022年重点工作任务。

【医疗资源全覆盖】 贯彻落实"先诊疗后付费"一站式结算政策，全旗12个苏木镇173个嘎查实现"医疗资源全覆盖""乡村医疗卫生机构和人员'空白点'动态清零"，对23个技术薄弱卫生室补充乡村医生。对基本医疗有保障方面发现的问题及时采取措施，确保实现农村牧区患病人群"有地方看病、有医生看病"，服务能力满足当地基本医疗需求。

【公共卫生应急管理】 贯彻落实应急工作的各项任务，加强组织领导，完善突发公共卫生事件各项工作制度，推进基础设施建设和人员培训，建立健全"责任明确、机制健全、制度完善、管理规范、准备充分、应对有效"卫生应急体系，坚持以"预防为主、分类管理、科学规范、客观实用"的原则，提高突发公共卫生事件预警和应急能力，预防和减少突发公共卫生事件造成的危害。

【计划生育】 全旗各地严格按照"本人申请、嘎查级评议、嘎查苏木镇两级公示、三级审核、两级复查、逐级上报"程序，开展"两项制度"目标人群资格确认、申报、年审工作，其中，奖励扶助资格确认836人、新增210人、退出17人，结余4人，实际发放扶助资金80.26万元；特别扶助资格确认240人、新增24人、退出4人，结余1人，实际发放扶助资金190.26万元；独生子女父母奖励417人，实际发放奖励资金4.98万元；一次性扶助15户，实际发放奖励资金26.52万元。

【"安宁疗护"试点】 科右中旗第二人民医院被确立为"首批盟级安宁疗护试点单位"，该院成立安宁疗护病房筹备小组、制定工作方案、明确任务及服务内容，根据自身实际，增设安宁疗护床位，有序开展安宁疗护服务。与旗民政局续签医养签约合作协议，对养老机构失能、半失能人员集中管理，提供养老和医疗服务，年平均17人。全旗卫生医疗机构与6个养老院、7个幸福院签订协议并提供基本医疗服务。

【爱国卫生健康宣教】 结合“全国第三十四个爱国卫生月”、爱国卫生运动70周年，到广场、商铺、居民小区等地开展爱国卫生月启动会等活动。通过张贴宣传海报、发放倡议书、宣传手册、现场答疑等形式，开展“烟草威胁环境”“无烟家庭”评选活动，现场讲解“烟草对环境的危害及对付烟瘾的小妙招”，发放光荣牌。开展“爱卫70载、喜迎二十大”爱国卫生周手抄报活动、“全民健康生活方式宣传主题日”宣传活动，以LED大屏幕投放宣传片、展示条幅、发放宣传折页、健康义诊、发放药品、电视台播放健康生活方式小视频等形式，宣传“三减三健、健康相伴”以及健康生活方式相关知识等，发放健康生活方式宣传资料3500余份、免费发放药品400余盒。

【医政医管】 加强抗菌药物、辅助用药、门诊输液、抗肿瘤药物以及毒、麻、精、放等药品管理，加大合理用药培训教育和违规用药通报处罚力度。对麻醉和精神药品进行专柜加锁，专册登记、专账消耗、专用处方和专人负责管理，现场指导监督旗直医疗机构毒麻精药品销毁，毒麻精药销毁1次。重点推进抗菌药物临床应用专项整治，纵向拓展由二、三级医院向各级医疗机构全覆盖；横向拓展由单一抗菌药物整治向辅助用药、肿瘤用药等延伸。加强临床路径管理，实施单病种管理，推进合理诊疗。

（王　珍）

疾病预防控制中心

【传染病防控】 发生法定传染病16种846例，发病率407.95/10万。其中，无甲类传染病；乙类12种、711例，占84.04%；丙类4种、135例，占15.96%。报告最多传染病为布病337例，发病率162.50/10万；其次为乙肝117例，发病率56.42/10万；肺结核115例，发病率55.45/10万。开展流行病学调查4169次，分别对传染病的首发病例、新型冠状病毒感染密切接触者集中隔离、协查、中高风险地区来旗等人员进行调查。

【传染病监测分析】 全旗有30个医疗卫生单位实现网络直报，有7个医疗单位“零病例”报告，无迟报、漏报情况。完成麻疹、禽流感、流感、手足口病、百日咳等检测任务。对首发传染病均进行流行病学调查。年度报告传染病中布病为首，其次为肺结核、乙肝。传染病预警204次。其中，新型冠状病毒感染预警169次，疑似麻疹预警8次，肺结核预警13次，猩红热2次，流行性腮腺炎1次，其他感染性腹泻2次，手足口病6次，流行性感冒2次，痢疾1次，对预警病例逐一调查核实并处置。同时按月分析全旗报告传染病，上报盟疾控中心，下发到旗直卫生单位及苏木镇卫生院。

【疫苗发放】 每月启动疫苗冷链运输车开展冷链运送1次，同时根据需要开展机动冷链运输。发放一类苗，免疫规划疫苗，卡介苗740支、乙肝3750支、脊灰灭活疫苗2870支、脊灰减毒活疫苗1362支、百白破5661支、白破835支、麻腮风2910支、A群流脑1145支、A+C群流脑3455支、乙脑2700支、甲肝1390支。发放二类疫苗，狂犬病疫苗6075支、水痘疫苗4368支、成人乙肝942支、2价HPV疫苗2100支、4价HPV疫苗315支、9价HPV疫苗345支、23价肺炎疫苗454支、成人流感2648支、b型流感100支。

【疫苗接种】 新生儿首针乙肝疫苗及时接种率96.04%，乙肝第1针接种率99.53%，乙肝第2针接种率95.04%，乙肝第3针接种率93.74%。卡介苗接种率99.15%。脊灰第1针接种94.46%，脊灰第2针接种率99.07%，脊灰第3针接种率97.68%，脊灰第4针接种率93.44%。百白破第1针接种率94.02%，百白破第2针接种率96.98%，百白破第3针接种率98.15%，百白破第4针接种率94.58%。麻腮风第1针接种率95.89%，麻腮风第2针接种率94.17%。白破接种率91.13%。乙脑第1针接种率94.80%，乙脑第2针接种率92.99%。A群流脑第1针接种率92.25%，A群流脑第2针接种率94.53%。甲肝接种率97.47%。A+C群流脑第1针接种率92.97%，A+C群流脑第2针接种率92.65%。

【免疫规划监测】 按现住址、发病日期统计，报告麻疹病例6例，实验室诊断排除6例。上报AEFI病例33例、异常反应2例，其他均为一般反应。上报AFP病例2例，其中外地报入本地病例1例，实验室诊断排除2例。

【春季灭鼠工作】 3月15日—4月15日，开展春季灭鼠工作，完成人员培训248人次，其中，卫生人员186人次、医疗人员62人次。完成野外灭鼠烟炮投放，发放鼠药310件，出动灭鼠人员4865人次，完成灭鼠面积5480公顷，发现鼠洞19856个，消灭黄鼠1235只。经灭鼠前后黄鼠密度调查，平均黄鼠密度0.07只/100公顷。结合爱国卫生运动开展巴镇社区家屋灭鼠工作，累计发放鼠药310余件，一个地区每隔7天投放鼠药1次，共投放3轮。同时宣传覆盖5万人次，普及率84%，发放各类宣传材料3.2万册，发放干预包500份。在火车站、客车站和机场等人流密集场所设置警示标语，利用LED屏播放鼠疫防治“三报、三不、三护”知识。利用微信、微博、广播、电视、报刊、宣传栏等媒体开展鼠防知识宣传。

【国家级鼠疫监测点监测】 4—7月，鼠密度调查100公顷，利用无人机踏查635平方千米、人工踏查382平方千米。布鼠夹1787个、捕鼠191只，平均鼠密度1.91只/公顷。4月中旬—9月下旬，捕获达乌尔黄鼠50只。开展黄鼠体蚤指数调查，检出黄鼠405只、蚤鼠220只，染蚤率54.32%，获蚤606匹，均为黄鼠蚤，黄鼠蚤指数1.45，黄鼠蚤占蚤种100%。开展夜行鼠蚤指数调查，捕获鼠类50只，其中，黑线仓鼠46只、五趾跳鼠4只，捕获率均为1.56%。开展黄鼠洞干蚤指数调查，探黄鼠洞480个，有蚤洞75个，染蚤率15.62%，获蚤180匹，平均蚤指数0.38。开展病原学、血清学监测，病原学检验宿主样本665份。其中，黄鼠615份、黑线仓鼠46份，五趾跳鼠4只，结果均为阴性。专项报告报送至国家鼠布基地、自治区地病中心，抄送盟疾控中心、旗卫健委。

【高危人群布病筛查及干预】 开展布病高危人群调查工作调查1200人，同时筛查812名高危人群中阳性患者63人，7个地区总阳性率7.76%，发现率10.10%。其中慢性病人2人，慢性化率3.17%，治愈率96.83%，布病知识知晓率96%，建档率100%。开展布病宣传工作，对8个苏木12个嘎查600户进行干预，发放消毒药1200瓶、消毒泡腾片（84消毒液）1200瓶、宣传册3600册、胶皮手套1200双、围裙1200个、喷壶1200个、帽子1200个、免洗洗手液1200瓶。

【慢病、重病管理】 登记管理高血压患者22648例，登记管理糖尿病患者5950例，65岁及以上老年人24660例。登记在册的严重精神障碍患者1088例，报告患病率5.25‰，规范管理率89.15%，面访率96.05%，在册患者服药率92.92%，规律服药率76.29%；精神分裂症患者服药率91.15%，规律服药率72.79%。

【生活饮用水监测】 完成2022年全旗中小学校、职高98所学校2次水质检测工作，饮用水全部合格。对城镇每季度3个出厂水及2个官网末梢和10个末梢水4个季度等60个水质检测，全部合格。覆盖全旗所有生活饮用水的检测枯水期和丰水期完成62个点的检测，其中，城镇生活饮用水合格率100%、农村饮用水合格率93.55%。同时完成全年度水质检测监测和系统录入及校对等工作。

【健康体检】 从业人员健康体检8437人次。完成学校健康教育、“爱牙日”“爱耳日”、营养科普以及食品安全周等宣传工作。完成2151名学生常见病体检监测和心理监测干预工作以及体检表录入和学生心理监测干预问卷校对工作。职业病现场监测任务30家企业，完成30家企业监测、5家重点企业数据录入。重点职业病体检数据审核任务目标1000人，完成审核1428人。

【艾滋病防控】 坚持“宣传为主、预防为先”原则，对社区居民、重点场所人员进行调查，并发放《艾滋病防治知识问卷》1400张，正确反馈1100张，艾滋病知识知晓率达78.5%。在7所初、高中学校按要求开设防治艾滋病教育课；艾滋病宣传日在街头、社区设置宣传牌，发放宣传册、宣传单3000余张；对辖区内监管场所进行艾滋病筛查，筛查检测370人，均为阴性。暗娼干预138人，性病就诊264人，男男干预141人，外来务工干预342人。自愿检测280人份；抗病毒治疗27人，CT4检测17人，CD4检测率62.9%。病载51.8%。结核筛查19人，结核筛查率70.3%。同时进行配偶检测，11人拥有配偶，艾滋病初筛11人，配偶完成率100%。开展本辖区内性病及艾滋病的网络系统直报，确保专人按时上报性病及艾滋病的季度和年度检测报表，报表率100%。

（宝清玉）

妇幼保健

【概况】 科右中旗妇幼保健院于2020年晋升为二级妇幼保健院，是全旗唯一一所集临床与保健于一体的专职妇幼保健机构，承担着全旗妇女儿童保健、医疗、预防、健康教育、计划生育服务等工作任务。设立妇科、产科、儿科、内科、理疗科、产后康复科、手术室等科室，可开展内外妇儿常见病、多发病的诊治及妇科手术和产科业务，提供基本医疗服务（包括妇女儿童常见疾病诊治、计划生育技术服务、产前筛查、新生儿疾病筛查、助产技术服务、产前诊断、产科并发症处理等）。承担着全旗多项国家项目工作，包括“增补小剂量叶酸预防神经管缺陷项目”“基本公共卫生服务项目（孕产期保健和儿童保健部分）”“农村牧区妇女宫颈癌检查项目”“农村牧区妇女乳腺癌检查项目”“新生儿听力筛查项目”“新生儿遗传代谢疾病筛查项目”“儿童营养改善项目”“唐氏筛查项目”“艾滋病、梅毒、乙肝母婴阻断项目”，同时负责全旗各苏木镇社区卫生院及旗直4家助产机构妇幼保健工作的督导与业务培训、健康教育、妇幼卫生信息统计、出生医学证明的审核与发放，托幼机构体检及免费婚检等工作。

【“两癌”检查】 开展宫颈癌检查9131人，完成91.31%。非典型鳞状细胞意义不明确186人、低度病变52人、高度病变2人、不除外高度病变17人。做阴道镜207人，阴道镜阳性32人。做病理30人，其中CIN1 21人、CINII–Ⅲ 7人、子宫颈癌2人、知晓率97%。乳腺癌检查9239人，BI-RADS0类6人，BI-RADS1类7713人，BI-RADS2类1353人，BI-RADS3类149人，BI-RADS4类18人，BI-RADS5类0人。确诊乳腺癌0人。

【增补叶酸】 开展增补小剂量叶酸预防出生缺陷项目工作，免费增补叶酸应服1247人，新增叶酸服用1207人，服用率96.79%，1—9月依从736人，依从率72.94%，达到指标要求。

【儿童保健项目】 新生儿疾病筛查工作任务1120人，助产机构活产872人，筛查苯丙酮尿症（PKU）、先天性甲状腺功能减退症（CH）达859人，完成筛查98.51%。新生儿听力筛查工作任务1120人，助产机构活产872人，听力筛查823人，完成筛查98.97%，其中，苯丙酮尿症确诊1例，跟踪随访、先天性甲状腺功能减退症确诊0例，听力障碍0例。营养包项目任务1271人，新增服用营养包儿童1058人。

【妇幼卫生监测项目】 按照《妇幼监测项目实施方案》，建立健全各项制度，实施妇幼卫生监测项目工作，是省级监测点。及时收集、整理，按时审核、上报妇幼卫生统计监测的各类纸质报表及网络报表；定期开展苏木镇监测人员培训、信息统计监测数据质量控制工作。

【妇幼死亡评审】 1—11月，无孕产妇死亡，新生儿死亡2例。

【孕产妇健康管理】 各医疗保健机构严格按照《阻断艾滋病、梅毒、乙肝母婴传播项目实施方案》要求实行首诊负责制，为孕产妇提供咨询、检测、治疗、随访服务。艾滋病抗体筛查孕产妇874人，筛出梅毒阳性14例。其中，孕妇1例、产妇11例、终止妊娠1例、孕期转诊1例，孕期均用药。筛出乙肝表面抗原阳性孕产妇16例。其中，所生新生儿15例注射乙肝免疫球蛋白；1例产妇孕期外地检查，未发现患有乙肝。筛出艾滋病感染孕产妇人数0例（孕期外地确诊1例）。

【孕前优生健康检查】 组织宣传免费孕前优生健康检查工作内容和意义，增强群众优生观念，提高待孕人群的参检意识。孕前优生健康检查任务600对，完成636对1272人，完成任务的106%。为降低唐氏综合征出生率，提高人口素质，根据《关于印发〈兴安盟免费孕16～18周妇女产前筛查项目实施方案〉的通知》，继续实施免费孕16～18周妇女产前筛查项目。项目任务1410人，完成筛查715人，完成率50.70%。

【妇幼保健管理】 1—6月产妇523人，活产524人，产妇建卡501人，建卡率95.79%。产前检查506人，产前检查率96.56%。产前检查五次以上500人，检查率95.42%。早孕检查501人，检查率95.61%。产后访视514人，访视率98.09%。孕产妇系统管理499人，系统管理率95.23%。住院分娩524人，住院分娩率100%。剖宫产391人，剖宫产率74.62%。新法接生率100%。高危产妇115人，占总产妇数21.99%，高危孕产妇住院分娩数115人，住院分娩率100%，高危孕产妇管理率100%，孕产妇死亡0例。1—6月，3岁以下儿童系统管理3519人，管理率93.44%；七岁以下儿童保健管理6765人，管理率62.5%；五岁以下儿童死亡1人，死亡率1.91‰；婴儿死亡1人，死亡率1.91‰；新生儿死亡0人，死亡率0%。

【孕产妇急救网络】 加强高危孕产妇转诊网络体系，制定转诊制度，成立孕产妇急救小组和儿童危重症急救小组，建立高危孕产妇门诊，加强高危孕产妇管理、母子保健手册的使用，降低孕产妇死亡率。旗人民医院产科急救绿色通道具备急救条件，并向社会公布急救电话，苏木嘎查危重症孕产妇和儿童能够及时上转。

【婚检工作】 与旗民政局协调开展婚检工作，1—11月新婚登记1035对，婚检992对，婚检率95.85%，疾病检出289人，检出率14.57%，影响婚育质量的疾病检出22人，检出率1.11%。

【托幼机构管理】 落实《托儿所、幼儿园卫生保健管理办法》，规范全旗托幼机构卫生保健管理工作，按照《关于巴镇地区开展儿童和保教员健康检查的通知》《关于规范化管理托幼机构卫生保健工作的通知》，对48所幼儿园223名保教员进行健康体检，并颁发健康证；对2876名托幼机构儿童进行体检。

【“母婴三证”管理】 加强“母婴三证”管理，并在许可范围内提供相应的技术服务，持有母婴证12人；建立健全出生医学证明管理制度，1—11月出生医学证明首次签发840人，签发率100%；废证1枚，废证率0.18%，活产数872，签发率96.33%。

【妇幼保健宣传教育】 通过微信服务平台发布健康知识、妇幼重大公共卫生服务项目等内容，并自制健康教育宣传片，宣传妇幼保健知识、妇幼卫生相关政策；开展新时代文明实践活动、爱国卫生月活动、安全生产月活动、“科学避孕宣传义诊活动”“母亲健康快车”义诊等，发放《孕期保健手册》《婚检手册》《儿童疾病预防》等宣传材料。开展全旗妇幼卫生健康教育工作，继续加强“网络”建设，围绕孕产妇、儿童健康管理、增补叶酸的作用、母子保健手册的应用、剖宫产对母子健康的危害、宫颈癌项目、新筛项目等内容开展健康教育活动，通过黑板报、宣传栏及发放妇幼宣传资料的方式进行宣传，举办健康教育巡讲活动等提高目标人群的相关妇幼保健知识知晓率。督导指导全旗各苏木镇卫生院妇幼保健工作，同时组织质控小组对22个苏木镇开展质检工作1次，对各苏木镇开展孕产妇死亡调查，对旗人民医院监测出生缺陷，发现存在问题及时予以解决。

【疫情防控培训演练】 组织开展疫情防

控培训会18次、应急演练7次、核酸采样培训5次。

医疗卫生机构

【科右中旗人民医院】 2022年，门诊患者37万人次，住院患者9600人次，手术患者1522例，医疗总收入1.06亿元。与北京市海淀区航天中心医院达成帮扶协议，“五大中心”急诊综合楼主体工程竣工。获赠锦旗7面，2封感谢信。加强新型冠状病毒、鼠疫等传染病学习培训、应急演练等防控工作。多次召开专题会议部署疫情防控各项工作。完善权责清晰的防控机制，制定防控方案，组建专业防控队伍，设立分类分级的防控区域，开展严格规范的防控培训。先后派出16名医护人员前往呼和浩特、二连浩特、吉林省等地参加疫情防控支援工作。承担全旗突发公共卫生应急救治任务，院前急救、产科急救绿色通道24小时畅通。120急救科出诊1489车次，抢救急危重症患者1324人次；向上级医院转诊急危重患者386人次。组织开展“我为群众办实事”等大型义诊活动，开展义诊活动8次，参加义诊医务人员85人次，义诊患者及群众700余人次，测量血压320余次，发放止咳糖浆900余盒，发放健康教育宣传手册600余份。为全旗各项重要会议、重大活动提供医疗保健服务；多次组织医疗专家队到乡村开展免费义诊活动，为农牧民做常见病筛查及健康体检，并免费发放药品。开展送温暖活动，慰问建档立卡困难户及部分一般户，赠送生活物资、解决生产生活困难、采购自产农产品等。

【科右中旗蒙医医院】 门、急诊患者13.88万人次，出院病人11597人次，体检人员24551人次，住院病人手术量1228例，平均住院日9天，药占比25.1%、耗占比6%。生产蒙药100批次7141公斤，蒙药收入达905万元。全面实施蒙医经典全科化、蒙医治未病全科化、蒙医康复全科化、蒙医一人一方全科化、蒙医护理全科化的“五个全科化”工作方案，发挥蒙医药特色优势，持续优化医院收入结构。医疗服务性收入32.9%，同期增长1.1%，药占比25.1%、同期下降1.3%。出台蒙医特色疗法激励机制，推行“医疗+特色”服务模式，出院患者蒙医非药物特色服务率达64.5%，同比增长26.2%；出院患者蒙药使用率81.6%，比同期增长10.7%；门诊蒙药处方占比52.8%，使用率47.5%，分别增长10.7%和13.9%。发挥疫情防控应急领导小组的指挥作用，及时修订完善“两案一制”，高效处置各项突发应急事件。先后派出35名医务人员赴吉林省、呼和浩特市、满洲里市、二连浩特市、乌兰浩特市等地开展抗疫援助工作。完成全旗32轮全员核酸采样及检测任务。组织专家研究推选系列防疫香囊、蒙药，充分发挥蒙医药在传染病防治、救治过程中的优势作用。举办医院各类感染及公共卫生相关培训12次、疫情防控演练3次；院内感染、食源性疾病、居民肿瘤病例、传染病病例、居民死亡医学证明报告率均100%，院内感染率均符合国家规定范围内。完成结题“蒙药灌肠疗法在肾功能不全治疗的疗效观察”“经典方散丹——10味丸治疗肺病的临床疗效观察及质量标准研究”两个盟级科研项目，同时组织申报11项课题项目。成功申报传统疗术科、脑病科为"第三批自治区蒙医特色重点专科"，心病科为"第二批自治区蒙医临床重点专科"。获批第七批全国基层名老蒙医传承工作室2项，4名老蒙医成为第四批自治区老蒙医学术指导老师。与吉大一院、二院、三院、内蒙古国际蒙医院、内蒙古医科大学附属医院、内蒙古自治区肿瘤医院、内蒙古民大附属医院签署高层医疗协同合作协议。派出14名护理骨干参加专科培训和进修，举办"5.12"国际护士节知识竞赛。民族医护理人次达96912人次，同比增加58930人次，提高155.2%。推进智慧医院建设，配备健康体检系统、财务管理系统、固定资产管理系统、人力资源管理系统、反统方系统、临床药学系统、物资管理系统、查询系统、电子发票、心身医学智能管理系统等，均上线使用，信息系统安全等保达到三级，电子病历达到四级。发热门诊建设项目完成总投资的70%，项目总面积2442平方米，设置标准床位40张。开展"讲医改、见行动、出成效"宣讲活动。贯彻落实乡村振兴政策，结合自身实际开展"送医送药健康义诊"和健康宣讲活动，开展健康"进社区、进学校、进企事业单位"活动8次，受益人群3000余人次，免费发放常用药价值4万余元。宣传名医名科、特色学科、新技术、新业务、疫情救治中医务人员感人事迹等，宣传报道156条次，其中盟、旗广播电视媒体上稿45条次。

【科右中旗中医院】　门诊总诊疗86519人次（核酸检测39223人次），同比增长28681人次。其中，门诊86519人次，同比增长28504人次；急诊28300人次，同比增长2372人次；出院3534人次，同比增长237人次。2022年总收入2719万元，较去年同比增长48.9%；医疗收入227万元，同比减少31万元；药占比27.75%，同比减少2.51%；平均住院日9.28天。严格执行疫情"日报告、零报告"制度，每日按时上报关于疫情的相关数据。及时报告疫情发生、发展、变化情况，未出现瞒报、漏报、迟报和错报、谎报等现象。预检分诊检测33.9万人次。派出27名医护人员支援呼和浩特市、满洲里市、吉林市、二连浩特市、乌兰浩特市、扎赉特旗等地完成疫情防控支援任务。负责全旗重点场所医疗垃圾收取转运处置工作，购置1台医疗废物焚烧炉并建焚烧房，聘用10名转运工作人员。负责9个社区核酸检测采样点以及2个中学、7个幼儿园的核酸采样任务。PCR实验室负责草高吐、蒙吉卡点及西日嘎等5个卫生院隔离及居家人员样本检测任务。完成伊和苏莫等4个社区入户采样2808人次，静默期间向隔离点及旗蒙医院方舱实验室派出24人次，共派出采样人员726人次。组织医务人员进行鼠疫、新冠疫情防控应急演练5次，防控相关知识培训17次，参训348人次。根据京蒙对口支援工作要求，特邀请北京市中西医结合医院神经内科主任王剑南及针灸科主治医师王浩坐诊一年，接诊260余人次，线下讲座1次，医务人员教学10余人。通过教学查房提出治疗建议及治疗方案。拟建总建筑面积14000平方米、高9层、130张床位的医养结合型中医医院，完成前期手续可研、编制、评审，项目可行性研究报告批复、项目入库均完成。出具土地预审与选址意见书、建设用地规划许可证及工程规划许可证，完成“一案三书”编制。

【科右中旗第二人民医院】 受疫情影响，患者就医少、防护物资支出较大，大部分医护人员被抽调到疫情防控一线工作，2022年度业务收入大幅下滑，业务收入3247万元，工资支出957.52万元，职工社保缴费327.30万元，疫情防控投入资金49.73万元，其中，物资34.85万元、疫情补贴14.88万元。8月底，搬迁新综合病房楼，同时拆除旧病房危楼、供应室及浆洗房等危楼约2600余平方米；重新装修加固改造老旧门诊楼、医养结合老年病科、消毒供应室、会议室三处房所2700余平方米；硬化新综合楼周边路面1715平方米。新购进核磁共振、DR、彩超、胃肠镜、腹腔镜、麻醉机等设备均投入使用，同时购置有创呼吸机4台、无创呼吸机4台；手术室装修验收达标，符合现代手术室装修标准，完成腹腔镜胆囊切除、阑尾切除手术，并外请专家、教授指导，经腹腔镜开展胃癌根治术，骨科独立开展肩关节置换术、膝关节置换术。年内各科累计收到锦旗6面。抽调112人在防控一线工作40余天。抽调5名医护人员到二连浩特开展疫情防控工作。10月，选派6名医护理人员到兴安盟参加疫情防控工作，抽调5名医护人员到呼和浩特市协同当地医护人员开展疫情防控工作。协助旗妇幼保健院、乡镇卫生院进行疫苗接种，担负疫苗接种过程中出现不良反应的急救工作。购置疫情防控两通道闸门2部、安全门1部。年底抽调全部职工，分散在疫情防控隔离点、各个责任社区、基层社区住户开展核酸检测工作。严格把好医疗质量关、病历书写关、优质服务关、医保资金使用关。按国家医疗文件要求，药占比控制在30%～33%；临床路径高出国家要求的75%，达85%以上；床位周转率8～10天；单病种费用控制基本在要求之内，医保资金使用规范、做到不超支、有结余。

【巴镇社区卫生服务中心】 医疗收入248万元，其中药品收入201万元。财政补助702万元。门诊17873人次，固定资产764万元。辖区居民建立居民健康档案53939人。管理65岁以上老年人6869人；管理高血压患者6113人、2型糖尿病患者2301人；管理重性精神病患者209人。为0～6岁儿童建立儿童保健手册、开展新生儿访视及儿童保健服务。辖区0～6岁儿童4199人，管理率93%。有孕产妇459人，管理率98.5%。发现传染病6例，上报率100%。开展家庭医生式签约服务试点工作，探索社区卫生服务模式和运行机制，按照充分告知、自愿签约、全面覆盖、突出重点、规范服务的原则推广家庭责任医生服务模式。开展居家老年人“医养结合”试点工作，服务对象主要是需要提供居家医疗服务的患有慢性病老人、易复发病老人、大病恢复期老人、残障老人。开展健康教育宣传活动12次，举办健康教育讲座54次，发放资料20872本。

社会　生活

民政事务

【概况】 2022年，全旗有城乡低保对象8891户16399人，占全旗总人口的6.59%。发放城乡低保兜底保障金8711.22万元，启动社会救助和保障标准与物价上涨挂钩联动机制4次114.64万元。有特困人员692人，其中集中供养245人，集中供养率35.4%。发放特困人员供养金和护理补贴1218.40万元，启动社会救助和保障标准与物价上涨挂钩联动机制4次5.23万元。临时救助困难群众3421人次、发放临时救助金641.21万元；同时按照《特别救助金实施细则》，救助57人次、发放特别救助金96.60万元。

【兜底保障政策】 结合旗情实际，先后出台脱贫攻坚成效巩固拓展相关政策性文件3套，全面落实低保、特困供养、临时救助等兜底保障政策，防止脱贫群众返贫。脱贫人口16424人，其中，纳入农村低保6573人、特困人员270人、临时救助1135人、残疾人“两项”补贴5977人、高龄津贴2201人。

【养老服务】 有养老机构5家，其中，公办3家、民办2家。养老机构总建筑面积1.79万平方米，总床位数475张，入住老年人295人，总入住率63%。农村互助幸福院7所，总建筑面积1.26万平方米，总床位495张，入住343人，入住率69%。社区日间照料中心3处，总建筑面积750平方米，覆盖率40%。在行业主管部门和属地新冠防控指挥部指导下调整防控等级，3月13日—5月23日实施封闭式管理，5月24日起，所有养老机构实施常态化管理。按照民政部办公厅《关于进一步抓紧抓实养老服务领域疫情防控工作的通知》《养老机构新冠肺炎疫情常态化防控指南（第三版）》执行。11月14日，启动应急预案，责令各养老机构立即采取封闭式管理，启动《新冠肺炎疫情地区及发生感染养老机构防控指南（第五版）》。完成养老机构自建房安全隐患排查工作。开展社区养老服务站建设，满都拉社区、图什业图社区、都兰社区、布敦化社区养老服务站等启动建设。为全旗2201名老年人发放高龄津贴273.50万元。开展养老诈骗专项行动，制定方案、成立领导小组，张贴海报、发放宣传单，开通举报受理热线。全旗6个养老机构累计完成核酸检测10952人次。部署上线“内蒙古高龄津贴申请”小程序。完成农村养老服务改革试点方案，与第三方公司达成购买服务初步意向，签订购买服务合同。发放70～79周岁经济困难老年人养老服务补贴29038人次145.19万元。完成坤都冷幸福院、海龙屯幸福院维修维护工作。发放民办养老机构床位补贴资金11.4万元、疫情防控补贴1万元、建设补贴1.96万元。发放口罩、防护服、酒精、84消毒液、手消毒液等疫情防控物资2680件（个），价值2万余元。完成吐列毛杜区域性敬老院和综合福利中心适老化改造。与旗住建局和都古林小区开发商协调联系，将社区养老服务用房移交，开工建设养老服务指导中心。举办全盟养老服务质量提升现场观摩会，参观吐列毛杜区域性敬老院和综合福利中心、中心敬老院等。完成建设都兰社区养老服务站、罕乌拉社区养老服务站、布敦化社区养老服务站。

社会事务

【特殊困难群体救助】 开展城乡特殊困难群体救助关爱帮扶工作，累计救助困难残疾人、重度残疾人5977人，发放残疾人“两项”补贴721.44万元。救助站劝导救助流浪无着人员25人，救助率100%。“三民”78人、60年代精减退职人员83人，发放津贴资金及生活补助金131.84万元。继续落实80岁以上高龄补贴、百岁老人津贴，发放高龄津贴2201人273.50万元。

【儿童福利关爱】 全面落实孤儿和事实无人抚养儿童保障政策，开展孤儿助学、收养登记管理等工作，防范化解儿童福利领域重点风险隐患。按时足额发放孤儿基本生活费，保障正常生活和就学，发放孤儿及事实无人抚养儿童生活保障金143.31万元。发放“福彩圆梦·孤儿助学工程”项目补助资金8万元。通过购买服务聘请科右中旗公益心理咨询中心排查全旗“农村留守儿童、困境儿童”信息，提供心理关爱、法律援助等服务。

【婚姻登记】 规范化建设婚姻登记工作，结婚登记1156对，离婚登记357对，补领结婚证1524对，补领离婚证50条，离婚申请816对，合格率均100%。

【慈善救助】 聚焦困难群体救助，继续开展重特大疾病慈善医疗救助工作，累计救助18人，救助金额29.36万元。

【殡葬改革】 推进殡葬改革工作，宣传节地生态安葬、文明殡葬。3月底，提请旗政府审阅下发《关于做好2022年殡葬改革的通知》。清明节期间，开展“健康祭扫、安全祭扫、文明祭扫”主题宣传活动，制定印发《致全旗人民的一封信》《科右中旗民政局关于做好2022年清明期间祭扫工作的通知》《清明期间平安祭扫方案》，并完成清明各项工作。推进违建墓地整治工作，有硬化墓9193座，除35座烈士墓，全部整治完成。通过绿化遮蔽、坟墓清迁等方式，清理整治公路两侧可视范围内违建墓地1236座，治理集中埋葬点6处。推进殡葬设施建设，古日本少荣公墓建设项目完成立项，完成草原征占用审批手续，报批建设项目用地组件，盟自然资源局完成复审，报自治区自然资源厅审核。完成全旗124处集中埋葬点的标识牌制作安装。第三方审计公司完成科右中旗殡仪馆和骨灰堂的现场数据测量。开展殡仪馆安全生产隐患排查，重点检查疫情防控、消防安全、水电等，要求殡仪馆立行立改，杜绝安全事故发生。5月，联合市场监管部门调查核实全旗范围内的殡葬服务中介机构，核实登记注册的殡仪服务中介机构（花圈店、殡葬用品店等）21个，对基本信息、经营状态、经营范围再次核准，不存在违规销售、捆绑销售、不明码标价等侵害群众利益问题。静默防控期间，殡仪馆闭环管理，所有员工24小时在岗。严格执行疫情防控要求，停止吊唁活动，其间无密接人员，无疫情发生。为104个符合惠民殡葬的民政对象按每人1440元标准发放惠民殡葬补助，发放补助金14.98万元。

【区划地名】 补充上报《地名志》中有关名胜古迹、名镇名村内容。按照民政部“中国·国家地名信息库数据质量建设行动”视频会议要求，完成地名数据库信息更新更正审核申报工作。按照《开展全盟行政区域界线纠纷隐患排查预防化解工作的实施方案》，开展行政区域界线纠纷隐患排查预防化解工作，排查调处苏木镇之间行政界线纠纷3起、盟市之间行政界线纠纷2起。完成全旗街、路、巷地名摸底调查工作。为更换盟市行政界线电子界桩，开展兴锡线、兴通线界桩点位实地勘察工作，并完成相关信息的收集上报。

【基层政权和社区建设】 完成科右中旗社区工作者职业体系化建设套转工作，并对社区工作者进行日常管理。将部分科右中旗社区工作者个人档案移交旗人事局档案管理中心封存保管，部分无学籍社工档案，将身份信息复印件暂时收集，在局基政股办公室存档。完成全国基层政权和社区治理信息管理系统四季度的各项基础信息填报工作，各项信息统计完成率100%。向兴安盟民政局基政科报送赛罕社区和罕乌拉社区基层治理创新典型案例。配合政法委开展市域社会治理文字材料汇总工作。由旗政府委托调查代钦塔拉新发屯艾里建行政村工作。与卫健委联合印发《关于建立健全嘎查（社区）公共卫生委员会的通知》并指导监督。与旗司法局共同推荐第三批“自治区民主法治示范嘎查”5个，分别是代钦塔拉苏木代钦塔拉嘎查、巴彦呼舒镇哈日道卜嘎查、好腰苏木镇花灯嘎查、巴仁哲里木镇哲里木嘎查、巴彦茫哈苏木哈图布其嘎查。根据自治区基层社会工作专业万人培养计划，有40余名工作人员手机开通“中社网课”学习。

【社工培育】 全旗民政系统、社区工作人员、社会人员107人参加全区社工考试。巴彦呼舒镇、高力板镇社工站启动运营，开展活动70次、专业社工活动42次，受益上万人次。2022—2025年京蒙“牵手计划”项目启动，7月4—21日，完成工作对接、实地走访、专业培训、小组活动等任务。与北京市社会工作服务机构“牵手计划”的对口实施，开启“丹心工程”，巩固基层社会工作专业人才培养，协同推进城乡社区建设，对全旗社区工作者开展线上培训。

【社会组织管理】 开展2022年优化营商环境工作，审批行政许可事项45件，其中，成立登记12件、变更登记15件、注销登记18件。印发《科右中旗民政局关于做好2021年度社会组织年度检查工作的通知》，完成107家社会组织年检工作，年检率100%。建设社会组织孵化基地，完成孵化基地基本建设，引导社会组织入驻孵化。开展社会组织风险隐患排查工作，制定《科右中旗民政局防范和化解社会组织风险工作方案》。开展“两个覆盖”百日攻坚行动，解决部分党组织在组建过程中“先建后瘫、边建边瘫”问题，在全旗社会组织党组织中推行“防瘫预警”工作机制。6家社会组织投入资金16.60万元，开展志愿帮扶、捐赠帮扶、就业帮扶、医疗帮扶、消费帮扶等帮扶活动42场次，受益约3.67万人次。印发《关于开展行业协会商会收费专项清理整治“回头看”工作的通知》，按照10%的比例抽查行业协会3家，与市场监管局、发改委联合开展全旗行业协会商会收费专项清理整治“回头看”工作，未发现有乱收费等不规范现象。静默防控期间，引导9家社会组织加入疫情防控工作，以捐赠防疫物资、配送爱心饭菜、疫情防控志愿服务、心理疏导等方式参与。

（钱秋艳）

党群服务

【概况】 科右中旗党群服务中心成立于2021年5月（前身是科右中旗社区管理服务中心），为旗委直属正科级事业单位，负责指导城镇社区党建、群团以及社区治理、服务工作。内设综合股、基层党建股、社区建设股、卫生健康股、劳动保障股、民政救助保障股及社会治理服务股7个股室。下辖罕乌拉、满都拉、都兰、霍林郭勒、巴彦、图什业图、赛罕、伊和苏莫、呼格吉勒、呼和、前德门、铁路、布敦化13个社区居委会，社区工作者80人，总管理面积16.5平方公里，辖区居民35648户，常住人口60045人。下设34个党支部，有直管党员1364名。

【社区疫情防控管理】 完成“驻呼返乡”大学生返程疫情防控工作。成立工作领导小组，制定学生集中转运、二次转运工作方案，突发紧急情况应急预案；设置8名引导员，随车清点人员、核对学生信息，完成交接；制定转运路线及备用路线，统筹安排4辆引导车，班子成员带队完成学生转运；建立大学生工作群5个，保证转运信息准确无误传达。13个社区接收大学生740人，其中，居家隔离705人、集中隔离35人；完成静默期与非静默期辖区内13个社区26次全员核酸检测，其中，静默期6次、非静默期20次，平均每轮核酸检测57200人次；核酸检测点由58个增至63个。通过微信群、公众号发布文字公告、音频、短视频等2700条；组织包联单位展开“敲门行动”6次；全面摸排外来返旗人员，确保“不落一户、不漏一人”，累计排查36609人，集中隔离520人，居家隔离2700人，健康监测3200人，三天两检6200人，境外返旗23人。完成各类推送数据的核查，对排查出的重点人员进行建档立卡，落实相应管控措施。持续推进新冠病毒疫苗接种工作，加大对居民群众的摸排、宣传和组织力度。3～11岁接种6344人，完成首针接种5704人、完成全程接种5231人；60岁以上接种12362人，完成首针10803人、完成二针10340人。

【全域互联共建】 创新党建共建新模式，13个社区与118家共建单位签订“全域互联共建”协议书111份，并交换资源清单和愿望清单。

【社区民生服务】 通过“双书记周例会”收集并解决居民反映的各类民生问题132件。其中，社区层面协调解决79件，党委层面协调解决30件，上报旗委组织部23件。通过召开“民情座谈会”、入户走访、约访接访等形式，收集居民群众急难盼愁问题

169件，协调解决136件。利用国家安全日、国家宪法日等，向居民们解读《中华人民共和国宪法》《民法典》等内容，在居民微信群、朋友圈推送禁毒、禁赌、反诈宣传等视频。建立矛盾台账，设立民生日记，及时调节处理居民矛盾纠纷。社区开展民警恳谈会36次，律师进社区讲解案件10次，收集矛盾台账156份，累计上报各类矛盾纠纷84起，处理完成84起，化解率100%。

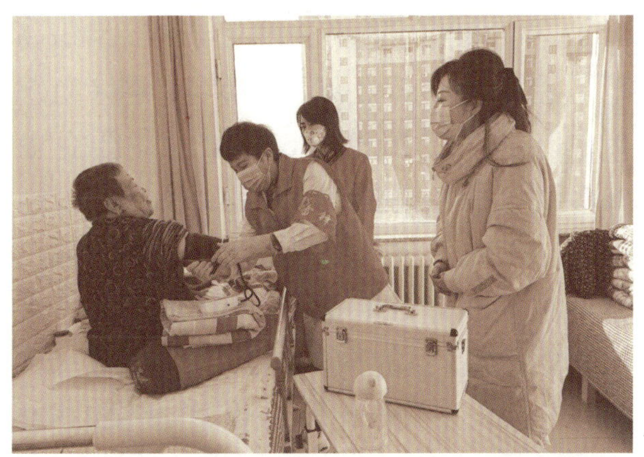

△2月15日，罕乌拉社区开展上门义诊活动
（旗委宣传部　供图）

【社区民族工作】　2022年，成立宗教工作领导小组，制定宗教工作联席会制度，中心党委和各社区利用主题党日重点学习《中国共产党统一战线工作条例》，同时完成辖区内宗教基础信息统计工作，并进行汇总归档。

【社区群团工作】　科右中旗党群服务中心团委组织下辖13个社区团支部开展“五四青年节”主题活动，以“迎建团百年·踏青春足迹”“喜迎二十大、读书伴我行”“不负韶华，永远跟党走”志愿服务活动、主题学习教育、观看红色电影等多种形式开展。下辖13个社区健全完善妇女工作领导小组，开展妇女“争先创优”活动，完成“妇女病”普查、“两癌”筛查286人，上报“最美家庭”10户、“文明家庭”8户。

【社区民生保障】　享受城镇居民最低生活保障的对象874户1414人。其中，新增54户90人，停发73户118人；辖区有孤儿4人，事实无人抚养儿童3人；特困供养人员70人，其中享受护理补贴人员24人，1月新增1人，6月分散供养转集中供养1人；有“三民”人员27人，死亡停发6人；15%精简退职人员28人，死亡停发3人；40%精简退职人员15人，死亡停发2人。发放临时救助资金71人次71900元。办理独生子女证17份、生育服务证81份。新生儿347人，其中，一孩205人、二孩129人、多孩13人，男孩190人、女孩157人。享受养老保险待遇人员1184人；发放丧葬补助金68796元；城乡居民医疗保险参保24816人，总收缴8933760元；收取城乡居民异地住院报销病历105份，发放药费报销款1250022.68元；失业保险参保142人；办理认定创业小额贷款登记手续25份；办理认定“4050”公益性岗位人员登记手续420份；办理认定困难零就业家庭人员手续9户，辖区内无职业居民劳动力总输出780人。其中，盟内输出47人，盟外输出733人。

（杨　莉）

人力资源和社会保障

【人事管理】　对全旗7396名事业单位工作人员开展2021年度考核，其中评优1226人。2022年事业单位公开招聘面向全旗或兴安盟人员（或生源），放宽学历、年龄等条件，招录政府序列事业单位工作人员162人。配合教育系统招聘特岗教师143

人、普通教师37人、公办幼教71人、教育会计22人。配合卫生系统招录综合岗位17人，定向招生3人。

【专业技术人员管理】 组织申报高级职称83人（正高级18人）、中级职称210人、初级职称342人。组织1478人开展专业技术人员继续教育网上培训。开展2022年基层“定向评价、定向使用”高级专业技术资格评审申报工作，申报其他系列“双定向”高级职称9人（正高级1人）、教育系统67人、卫生系统23人（正高级8人）。

【工资福利待遇】 为220名事业单位工作人员办理转正定级工资手续。核定305名考录人员的试用期工资。办理退休手续363人次，审批新增退休人员遗属生活困难补助11人次。审批事业单位工作人员职务（岗位）变动调整工资564人、晋升调整工资877人。

【劳动管理】 受理审核达到法定退休条件原企业职工档案，经审核符合退休条件的认定视同缴费437份。认定参加企业职工养老保险在职死亡视同21份。审核并上报企业职工特殊工种申请档案22份。

【劳动监察和劳动争议仲裁】 为1017名农民工追讨拖欠工资2025.18万余元。薪酬调查企业47家，涉及职工2102人。审核14家企业网上申报集体合同、工资专项集体合同情况。依法受理劳动人事争议仲裁案件38起，结案37起，不予受理15起，涉及89人222万元。

【信访维稳】 受理来信来访案件30起，答复27起，涉及34人。

【稳就业工作】 实现城镇新增就业1608人；城镇失业人员再就业582人；就业困难人员再就业550人；农牧民转移就业19025人；高校毕业生就业793人；京蒙劳务协作转移就业1801人；脱贫人口务工3651人。

【就业基金】 发放创业担保贷款1605万元；发放失业补助资金70.80万元；发放失业保险金121万元；为126户企业发放一次性留工培训补助156万元。拨付享受稳岗补贴企业81家，惠及职工2399人，补贴158.86万元。

【人才开发流动】 派遣“三支一扶”工作者31名、“社区民生”工作者49名；组织高校毕业生参加就业见习120名；累计组织“线上+线下”招聘会62场次，参会企业366家次，提供岗位907个，入场8250人次。

【技能培训】 实施技能帮扶，开展农牧民职业技能培训1040人次，创业培训136人次，城镇就业技能培训234人次。

【养老保险】 企业养老保险参保31926人，城乡居民养老保险实际参保123021人，机关事业单位养老保险13297人，工伤保险参保14617人，失业保险参保7300人。养老金发放率100%，未发生无故拖欠养老金现象。为符合代缴城乡居民养老保险的监测户、低收入家庭按照标准及时缴纳养老统筹，城乡居民养老保险政府代缴人员9859人，其中，低保7950人、五保273人、重残1468人、计划生育特困家庭168人。代缴金额98.77万元。

【社保卡发行管理】 督导和监管社保卡发放工作，确保制卡进度，宣传社保卡业务和政策，推进电子社保卡签发工作，全旗持卡22.64万张。

【公共服务建设】 全面梳理和优化人社部门权责清单和政务服务平台事项，梳理编辑权责清单124项；认领编辑政务服务平台事项200项。开展服务网点延伸下沉行动，将人社综合柜员制服务窗口延伸到全旗13个社区、12个苏木镇、2个工作部和3个嘎查。

（斯日古楞　倪佳馨）

就业服务

【再就业服务】 城镇新增就业1585人，完成年度任务的144%；城镇失业人员再就业571人，完成年度任务的190%；就业困难人员再就业537人，完成年度任务的107%；农牧民转移就业19025人，完成年度任务的100%；转移6个月以上14916人，完成年度任务的100%；高校毕业生就业793人，完成年度任务的145.5%；脱贫人口务工3651人，完成年度任务的100%；京蒙劳务协作转移就业1801人，完成年度任务的100%；青年就业见习120人，完成年度任务的109%；创业小额担保贷款1605万元，完成年度任务的100.3%。

【就业培训】 开展补贴性职业技能培训1274人，完成年度任务的110.7%。其中，城镇就业技能培训234人，完成年度任务的156%；创业培训136人，完成年度任务的113%；农牧民转移技能培训1040人，完成年度任务的104%。

【失业保险】 失业保险参保7300人，完成年度任务的100%；失业保险费征缴827.35万元，完成年度任务的143%，失业保险金发放188.09万元。

【就业扶贫】 围绕就业帮扶、技能帮扶、人事人才帮扶、京蒙协作等工作，全旗12个苏木镇、173个嘎查建立就业服务平台185个，配备专职工作人员和协理员185人。由各苏木镇和嘎查对专职工作人员及协理员、跨区转移务工就业人员进行日常管理，并制定管理制度；及时跟踪回访转移就业人员基本情况，并将有关数据录入全国扶贫开发信息系统，实行动态管理。通过“四位一体”就业云平台，对全旗脱贫户逐户发放和微信公众号转发等，覆盖全旗各苏木镇和嘎查以及旗内重点企业及用人单位，为脱贫人口、农村牧区低收入人员提供精准化就业服务。通过京蒙劳务协作实现农村牧区劳动力转移就业。2022年“春风行动”活动期间，组织专场招聘会5场次，提供公共就业创业服务35人次，线上回应政策咨询，发放政策宣讲资料16600份。

（王金桩）

社会保险事业服务

【企业养老保险】 企业养老保险参保31926人，其中，离退休人员16501人、在职人员15425人。企业养老金实际发放15425人41471.52万元，发放率100%。

【城乡居民养老保险】 城乡居民养老保险实际参保123021人，其中，农牧民参保121056人、城镇居民参保1965人。享受城乡居民养老保险待遇人员23109人（12月新增197人）。其中，农牧民22250人，城镇居民859人。发放城乡居民养老金4401.6万元，发放率100%。旗乡村振兴局与卫健、残联、民政进行数据共享，代缴名单每季度更新一次，全年城乡居民养老保险政府代缴人员9859人。其中，低保户7950人、五保户273人、重残户1468人、计划生育特困家庭168人，代缴任务全部完成。

【机关事业养老保险】 机关事业单位养老保险参保13297人，其中，在职人员8742人、退休人员4555人。发放机关事业养老金29375.71万元，发放率100%

【关系转移接续】 跨省转出50人、转入69人；企业转机关事业养老保险39人；退役军人基本养老保险转移接续18人。

【资格认证】 采取多种形式开展养老保险待遇领取资格认证工作。在政务大厅设置年检窗口，通过个人信息、身份核实；启用手机人脸识别系统，实现线上人脸识别认证，对因病、行动不便、居住异地不能前来认证人员提供便利；上门年检，对于高龄、卧床不起的离退休人员，组成年检工作组开展上门认证服务；各单位报送手工认证表；通过财政丧葬补助窗口互通信息等方式掌握死亡信息。企业养老保险应年检14831人，完成14791人，完成率99.7%；机关事业养老保险应年检4370人，完成4308人，完成率98.6%；工伤保险应年检5人，全部完成，完成率100%；城乡居民养老保险应生存认证23861人，完成20625人，完成率86.4%。

【工伤保险】 工伤保险参保14617人，工伤保险支付362.33万元。

【养老保险冒领追缴】 机关事业养老保险死亡冒领7人，涉及金额84937.66元，其中，已追缴5人49685.86元，未追缴2人35251.8元。机关事业服刑冒领1人，涉及金额135968.01元。企业职工死亡冒领12人涉及金额81371元。其中，已追缴8人73811元，未追缴4人7560元，移交至劳动监察大队。服刑冒领1人50566.88元。

（丁宇佳）

医疗保障

【城乡统筹】 2022年，全旗参加医疗保险194774人。其中，职工参保20781人（单位职工参保17952人、破产企业退休人员2044人、灵活就业人员785人）；城乡居民医疗保险缴费173993人（居民参保146394人、特殊身份人员27536人，此项工作位居全盟第二）。

【基金筹资】 2022年，全旗总筹资24068万元，其中，职工医保筹集基金7191万元、城乡居民医保筹集资金16877万元（可用基金15356万元）。2022年1—12月份，职工住院、门诊特慢性病共26451人次，医疗费用总额8980万元，统筹基金支出6467万元。其中，盟内住院5447人次，统筹基金支出2829万元，实际报销比例80%。盟外住院2308人次，统筹基金支出2559万元，实际报销比例61%，门诊特慢病就诊18696人次，统筹基金支出1079万元，实际报销比例85%；城乡居民统筹基金支出14895万元，占年可用基金的97%。其中，住院基金支出12214万元，占统筹基金支出的82%，门诊统筹基金支出2681万元，占统筹基金支出的18%。

【医疗救助政策执行】 完善规范的医疗救助制度，严格执行基本医保“三个目录”规定，原则上特困人员、孤儿政策范围内个人自付住院医疗费用通过医疗救助给予全额救助；低保对象、返贫致贫人口政策范围内个人自付住院医疗费用救助比例70%；脱贫不稳定人员和边缘易致贫人员等政策范围内个人自付住院医疗费用救助比例65%。统筹加大门诊慢特病救助保障，门诊和住院救助共用年度救助限额。

【欺诈骗保打击】　2022年，开展医保基金监管集中宣传月，打击欺诈骗保专项整治等活动，在苏木镇、嘎查社区、广场开展集中宣传，组织定点医药机构工作人员举行医保基金监管专题培训，提高参保人员及医护人员对《医疗保障基金使用监督管理条例》的知晓率和运用率，筑牢医保基金安全防线。

（韩　雪）

退役军人事务局

【退役军人安置就业】　接收自主就业退役士兵42人、转业士官2人、军转干部2人，全部完成选岗工作。举办为期7天的全员退役士兵适应性培训班，切实提高退役士兵职业技能和自主创业的能力。9月8日，与旗人社局、就业服务中心等部门联合举办“2022年京蒙帮扶秋季大型招聘会”，通过搭建好供需平台、提供就业援助等方式为退役军人提供针对性帮扶。

【拥军优抚】　开展退役军人和其他优抚对象信息采集和年度生存认证工作，发放1—12月全旗优抚对象生活补助金6628人次382.37万元；发放医疗补助84人次10.37万元；发放价格补贴1653人次2.84万元；发放“三难”补助106人次20.64万元。将困难退役军人关爱资金纳入财政预算，每年预算30万元用于解决极特殊困难退役军人实际问题。开展“老兵永远跟党走·把党的关爱送到老兵心中”慰问活动，定期走访模范退役军人、最美退役军人、生活困难退役军人党员、退役军人老党员、烈士遗属等。同时开展事迹宣传和节日慰问活动，为42名退役军人举行返乡欢迎仪式。

【退役军人权益维护】　受理退役军人信访事项8批次15人次，未出现8人以上大规模集访。

（韩浩然）

民族事务

【铸牢中华民族共同体意识工作】　开展全旗民族团结进步创建示范单位互关互学活动，先后到巴彦敖包嘎查等15个示范单位进行参观交流；在各级学校开展铸牢中华民族共同体意识主题的民族团结进步创建活动，全旗23706名学生参加；以“石榴籽同心筑梦”为主题，开展“民族政策宣传月”系列活动，全旗各级各部门悬挂宣传条幅700余条，制作宣传栏、墙报等900余份；铸牢中华民族共同体意识主题网络答题学习1.5万余人次；推进规范使用国家通用语言文字，在旗、苏木镇、嘎查（社区）开展《中华人民共和国国家通用语言文字法》《内蒙古自治区实施〈中华人民共和国国家通用语言文字法〉办法》宣传及“推广普通话，铸牢中华民族共同体意识”主题宣传活动；打造铸牢中华民族共同体意识实践创新基地4个、铸牢中华民族共同体意识教育基地1个；强化民族政策宣传，结合“一周两月”开展民族政策宣传260余次，制作宣传展板158个，悬挂张贴条幅270处，电子屏幕滚动展播1500余条，解答法律咨询350余人次。

【民贸民品申报】　申报内蒙古鸿安牛业

科技有限公司等15家企业为民族贸易企业，鼓励带动能力强、社会影响力较好的民族贸易企业传承优秀民族文化，促进各民族交往交流交融。

【清真食品管理】 强化清真食品供应和安全，做好经常性监督检查，预防和杜绝清真食品管理混乱等现象。

【民族经济监管】 争取少数民族发展资金3批共876万元，用于实施农牧民实用技术培训等11个项目。严格审核把关，加大项目实施前、中、后的监督力度，确保项目发挥效益。

【民族成分更改】 2022年，按照民族成分变更（行政确认）规定要求和办理程序，为4名申请更改民族成分的公民办理相关材料的受理、初审和上报工作，并通过盟行政审批和政务服务局审批。

【典型培树创建】 内蒙古京科发电有限公司等6个集体、13名个人被评为全盟民族团结进步模范集体和模范个人；申报巴彦呼舒第五小学等15个单位为全盟民族团结进步示范单位；旗司法局和消防救援大队、王保军和张冬林被授予全区民族团结进步模范集体和模范个人荣誉称号；90户家庭和9个家园被评为全盟“石榴籽家庭”和“石榴籽家园”。

【蒙古语文工作】 加强社会市面蒙汉两种文字并用管理，重点监管牌匾制作企业，切实提升社会市面蒙汉两种文字并用并行工作规范化、标准化、法制化水平。派专员进驻旗政务服务大厅审核牌匾，切实做到蒙汉两种文字规范并用，为服务对象提供便捷服务。

（萨仁其木格）

关心下一代工作委员会

【关工委组织建设】 贯彻落实习近平总书记对关心下一代工作的重要指示批示精神、《关于加强新时代关心下一代工作委员会工作的意见》；宣传贯彻党的二十大精神；了解掌握各关工委工作开展、“家长学校”建设及运行、扶持青年农牧民科技致富项目运行等情况，先后调研教育系统关工委，政法系统关工委，旗人民检察院关工委，苏木镇关工委，党群服务中心关工委，嘎查、社区、学校关工委等32个单位。健全关工委组织网络，壮大“五老”队伍，拓宽服务青少年的领域，规范制度建设，提高社会认可度。

【关爱工程】 将关爱保护农村留守儿童和困境青少年作为工作重点，多方面筹措资金，开展产业帮扶、捐资助学、金秋助学等关爱帮扶活动。为科右中旗特殊学校15名特困和重病学生捐助3000元；额木庭高勒苏木关工委为二龙屯中心校困难学生捐款、捐送体育用品等；巴彦呼舒镇关工委为西日嘎中心校学生捐助价值5000余元的学习用品和衣物；巴仁哲里木镇关工委组织“王布和爱心团队”，为困难中小学生每人捐助1000元、高校学生每人捐助2000元，共捐助11.2万余元；代钦塔拉中心校关工委举行师生“爱心捐款”活动，为12名困难和重病学生募集捐款6200元；旗教育系统关工委协调爱心企业为全旗6名残疾大学生每人资助2000元、为5名困难残疾儿童每人资助1000元、为23名困难残疾人每人资助1000元，共资助4万元。

【德育工程】 到全旗嘎查艾里、农村牧区、社区、企业、中小学、老年大学等开展“老少同声颂党恩，携手喜迎二十大”的主题教育，宣讲党史、新中国史、改革开放史、社会主义发展史，宣传时代楷模、最美奋斗者、优秀共产党员感人事迹，红色故事、党的二十大精神，宣传《预防未成年人犯罪法》《未成年人保护法》《民法典》《道路交通安全法》《家庭教育促进法》等内容，开展活动32场次，受教育9000余人次。

【未成年人法治宣传】 法院关工委在杜尔基中心校、巴彦呼舒第一小学发放《中华人民共和国宪法》《治安管理法》《未成年人保护法》等读本；检察院关工委开展“携手落实两法，共护祖国未来”检察开放日活动，并司法救助刑事案件未成年被害人2名；司法局关工委在第四中学开展“树立安全防范意识·构建平安和谐校园”法治专题讲座；公安局关工委结合典型案例，为在校学生作“我们的青春拒绝毒品，我们的生命拒绝毒品”主题报告，教育学生们提高自我防护能力，远离毒品侵袭；旗政法系统关工委、旗公安局关工委、公安交管大队关工委在巴彦呼舒第七小学联合举办学习宣传贯彻党的二十大精神主题教育；公安交管大队交通安全宣传队、法治乌兰牧骑和巴彦呼舒第七小学学生举行联欢演出《庆祝二十大》文艺节目。

【家庭教育】 以“一切为了学生的发展”为教育理念，开展“家长学校”工作。学校领导担任“家长学校”校长，嘎查书记担任每个分校校长，为教学质量及常态化运行提供基本保证。9月26日，在巴彦茫哈苏木敖力伯嘎查召开“家长学校”培训会，内蒙古家庭教育普法宣讲团讲师、旗教育系统关工委副主任、责任督学张孟莲围绕《中华人民共和国家庭教育促进法》展开授课。

（巴达拉胡）

应急管理

安全生产与应急处置

【安全生产】 发生一般生产安全事故6起、死亡6人，同比上升50%、死亡人数增加50%。其中，道路交通事故1起、农业行业触电事故1起、交通行业车辆伤害事故1起、高处坠落事故2起（电力行业1起、非煤矿山行业1起）、工贸行业机械伤害事故1起。未发生大型生产安全事故，安全生产总体形势较为平稳，未发生森林草原火灾，防汛抗旱、地质灾害、地震无应急突发事件等。

【安全监管】 开展行政执法检查127家次，出动执法人员318人次，开具执法文书305份，发现问题隐患665项，全部整改完成。其中，工贸行业执法检查28家次，发现问题隐患229项；非煤矿山行业执法检查45家次，发现问题隐患339项；危险化学品行业执法检查41家次，发现问题隐患43项；烟花爆竹行业执法检查13家次，发现问题隐患54项。行政立案24起，罚款33.3万元。其中，工贸行业行政立案14起，罚款22.3万元；非煤矿山行业行政立案6起，罚款7.3万元；危险化学品行业行政立案2起，罚款2.5万元；烟花爆竹行业行政立案2起，罚款1.2万元。综合监管行政执法检查45家次，发现问题隐患157项，全部移交行业主管部门及属地行业主管部门。

【应急演练】 7月6日，举行“科右中旗2022年多灾种综合应急救援”演练，演练由科右中旗委和旗政府主办，31个单位参加，主要演练抗震救援、抗洪抢险水上救援、危化品事故处置、森林草原防灭火等。

△ 6月16日，科右中旗开展安全生产咨询日宣传活动　（满达　摄）

防灾减灾与应急处置

【救灾救助】 全旗局部地区发生大风、强降雨天气，受灾人口14136人，受灾面积7951.4公顷，成灾面积2269公顷，绝产面积85公顷，直接经济损失约954.94万元。通过下沉调研、入户走访等形式对各地自然灾害核查，救灾款物通过各苏木镇民主评议、登记造册、张榜公布全部发放到户，共救助9381人，救助资金225.14万元。

【森林草原防灭火】 与全旗各部门各苏木镇签订责任状，落实监管责任，重要节假日、重要时期，出动宣传和巡检车辆，每个部门派出5人以上严密管控野外火源，下沉督导检查。加强应急队伍建设，按照防火应急预案可行演练，各重点部门和苏木镇至少开展1次应急演练，强化提升各级指战员的技能水平，严格执行24小时领导带班值班制度。

【防汛抗旱】 指导编制印发《中小型水库的防汛预案》，重新修订《山洪防御预案》，建立防汛应急抢险队伍，储备防汛编织袋、铁丝、铅丝笼、救生衣、铁锹等防汛应急抢险物资。

（萨如拉）

消防救援与应急处置

消防救援大队

【消防监督】 开展消防监督检查工作，排查社会单位174家，督促整改火灾隐患或违法行为88处，下发行政处罚决定书6份，临时查封单位6家，责令“三停”单位3家。结合辖区火灾防控风险点，紧盯辖区重点场所和突出问题，开展消防安全专项整治三年行动、“北疆蓝盾”消防安全大检查、生产经营性自建房重大火灾风险综合治理等专项行动，集中约谈乡镇、行业部门和重点单位负责人420余人，发函或建议书11份。

【基层消防管理】 针对农牧区火灾多的特点，推动苏木镇、嘎查村“双书记”防火工作。在西日道卜嘎查召开“一队一中心”观摩会，切实将消防安全触角延伸到基层最末端。以“三长包保责任制”为抓手，全面强化消防安全“网格化”管理模式，建立建强各苏木镇、社区、嘎查村专兼职网格队伍，形成全面覆盖、层层履职、网格兜底的防控体系。

【消防安全宣教】 举办全旗公安派出所所长、专职民警消防业务培训班。为科右中旗青年干部培训班开展消防安全授课，召开医疗行业系统标准化达标创建现场会、商业综合体消防安全培训直播活动，推行“政府抓面、部门守线、网格保块、单位控点”的社会化消防模式，督促教育、民政、文旅等多部门协同整治隐患。以消防宣传“五进”为抓手，通过“面对面”“手把手”消防知识“宣”与“教”，讲解防火安全知识。借助“中国应急管理报”“学习强国”“消防界”等新媒体平台，发布消防安全知识内容，上稿150余篇。紧盯“大学生志愿服务乡村振兴计划消防专项项目”，创新消防宣传新举措，开展线上直播、企业“讲消防”、消防队站开放等活动。

△7月14日，科右中旗消防救援大队消防员负重训练 （陈方圆 摄）

【灭火救援】 全年火灾扑救163起，抢险救援37起，社会救助29起。出动车辆249次，出动人员1295余人，抢救被困人员27名，抢救财产价值195.5万元，保护财产价值1048.86万元，未发生较大或有影响的火灾事故。

【正规化营门改造】　提请旗政府落实157万器材装备款，完成正规化营门改造项目，对办公区和生活区进行分隔改造，规范营区标识等。

（全鑫鑫）

森林消防中队

【概况】　科右中旗森林消防中队主要担负科右中旗地区森林草原防火灭火、林政执勤、综合性应急救援等任务。

【战训水平提升】　每月分析防火工作形势，开展战备教育。面对春秋防火、夏天防汛、冬天防冰雪等各类可能发生自然灾害，按要求提前完成战备物资的储备工作，落实战斗编成，完善各类预案。每周对所有的车辆、机具、扑火装备进行全面维修保养。按照“任务牵引、训用一致、科学施训、从严治训”原则，保持战备状态，开展各项战训工作，提升指战员能力，确保完成各项任务。

【双拥共建】　组织指战员开展上街除雪、打扫卫生等义务活动；与旗图书馆联合建立“流动图书站”，营造“阅读励志书，争当优秀消防员”氛围；与学校、社区、企事业单位等结成共建，参加政府组织的各项活动；春秋“两防”期间，协同有关部门开展防火宣传，普及群众3万人次。

（吕齐保）

苏木 镇 工作部 驻旗单位

苏 木

额木庭高勒

【概况】 额木庭高勒距科右中旗人民政府所在地巴彦呼舒镇54公里。苏木东与突泉县太和乡、溪柳乡和学田乡交界，南与代钦塔拉苏木毗邻，西与杜尔基镇接壤，北与吐列毛杜镇相连。总土地面积480平方公里（4.8万公顷），辖16个嘎查37个艾里。辖区内居民有5440户18269人口，有耕地1.12万公顷，林地1.73万公顷，草牧场1.79万公顷。

【农业】 粮经作物播种面积1.2万公顷，其中，玉米1.09万公顷、水稻53.33公顷、大豆446.67公顷、青贮300公顷、其他农作物333.33公顷。创建布拉格台嘎查科学储粮示范点，组织开展现场会、座谈会推广科学储粮减损成果。加大分散农田集中耕种力度，发展代耕代种社会化服务66户、82.74公顷，举办农机驾驶员培训班2期次140余人次。投入抗旱资金200余万元，打井29眼，维修机电井547眼。与电力部门协调增加2家供电变电所，解决春耕供电不足问题。推广地膜滴灌耕种，浅埋滴灌种植5466.67公顷，覆盖地膜4066.67公顷。

【牧业】 大小畜11.8万头只，其中，牛存栏1.2万头、羊10.6万只，牛存栏数较去年增长9.1%。推进舍饲养殖，改良牲畜品种，在巴扎拉嘎、敖扎拉嘎建设牲畜改良示范村，新建棚圈62处，改良人工冷配基础母牛500余头。

【林业】 在原有1000公顷林果基地基础上，投资190万元实施促农增收以工代赈项目，改造经济林20公顷，配套建设光伏发电蓄水池、滴灌带等，巩固提升林果基地生态功能。统筹推进中草药基地建设，266.68公顷中草药实现“破题起步”，完成一期104.67公顷中草药种植。

【庭院经济】 以发展庭院经济基础较好的10个嘎查为主，成立“庭院经济联合体”，引领665户群众发展特色种植，新丰、敖扎拉嘎、布拉格台3个嘎查整村推进特色庭院经济，辐射带动周边嘎查。盘活原巴扎拉嘎工作部闲置大院，建成庭院经济集散中心，搭建庭院经济销售平台，探索形成党委引领、支部聚力、农户参与、生产基地加工、集散中心销售的庭院经济全产业链模式，助力农牧民群众增收致富。

【新型农旅产业】 充实巴彦敖包旅游度假村产业业态，提升旅游体验。推进布拉格台林果基地与新丰庭院经济示范基地建设，打造新型农旅路线，构造田园综合体。发挥文旅、农旅带动作用，以技术带动、土地流转、入股分红、当地就业等多样方式，拓宽农牧民增收渠道。

【乡村振兴】 坚持常态化查漏补缺和防返贫动态监测，有监测户62户169人口（其中，边缘易致贫户35户105人口、突发严重困难户25户61人口，脱贫不稳定户2户3人口），风险未消除11户28人口，对所有监测户均落实针对性帮扶措施，消除致贫返贫风险，守住防止规模性返贫底线。投入衔接资金549.5万元，实施兴隆屯嘎查安全饮水工程和小型桥梁建设。验收完成上年度实施户厕及问题摸排整改“回头看”，完成182户农村改厕任务。立足实际，精准对接庭院经济、以工代赈、代耕代种、品种改良、市场主体带动、务工就业“六项增收措施”，保障群众增产增收。

【民族工作】 投入5万元在国道两侧设置铸牢中华民族共同体意识主题宣传展板，依托巴彦敖包旅游度假村，开展“籽籽同心，我来出题，你来答”有奖知识问答活动，宣传普及铸牢中华民族共同体意识知识，景区内建成“铸牢路”等宣传教育场所，推动中华民族共同体意识宣传教育“抬头可以看、随手可以学、处处能感知”。聚焦主线发挥17个铸牢中华民族共同体意识促进会作用，开展理论政策宣传教育活动148场次、“石榴籽同心筑梦”系列活动148场次、“中华文化大家学”活动45场次。以新丰、布拉格台嘎查为试点，开展“感党恩、听党话、跟党走”群众教育活动107场次，发放铸牢中华民族共同体意识宣传册700余册。全面推广普及国家通用语言文字，开展“通用语小课堂”“石榴花开・共享课堂”读书分享会、红色故事演讲等系列活动，提高各族群众掌握和使用国家通用语言文字能力。巴彦敖包嘎查“1346”工作机制，获“自治区第八批民族团结进步示范单位”1个、内蒙古自治区民族团结先进个人1人、兴安盟民族团结先进个人2人。

【生态建设】 加大“三禁”宣传和处罚力度，发放宣传单5000余份，处理违法焚烧秸秆6起、违法放牧53起。执行河长制、林长制，两级河长巡河507公里，97名生态护林员巡山护林。加大造林绿化力度，查干宝浩嘎查栽植文冠果253.35公顷，在布拉格台嘎查实施经济林改造工程，生态效益和经济效益并行发展双提升。推进农村牧区人居环境整治，建立“五有”长效管护机制，召开人居环境表彰大会，清理农村生活垃圾9700吨、沟渠670公里、农业生产废弃物3350吨。

△3月31日，科右中旗额木庭高勒苏木布拉格台嘎查荒山变绿山　（毕力格　摄）

【民生保障】 建成16个基层医保服务站，全苏木城乡居民医疗保险参保率98%。农村牧区低保政策兜底788户1433人口，发放保障金8414人次316.89万元；救助农村特困人员44人，发放救助金24.11万元；“三民”生活补助6人，发放补助金4.35万元；完善临时救助制度，救助对象156人次，发放救助金18.45万元；发放重度残疾人补贴248人；发放80岁以上老人高龄补贴144人。开展“助企发展”定向服务工作，在职在岗干部职工实地走访包联商铺，走深走实掌握包联主体经营范围、营业收入等情况，推广普及“蒙企通”平台“政策通晓卡”板块，实现“线上线下”多渠道送达政策，打好“促、补、减、帮”助企发展“组合拳”。开展“控辍保学”行动，义务教育阶段学生无一辍学。卫生院医务人员开展健康义诊和健康教育讲座，发放宣传单1300余份。发挥企业示范带动效应，有外出务工脱贫户、监测户164人，实施订单种植辣椒11户、种植面积3公顷。

【社会治理】 防汛抗旱和防灭火齐抓共管，配齐应急处突装备物资，开展应急演练4次，应急专职人员培训6次，落实常态化巡检工作，坚持24小时应急值班制度，全苏木无重大水旱和火灾事故发生。对辖区企业、商超门店、加油站等重点场所安全生产检查6次，督促企业落实安全生产主体责任。以营造“平安社会”为重点，坚持“两所一办联动”为主，发挥普法工作合力，开展法律法规宣传活动8次，实行嘎查“日排查”、苏木“周排查”制度，调解矛盾纠纷41起。发挥嘎查“两委”和网格员队伍的作用，排查易发案人群586人次，收缴刀具100余把，全面开展防范非法集资、电信诈骗、禁种铲毒大排查和铁路安全隐患排查等行动，巩固基层治理成效。推进边界纠纷，敖扎拉嘎唐宝屯与突泉六户马家屯边界纠纷历史遗留问题取得实质性进展。

【文化宣传】 理论学习中心组开展学习2次，对苏木各场馆进行意识形态阵地清查1次，将巴彦敖包“七星敖包馆”向旗委宣传部进行备案，对全苏木境内牌匾进行登记并更新牌匾11块。利用重大节日，对各嘎查自编自导节目进行内容审核9次，嘎查办公室上墙内容审核更改13次。组织理论学习中心组集体学习9次，观看警示教育2次、电影2次、党的二十大直播1次。累计学习时长560分钟。每日反馈各学习管理组“学习强国学情”，对学习积分未达标的学员进行群内通报，召开学习强国表彰大会，评选出积分较高学员40名个人和先进集体5个，集中表彰并发放奖品。有学员383名，学员参与率90%。开展唠嗑队宣传工作近600次，发放各类宣传单5000余张，张贴宣传条幅192条。通过“村村响大喇叭”播放各类有关疫情防控、禁烧秸秆、乡村振兴等信息165条。苏木公众号累计推送各类工作信息256篇，剪辑原创视频21篇，阅读量1万余人次，推送宣传信息被旗级媒体采用47条、盟级媒体采用18条、自治区级媒体采用7条、中央级媒体采用10条。宣传办对苏木亮点工作（包括新丰嘎查庭院经济及新建果蔬烘干基地、布拉格台嘎查林果、中草药基地、图列吐嘎查山虎种植养殖专业合作社，以及巴彦敖包嘎查农耕科普教育研学基地）进行系列宣传报道21篇，被旗级媒体采用10篇、盟级媒体采用3篇、自治区级媒体3

篇、中央级媒体采用8篇。组织指导16个嘎查开展“逐梦乡村·我们的舞台”农牧民文艺演出、节日文艺活动、广场舞邀请赛等文化活动，举办苏木级大型文艺会演2场次、嘎查文艺演出80余场次，农牧民群众编排广场舞、京剧、快板、诗歌朗诵、安代舞、四胡联奏等节目累计184场次，辐射带动群众2000人左右，兴安新闻和旗融媒体进行专题报道。4个文艺节目被选送到旗级“逐梦乡村·我们的舞台”，2个节目被选送至盟级。苏木有1个新时代文明实践所，16个嘎查新时代文明实践站，专兼职志愿者队伍17支220人。收集农牧民群众反馈问题344条，服务需求45项，解决率100%。开展文明实践活动156场、各类“我帮你”志愿服务活动200场次，受益群众4000人次。新时代文明实践所接收中心派单27单，全部结单。额木庭高勒苏木志愿服务队被评为“旗级党员志愿服务队”。

【基层人民武装】 采取“线上+线下”的模式进行宣传，召开征兵工作会议，就2022年应征条件、报名时间、报名流程、入伍及退役后优惠政策等方面进行讲解并发放宣传手册，实地走访16个嘎查，全面摸排适龄青年总量、年龄结构、文化程度、身体状况等情况，兵役登记率100%。结合实际，对应急排进行重新编排，下设4个班，调整出队人员4人、入队4人，任命8人为民兵干部。同时，完成基干民兵点验，点验到位率80%。

【特色产业项目】 建成1000平方米水上游玩项目、250平方米研学基地、6处现代化水果采摘园，推进乡村文化旅游从观光娱乐扩展到体验、研学、亲子游，游客量30万人次，旅游收入200余万元。巴彦敖包嘎查创建成为“国家3A级景区”，被评为“自治区乡村旅游重点村”。投入175万元实施布拉格台嘎查林果基地设施升级，实施浅埋滴灌5万延长米，完成266.68公顷中草药基地围封净化。完成新丰嘎查庭院经济示范基地建设，升级改造300平方米保鲜基地，蔬菜水果烘干流水线投产，注册“额叔蔬”蔬菜品牌，培树庭院户124户，户均增收4000元左右，带动周边嘎查庭院经济发展。打造二龙屯、拉拉屯、敖扎拉嘎3个“盟级美丽庭院村”。16个嘎查集体经济年收入20万元以上占比87.5%，其中集体经济收入50万元以上嘎查4个。

（董文荣）

新佳木

【概况】 新佳木苏木位于科右中旗东南部，距旗政府所在地巴彦呼舒镇26公里。东与吉林省洮南市车力乡和通榆县向海蒙古族乡交界，南与高力板镇毗邻，西和西北与代钦塔拉苏木接壤，北与突泉县太平乡相连。总土地面积13.01万公顷，其中，耕地2.34万公顷、草牧场6.03万公顷、林地3.68万公顷（人工林9113公顷、自然林2.77万公顷）。人均耕地0.83公顷，人均草牧场4.69公顷。境内有县道402公路，有霍林河、大额木特河等河流，无霜期180天，降雨量420毫米。辖新佳木、浩力宝、界仁达坝、三家子、界力佰、贝子府、哈巴斯台、赛音温都热、新发、准太本、哈日巴达、巴彦套海、巴彦芒哈13个嘎查32个自然屯。2022年，户籍人口4278户12836人口。辖区内有个体工商户（含个体工商户、农村专业合作社、私营企业）842户。

【农业】 农作物种植面积1.33万公顷，其中，优良品种种植1.08万公顷、其他作物播种2520公顷。年度投保面积1.14万公顷，投保农户2455户，累计发放各类惠农补贴2122.77万元。实施高标准农田建设项目355公顷，全年排查历年高标准农田建设项目11个，涉及农田3080公顷，按照整改类型分类，对界力佰、哈巴斯台2个嘎查607公顷的高标准农田项目进行立行立改，全部整改完成。

【牧业】 全苏木肉牛存栏量18426头，出栏7500头，改良本地黄牛3438头，发放草原生态保护补助奖励补贴1032.23万元，青贮种植面积433.33公顷。春季、秋季2次动物防疫，辖区内全部牲畜免疫接种“口蹄疫”“蓝耳病”等疫苗，防疫密度达100%，无重大疫情发生。

【生态建设】 退耕还林补植补造12.7公顷，完成退化林修复240公顷。清障清淤40立方米，完成巡河巡堤1100余人次。严格落实防火、“三禁”措施，年内共发放森林草原防火宣传单、“三禁”宣传单7000余张，张贴标语30处。“以案促改”33.3公顷以上问题图斑3个，盟自然资源局下发问题图斑25个，审计署下发问题图斑7个，全部办结销号。累计清理农村各类垃圾2700吨，出动铲车、垃圾清运车等大型机械设备220余台次，发动农牧民950余人次，开展入户宣传320余次，用于人居环境整治资金总计243.6万元。

【乡村振兴】 防返贫监测对象57户133人口，其中，2022年新增边缘易致贫户1户1人口，突发严重困难户21户54人口。已消除风险19户46人口，未消除38户87人口。投入资金48万元的秸秆转化厂基础设施建设项目完工验收，资金拨付率100%。脱贫户中外出务工283人，均已享受务工补贴。设置公益性岗位223个，实现就地就近就业。落实京蒙帮扶项目3个，投入京蒙资金235万元，分别为界力佰嘎查保鲜冷藏库及配套设施建设项目、界力佰嘎查新建白玉米加工车间项目、界仁达坝嘎查现代化养殖鸡舍及配套设施项目。3个项目均已完工，资金拨付率100%。落实巩固拓展脱贫攻坚成果同乡村振兴有效衔接项目7个。其中，产业类项目1个，为秸秆转化厂基础设施建设项目，投入资金48万元，该项目已完工验收，资金拨付率100%；基础类项目6个，投入资金597.5万元，分别为新佳木、赛音温都热、准太本、界仁达坝等4个嘎查实施屯内街巷硬化项目5处，在赛音温都热嘎查实施小型桥梁建设项目1处，6个项目均完工，资金拨付率100%。建立脱贫户义务教育阶段适龄儿童接受义务教育监测及控辍保学台账。继续执行“两后生”接受中高等职业教育帮扶补助政策。落实雨露计划补助12人，发放补贴金2.7万元。

△6月5日，科右中旗其博尔奶制品加工销售部正在加工　　（新佳木苏木　供图）

【医疗卫生】 开展农牧民医疗知识宣传活动34场次，为644名65周岁以上老人提供免费体检。

【安全生产】 组织派出所、综治办、综合行政执法局等部门，联合对辖区内学校、加油站、个体工商户、沙场、重点项目施工地等人员密集、安全隐患高发地开展全周期、多方位安全生产大检查8次，下达整改通知书11份。

【计划生育】 开展计划生育奖励扶助、特别扶助和独生子女父母奖励等工作，奖励扶助51人4.9万元；特殊扶助7户12人、8.78万元；独生子女36人0.47万元。计生专干13人，工资1.82万元；生育关怀8人、1.6万元。共发放奖励金17.57万元。

【民生保障】 有农村牧区最低生活保障对象516户947人口，发放低保金431.87万元；城镇居民最低生活保障对象24户41人口，发放低保金28.89万元；分散供养五保户17人，享受孤儿养育补助7人，享受高龄津贴95人。救助生活困难群众408人次，发放临时救助款40万元。为217名残疾人提供困难残疾人生活补贴、166名残疾人提供重度残疾人护理补贴。

【社会事业】 新农合参保9640人，城乡居民养老保险参保3539人，发放各项惠农补贴2122.77万元，累计惠及农牧户1.47万户次农牧民3.86万人次。实施危房改造25户。其中，新建24户、维修1户，涉及脱贫户5户、突发严重困难户1户、低保户6户、低保边缘户13户。为905户农牧民订购平价煤1810吨。

【市场监管】 有各类市场主体842户，年内变更市场主体11户、注销13户，发放食品经营许可证6户、小作坊生产经营许可证1户。继续实行“一次性告知”、即到即办制度，按时办结率100%。开展食品安全专项检查等各类检查7次，出动执法人员34人次，检查经营户81户次，责令整改12户，立案查处市场主体7户。

【民族工作】 有苏木级促进分会1个、嘎查级促进分会13个，会员总数249人。创建“新佳木苏木铸牢中华民族共同体意识促进分会”LOGO，制作分会马甲40件；开展各类“中华文化大家学”系列活动30余场次、“石榴籽同心筑梦”文艺会演20余场次、民族团结典型评选活动60余场次，评选出石榴籽家园1处、石榴籽家庭5户。

【综合维稳】 在辖区开展法律“六进”活动，针对不同人群开展普法宣传，发放宣传单、宣传资料8000余份，覆盖群众7000余人。排查出婚恋矛盾、邻里纠纷、土地纠纷等17个，均入户化解，调处矛盾87起，调解案件成功率100%。

【新时代文明实践】 有新时代文明实践所1处、嘎查设立文明实践站13处、志愿服务队112支，设立“我帮你”志愿服务点14处，有界仁达坝、三家子、巴彦芒哈、贝子府、浩力宝、界力佰6个文明实践示范嘎查，均按照《内蒙古自治区新时代文明实践工作评估办法》按时完成工作；接到上级派单31件、群众点单1件，按要求及时接单并积极反馈，有效解决群众难题。

【基层人民武装】 召开各嘎查书记、民兵干部（骨干）会议9次、专题视频会1次，张贴横幅15条、悬挂海报60余张、宣传单1500余份。开展政治教育理论知识培训10场次。举行全民国防教育日宣传活动，悬挂横幅2条，发放国防知识宣传单500张，参与群众及学生600人次。应急排民兵调整10人，出入队10人，消防灭火排民兵调整1人，出入队1人。通过整组，民兵总数265人，其中，应急排30人、普通民兵220人（包括13名民兵连长）、消防灭火排16人。走访军属6户，送慰问品15件、慰问金0.3万元。

【便民服务】 以便民服务中心为平台，围绕党群服务中心“提档升级”工作，推进苏木、嘎查两级党群服务中心建设。打造新佳木、浩力宝、界仁达巴3个示范嘎查，及时梳理群众诉求，制作线上预约平台，采取线上接单与线下服务相结合的方式，实现服务群众“零距离”。

【基层疫情防控】 做好疫苗接种工作，60岁以上老年人1303人，第一剂次疫苗累计接种1206针，接种率92.56%；第二剂次疫苗累计接种1097针，接种率84.19%；第三剂次疫苗累计接种700针，接种率53.72%。排查盟外来返人员、重点人员2624人次；落实居家隔离、居家健康监测等管控措施679人次。

（张晓冉　常伟伟　海　岩）

代钦塔拉

【概况】 代钦塔拉苏木位于科右中旗中部，北与额木庭高勒苏木接壤，东与突泉县溪柳乡和太和乡毗邻，西与巴彦呼舒镇、杜尔基镇相邻，南与新佳木苏木交接。总土地面积88402.9公顷，其中，耕地面积15151公顷、水田400公顷、草牧场49753.3公顷、林地15680公顷、其他7818.6公顷。人均耕地1.36公顷、占地7.96公顷、草牧场4.48公顷。境内有国道334、国道111线等。有霍林河、哈日钦扎拉格、海利金茫哈河、灯笼甸子沟、大额木特河5条河，双龙岗泡子、哈嘎泡子、查干胡舒一道坝、查干胡舒二道坝、查干胡舒三道坝5个湖，无霜期138天，降雨量360～380毫米。辖有代钦塔拉、道仑毛杜、乌兰额日格、温都日化、四海、金星、海利金茫哈、茫来、霍林郭勒、吉力化、查干淖尔、布日很茫哈12个嘎查、42个自然屯，有3926户11111人口，其中蒙古族9594人，占总人口的90%。公共财政收入1985.52万元。有52个民营企业、400户个体工商户、156个农牧民专业合作社。

【农业】 实施高标准农田项目1247.73公顷，涉及机电井59眼，总投资2186.29万元。实施浅埋滴灌项目139公顷。粮食作物总面积9833.33公顷，产量0.97亿斤。按时上缴玉米种植业保险投保金，投保面积9232.09公顷，赔偿金340.04万元。足额发放各类农业补贴。购置农机具107台，补贴金额166.05万元。

【牧业】 牲畜存栏14.4万头（只、口），其中，大畜3.4万头、小畜10.7万只。农牧民青贮饲料种植1467.27公顷。有防疫员25名，防疫密度100%。对出栏禽畜做到应检必检。培训上岗改良员56名，配齐改良设备，免费提供优质种公牛冷冻种子，配种授胎牛3204头。

【新型农旅项目】 围绕“念文旅经”发展思路，突出文旅带富主线，配套基础设施，延伸特色项目，推进代钦塔拉乡村旅游项目，投入资金2458.96万元，民宿房屋主体完工。

【乡村振兴】 纳入监测对象12户33人口。常态化开展预警监测，重点监测人员收入支出及“两不愁三保障”情况。未消除风险监测户18户51人口。对有劳动能力的及时开展产业、就业等帮扶，对无劳动能力的落实兜底保障措施，确保基本生活。继续聘用公益性岗位169人，发放各类补贴资金4.23万元。全面排查240个项目7169.2万元扶贫资金资产，建立风险排查台账，督促存在资产风险隐患的嘎查及时消除风险。争取乡村振兴衔接资金3428万元、京蒙帮扶资金300万元、海淀区帮扶资金60万元，均投资用于农业基础设施建设。引进产业发展能人开办农家乐1处。以实施乡村旅游点项目为契机，引进科右中旗励业职业培训学校，创办服装车间，对农牧民进行实用技能培训，增加农牧民收入。

△7月21日，科右中旗巴图查干奶制品制作中　（旗委宣传部　供图）

【生态建设】　将“三禁”工作作为保护生态、转变观念、推进发展的主要措施，依托嘎查“双书记”周例会、主题党日、入户宣传、座谈会等形式，开展禁牧、秸秆转化及饲草料储备等宣传活动12场次。禁牧队加强巡逻执法，全天不定时机动式巡逻，累计处罚违规放牧485起，处罚金额100.58万元。定期开展河湖“清四乱”行动，巡河744次282公里。依法治林管林、治草管草，以宣传教育为基础，加大执法力度，打击破坏森林草原的违法行为。整改审计署发现林地、草地、湿地变为耕地疑似图斑，落实苏木、嘎查两级林（草）长制，打击处罚非法开垦草原行为。结立案33起，处罚金额15万元。

【优化营商环境】　整治行政审批过程中“吃拿卡要”“门难进、脸难看、事难办”行为，落实《优化营商环境条例》加大“放管服”改革力度。新办个体工商户63个、农民专业合作社7个、食品经营许可证6个、小作坊证4个，新登记备案小餐饮5户、小饭桌2户，为各类市场主体办理变更事项25个、办理注销12个，为企业和个体工商户预约服务10户次，按时办结率100%。根据各站所职能职责，调整布局办事服务窗口。完成党群服务中心标准化建设，各项工作制度上墙，便民服务窗口办事指南、审批事项、办理流程、办结时限、所需材料等逐一明确，进驻站所8个。

【民生保障】　义务教育阶段学生入学率100%。苏木政府对学校开展食品卫生、消防、校外住宿管理安全检查2次。代钦塔拉小学新建教学楼，建筑面积773.79平方米、投入资金994万元，主体框架建设完成。司法所和派出所联合开展“宪法知识进校园”活动1次。规范城乡低保人群动态调整和认证审核工作，及时足额发放低保、养老、特困各项补助，有农保410户819人，城保9户20人，发放各类补贴486.32万元，惠及1346人。办理养老保险2899人，合作医疗缴费8674人。开展迎新春、庆“三八”妇女节、为冬奥会喝彩、世界读书日等各类文艺文化活动12场次。开展民族团结进步宣传教育活动、“逐梦乡村、我们的舞台”系列活动。落实各类计生政策，发放补贴17.4万元，惠及127人。有草原书屋12所、农家书屋2所，图书1.3万册。

【基层人民武装】 完成61名新适龄青年的兵役登记工作。宣传征兵工作，张贴海报36份，粉刷宣传条幅12份，召开大学生座谈会1次。调整基干民兵15人，建立民兵连200人，配置民兵连长12名，应急排30人、专业分队14人。代钦塔拉苏木武装部在2022年度全盟基层人民武装部全面建设创先争优活动中被评为先进单位。

【苏木人大工作】 设立代钦塔拉苏木“人大代表之家”，标识规范悬挂，配齐办公设备、办公人员。活动制度、学习培训制度、联系群众制度、视察调研制度、代表述职制度等制定并上墙。组织召开代钦塔拉苏木第十九届人民代表大会第三次会议，选举产生副苏木达1名，票决产生民生实事项目2项。

（雪 飞）

巴彦淖尔

【概况】 巴彦淖尔苏木位于科右中旗东南部，距旗政府所在地巴彦呼舒镇60公里，东与吉林省通榆县团结乡交界，南与好腰苏木镇毗邻，西与巴彦茫哈苏木相连，北与高力板镇接壤。总土地面积5.6万公顷，其中，耕地1.54万公顷、草牧场3.13万公顷、林地9333.34公顷（人工林8200公顷、自然林1133.33公顷）。人均耕地1公顷、占地5.47公顷、草牧场0.31公顷。境内有国道111线，有乌力吉木仁河，无霜期148天，降雨量355毫米。辖有双榆树、白音塔拉、贵力斯台、广太号、巴力珠日、查干淖尔、巴彦淖尔、哈吞乃苏莫、联合9个嘎查、30个自然屯，有3600户11228人口，其中蒙古族9305人，占总人口的82.9%。农牧民人均纯收入12800元。辖区内有华能扎赉特旗太阳能光伏发电有限公司科右中旗分公司、中广核（兴安盟）新能源有限公司等国有企业，个体工商户238户。

【农业】 农作物播种面积1.56万公顷，总产量45000吨，其中，玉米1.07万公顷、青贮玉米4346.67公顷、水稻200公顷、高粱86.67公顷、大豆106.67公顷、其他杂豆240公顷。推广玉米大豆复合种植技术，实施高标准农田改造项目，发展特色经济种植，探索红辣椒种植，发展订单式庭院经济模式。

【牧业】 牲畜总头数80398头只口，其中，大畜26020头、小畜49705只、猪4673头、家禽13754只。肉牛存栏13854头、出栏5475头，其中，规模化养殖场存栏4847头、出栏2279头。引导农牧民种植青贮储存，发展舍饲养殖，推进秸秆回收转化利用，减少养殖费用，增加农牧民经济收入。

【林业】 完成退耕还林3600公顷，蚂蚁森林113.33公顷、“三北”防护林1066.67公顷、补贴造林800公顷、荒沙造林3333.34公顷、雨季造林3000公顷。加强对护林员的管护工作，加大辖区禁牧力度。发放森林草原防火宣传单3200余份，张贴海报100余张。

【四乡工程】 依托乡土人才孵化中心党支部建立在外能人信息库，储备返乡创业能人8人。提升龙头企业产业带动能力并进行先期指导，开展“专家人才服务基层”、返乡大学生志愿服务等活动近5场次，累计参加72人次。对9名嘎查村党组织书记和26名驻村干部开展集中培训，提升基层干部乡村建设和治理工作能力，推动“晓景计划”。

【产业发展】 做好土地流转、种植管护、技术指导、采摘销售各环节工作，加大高标准农田建设投入，发展庭院经济、特色种植。鼓励发展种植养殖合作社、特色养殖，在品种改良、经验养殖等方面做技术推广，组织养牛产业带头人外出培训，带动农牧户发展养殖业，加快推进养殖规模化、高效化、品牌化建设，逐步实现产业振兴。

【民生保障】 落实农户住房安全动态监测机制，拨付资金15万元，新建住房9户，维修住房7户。建立米面加工厂、肉牛养殖、柠条加工厂，创造经济收入。健全低收入人口动态监测和救助帮扶机制，残疾人338人，低保423户758人口，农村特困供养15人，城镇特困分散供养5人，80周岁以上享受高龄津贴77人。累计发放临时救助17.6万元，惠及168人次。新增低保户20户33人口，停发26户39人口，调增5户6人口，调减42户50人口，调标2户3人口，渐退期113户220人口，发放保障金352.6万元。农村特困人员20人，年发放27.8万元。60年代精简退职人员中，接受“三民”生活补助金2人口，年发放3.6万元。发放救助金28.2万元，救助对象312人次。优抚对象40人、发放优抚金16.36万元，为118名重度残疾人发放护理补贴14.16万元。为161名残疾人发放困难补贴19.32万元。为78名80岁以上老人发放高龄补贴9.36万元。

【人居环境整治】 苏木危房改造任务16户，其中，新建9户、维修7户，全部验收合格，款项发放完毕。户厕整户排查1082户，其中，水厕582个、旱厕500个，摸排率100%、验收率100%。排查自建房2793户，其中，经营性自建房116户、其他自建房2677户。购置保洁车36辆、普通垃圾箱768个，新建公厕1座。清理水塘10口、村内沟渠6公里、生活垃圾2035吨、禽畜粪便垃圾3251吨，开展入户宣传353次，发动群众3925余人次，在辖区内张贴宣传横幅20余条，累计投入资金169.81万元。

【社会治理】 发挥“党建+网格”力量，整合机关干部、嘎查“两委”班子成员、驻村干部、网格员等186人，组建暖心服务小分队9支。集中入户宣传政策3次，涉及农牧民2330户，开展线上防疫政策宣传54次，上门接种疫苗34人，帮助购买药物送医16人次，排查水电气等设备设施252家。受理信访案件5件，办结5件，接访40人次解决群众合理诉求。

【生态建设】 开展“三禁”工作和草原生态保护专项整治行动，抓获违规放牧146次，罚款28.775万元，遏制非法开垦草原、林地和乱砍滥伐、超载放牧偷牧现象。做好农业面源污染治理工作，开展农业生产废弃物回收处置专项行动，推进秸秆综合利用，畜禽粪污资源化利用。

【重点项目】 投入项目资金8794万元，其中，乡村振兴项目751万元、京蒙帮扶60万元，实施包含乡村振兴示范项目，水稻加工厂建设设备采购项目等7个项目，均完成建设，项目开工率100%。中广核兴安盟革命老区风电扶贫项目涉及苏木28台风电机组。

【新时代文明实践】 按照“8有标准”建立文明实践站，建设文明实践所1个，文明实践站9个。有新时代文明实践志愿者

828人，志愿服务队伍92支。设立“我帮你”志愿服务点10处，开设各类服务内容10项。

【民族工作】 成立苏木级铸牢中华民族共同体意识促进会1个、嘎查级促进会9个，会员139人。开展“石榴籽同心筑梦”系列活动131场次，其中，“中华文化大家学”活动55场次、农村牧区“感党恩、听党话、跟党走”活动76场次。成立民族团结进步创建工作领导小组，开展“民族团结心连心”民族团结知识竞赛。举办中华文化大家学读书分享会。评选“最美家庭”，选树先进典型。创新推出“小萨带你学统战”微课堂，录制8期，通过视频公众号宣传。

【苏木人大工作】 每季度以嘎查为单位将苏木人大代表分为9个调研课题组，开展调研活动18次，为苏木基础功能完善、民生福祉保障和社会治理创新等工作提供决策参考。开展人大代表培训2轮，完善代表履职工作记录，并以嘎查为单位，每月开展人大代表接待日活动，助力解决基层矛盾纠纷化解，听取群众意见建议。组织召开人大工作例会2次，通过民生实事项目，并对苏木人民政府提出意见建议3条。

【乡村振兴】 有脱贫户597户1529人，易返贫致贫监测对象63户173人，消除致贫风险18户45人，未消除致贫返贫风险45户128人。新纳入监测17户50人。其中，边缘易致贫户4户10人，突发严重困难户13户40人。

【基层疫情防控】 累计排查上报盟外返乡人员2334人次，实施集中隔离78人次、居家隔离管控525人次、居家健康监测458人次。动态开展全员核酸检测22轮，采集核酸样本12.63万人次。设立蒙吉边界疫情防控联合服务站，守住科右中旗“东大门”。完成接送返乡大学生187人次。接种疫苗率96.2%以上。

（巴达仍贵）

巴彦茫哈

【概况】 巴彦茫哈苏木位于科右中旗所在地巴彦呼舒镇西南75公里处。东与巴彦淖尔苏木交接，南与好腰苏木镇接壤，西与扎鲁特旗毗邻，北与高力板镇相连，总土地面积7.07万公顷（707平方公里），其中，耕地9200公顷、草牧场4.63万公顷、林地5200公顷、水域2266.67公顷。辖有义勒力特、大茫哈、敖力伯、葛根敖日都、哈吐布其、巴彦温都尔、达力哈日沁、呼木吉乐图8个嘎查、28个艾里，有2727户8827人口。其中，常住2289户6204人口，蒙古族占总人口的99.8%。基础设施建设投资1151.5万元，农业产值19700万元，农牧民人均纯收入12400元。

【农业】 耕种面积9200公顷，农业保险总投保面积5933.34公顷，科学储粮50%以上，粮食产量1.6亿斤。加强农机安全宣传，发放宣传材料500份，农机驾驶技术培训56人次。整改完成土地确权“回头看”问题156个，保障农牧民合法权益。实施1143公顷高标准农田项目，整改完成775.68公顷，提高农田生产能力。

【牧业】 牲畜存栏7万余头（只口），其中，牛3.6万头、羊3.4万只。完成改良牲畜11324头，动物防疫22.2万余头（只、羽）。发展舍饲牧业，完成农用设施用地备案手续70家，新注册家庭牧场8个。新建肉牛改良中心1处。

【生态建设】 践行“生态优先，绿色发展”战略，完成验收退耕还林项目1333.3公顷、发放补贴52万元。与102名护林员完成续签，强化护林员队伍管理。落实林长制，森林巡逻率100%。多次组织干部入户排查整改，并完成整改任务。完善禁牧队伍建设，出动车辆160辆次、参禁人员70人次，终止违法行为117次。开展人居环境整治工作，累计组织4980人次，投入119.3万元，清理农村垃圾605吨。

【社会事业】 落实城乡低保、五保资金409.7万元。发放高龄津贴7.52万元，临时救助、生活救助37.8万元，优抚、“三无”人员、孤儿、残疾人、特困等补贴35.3万元。贯彻“奖、优、免、补”政策，计划生育率100%，出生率0.51%。外出务工创业1245人次，落实赴外务工交通补贴0.42万元。对辖区81个个体工商户进行拉网式排查，强化市场监督管理。发放“暖心煤”520吨，解决农牧民冬季取暖问题。开展文体娱乐活动22场次，放映“2131”工程电影96场次。组织开展蒙古刺绣培训班3次，创收31万元。

【乡村振兴】 投入137万元实施义勒力特嘎查林吉艾里通电工程。投入40万元完善达力哈日沁嘎查奶制品厂基础设施。投入834.5万元新建街巷硬化项目16.29公里。投入140万元修建大茫哈嘎查、葛根敖日都嘎查防洪坝21公里。投入1150万元建设草布斯台艾里人畜分离养殖小区。投入318万元建成草布斯台艾里集中供热、污水处理、自来水项目。投入京蒙帮扶资金60万元扩建科右中旗有机蔬菜加工基地二层成品库。投入200万元实施葛根敖日都嘎查小流域治理项目。摸底排查一般户1450户4889人，新识别监测户6户19人，消除风险14户47人。

△5月12日，巴彦茫哈发展有机干豆角助力乡村振兴　　（巴彦茫哈苏木　供图）

【特色产业】 吉祥爱里农业发展有限公司总占地面积3万平方米，建筑面积1万平方米，具备500平方米生产线2条，500平方米自然脱水车间1座，公司现有员工30人，2022年，公司总产值达到600万元。主营产品为吉祥爱里有机干豆角系列，自有商标“吉祥爱里”通过QS认证（SC认证）和中国有机食品认证。公司积极参与支持乡村振兴战略，采用“企业+基地+农户”长期合作的经营模式，全力带动农牧户增收致富，2022年，与600户农户签订种植订单，带动农牧民共计增收30万元。

【重点项目】 引绰济辽项目巴彦茫哈段主体工程完成95%。蒙东兴安科右中发电厂500千伏送出工程，按时完成施工并送电。中广核巴彦茫哈苏木段完成58台风机吊装、检修道路完成123千米、风机基础浇筑完成128基、集电线路基础完成307台。开展增减挂钩工作，完成复垦地10块4.13公顷。

【苏木人大工作】 围绕重点工程项目，发挥人大监督和督查职能，主动参与重点工程推进和协调等工作。召开第十六届人民代表大会第二次、第三次会议。听取和审议政府工作报告、人大主席团工作报告及财政收支状况报告。推进哈吐布其嘎查建立人畜分离、建设13.33公顷集体经济果园等民生实事项目。

【社会治理】 排查矛盾纠纷32起，调解成功率100%。协调解决“12345”热线问题37个，维护社会稳定。发放《民法典知识问答》等普法宣传册1000余份。打击整治养老诈骗问题，开展相关宣传10余次。强化禁毒宣传和禁种铲毒工作，举办禁毒知识讲座1期。坚持命案可防可控，开展重点易发案人群排查214人次，其中重点人员47人，全年无命案发生。受理并完成上级交办信访案件4件4人次。对4名破坏草原林地违法人员进行行政处罚。完成200平方米司法所标准化建设。协助完成辖区内54家企业“蒙企通”注册。

【民族工作】 组织干部职工学习《内蒙古自治区民族团结进步条例》《铸牢中华民族共同体意识应知应会常识》等民族理论政策和法律法规12次。开展铸牢中华民族共同体意识专题培训5期次。以2个先进嘎查为示范，打造9个民族团结进步创建的文化阵地。“铸牢中华民族共同体意识促进分会”和“家门口唠嗑队”开展铸牢中华民族共同体意识宣传活动，入户宣讲25场次，惠及300余人次。开创“语润茫哈”国家通用语言文字课堂，开展活动30余场次，参与农牧民1500人次。

【基层疫情防控】 组织动员群众参与核酸检测，完成演练3次，全员核酸检测17次，累计检测近10万余人次。转运驻呼市高校返乡学生112人次。加强疫苗接种工作，做到“应接尽接”，构建坚实免疫保障。

（斯琴图）

哈日诺尔

【概况】 哈日诺尔苏木位于科右中旗西北部，距旗人民政府所在地170公里。东与南毗邻巴仁哲里木镇，北部毗邻锡林郭勒盟东乌珠穆沁旗，西部毗邻通辽市霍林郭勒市。总土地面积11.3万公顷，其中，耕地1.36万公顷、优质草牧场5.33万公顷、林地8666.67公顷。人均耕地0.73公顷、占地27.43公顷、草牧场12.93公顷。境内有S101省际通道和334国道、通霍铁路和锡乌铁路等。有发源于特金罕山的霍林河流经60公里。无霜期80～90天，降水量373.9毫米。辖有巴彦高、乌塔其、海力森、图什业图、布日雅特、德布特尔达巴、呼和出鲁、吉日格勒代宝力高8个嘎查、15个自然屯，有1500户4086人，其中蒙古族3787人，占总人口的92.7%。公共财政收入2000万元，农牧民人均收入15000元。有布日雅特煤化工园区、兴通储运等国有企业，金宏矿业、科右中旗绿元农作物开发有限责任公司等民营企业，个体工商户30户。

【农业】 农作物播种面积年均1.33万公顷，完成高标准农田104公顷建设项目，其中，图什业图38公顷、巴彦高66公顷。青贮种植面积年均1333公顷，青贮窖总容量年均6.4万立方米。

【牧业】 牲畜总头数达13.4万头（只），其中肉牛养殖234户、肉牛存栏6100头。

【生态建设】 16名专职河长定期巡查河道的环境卫生和通畅度，巡河160人次、巡查河道9处。常态化开展河湖、林草巡护工作，苏木、嘎查两级两长巡查480余次，发放禁牧通告、违法破坏草原宣传单300

余份。霍林河哈日诺尔苏木段流域水环境综合治理成效明显，河湖“四乱”实现动态清零。开展森林管护工作，层层签订防火目标责任书，建立健全防火联动机制，“三北”封山育林1066公顷，合格率85%。

【民生保障】　城镇低保4户9人口，农村低保127户225人口，五保户5人（均为分散供养），按时发放各类补贴，保障弱势群体基本生活。城乡居民基本医疗保险缴费及城乡居民养老保险缴费完成率均100%。分散供养农村特困人员5人、事实无人抚养儿童2人，享受困难残疾人补贴37人、重度残疾人护理补贴33人，80岁以上享受高龄津贴34人。

【社会事业】　哈日诺尔中心校有教职工27人、在校生69人。参加2023年度城乡居民医疗保险3227人、养老保险1620人，收缴医疗保险基金122.63万元。哈日诺尔苏木卫生院开展健康知识讲座30场次、健康咨询活动10场次，对全镇困难人口身体状况和患病情况进行摸排，建档立卡困难人口中常住人口签约服务率100%。计划生育特别扶助6人奖励5.72万元。计划生育奖励扶助28人奖励2.69万元。专职计生干部生活补贴1.12万元。

【集体经济】　年初制定嘎查集体经济实施方案，嘎查集体经济收入50万元以上6个、30万元以上2个。对辖区内8个嘎查逐步进行经营性资产清查和资源性资产清查登记以及入账工作。8个嘎查资产13667.12万元，其中，流动资产361.35万元、固定资产13220.13万元，牲畜资产54.9万元、长期投资50万元、流动负债6176.92元，所有者权益13660.6万元。8个嘎查集体土地7.44万公顷，农用地7.04万公顷，集体耕地1.36万公顷，家庭承包耕地2413.33公顷，其中，未承包到户1.12万公顷、林地1033.33公顷、草地5.57万公顷、建设用地773.33公顷、宅基地86.67公顷。

【新时代文明实践】　建成苏木级新时代文明实践所1个、嘎查级新时代文明实践站8个，聚焦群众急难愁盼问题，开展“我为群众办实事”实践活动，收集问题清单100余条、需求清单100余条，开展各项志愿活动50余场次，主题宣讲活动200余场次，受众人数3000余人次，开展“逐梦乡村·我们的舞台”农牧民文艺演出10场次、中华文化大家学11场次、“民族政策宣传月”主题宣讲20余场次，受益群众1500余人次。

【基层人民武装】　组建民兵队伍100人。其中，基干民兵30人，基干民兵编组为1支队伍，应急排30人主要担负维稳处突、抢险救援、消防灭火等任务。

【人居环境整治】　坚持常抓不懈、全域整治，聚焦“五美、五好”目标任务，累计清理农村生活垃圾2200余吨、畜禽养殖粪污等农业生产废弃物900余吨，发放宣传资料1700份，张贴宣传标语320条。

【安全生产】　推进重大商超、自建房、燃气、危化品等重点领域专项整治。与嘎查、企业、商户等签订安全生产责任书，将责任落实到岗到人。开展安全生产大检查3次，召开安全生产专题会议3次。加强食品药品监管，保障广大人民群众饮食用药安全。

【综合维稳】　哈日诺尔司法所调解矛盾纠纷86起，全部化解，案件全部形成纸质卷宗，并上传至掌上司法App，信访总量、网上投诉下降。推进"12345"政务服务便民热线工作，接收38件、处置38件，按期受理率100%。开展普法宣传教育活动32场次，发放法律手册和资料1500余份，悬挂横幅、画报10余幅。

【群团工作】 学习新修订的《宗教事务条例》，完善基层"团建智慧"系统，运用新媒体向嘎查、社区团员青年进行活动发布和推广，通过开展"青年大学堂"学习活动，学习新时代新思想。以线上线下相结合的方式，开展巾帼课堂教育活动。每个嘎查每个月进行2—3次志愿者活动、1次恳谈会、1次宣讲会。

【苏木人大工作】 召开苏木第七届四次人代会，选举副苏木达1名，收到代表建议、意见5件，认真梳理、分类，转交苏木政府及涉及部门。安排3名旗级人大代表和48名苏木级人大代表向选民进行述职，提升代表的履职意识和责任担当。组织新一届苏木级代表48人参加苏木级培训班。

【乡村振兴】 下辖8个嘎查分为三类，其中，脱贫攻坚巩固嘎查2个（图什业图、呼和出鲁嘎查）、旗级乡村振兴试点嘎查1个（巴彦高嘎查）、巩固拓展脱贫嘎查5个（布日雅特、海力森、吉日格勒代宝力高、德布特尔达巴、乌塔其嘎查）。

【重点项目】 巴彦高嘎查实施新型集中养殖小区项目，投入381万元，建设2座1500平方米牛舍、1座1500平方米草料棚及160平方米管理房1处、青储窖、粪便堆积点、水井等相关配套设施。呼和出鲁嘎查投入150万元，建设长24米、宽6米桥梁1处。投入北京海淀区京蒙帮扶资金60万元，用于哈日诺尔苏木中心校学校大门及学校小舞台建设项目。建设学校大门1处、学校小舞台（128平方米）1座、器材室（58平方米）1间、国旗台与国旗杆、平整运动场。在呼和出鲁嘎查投入107.5万元，进行侵蚀沟治理建设项目，进行206米侵蚀沟治理。

【基层组织建设】 以耕地租赁、入股等方式提升集体经济收入，8个嘎查集体经济收入已全部超过10万元，其中，100万元以上1个、50万元以上1个。规范功能划分，党群服务"提档升级"，苏木、嘎查两级党群服务中心完成"2站10室"功能划分。"优化提升"嘎查"两委"干部队伍，对苏木38名嘎查"两委"成员建立"两委"干部备案管理档案。结合"主题党日""双书记"周例会、"夜校"等活动，开好"三会一课"，完成农牧民党员的全员轮训工作。苏木14个网格，67名网格员，多举措开展疫情防控等各项工作，有效构建"多网合一"治理新格局。主持召开苏木党建工作月例会12次、重点工作推进会15次、党委会议10次，讨论决策重要工作35项。宣传党的二十大精神，筑牢思想根基。抓党史学习教育，开展"家门口唠嗑队"宣传活动100余场次。开展"我帮你"志愿服务活动。组织开展人居环境整治、防汛抢险、疫情防控等志愿服务活动200余场次，切实解决广大党员群众的困难事、烦心事。

【民族工作】 加强民族团结进步、维护社会稳定，充分发挥党的基层组织战斗堡垒作用，成立民族工作领导小组，强化二级网格管理体系，明确职责和任务，深入学习贯彻习近平总书记重要讲话重要指示批示精神。

【基层疫情防控】 累计排查上报盟外返乡人员170余人次，实施集中隔离3人次、居家隔离管控50余人次、居家健康监测

120余人次。动态开展全员核酸检测30余轮，采集核酸样本约8.6万人次。设立哈日诺尔收费站疫情防控服务站1处，守住科右中旗“北大门”。

（刘丹妮）

镇

巴彦呼舒

【概况】 巴彦呼舒镇位于大兴安岭南麓边缘科尔沁草原腹地，科右中旗中部、霍林河中下游，北靠巴彦呼舒山，南望义和塔拉草原，北和东与代钦塔拉苏木接壤，南与高力板镇和义和塔拉林场相连，西与扎鲁特旗前进苏木、乌努格其牧场毗邻。总土地面积7.999万公顷，其中，耕地2.45万公顷、草牧场3.3万公顷、林地1.8万公顷。辖窑艾勒嘎查、海龙屯嘎查、莫力黑哈达嘎查、浩特化嘎查、察尔森化嘎查、巴仁布敦化嘎查、西日嘎嘎查、巴彦温都热嘎查、杜锡恩格热嘎查、准布敦化嘎查、罕乌拉嘎查、查干敖瑞嘎查、西日道卜嘎查、草高吐嘎查、敖尼斯台嘎查、嘎旦扎拉嘎嘎查、乌逊嘎查、杜日本格热嘎查、王鲁嘎查、哈日道卜嘎查、马架子嘎查、义和塔拉嘎查22个嘎查、41个艾里，有7058户22907人口。

【农业】 农作物播种面积2.29万公顷，粮食产量16.718万吨。其中，水稻播种1600公顷，粮食产量1.44万吨；玉米播种1.92万公顷，粮食产量15.2386万吨；经济作物播种2133公顷，粮食产量0.048万吨，推广玉米大豆复合种植技术1600公顷，实施高标准农田改造项目686.67公顷。

【牧业】 牲畜总头数148667头只口，其中，大畜22697头、小畜115618只、猪10352口。马1348匹。家禽121381只，其中，鸡119534只、鸭355只、鹅932只。各嘎查青贮储存1821.4公顷，引导农牧民发展舍饲养殖，推进秸秆回收转化利用。

【生态建设】 完成草牧场禁牧补贴录入3.16万公顷，554.91万元。植树103.67公顷，其中，哈日道卜33.34公顷（果树）、西日道卜集体33.34公顷（果树）、村民26.67公顷、西日嘎2公顷（果树）、白音温都热7公顷（果树）、王鲁1.33公顷（果树）。出动宣传车3台，发放宣传单4000余份，张贴海报120余张进行防火宣传。焚烧秸秆处罚并进行宣传教育24起，处罚金额2万元。森林图斑68个。落实建档立卡困难户护林员续聘91人，发放工资41万元。强化生态保护工作，确保退耕还林、退牧还草、秸秆禁烧、河湖长制工作落实，引导群众发展绿色农业、有机农业，施用高效、低毒、低残留农药，减少化肥、农药使用量，减轻农业面源污染。开展“三禁”工作，非法开垦草原、林地和乱砍滥伐、超载放牧偷牧现象得到遏制。抓获违规放牧737次，违规放牧牲畜22825只，罚款185.67万元。

【重点项目】 投入项目资金8794万元，其中，乡村振兴项目2691.94万元、京蒙帮扶2147.79万元，实施包含乡村振兴示范项目、给排水一体化项目、田园综合体慢直播平台建设等项目21个。11月底开工，完成19个项目，未完成2个项目（哈日道卜给排水一体化、西日道卜乡村振兴示范项目为跨年度项目）涉及资金2110.05万元，项目开工率100%。

【人居环境整治】 对已鉴定的危房户实施改造，改造完毕并验收合格，完成档案整理，发放改造款9万元。汛期排查疑似危房57户，上报旗住建局。排查摸底牧区户厕改造项目765户。其中，2018年户厕改造120户，发现问题水厕20户（哈日道卜16户、西日道卜4户）；2019年水厕改造401户，发现问题水厕21户（均在准布敦化嘎查）；2021年水厕改旱厕244户，发现问题旱厕12户（哈日道卜嘎查10户、义和塔拉嘎查2户）。排查自建房5695户，其中，非经营自建房5512、经营自建房183户，排查出经营自建房疑似危房2户。

【新时代文明实践】 成立志愿服务队伍234支，注册志愿者1182名，开展志愿服务活动1386次，解决一批基层治理、环境整治、产业发展、民生改善等与群众生产生活息息相关的问题。开展宣传普及党的创新理论和党的二十大精神宣讲、推动移风易俗、环境卫生整治、培育时代新风、文明积分兑换等志愿服务活动。创建特色“助农带货”志愿服务项目，精准化、常态化服务群众。常态化开展美丽庭院、“十星家庭”“四德榜”典型评选。

【镇人大工作】 完成依法监督，专项调研，民生实事项目试点和新冠疫情防控等方面的工作任务。弘扬宪法精神，组织全体人大代表开展宪法宣誓仪式。第五届人民代表大会第二次会议上，人代会票决实施的民生实事项目为“高标准农田”和“人居环境整治”项目；第五届人民代表大会第三次会议上，人代会票决实施的民生实事项目为“高标准农田”和“西日道卜乡村振兴示范项目（二期）”项目。

【民族工作】 调整巴彦呼舒镇铸牢中华民族共同体意识促进分会成员，成立镇、嘎查两级铸牢中华民族共同体意识促进分会各分队。开展“中华民族一家亲、同心共筑中国梦”“中华文化大家学”“听党话、感党恩、跟党走”等活动145场次，累计参与14000人次。开展“民族政策宣传月”民族政策知识竞赛。成立民族团结进步创建工作领导小组，制定《巴彦呼舒镇民族团结进步创建工作方案》，镇、乌逊、哈日道卜示范嘎查均有专题PPT和创建工作材料，创建工作材料可用二维码展示。充实党政领导班子1人、人大代表16人，完善少数民族代表人士信息数据库。

△4月15日，巴彦呼舒西日嘎嘎查农牧民活动　（旗委宣传部　供图）

【社会事业】 西日嘎中心校有在校生187人、教职工62人。西日嘎卫生院有医务人员21人、床位20张。布敦化卫生院有医务人员15人、床位8张。全镇嘎查卫生室共有医务人员25人、床位49张。开展免费“孕前检查”，提高出生人口素质，综合治理出生人口性别比偏高问题，完善流动人口服务平台，做好流动人口服务管理工作。

【民生保障】 新增低保户98户202人口，停发127户200人口，调增5户5人口，调减93户127人口，调标19户33人口，渐退期101户179人口，发放保障金745.14万元。农村特困人员49人，年发放52.2万元。60年代精简退职人员中，接受“三民”生活补助金4人口，年发放7.1万元。接受精简15%～40%生活补助金8人口，年发放1.22万元。发放救助资金52.2万元，救助对象537人次。发放优抚资金41.36万元，救助对象68人次。为233名重度残疾人发放补贴27.85万元。为337名残疾人发放困难补贴41.93万元。为160名80岁以上老人发放高龄补贴19.58万元。

【综合维稳】 定期集中排查化解可能引发影响全镇社会和谐稳定的各项矛盾纠纷和不稳定因素，妥善处置群体性事件和个人极端事件。与执法部门联动，加大对黄赌毒、邪教等影响社会秩序突出问题的排查整治力度。受理信访案件13件，全部办结，解决群众合理诉求54人次。

【乡村振兴】 脱贫监测系统有脱贫户701户1756人口。其中，脱贫户（享受政策）588户1450人口；稳定脱贫户113户306人口，边缘易致贫户9户18人口；脱贫不稳定户4户11人口；突发严重困难户13户31人口。困难学生享受雨露计划13名，补助资金1.95万元。投入衔接及京蒙帮扶资金8794万元，用于实施科右中旗给排水一体化、西日道卜嘎查乡村振兴示范项目、哈日道卜嘎查田园综合体项目等21个项目。光伏发电整体带动17个嘎查村集体经济年平均增加收入10万元以上，累计开发公益性岗位93个。

【基层疫情防控】 累计排查上报盟外返乡人员约1.5万人次，管控风险地区人员约0.8万人次。在草高吐嘎查与通辽市扎鲁特旗边界处设立草高吐疫情防控服务检查站点，守住科右中旗“西大门”。在全旗静默管理、强化管理期间，动态开展全员核酸检测23轮，采集核酸样本约32万人次。在转运返乡学生期间，完成647名学生集中转运工作。同时，持续统筹推进疫苗接种进度，实现应接尽接，常住人口疫苗接种率95%以上。

（宋成旭）

高力板

【概况】 高力板镇位于科右中旗中南部，东与吉林省通榆县交界，西与通辽市扎鲁特旗毗邻，北与巴彦呼舒镇、新佳木苏木、代钦塔拉苏木接壤，南与巴彦淖尔苏木和巴彦茫哈苏木相接，距旗所在地巴彦呼舒镇37公里处。总土地面积10.613万公顷，其中，耕地2.2万公顷、草牧场5.4万公顷、林地1.87万公顷。人均耕地0.83公顷、占地4.03公顷、草牧场2.05公顷。辖22个嘎查、70个自然屯、1个街道，有9311户26330人口，其中蒙古族23130人，占总人口88%。国民生产总值95200万元。有个体工商户311户。

【农业】 粮食作物播种面积3.88万公顷，总产量18.9亿斤，实现粮食产量稳增长。新建及维修2407公顷高标准农田。推广大豆玉米带状复合种植技术，复合种植面积1293公顷，开展农业宣传活动29场次，农业培训35期次，参加农业科技、产业指导员、致富能手等培训0.2万余人次。发放各项惠农补贴4372.97万元。聚焦庭院经济发展，投入268万元在高林套海、金祥、道本恩格尔、丰产、老公司5个嘎查实施林果基地建设项目93公顷。

【牧业】　基础母牛2.52万头，改良牛1.35万头，改良率53%，与养殖户签订牲畜防疫社会化服务协议，提高标准化养殖水平，防控重大动物疫病，做“牛文章”，提升“牛”质量。

【生态建设】　在赛汗塔拉嘎查实行“党支部带头推动土地流转集约使用”，流转确权外登记土地3409.77公顷，集体经济创收102.3万元。同时，种植453.36公顷紫花苜蓿，促使赛汗塔拉嘎查连片沙化区成为万亩“生态草”。减少根茎类植物种植1800公顷，安全度过生态修复期，实现经济效益和生态效益“双丰收”。

【人居环境整治】　农村牧区人居环境切实改善，开展量化考核4次，表彰示范嘎查3个、美丽庭院200户，清理农村生活垃圾8230吨、农业生产废弃物2450吨，建立农药废弃物集中回收点1处，回收农药废弃物3.8吨，人居环境整治工作在全盟乡镇被列入前五名。

【乡村振兴】　新识别监测对象5户11人口，突发严重困难户20户58人口，消除返贫风险户46户136人口，对新识别的监测户及突发严重困难户均已实施相应帮扶措施。为学前教育学生发放资助金101人次6.4万元；为义务教育、高中学生发放资助金2207人次165.3万元；为职业教育在校生发放雨露计划补助资金31人次4.65万元。3105名脱贫人口和监测人口基本医疗保险参保率100%，基本医疗实现全覆盖。建立《2022年农村牧区危房改造任务需求台账》，对8个嘎查16户进行危房改造，其中，维修户6户、新建户10户，已全部改造完并验收合格。对符合条件的脱贫户、监测户纳入城乡低保，做到应保尽保，累计发放临时救助229.7万元，惠及1933人次。京蒙帮扶资金60万元，用于环境卫生整治、修建管道。

【品牌项目】　推进2万头肉牛、3万头奶牛基地建设；推进G1015高速公路、中广核、引绰济辽、500千伏输变电、水美乡村、牧原二期等重大基础设施项目。组织5个嘎查149户农牧民种植锦绣海棠果89.34公顷，依托“企业+农户+市场”发展理念，逐步形成庭院经济、集体经济、联村经济“三位一体”的新型经营模式，打造林果产业发展的“品牌项目”。

【综合维稳】　建立健全镇、嘎查（街道）两级矛盾纠纷排查网络。实行镇主要领导开门接待来访制度，现场接待群众来访，解答群众疑问。将扫黑除恶专项斗争与基层组织“双书记”周例会、“主题党日”有机结合，组织嘎查党员干部集中学习。形成以“一把手”负总责、分管副镇长具体抓、镇直各单位负责人齐抓共管的安全生产监管网络。

【乡村文化宣传】　开展“逐梦乡村·我们的舞台”农牧民文艺活动25场次，以理论宣讲志愿服务队、“家门口唠嗑队”等形式创新党的理论学习；向上级媒体发稿173条，其中，国家级媒体上稿4条、区级媒体上稿13条、盟旗两级媒体上稿156条。

【基层人民武装】　按照基层武装部规范化建设达标细则标准，镇党委在原有“三室一库”的基础上购买标准保密柜，完善武装部和民兵队伍的办公、活动阵地等基础设施。结合党史学习教育，先后在镇党性教育室、战备物资器材库等开展活动10余场次。应完成兵役登记187人、完成187人。

【基层疫情防控】 开展常态化疫情防控，严密排查外来人员，日清日报，累计排查上报盟外返乡人员7426人次，实施集中隔离115人次、居家隔离管控222人次、居家健康监测265人次。动态开展全员核酸检测30余轮次，采集核酸样本约31.6万人次。设立蒙吉边界疫情防控服务站1处，守住科右中旗“东大门”。统筹推进疫苗接种工作，接种率94%以上。

（董七十六　马聚宝）

吐列毛杜

【概况】 吐列毛杜镇位于科右中旗北部，镇所在地吐列毛杜嘎查距旗所在地巴彦呼舒镇北90公里处，处于霍林河中上游，与其支流坤都冷河汇合处，东与额木庭高勒苏木、突泉县学田乡相毗邻，西与吐列毛杜农场、巴仁哲里木镇和通辽市扎鲁特旗接壤，北与突泉宝石镇、科右前旗阿力得尔镇相连。有栗钙土、黑钙土、暗棕土和草甸土等多种类型的土壤。总土地面积14.15万公顷，其中，耕地1.59万公顷、草牧场9.89万公顷、林地4.06万公顷（人工林4140公顷、自然林3.64万公顷）。人均耕地0.68公顷、占地6.11公顷、草牧场4.28公顷。境内有1条公路、1条铁路，有霍林河和坤都冷河等河流，无霜期90～115天，降雨量320～380毫米。辖有阿贵扎拉嘎、博根扎拉嘎、哈日哈达、海林、罕查干、和日木、吐列毛杜、郤吉、乌兰哈达、元宝屯、巴仁巴音乌兰、准巴音乌兰、地宫化、哈根阿木斯尔、坤都冷、毛盖吐、赛罕化、铁特格、兴安敖宝、新艾里20个嘎查、48个自然屯、1个社区，有6917户23136人口，其中蒙古族占总人口的96.4%。公共财政收入2039.07万元。有个体工商户150余户。

【农业】 农作物种植面积1.99万公顷，其中，玉米1.18万公顷、优质大豆4713.34公顷、大豆玉米带状复合400公顷、青贮2913.33公顷。耕地地力保护9880公顷，完成多品种多元化种植。高标准农田项目建设1220公顷，农业保险旱地玉米投保7066.67公顷，大豆投保3200公顷，覆盖农户2394户。技术人员下乡指导10余次，举办农牧业实用技术培训班20余期次，培训农牧民1000余人次，培育科技示范户6户，打造试验基地4处。

【牧业】 牲畜存栏27.3万头（只、口），其中，大畜存栏6.8万头、小畜存栏18.9万只、生猪存栏1.6万头，新建棚圈60余处。草原生态保护补助奖励项目禁牧补助9893.34公顷，适时开展春季畜病防疫工作，畜禽防疫密度100%，无重大疫情发生。

【生态建设】 聘用护林员103人，管控与突击相结合，严厉打击不法行为。实现专业禁牧和生态监控体系建设，控制牲畜啃食及继续沙化，保持和保护水土流失。加大对乱开乱垦、乱砍滥伐等违法行为打击力度，执行禁牧封育政策，改善生态环境。加强地质灾害隐患监测和防洪度汛工作，强化落实领导带班制度，坚持每天至少1名主要领导和全镇三分之一工作人员值班，保证通信24小时畅通，遇到险情按规定程序第一时间上报，夏季全镇发生过程性强降雨5次，及时清理和修复水毁公路。各嘎查组建防火队伍，储备防火材料，镇林业站举办防火演练6次。

【乡村振兴】 符合“雨露计划”条件学生30人，发放补贴4.5万元。合作医疗代缴746户1845人66.42万元。为7户实施危房改造项目。通过入户核算、开会研判、公示结果、递交材料，年度识别监测户3户7人口，自然增加18人口，自然减少30人口，消除风险监测户9户26人口，根据识别原因，完成实施针对性帮扶政策。

【社会事业】 有学校3所，吐列毛杜中学有教职工76人、在校生396人；吐列毛杜中心校有教职工94人、在校生794人；坤都冷中心校有教职工65人、在校生204人。参加2022年度城乡居民医疗保险16648人，参加新型农村合作医疗16649人，其中，个人缴费14085人、政府代缴2564人，收缴合作医疗基金599.33万元。优化医疗卫生条件，提升基础医疗和公共卫生服务水平，辖区卫生院2所，吐列毛杜卫生院有医护人员43人，病床30张；坤都冷卫生院有医护人员16人，病床18张；建立健康档案18530份，建档率100%，发放教育印刷资料28种，健康教育宣传栏更换12期，开展健康知识讲座92场次、健康咨询活动20场次，对全镇困难人口身体状况和患病情况进行摸排，建档立卡困难人口中常住人口签约服务率100%。新出生人口89人，计划生育特别扶助12人8.78万元。计划生育奖励扶助96人9.22万元。农村牧区计划生育家庭独女、双女结扎户考入大学本二以上12人，发放奖励金2.4万元。

【民生保障】 核定农村低保户740户1442人，城镇低保户41户66人，分散供养农村特困人员43人、城镇“三无”人员2人，孤儿5人、事实无人抚养儿童6人，享受困难残疾人补贴279人、重度残疾人护理补贴198人；80岁以上享受高龄津贴154人，60岁以上享受养老保险2655人；养老院供养127人，幸福院供养79户156人；城乡居民养老保险参保4568人，上交养老保险基金165.44万元。

【重点项目】 乡村振兴第一批衔接资金为部吉嘎查投入20万元、罕查干嘎查投入20万元、阿贵扎拉嘎嘎查投入30万元实施小型桥梁建设项目。为元宝屯嘎查投入100万元实施水渠治理项目，4个项目均完成竣工。为元宝屯、博根扎拉嘎、吐列毛杜嘎查投入385.5万元，进行街巷硬化项目，由旗乡村振兴局统一实施。

△4月9日，吐列毛杜镇光伏电池板

（张泽蒙　摄）

【特色农旅发展】 保护和宣传古城遗址、十旗会盟地、金界壕、罕查干平顶山敖包等古遗址特色文化，挖掘胡仁乌力格尔、搏克赛、科尔沁民歌等民间文化艺术，开发喇嘛扎拉嘎杜鹃花、坤都冷敦都扎拉嘎生态、坤都冷毛盖吐嘎查五角枫景点。在兴安盟民委的协调下，以旅游为特色改扩建十旗会盟地原址，带动全镇第三产业发展。

【集体经济】 年初制定《嘎查集体经济实施方案》，嘎查集体经济收入30万元以上5个、20万元以上6个、10万元以上16个。农村集体经济组织成员6180户19674人，“整村”提交成立集体经济组织赋码申请，20个嘎查均完成成立集体经济组织工作。对辖区内20个嘎查逐步开展经营性资产清查和资源性资产清查登记以及入账工作。经营性资产清查核实，20个嘎查资产总计18359.89万元，其中，流动资产1321.23万元、固定资产15576.13万元，牲畜资产22万元、长期投资1421.15万元、流动负债2177.71万元，所有者权益16176.01万元。资源性资产清查登记，20个嘎查集体土地总面积16.47万公顷，耕地1.99万公顷，其中，未承包到户面积7400公顷、园地2066.67、天然林6公顷、草地面积9.89万公顷、建设用地1933.33公顷（宅基地面积）。

【乡村文化宣传】 建立完善网格60个，网格管理长21人，网格长60人，专职网格员120人，兼职网格员120人。召开班子会研究意识形态工作4次，理论学习中心组专题学习2次。举办“最美庭院”评选、“三八”妇女节文艺会演、“逐梦乡村·我们的舞台”文艺会演、“雷锋日志愿服务活动”、嘎查“五一劳动节庆祝活动”“安全生产月宣传咨询活动”、乌兰牧骑“戏曲进乡村”“八一”建军节退役军人座谈会等活动。

【人居环境整治】 累计投入光伏资金117.78万元，出动大型机械300余次，动员1000余人次，清理垃圾8000余吨，聘用保洁员84人。投入京蒙协作帮扶资金60万元，为元宝屯嘎查南玛尼吐艾里实施环境卫生整治项目。完成户厕改造1354户，剩余178户纳入“十四五”规划。

【安全生产】 组织安监、城建、派出所、工商所等职能部门，对辖区内学校、医院、加油站、超市、饭店、旅店等人员密集场所实地开展检查，作为常态化管理模式。建立健全应急突发队伍，提高处置突发性事件能力。深化重点领域专项整治和隐患排查治理，确保食品药品、安全生产“零”事故目标。

【综合维稳】 召开专项工作会议8次、专项督导3次，调解化解矛盾纠纷114起，转诉讼3起，调解率97.4%，排查13类重点人群722人、矛盾纠纷61起，开展普法宣传21场次，出动宣传车38台次，普法人员134人次，发放普法宣传单8700余份，累计受众1.7万余人次。设有调委会22个，调委会成员75人，嘎查级人民调解员67人，“法律明白人”63人。开展“法律明白人”培训3期次，“普法进校园”活动8次，受众学生330人次。有各级调解组织22个，调解员75人，各嘎查（社区）调委会配置信息员1名。司法所协助调委会排查矛盾纠纷50件、调处成功49件、转诉讼1件，成功率98%，办结率100%，挽回当事人直接经济损失37.4万元，及时将矛盾纠纷化解在基层。开展“12·4”法治宣传日活动，采取街头宣传、法治讲座、标语等形式，开展社会治安、婚姻家庭、计划生育、义务教育、土地管理等法律、法规教育。发放宣传资料123508份，开展各种法制宣传57场次，受教116624人次。

【群团工作】 学习新修订《宗教事务条例》等5次，举办民族宗教三级网络员培训班4期次。完善基层“团建智慧”系统，运用新媒体向嘎查、社区团员青年进行活动发布和推广，推广团旗委公众号在嘎查团员、青年中的影响力，开展“青年大学堂”学习活动，学习新时代新思想，开展网上学习36期次。通过线上线下相结合的方式，开展巾帼微课堂等教育活动。

【镇人大工作】 召开镇十九届第二次、第三次人代会，选举吐列毛杜镇副镇长1名，投票表决2023年吐列毛杜镇民生实事项目2项，收到代表建议、意见15件，并认真梳理、分类，转交镇政府及涉及部门。安排15名旗级人大代表和60名镇级人大代表向选民进行述职，提升代表的履职意识和责任担当。组织新一届旗级人大代表15人参加旗级培训班，镇级代表60人参加镇级培训班。

【基层疫情防控】　组织开展全员核酸检测18轮，总检测23.5万余人次。设立防控卡点25个，配送粮油蔬菜1000余份、购买药品30余次，接送孕妇32人、危重病人65人、返乡大学生721人。累计接种新冠病毒疫苗8215人次，其中，接种第一针407人、第二针407人、加强针7215人。

（胡诚睿）

杜尔基

【概况】　杜尔基镇位于科右中旗中部，在旗人民政府所在地巴彦呼舒镇西北32公里处，处于大兴安岭向松嫩平原的过渡带上，霍林河中游。东与额木庭高勒苏木、代钦塔拉苏木交界，南与巴彦呼舒镇相连，西与通辽市扎鲁特旗毗邻，北与吐列毛杜镇接壤。地形走向西北高、东南低。南北长50公里，东西宽35公里。总土地面积11.43万公顷，其中，耕地2.5万公顷、草牧场5.1万公顷、林地2.8万公顷，森林覆盖率27.8%。土壤主要为黑钙土、暗棕土、栗钙土、风沙土。有桔梗、黄芩、赤芍、防风等10余种野生药材。有野猪、狐狸、山兔、野鸡、鹌鹑等20余种野生动物，有五角枫、桦树、柞树、榆树等天然林和松树、杨树、果树等人工林，地下水和地表水资源丰富，全旗最大河流——霍林河纵贯境内50公里。辖巴彦乌拉、鲜光、赛罕乌拉、靠山、亚门毛杜、达日罕乌拉、德勒图乌苏、杜尔基、双金、布拉根阿日、宝根吉如和、乌兰化、乌兰中、乌苏台扎拉嘎、雅玛图、朝胡尔图、巴彦哈拉、西日林化18个嘎查、50个自然屯、1个居委会。有7175户21251人口，其中，非农业1572人、农业19679人。蒙古族19288人，占总人口的90.8%，公共财政收入1808.78万元，农牧民人均纯收入8350元。

【农业】　种植青贮面积3333.5公顷，有青贮窖1200处。经济作物播种面积4100公顷，总产量8.93万吨。持续保持水稻3333.5公顷种植面积。粮食作物播种面积2.34万公顷，粮食总产量3.5亿斤。开展集中培训农业技术信息、农作物病虫防治等农业技术讲座5期次，培训550人次。完成高标准农田1800.09公顷。排查机电井1264眼、井房井箱1130个、变压器296台，对存在问题的机电井立行立改356处，保障农民农田用水问题。

△5月23日，科右中旗杜尔基镇万亩稻田，高速插秧机正在作业　（包吉鹏　摄）

【牧业】　牲畜总头数20万头（只），大畜3.8万头，其中，牛3.68万头、马960匹、驴340头。小畜16.2万只，其中，羊14.8万只、猪1.4万头。全面推广无公牛冷配技术，有改良站4个、改良室6处，无公牛冷配技术配种人员30人，改良牛9000头。按时按季开展动物防疫工作，完成22万头只牲畜的预防接种工作，免疫接种率95%以上。

【林业】　春季造林时节将2021年秋季验收未合格的20公顷新一轮退耕还林地块进行统一补植补造，森林覆盖率27.8%。健全完善草原防火应急机制，各嘎查、社区成立快速扑火队，均配备风力灭火器和2号扑火工具。自治区破坏草原林地违规违法专项整治行动草原问题图斑15个、林业问题案件28个，全部整改完成。以案促改疑似图斑13个，涉及671户642.5公顷，13～33公顷疑似图斑52个，涉及1105户731.64公顷，全部整改完成。审计署下发全镇草地变耕地疑似图斑289个，涉及550户160.34公顷，全部整改完成。

【水利】　严格按照要求进行河长巡河制度，有镇级河长12人、嘎查级河长16人，霍林河流经10个嘎查，河沟涉及16个嘎查。巡河频率与巡河日志与上级要求一致，累计巡河600余次。配合旗水利局，对全镇50个艾里的居民用水水样进行抽取检测，形成水质检测报告，保障农村牧区居民饮水安全。组织嘎查（社区）、政府干部职工捐献应急水利编织袋7380个，有石料、沙石储备各1处（亚门毛杜嘎查），铲车、翻斗车各2辆。协调旗住建局、交通局等有关部门争取到过水涵管及修复路面项目，为雅玛图、达日罕乌拉、乌兰化等嘎查修建过水路面13处。同时重点修缮亚门毛杜嘎查海林艾里桥梁及周边道路200米，确保人员通行安全。

【乡村振兴】　有脱贫户611户1524人口。其中，脱贫不享受政策74户230人口，边缘易致贫55户138人口，消除风险43户112人口，突发严重困难户39户110人口，消除风险12户33人口，脱贫不稳定户6户14人口，消除风险6户14人口。实施重点乡村振兴项目8个，总投入资金768.5万元。北京市海淀区花园路街道投入帮扶资金60万元，用于改造鲜光嘎查南鲜光艾里鲜光民宿大观园，项目完工并交付嘎查。常态化开展控辍保学排查工作，对脱贫户、监测户家庭中的义务教育阶段儿童少年建立控辍保学台账并及时更新完善，春季学期享受“雨露计划”补助13人次。

【民生保障】　低保户824户1593人口，特困供养对象36人，城镇低保户18户28人口。为248名低保残疾人、212名重度残疾人发放补贴66万余元，为高龄人发放津贴19万元，为256户490人口发放救助款68万元。落实残疾人、学生、退役士兵、高龄人员等补贴。通过“一卡通”累计发放各项惠农惠牧补贴6489.43万元。城乡居民养老保险续保率80%，医疗保险参保率95%以上。

【社会事业】　财政总收入2388.01万元，支出2411.47万元，其中，基本支出1182.23万元、项目性支出1226.24万元。工资福利支出871.81万元；商品和服务支出223.78万元，对个人和家庭的补助79.03万元，资本性支出1236.86万元。扶贫资金1217.56万元，总支出1217.56万元。通过财政民生服务信息平台发放各类惠农补贴资金7987.16万元，涉及农牧业类补贴、牧业类补贴、林业类补贴、教育类补贴、计划生育补助、社会保障类补贴和工资补助类补贴领域。

【集体经济】　经管站农村财务统管专户代管财政转移支付资金640.12万元，其中，嘎查办公经费180万元、党员活动经费13.89万元、取暖补贴18万元、现任干部工资319.26万元、现任干部绩效22.8万元、现任干部奖励工资37.96万元、离任干部补贴48.21万元。持续壮大发展集体经济收入92.88万元。光伏收益200.84万元。引导发展农民专业合作社，运行发展良好18家，加强业务指导，引导创建示范社，创建示范社10家。

【综合维稳】 接警400余起，出动警力1200余人次，触动机动治理400余台次。通过对全镇77个网格、298个网格员进行系统培训，提升工作能力，重点推进矛盾纠纷排查化解，坚决控制和减少新增信访问题。对食品经营户建立健全食品安全档案，开展“红盾护农”打假维权工作。开展以种子、肥料、农药等生产农资为重点的专项检查6次，检查经营户198户次。开展法治宣传活动28场次，活动期间发放法律书刊3800本，法律宣传资料2500份，法律解答450余人。召开“命案防控”暨矛盾纠纷研判会10次，研判矛盾纠纷115件，联合开展入户走访活动100余次，全部化解。推进市域社会治理工作，接到“12345”政务服务热线76单，撤单3单，其余全部办结。

【乡村文化宣传】 联合统战、司法所、派出所、团委、妇联等部门举办活动50余场次，利用“家门口唠嗑队”“村村响”大喇叭宣传解读国家方针政策和相关文件精神700余次。撰写发布各类生产、工作会议、活动简报、新闻等360余条，其中，被盟级媒体采纳51条、草原全媒4条、光明网2条、新浪微博1条、直播旅游网2条、奔腾融媒2条。加强对各嘎查宣传栏、标语横幅、电子屏等社会宣传阵地开展定期检查，对内容进行审核把关。各嘎查以“四会一约”为抓手，引导农民群众破除陈规陋习，倡导“厚养薄葬”，树文明新风。辖区全范围推进“红灰黑”评议工作、设立“善行义举四德榜”、评选“最美庭院”60余户，“好媳妇”3位，开展“逐梦乡村·我们的舞台”农牧民文艺会演及其他群众文化文艺活动80余场次，开展环境卫生整治、文化文艺、普法宣讲等志愿服务活动910余场次。

【民族工作】 开展四胡协会歌舞大赛、篮球友谊赛、中国共产党成立100周年系列文艺活动等各类文化、体育、慰问和联谊活动，增强干部群众民族团结意识。中小学以课堂教学为主渠道，采用书画主题班会、手抄报、民族团结故事会等方式，开展民族团结教育和文化娱乐、素质教育一体化学习。建设民族团结稻田文化主题公园1处，创建民族团结雕塑群1处，在公路两侧、嘎查社区醒目位置张贴和喷涂宣传标语41条，在镇政府楼道、大厅制作宣传展板28个，利用LED、工作群、微信公众号宣传、发送民族团结进步创建相关消息，提升群众知晓率。开展“民族团结一家亲”走访慰问活动。党政领导班子成员及各嘎查包片领导每人结亲5户困难群众，定期开展民族政策宣讲及走访慰问活动，化解矛盾问题，帮助群众解决生产生活困难。宣讲民族政策19次，解决群众生产生活困难问题。

【基层人民武装】 完成应急力量基干民兵的训练工作，完善基础设施，确保党管武装工作落到实处。

【基层疫情防控】 践行“人民至上、生命至上”疫情防控指示精神，动员号召全镇

28个党支部670名党员，组成2个疫情防控一线指挥部，设立防控卡点52个，成立临时党支部33个、党员先锋队4支。强化封控管理，设立卡口33个，198名干部及志愿者在布拉根阿日嘎查24小时不间断进行站岗值守，及时流调密接人员，严格落实居家隔离，建立台账，及时“清零”。

（邱　林　葛玉彬）

巴仁哲里木

【概况】　巴仁哲里木镇位于科右中旗北部霍林河上游，东北和东与科右前旗乌兰毛杜、阿力德尔、桃合木苏木交界，东南和南与吐列毛杜镇毗邻，西南与通辽市扎鲁特旗乌兰哈达苏木相接，西与哈日诺尔苏木接壤，西北与锡林郭勒盟东乌珠穆沁旗相连。总土地面积28.3万公顷，其中，耕地3.51万公顷、草牧场12.36万公顷、林地1.3万公顷（历年退耕还林1000公顷、个体林866.67公顷、公益林1.11万公顷）。人均耕地2.75公顷、占地19.07公顷、草牧场8.73公顷。有霍林河、敦都苏河、界生图河3条河流，代霍公路、S101霍乌省级通道和通霍铁路、锡乌铁路贯穿全境，无霜期110天，降雨量370～400毫米。辖有哲里木、好力特格、查干登吉、翁根海拉苏、哈旦阿拉、宝日根、查日顺扎拉嘎、索根、达巴音扎拉嘎、巴彦温都尔、德日苏布拉格、扎木钦、铁力哈达、格日哈达、白音扎拉嘎和额布根乌拉16个嘎查，42个自然屯、1个街道居委会，有4517户13498人口，其中蒙古族占总人口的94%。有个体工商户472户。

【农业】　完成嘎查高标准农田项目9个4229.14公顷。开展科学储粮工作，“地趴粮”全部清零。农作物种植面积3.48万公顷，粮食总产量1.5亿斤。

【牧业】　大畜养殖数由年初的3.2万头增加至3.7万头，增长16%。小畜养殖数由17.7万头增加至19.8万头，增长11%，大小畜存栏23.5万头（只），同步开展动物防疫工作，防疫密度95%。

【生态建设】　完成村屯绿化13.33公顷，常态化开展“三禁”工作，同时引导推动覆膜耕地残膜离田工作，回收农药废弃包装物2吨，农膜回收率100%，秸秆综合利用率90%以上。林草图斑案件和历年案件有33个，其中，问题图斑案件7个、历年案件7个、林业历年刑事案件11个、行政案件8个。按照上级提供的图斑材料及移交案件的情况，通过现场调查核实、取证等工作，各案件全部整改完成并销号。

【人居环境整治】　危房改造9户，摸排室内卫生户厕247户，排查出问题户厕均完成整改。在6个嘎查分别新建桥梁9处，屯内街巷硬化水泥路3.5公里，投入资金486万元，项目全部竣工。

【乡村振兴】　落实“雨露计划”补贴10人，累计发放金额15000元。做到“家庭医生”签约应签尽签，合作医疗保险参保率100%。全镇16个嘎查均设立饮水安全公示牌，水质采样全部达标。聘用公益性岗位人员117人。收入达100万元的嘎查7个、达50万元的7个，其余均在40万元以上。

【民生保障】　农村低保474户927人口，新增29户60人口，发放345万元；城镇低保3户5人口，新增1户2人口，发放3.6万元。发放临时救助款22.7万元，救助140户困难群众。特困人员15人，发放14万元。事实无人抚养儿童2人，救助资金3.8万元。

高龄津贴74人，发放8.1万元。困难残疾人172人，重度残疾人136人，发放残疾人“两项”补贴33.2万元。持证残疾人352人，新增29人。“三民”及60年代精简退职人员4人，发放5.2万元。农村经济困难老年人102人，发放5.7万元。

【社会治理】　开展法律宣传活动43场次，对村民提供法律咨询约105人次，受众7938人次，调解矛盾纠纷62起。开展“五个专项”行动，打好重点时段信访攻坚战，落实“一人一专班”措施，分级管控，达到“小事不出嘎查，大事不出镇”。接到49个“12345”便民热线服务电话，根据群众反映问题协调各部门、嘎查社区进行处理，接单率、解决率、满意率100%。

【社会事业】　有学校3所，卫生院2所。巴仁哲里木中学在校生206人、教职工48人，有旗级先进、优秀教师25名，盟级优秀教师14人，盟级学科带头人2人，旗级教学能手10人，旗级骨干教师15人。巴仁哲里木中心校在校生390人、教职工76人，其中专任教师55人，学历合格率100%。扎木钦中心校在校生86人、教职工27人，其中专任教师22人，学历合格率100%。巴仁哲里木镇卫生院开放床位30张病床，有职工38人、专业技术人员32人，其中，医师15人、护士7人、其他卫生专业技术人员10人。扎木钦卫生院有医务人员8人，床位4张，有在岗职工7人，其中，副主任医师1人、医师1人、副主任药师1人、护士2人、医技人员2人。

【集体经济】　哲里木马拉沁肉产品商贸有限公司整合250万元扶持资金，用于屠宰加工，投入31万元新建办公室、购买厂房设备。屠宰4100只，收益40万元，入股嘎查集体经济增收4万元。哲里木石磨面粉厂生产面粉150吨，净利润60万元，为5个嘎查集体经济增加收入6万元，带动周边农牧民就业30人。银丰农业种植专业合作社养殖场集中养殖区已投入使用，并为农牧户提供16个就业岗位。

△5月12日，哲里木玛拉沁肉产品加工中
（巴仁哲里木镇政府　供图）

【乡村文化宣传】　定期分析研判督查意识形态工作2次，围绕宣传工作条例等内容集中学习13次、专题研讨2次。建设专职志愿服务队伍，开展理论学习宣讲，利用镇公众号、学习强国、“家门口唠嗑队”宣讲员持续进行宣传学习，开展宣讲72场次。开展传统节日、“逐梦乡村·我们的舞台”、建党101周年等主题活动，评选各类模范标兵。建立网评员队伍，及时发送网评信息做好网上热点敏感问题的处理和引导。

【民族工作】　开展“中华文艺（中华技艺）展演”等活动39场次、农村牧区“听党话、感党恩、跟党走”活动37场次，对售卖宗教用品、民族工艺品检查2次，常态化开展整治非法宗教活动，扎实铸牢中华民族共同体意识。

【基层疫情防控】　成立由38人组成的新冠疫情核酸检测应急指挥部及防控工作

领导小组，成立17个嘎查、社区级疫情防控工作小组，设立封控点35个，部署工作人员214人。管理火车站落地检和王布和蒙医医院，落实责任分包、责任到人。常住18周岁以上7949人，接种7614人，接种率95.7%。有禁忌未接种335人，二级以上医院开具禁忌证明91人。总人口18周岁以上接种10511人，接种率95.9%，未接种434人。有序开展全员核酸检测30余轮次，检测比例99%以上。

（吕文凯）

好腰苏木

【概况】 好腰苏木镇位于科右中旗最南部，距旗政府所在地巴彦呼舒镇90公里，俗有兴安盟“南大门”之称。东与吉林省通榆县接壤，南和西分别与通辽市科左中旗、扎鲁特旗交界。总土地面积7.2万公顷，土壤多为沙土、盐碱地，其中，耕地1.13万公顷、草场5.33万公顷、林地6000公顷。人均耕地1.08公顷、占地6.89公顷、草牧场5.11公顷。年平均气温6~8℃，最高气温26.6℃，最低气温零下24.3℃。辖有召沙、东白音套海、好腰苏木、包拉温都、南白音套海、新艾里、呼热、花灯和查申套卜9个嘎查、24个自然屯、1个社区居委会。有3561户10449人口，其中，农牧业人口3371户10004人口。有蒙古族、汉族、满族、达斡尔族、锡伯族等民族，其中蒙古族人口占总人口的98.5%。

【农业】 农作物种植面积1.13万公顷，实施高标准农田800公顷，粮食总产量1.5亿斤以上。推广滴灌节水增粮技术，农作物亩产量提高近121斤。

【牧业】 牧业年度牲畜总头数7.98万头（只、口），其中，大畜4.38万头、小畜3.6万只，黄牛配种改良10849头，良种率98%。种植青贮面积4333.34公顷、青贮窖容量300立方米以上的储存青贮饲料23240.61吨。

【生态建设】 成立“三禁”领导小组，组建禁牧队伍，其中专职禁牧人员15人，成立3个小组轮班制，执行24小时值班制度，安排禁牧车辆，不定期开展巡查巡逻。出动禁牧车辆450余台次、参禁人员66人次、制止偷牧78次、查处61人。在脱贫户中聘用护林员69名，每人每年工资1万元。查处破坏生态案件1起，移交司法部门。教育宣传与惩罚惩戒相结合，处罚违规放牧行为231起，罚款61.67万元。推广堆沤还田项目，在9个嘎查设置堆沤还田粪肥堆放点，收储堆沤粪肥5200吨、还田3000吨，实现绿色可持续发展农牧业。定期检查取水点，确保全镇107眼取水点水质水量以及井房环境安全，水质检测均合格。帮助嘎查建立健全取水点管理巡查台账，聘用水管员27名。

【重点项目】 投入110万元续建镇区街道两侧排水排污二期项目，完善镇区基础设施配备。投入40万元新建查申套卜嘎查屯内小型排水渠2公里，投入50万元新建召沙嘎查街巷硬化1公里。

【乡村振兴】 无义务教育阶段辍学、失学现象发生。危房改造计划维修15户、新建6户。新识别边缘易致贫户4户10人口，新识别突发严重困难户5户15人口。争取乡村振兴衔接资金892.65万元，投入312万元推进花灯嘎查牛产业特色村建设二期工程，投入299.65万元续建畜禽粪污转化厂建设，促进畜禽粪污资源化利用，实现人畜分离管理。在花灯、召沙、呼热3个嘎查种植多年生优质牧草、药材等，将闲置资源转化为发展优势，拓宽农牧民增收渠道。投入京蒙协作项目资金360万元，建设花灯嘎查饲料加工厂项目、查申套卜嘎查续建集体经济养殖小区项目。

【民生保障】　新增低保39户74人，发放临时救助金22.76万元、发放低保救助资金374万元、残疾人"两项补贴"3.17万元、特困人员供养金29.3万元。城乡居民基本医疗保险及农村养老保险参保率100%。及时足额发放各类惠民惠农财政补贴资金3574余万元。落实农牧民冬季取暖用煤工程，供给取暖用煤1570吨，保障857户低收入群众取暖。改造维修便民服务中心2处，提升为民服务效能。

【社会事业】　好腰苏木学校有教学班18个（小学12个班、中学6个班），在校生609名（小学409名、中学200名），教职工116名，专任教师95名。好腰苏木卫生院床位22张，有职工30人，其中，主任医师1人、副主任医师3人、执业医师2人、执业助理医师5人、全科医生1人、执业护士5人、药师（士）2人、医技人员3人、乡村医生9人。

【人居环境整治】　开展人居环境集中整治72次，清理农村生活垃圾26160吨、屯内水塘60口、畜禽养殖粪污等农业生产废弃物3189吨、回收农药包装废弃物200吨。户厕整改水厕34户、旱厕3户。落实"河湖长制""林（草）长制"，常态化开展巡河湖、巡森林草原，开展农村黑臭水体整治等专项行动。

【新时代文明实践】　组织党委理论学习中心组学习12次。全面开展精神文明创建工作，获得各级文明村镇称号的嘎查2个。开展群众性文化活动50余场次，丰富群众文化生活。结合实际，开展各类文明实践活动320余次，收集解决"两项清单"674条。

【基层人民武装】　召开党委会研究武装工作5次，为做好2022年兵役登记工作，摸底辖区2004年出生的男青年数量，完成兵役登记61人。通过整组，全镇普通民兵220人、基干民兵30人，其中民兵干部1人。

【基层疫情防控】　新冠病毒疫苗接种4692人4828针次。接送返乡大学生200余人次。核酸采样8万余人次。由镇职工和嘎查两委工作人员、村民代表、党员等154人组成的执勤队，24小时轮流执勤，全力保障人民群众生命安全和身体健康。

（吴俐敏）

工作部

孟恩套力盖矿区

【概况】　孟恩套力盖矿区工作部位于科右中旗中部，在旗所在地以北26公里处，东、南与代钦塔拉苏木呼波艾里嘎查毗邻，西、北与新查干艾里嘎查接壤。总土地面积2000公顷，其中耕地200公顷（水田133公顷）。森林覆盖率20%，其中人工造林133公顷，有五角枫、蒙古黄榆等树种。平均年降雨量375毫米。矿区南北长10公里、东西宽7公里。有1530户3221人口，其中蒙古族约占总人口的40%。长期居住有402户1154人口。有机关企事业单位孟恩套力盖矿区工作部、铅矿社区、派出所、学校、医院、变电所、自来水公司、邮政支局、麦乐食品有限公司、水力方华矿业有限公司等；有宗教场所1处，个体工商户29户，66千伏变电站1座。

【牧业】 2022年度牧业统计大小畜1478头只，其中，大畜236头、小畜1242只。完成春秋两季牲畜防疫工作，加强对五号病、炭疽、布病等疫情防控。

【社会事业】 临时救助155户，发放救助金19.26万元。发放高龄老人津贴251人10.69万元。发放最低生活保障金141.23万元、特困补助74064元。享受城镇最低生活保障金151户218人。参加城乡医保2026人，参保率98%。发放护理床1个、橱柜18个。建立流动人口计划生育服务管理新机制，加强区域协作，提高网络化协作水平。发放独生子女补助13户1360元、特扶补助9人62640元。

【群众性文体活动】 开展“民族团结一家亲、浓情端午心连心”暨庆六一活动、“庆祝建党101周年”主题系列活动、“喜迎二十大·欢度国庆节”文艺会演等群众文体活动，满足社区群众文化需求。

【慰问关爱活动】 联合社区到孟恩铅矿小学开展“关爱贫困留守儿童、开学季温情暖童心”活动，为铅矿户籍的36名留守儿童每人捐赠300元慰问金、7000余元的书本和文具等学习用品。开展“石榴籽同心筑梦、情暖开学季”关爱助成长慰问活动，为铅矿小学捐赠6000余元的书本、文具等学习用品。修缮12户居民房屋，保障雨季房屋不漏雨和不倒塌；开展春节走访慰问活动，为困难居民、困难党员、空巢老人送去大米、面粉等春节慰问品和慰问金。将2名患有精神二级残疾和酒精中毒的居民送往兴安盟第二人民医院进行救治。为辖区90余户居民发放“暖心煤”160余吨。

【人居环境整治】 推进“一年四次集中清、建立机制常年清、门前‘四包’主动清”行动，每季度做好“矿区环境卫生标兵”评比活动，引领居民创建环境清洁家庭。清理“五七”农场5000延长米淤泥阻碍水流导致耕地被水淹的水渠。在居民区建设垃圾点10座。在铅矿小学种植价值约4000余元的垂柳。

【综合维稳】 开展户籍管理及外来人口出租户的管理，及时做好民事纠纷协调，化解矛盾纠纷8起，有信访案件2起，主动协调信访关系，帮助解决问题。

（白旭光）

布敦化矿区

【概况】 布敦化铜矿工作部，位于科右中旗巴彦呼舒镇西南20公里，东、西、南、北与巴彦呼舒镇接壤。土地面积478公顷，有574户数，1735人。常住525人口。有享受最低生活保障129户184人口。

【重点项目】 5月20日至7月中旬，实施辖区内居民安全饮水管道更新项目，总投资42万元，由旗水务局委托施工并监督。召集居民代表召开辖区内自来水的价格听证会，并制定实施自来水管理办法。7月起开展调查摸底、3轮入户调研、评估公示预告、按户逐一测算并复核，借助“土地增减挂”实施布敦化矿区困难居民搬迁项目（一期）完成前期准备工作。

【老年人日间照料中心】 利用与社区卫生室一体的原闲置场所，增设电锅炉、空气能制冷制热、床铺、简易厨房、棋牌桌等各种设备设施，打造老年人日间照料中心。9月7日，兴安盟红十字会日间照料中心现场会在铜矿召开，盟红十字会及各旗县市红十字会领导30余人到现场实地观摩。

（曹锁柱）

驻旗单位

吐列毛杜农场

【概况】 吐列毛杜农场位于科右中旗北部，距科右中旗所在地巴彦呼舒镇向北145公里处，东与吐列毛杜镇乌兰哈达嘎查毗邻，南与巴仁哲里木哈日阿拉嘎查接壤，西与霍林河煤矿五七马场八连相接，北与科右前旗桃合木苏木相连。总土地面积5.9万公顷，其中，耕地面积1.3万公顷、天然草牧场面积4.33万公顷，以农牧业生产为主。有1349户2946人口，其中职工909人。场部机关设有职能科室16个。场直属单位有生产连队5个，规模化经营管理区3个，规模化养殖小区1个，有畜牧服务中心、农业设施管理站、农业技术推广站、环境卫生整治管理大队。外驻单位有农村信用合作社、国网供电营业厅、邮政网点、移动营业厅、联通营业厅、卫生院、学校（小学）、派出所等。有个体商业餐饮服务网点70个，从业人员103人。实现国民生产总值13.395万元，粮豆总产35290吨，牲畜存栏68750头（匹、只），人均收入3.3万元。

【农业】 播种面积1.2733万公顷，参保总面积1.2733万公顷。规模化经营管理区，以集团总公司“一园八基地”产业布局及建设为导向，调整种植业结构，优化作物品种，侧重小麦、大豆、玉米等作物。推广“土地有偿流转、土地量化入股、农场规模经营”的土地流转经营形式，加快推进土地向大户、股份合作社农业生产经营企业等主体集中经营。第一生产队21户入股33.27公顷，第五生产队43户入股48.4公顷。投资47万元建设完成南瓜房及相应配套设施1处，全面提升科技园区标准。打造千亩创新技术融合研发基地，落实各级各类试验示范、创新推广项目20余项。开展新品种筛选对比、肥料肥效、高产栽培3大项实验作物品种337个。录制优质农作物品种推荐视频3期，举办重点项目推广现场会4次，陆续向管理区、场内外种植户推广优质农作物品种10余个，将新机械、新技术等科研成果有效转化为农业生产力。

【牧业】 牧业牲畜存栏68750头匹只，较去年增加2267头匹只，养殖小区购进乌拉圭进口海福特乳肉兼用牛500头，产犊291头，养殖小区牛存栏856头，羊存栏850余只。

【社会事业】 养老保险缴费职工623人，参统扩面3人，缴纳职工医疗保险588人，大病保险1023人，缴纳工伤保险616人，缴纳企业职工企业年金108人，缴纳城乡居民医疗保险1595人，基本实现常住人口医疗全覆盖。办理退休手续17人，协助64人参加灵活就业人员完成当年缴费工作。协助旗劳动保障监察大队，帮助40余名农民工追缴欠薪60万余元。有已婚育龄妇女355人，采取各种节育措施306人。居住出生10人，其中，一孩政策内出生2人、二孩政策内出生6人、三孩政策内出生

2人，无计划外出生。计划生育率100%。落实低保户24户44人，新增低保户4户5人。"三无"人员10人，其中，集中供养1人、分散供养9人。年满80～99岁老人享受高龄补贴46人。享受孤儿待遇1人，事实无人抚养儿童2人。

【群团工作】 有473名职工参加由自治区工会发起的职工医疗互助保障金行动，为1名在档困难职工、2名渐退期管理困难职工发放中央专项帮扶资金。为370名女职工购买特病保险。开展"关爱职工健康"活动，组织在职员工、退休职工、内退职工、五七工、职工遗属共800余人在场卫生院免费体检。举办"喜迎二十大，永远跟党走，奋进新征程"主题系列活动。

（高艳玲）

布敦化牧场

【概况】 布敦化牧场隶属于兴安盟农牧场管理局，位于科右中旗南部，距旗政府所在地巴彦呼舒镇南10公里。南距通辽市200公里，北距乌兰浩特市150公里。有综合部、企业发展合作部、农牧业生产部、财务部、资源管理部、政工部、监事监察7个部室和1个社区管理委员会，下设兽医站、农业技术推广站、环卫所3个场直属单位。全场管理人员81人。有2585户5849人口，其中蒙古族占总人口的91%。年平均气温5.8℃，大于等于10℃有效积温2900～3000℃，无霜期135～145天，正常年份年降雨量326毫米左右。生产经营格局分总场、八一分场、哈日努拉分场3块，辖有哈日诺尔和八一分场2个、生产队11个。农作物以玉米为主，兼有高粱、水稻、葵花、花生以及杂粮杂豆；两个分场草原面积较大，农牧并举。辖区内有国有企业蒙能集团科右中电厂1家和私营企业京科发电厂1家，农牧业合作社12个和家庭牧场2个。

【农业】 总播种面积6433.66公顷，其中，玉米4780.24公顷、大豆1366.74公顷、水稻200公顷、花生、葵花及杂粮杂豆86.67公顷。发放实际种粮一次性补贴和耕地地力保护补贴等各类补贴资金716万元，各类作物生产者补贴794万元，有机肥、带状复合种植补贴152万元，种植业保险投保面积5666.67公顷。全场膜下滴灌和浅埋滴灌水肥一体化玉米种植面积2333公顷左右，玉米亩产提高至1500～1800斤，亩效益1200～2000元以上，农家肥施用量35756立方米。

【牧业】 与旗农行协调，为发展舍饲养殖肉牛肉羊产业职工发放500万元低利息贷款，帮助解决养殖启动资金短缺问题。接牛犊1883头、羔羊26838只，完成春季接羔保育工作。牧业年度牲畜存栏6.1万头（匹只）。

【重点项目】 完成投资2300万元的通往八一分场四个连队和六队的22.3公里四级柏油公路基施工任务，动用土石方总量达15万立方米。向盟财政申请资金55万元实施2个公共文化服务基础设施建设项目，分别为八一分场一队门球场和八一分场二队篮球场建设，全部竣工。向科右中旗财政申请资金15万元，实施老年文体活动室提升改造项目和基层文化站开放服务奖补项目，竣工并投入使用。完成中能建集团总投资21亿元的300兆瓦风电项目在自然资源、林草、环保等5个职能部门的审批手续。实施总投资221.6万元的"一事一议”财政奖补项目3个，分别为四队街道硬化、村内集中供水建设和二队村内亮化建设项目。

【民生保障】 为570户职工群众发放1140吨“暖心煤”，确保职工群众取暖。与民政部门协调，先后为28户困难家庭发放临时救助、大病救助金共11.6万元，为332人发放冬春救助金7.9万元。累计发放低保家庭、特困供养人员、“三民”、高龄补贴、残疾人生活补贴和重度残疾人护理补贴等各类补贴资金253.5万余元。

【牧场宣传报道】 利用“兴安农垦布敦化牧场”公众号、微博、抖音、快手等载体，宣传党的创新理论、政策法规、基层党建动态等，发布（转载）公众号117条，《兴安日报》公众号、魅力兴安等网络媒体发稿33篇。

（金　奎）

文　献

奋进新征程　建功新时代
接续推进科右中旗高质量发展

——在中共科右中旗第十五届委员会第七次全委（扩大）会议暨全旗经济工作会议上的讲话

（2022年12月30日）

中共科右中旗委书记　蔡宝军

同志们：

这次旗委全委(扩大)会议暨全旗经济工作会议的主要任务是深入学习贯彻党的二十大和中央经济工作会议精神，全面落实自治区党委第十一届委员会第五次全体会议暨全区经济工作会议精神、盟委(扩大)会议暨全盟经济工作会议精神，简要回顾2022年工作，安排部署2023年任务。下面，我代表旗委，讲三点意见。

一、2022年工作简要回顾

一年来，面对疫情防控和经济社会发展的双重压力和双重考验，旗委团结带领全旗广大党员干部和各族群众，全面贯彻落实党中央和自治区党委、盟委部署要求，全力守住“三稳”底线，抓实“五进”任务，奋力推动全旗经济社会高质量发展。全旗地区生产总值78亿元，增长7%；规模以上工业增加值增长20%；500万元以上固定资产投资总额75亿元，增长63%；一般公共财政预算收入3.3亿元，增长6%；城镇居民和农牧民人均可支配收入达到32740元和14394元，分别增长7%和10%；社会消费品零售总额10.15亿元，增长2%。我旗地区生产总值、固定资产投资、工业增加值、财政收入4项增速全部位居全盟第一，经济社会发展保持了稳中有进、后劲十足的良好态势。

我们坚持“生态立旗”，树立了绿色发展的鲜明导向。我们以“咬定青山不放松”的韧劲，持之以恒抓“三禁”，全面完成中央生态环境保护督察反馈问题和破坏草原林地问题整改任务，一批生态环保沉疴顽疾得到了集中解决，来之不易的良好生态环境得到了更好的保护。我们秉承生态优先、绿色发展理念，持续巩固拓展全国“绿水青山就是金山银山”实践创新基地建设成果，全面推进总投资3.15亿元的全国水系连通及水美乡村建设试点县项目和总投资3.81亿元的翰嘎利水库除险加固、霍林河灌区改造、霍林河疏浚等水利工程，完成科尔沁沙地锁边区造林绿化4820.02公顷，合理划定“三区三线”，全旗优良天数比例达到98.9%，高力板国控考核水体断面达标率100%，绿色发展的底子打得更厚，绿富同兴的路子铺得更宽。

我们坚持“农牧稳旗”，稳住高质量发展的坚实根基。我们矢志不渝抓牢抓好“三农三牧”工作，全力推进高标准农田、黑土地保护性耕作、大豆扩种、玉米大豆带状复合种植和饲草种植、畜群改良、高效养殖、防疫减灾等农牧业系统工程，我旗成为全国唯一的同步创建国家级、自治区级现代农业产业园的旗县，全旗粮食产量再度突破25亿斤，实现“十连丰”，牲畜存栏稳定在206万头（只），农牧民人均“万斤粮、两头牛、八只羊”，实现稳定增收、持续增收。我们强化动态监测和精准帮扶，坚决做到防返贫路上一个也不能掉队。聚焦补短板、扬优势，精准实施总投资3亿元的乡村振兴重点项目。聚焦美丽乡村建设，统筹实施人居环境整治、给排水一体化等项目，广大农村牧区朝着“产业兴旺、生态宜居、生活富裕”迈出了更加坚实的步伐。

我们坚持“产业强旗”，蓄积跨越发展的强大动力。我们聚焦肉牛产业全链条发展，坚定不移推进延链补链强链，累计投放肉牛产业贷款突破20亿元，鸿安牲畜交易市场牛羊累计交易量224万头（只），现代农牧业服务中心项目和华阳20万吨肉牛屠宰加工冷链物流项目全面建成，全旗牛存栏42万头、同比增长10%。我们坚定不移推进清洁能源产业跨越发展，统筹推进总投资197亿元的4项清洁能源重大项目，蒙能科右中2×66万千瓦电厂投入运行，天合15万千瓦光伏如期并网发电，中广核200万千瓦风电、京科电厂二期1×35万千瓦机组项目推进，全旗电力装机已投产253万千瓦、在建235万千瓦、谋划650万千瓦，清洁能源产业实现了从百万千瓦级向千万千瓦级的跨越发展。

我们坚持“文旅活旗”，激发开放发展的蓬勃活力。我们全面打造代钦塔拉旅游核心区，“枫趣童年”无动力游乐场实现试运营，成功创建2处AAAA级和2处AAA级旅游景区，代钦塔拉、巴彦敖包2个嘎查入选“自治区乡村旅游重点村名录”，成功举办首届中国兴安盟五角枫音乐节，全旗旅游人数176万人次、收入9.4亿元，分别同比增长14%和13.7%。我们坚持全域旅游战略，把文化旅游融入全旗各领域整体谋划，不断完善基础设施。G5511、G1015、国道334、省道210 4条国省干线建设全面提速，通用机场项目提上建设日程，电网、市政网、通信网建设全面加快，为提升“兴安岭上兴安盟”域牌形象，贡献了科右中旗浓墨重彩的一笔。

我们坚持“科教兴旗”，兴起创新发展的浓厚氛围。我们毫不放松教育事业“优先发展、优质均衡发展”，新选聘师资236人、校园基础设施投入约5000万元，着力办好基础教育、职业教育和特殊教育等各级各类教育。我们持续深化改革创新，不断优化营商环境，率先在全盟实现“交房即交证”“交地即交证”和新生儿出生“一件事一次办”等服务事项，政务服务网办率100%，“一码管地”创新改革试点项目平台投入试运行。我们致力于全民素质提升，开展疫情防控、法治宣传、技能培训、生态文明、民族团结等各类新时代文明实践志愿服务活动5000余场次，乌兰牧骑荣获全区乌兰牧骑艺术节团体金奖。积极打造科普广场、科技小院，广泛开展公民科普系列主题宣传，广大群众文明素养和自我发展能力实现“双提升”，为实现富民强旗蓄积不竭动力。

同志们，回首2022年，我们付出辛勤的汗水，也收获沉甸甸的硕果，更坚定无往不胜的决心。一年来，我们心系群众、共享发展，民生相关支出超过37亿元，占公共预算支出的82%以上，一批城市道路、管网、医疗卫生、房地产开发等民之所愿、民之所盼的民生项目落地建设，为推动全旗经济社会高质量发展凝聚民心。一年来，我们增进团结、维护稳定，推进市域社会治理试点建设，建成覆盖城乡的视频监控“天眼系统”，城乡网格化管理富有成效，“12345”政务服务便民热线解决企业和群众诉求问题2812件，全旗各调委会机构共调解各类纠纷1200余件，民族团结进步示范旗创建更加有力，中华民族共同体意识深入人心，为保障经济社会发展营造了和谐稳定的大好局面。一年来，我们奋勇担当、主动作为，深入学习贯彻党的二十大精神，矢志不渝推进全面从严治党，保持正风反腐高压态势，基层党组织“战斗堡垒”作用和广大党员“先锋模范”作用不断发挥、持续发力，在疫情防控的冰天雪地中坚守使命，在推动落实的繁重任务中锐意前行，在改革发展的困难挑战中越战越勇，真正打造一支关键时刻冲得上、重任在肩扛得住、硬仗临危打得赢的高素质党员干部队伍，为推动全旗经济社会发展提供坚强的政治保障和组织保障。在此，我谨代表旗委，向全旗广大党员、干部群众、驻旗官兵和公安民警，向所有关心、支持和参与科右中旗改革发展稳定的社会各界人士，表示最衷心的感谢和最崇高的敬意！

二、2023年主要工作安排

2023年，是深入贯彻落实党的二十大精神的开局之年，我们务必要把全面学习宣传贯彻党的二十大精神作为当前和今后一个时期的首要政治任务，学思用结合、知信行合一。

一要充分认识党的二十大的重大意义。党的二十大是在全党全国各族人民迈上全面建设社会主义现代化国家新征程、向第二个百年奋斗目标进军的关键时刻召开的一次十分重要的大会。大会擘画出以中国式现代化全面推进中华民族伟大复兴的宏伟蓝图，为新时代新征程党和国家事业发展、实现第二个百年奋斗目标指明前进方向、确立行动指南。大会选举产生以习近平同志为核心的新一届中央领导集体，为推动中国特色社会主义事业行稳致远提供根本政治保证。全旗上下要深刻认识党的二十大召开的重大意义，坚决贯彻“三个全面”“五个牢牢把握”的重要要求，切实把思想和行动统一到党的二十大作出的重大决策和战略部署上来。

二要全面准确学习领会党的二十大精神。贯彻落实党的二十大精神，推进中国式现代化，对全区全盟全旗来讲，重中之重是完成好习近平总书记交给我们的五大任务。近期召开的自治区党委第十一届委员会第五次全体会议暨全区经济工作会议、盟委(扩大)会议暨全盟经济工作会议,都对落实五大任务提出具体要求。全旗各级党组织和广大党员干部,要把学习党的二十大精神同学习习近平总书记对内蒙古重要讲话重要指示批示精神紧密结合起来,牢记嘱托、感恩奋进,担当作为、真抓实干,奋力推进五大任务落实落地、取得实效。

三要聚焦重点把党的二十大精神落到实处。全面贯彻落实党的二十大精神,必须深入结合旗情实际,坚持问题导向,切实找准我们自身的短板和不足。农畜产品加工转化率低,仍然是制约农牧业转型升级的突出短板;受疫情影响,一些企业生产经营困难,消费市场恢复缓慢,对经济增长拉动力不足;项目谋划储备不够,支撑高质量发展的大项目、好项目、新项目仍然不多,且主要集中在新能源领域;综合经济实力依然薄弱,财政收支矛盾突出,民生保障和城乡基础建设仍存在诸多短板;一些干部统筹全局的能力还不强,抓落实、抓重点的韧劲和准度还不够,解决复杂矛盾问题的能力还不足,等等。我们一定要采取更加有力有效的措施解决好工作中存在的困难和问题,贯彻落实党的二十大精神,贵在重实干、强执行、抓落实,以具体行动和实际成效做到“两个维护”。

2023年,全旗经济工作的总体要求是:以习近平新时代中国特色社会主义思想为指导,全面贯彻落实党的二十大和中央经济工作会议精神,认真落实自治区党委十一届五次全会暨全区经济工作会议和盟委(扩大)会议暨全盟经济工作会议精神,完整、准确、全面贯彻新发展理念,积极服务和融入新发展格局,更好统筹疫情防控和经济社会发展,更好统筹发展和安全,聚焦习近平总书记交给内蒙古的五大任务,在稳中求进的基础上稳中快进、稳中优进,着力抓好生态、民生、安全“三稳”和项目投资、产业发展、乡村振兴、改革创新、区域合作“五进”工作,推动经济实现质的有效提升和量的合理增长,接续推进经济社会高质量发展。

2023年,经济社会发展的主要预期目标是:地区生产总值增长6%左右,500万元以上固定资产投资增长10%左右,一般公共预算收入增长3%左右,城乡居民人均可支配收入分别增长6%和9%左右,社会消费品零售总额增长3.6%左右。做好今年全旗经济工作,重点要聚焦五大任务。

(一)加快推进农牧业现代化,积极融入“国家重要农畜产品生产基地”建设。我旗作为农牧业大旗,“三农三牧”工作始终是引领我旗经济社会发展的重头戏,最艰巨最繁重的任务依然在农村牧区,最广泛最深厚的基础依然在农村牧区。我们必须将“农牧稳旗”摆在至关重要的位置,持之以恒补短板、强优势。

一是推进乡村全面振兴。要持续巩固拓展脱贫攻坚成果,健全完善返贫致贫风险人群监测预警和精准帮扶机制,做到及时发现,及时帮扶。加强监测对象退出管理,防止出现“一帮就退”问题。严格落实“四个不摘”要求,全面巩固“两不愁三保障”及饮水安全成果。持续加强扶贫资产管理，抓好公益性资产后续管护，强化经营性资产运营管理、风险防控。要深入推进乡村振兴建设行动，要提早谋划、精准确定乡村振兴项目，全力向上争取各级各类项目和资金，用足用好用准国家支持乡村振兴重点帮扶县政策，积极对接中央宣传部、北京市海淀区和自治区厅局、盟直部门帮扶。要加强建设美丽乡村，坚持典型示范引领，加快推进“五好”嘎查和“五美”人居环境建设，统筹推进给排水、城乡建设、垃圾收储运三个“一体化”和农村牧区“厕所革命”。

二是全力夯实农牧业发展基础。要强化粮食产能建设，坚持“藏粮于地、藏粮于技”，健全农民种粮收益保障机制，及时足额发放各类惠农补贴，充分调动农民种粮积极性，确保粮食播种面积稳定。大力提升耕地质量，在高质量实施约1.33万公顷高标准农田建设项目基础上，加快推进已建成高标准农田的提升改造，逐步把永久基本农田全部建成高标准农田。要全面推进畜牧业规模化集约化发展，抓好3万头奶牛示范园区基础设施建设项目和良种肉牛繁育示范基地、羊草种植项目，实施好饲草产业加工物流交易园区和现代农业产业园提升项目。要聚焦全面提升农畜产品加工能力，全力以赴引进玉米精深加工等农牧业产业化龙头企业，切实提升农牧业产业化水平。开展农产品品质提升专项行动，加强农产品品牌建设。要持续培育壮大新型经营主体，建立起龙头企业、合作社、家庭农牧场、广大农牧户紧密联结的产业化联合体。要大力发展社会化服务，将服务领域由代种代养、代管代收等产中服务向产前、产后拓展延伸，带动农牧户节本增收、提质增效。

三是持续推进肉牛全产业链发展。要持续扩大肉牛养殖规模，逐步建立完善基础母牛、架子牛、育肥牛生产体系，加快培育肉牛产业示范嘎查。加大肉牛养殖贷款投放力度，落实好小额信贷、富农贷、肉牛产业化等贷款贴息政策。推广标准化现代化养殖，加快推进“牛羊出院”人畜分离项目投入运营。要加快补齐育肥短板，全力推进华牛牧场2万头育肥牛养殖示范基地和鸿安5万头肉牛育肥基地项目建设，提升肉牛存栏数量和品种质量。积极推行“养殖户繁育扩群、合作社和龙头企业育肥出栏”，发挥龙头企业带动作用，通过政策补贴、稳定销路等方式，引导农牧民和企业发展规模育肥，构建市场牵龙头、龙头带基地、基地连农户的肉牛产业化发展格局。要全力提升加工能力，推动华阳20万吨肉牛屠宰加工冷链物流项目投产达效，力争年内实际屠宰加工能力2万吨规模。积极发展冷链物流配送，促进运活畜向运肉转变，开工建设华阳冷链物流基础设施项目，切实提升农畜产品输出能力。

（二）大力发展清洁能源产业，积极融入“国家重要能源和战略资源基地”建设。深入落实“两个转变”“两个率先”“两个超过”目标要求，做好新能源发展规划，大力发展以“风光氢储”互补为主的清洁能源产业，全力打造千万千瓦级清洁能源基地，积极谋划新能源上下游产业，推动新能源全产业链发展。

一是全力推进清洁能源重大项目建设。要坚持绿色发展，始终以保护生态环境为前提，严守城镇开发边界、永久基本农田、生态保护红线三条控制线，做好清洁能源发展规划，科学有序发展清洁能源产业。要扎实推动中广核200万千瓦风电项目和京科二期1×35万千瓦电厂项目早日竣工投产，积极谋划锦联铝材有限公司100万千瓦、创源金属有限公司100万千瓦、内蒙古能源集团100万千瓦、京能国际100万千瓦、中核汇能150万千瓦、中广核100万千瓦光伏等项目尽早开工建设。要抓住与霍林郭勒市能源项目合作的有利契机，积极推进清洁能源领域产业跨区域合作。

二是加强电力能源输送通道建设。要优化电力生产和输送通道布局，加快能源基础设施建设，扎实推进京科二期500千伏送出工程项目、中广核二期500千伏特高压输变电工程项目进度，积极推进总投资8亿元的蒙能微电网项目。要完善电网主干网架结构和布局，有序建设跨省跨区输电通道重点项目，做好我旗境内的输电线路网建设，争取铝都到平川500千伏特高压输电线路建设项目和平川到科右中旗两条220千伏输电线路建设项目尽早落地。要积极推进配电网改造和农村电网建设，实施好2023年农村牧区电网改造工程。

三是拓宽清洁能源消纳空间。要健全绿电外送消纳机制，开展“风光火”打捆外送中长期交易，推进新能源电力跨区域消纳。要加强清洁能源“电、气、渣”综合利用，引进和培育加工、新型建筑材料制造等下游产业，积极推进蒙能粉煤灰综合利用制作化肥改造盐碱地、净科粉煤灰综合利用、一次性医用橡胶手套制造等项目落地建设。要深化与吉林省在绿电输送、新能源装备制造等领域的产业对接，积极融入蒙东和东北地区风光氢储装用一体化产业集群。要坚持清洁能源开发利用惠及民生，积极探索建立健全清洁能源开发成果共享机制，助推乡村振兴、社会事业发展。

（三）保持生态文明建设战略定力，积极融入“我国北方重要生态安全屏障”建设。履行好保障国家生态安全的重大政治责任，构建北方重要生态安全屏障，我们首先必须把“生态立旗”摆在压倒性位置，必须坚定不移走生态优先、绿色发展的新路子，为我旗高质量发展夯实绿色根基。

一是坚持在“保护”上下功夫。要加强草原生态系统保护，严格落实草畜平衡和禁牧、休牧制度，推动以草定畜定牧，持之以恒抓实“三禁”工作。要强化土地沙化荒漠化防治，实施森林防护体系和营造林建设，严格落实“林（草）长制”，推动春季造林项目实施。要严格落实“河湖长制”，全面提高防洪、供水、水环境、水生态等治理能力，加快推进霍林河流域水土保持、翰嘎利水库、霍林河灌区双山引水枢纽除险加固工程项目建设，积极做好引绰济辽二期工程项目配合工作，抓好集中饮用水水源地建设。打好蓝天、碧水、净土保卫战，加强重点企业大气污染源和重点企业扬尘污染防治，确保PM2.5指标和空气质量保持优良水平。加快农村牧区和重点企业园区污水处理设施建设，确保地表水和饮用水水源地水质全年达标。深入开展土壤和地下水污染隐患排查，实施耕地周边污染源整治，实现废物转移处置利用率和医疗废物处置率100%。

二是坚持在“修复”上下功夫。要加强草原生态系统修复，积极争取退化草原修复项目，加大退化放牧场、退化打草场、严重沙化草原综合治理力度。要加强河湖湿地保护修复，加快推进水美乡村试点县项目，实施好自然保护区湿地保护与恢复、霍林河生态修复及综合治理、海利金茫哈河治理等工程。要坚决扛起中央生态环境保护督察整改政治责任，按月调度整改工作，从严从实抓好问题整改销号。要积极争取自治区级自然保护区补助资金项目，全面完成“两山”实践创新基地建设任务复核工作，巩固拓展创建成效，提升绿色发展水平。

三是坚持在“转化”上下功夫。要做好“草”文章，在确保全旗草牧场持续增绿的基础上，大力推广饲草种植，全面提高秸秆加工利用和贮藏技术，引导农牧民在草产业上实现增收。要做好“林”文章，充分利用科尔沁沙地治理成果，加快发展沙棘、柠条加工，山杏、欧李果品，文冠果果核、五角枫籽榨油等产业，着力挖潜经济效益，逆向拉动生态建设。要做好“水”文章。全面实施好重点水利项目，进一步发挥水资源在生态环境调节、农牧业生产、旅游业发展等方面的关键性作用。要做好“资源”文章。加强国土资源保护和综合利用，用足用好土地增减挂钩政策。加强对4个自然保护区、24万公顷自然生态区域的管护和提升，持续壮大绿色排氧量，为做好碳汇经济打下坚实基础，着力推动“绿水青山”向“金山银山”转化。

（四）持续深化改革开放，积极融入“我国向北开放重要桥头堡”建设。抓改革、促开放，是提升地区发展活力的关键所在。我们必须积极承接和融入国家向北开放大环境，大力发展开放型经济、大力优化开放发展环境、大力推进招商引资，构建更大范围、更宽领域、更深层次的全方位开放新格局，以更高水平开放促进高质量发展。

一是持续深化改革开放。要打造一流开放发展环境，全面落实自治区优化营商环境3.0方案，加快实现“一网通办”和线下窗口“一件事一次办”。持续推进党政机关干部定向服务市场主体和“蒙企通”综合服务平台推广应用，顶格落实“助企纾困”活动。要持续提升创新能力，深入落实“科教兴蒙”行动，扎实推进科技示范区建设，发挥好科技特派员职能，积极推广使用新品种、新技术，促进农牧业科技成果转化。要持续加强招商引资，坚持“有的放矢、提前谋划、确定目标、寻找抓手”思路，全面落实“全年抓、抓全年，全员抓、抓全员”工作要求，推行“飞地”招商、“整链”招商、以商招商等模式，突出抓好绿电招商、肉牛招商、旅游招商，以招大引强为重点，强化与国内知名企业对接合作，抓好签约率、开工率、资金到位率“三率”。

二是持续提升基础设施支撑能力。要强化综合交通运输网络，积极推进高速1015、国道334、省道210科右中旗段项目建设，完成乌拉盖至乌兰河旅游公路、巴彦淖尔至联合路网建设，持续升级改造农村公路，积极开展白突乌铁路前期工作，加快通用机场建设。要完善产业发展基础设施建设，实施好中储粮仓储项目和布里亚特产业园煤炭物流园项目建设。要统筹推进5G网络等数字基础设施，加强旗级大数据中心建设，推进数据共建共享。

三是持续发挥文旅产业带动作用。要持续加强与华侨城北方集团、中影集团、中青旅公司的合作，实施好代钦塔拉文旅特色商业街、“枫趣童年”二期、霍林渔村、苏雅乐文化产业园、科尔沁湿地自然体验基地（草原方舟）等旅游重点项目，不断丰富旅游业态，盘活景区服务项目，加快各景区提档升级步伐。要抓好对外宣传，充分把握优化疫情防控措施带来的机遇，着力促进旅游业全面复苏。积极对接争取中央电视台等各大媒体平台的支持，办好五角枫摄影展、蒙古族刺绣展等各类文旅活动，全力争取拍摄影视剧作品，持续提升“枫情马镇”旅游品牌知名度和影响力。要抓好农旅融合，打造好巴彦敖包度假村、双金万亩稻田、哈日道卜田园综合体等乡村旅游示范点，着力推动“农事”变“体验”，“农田”变“景区”，有效拉动观光农业、田园采摘业、农家乐牧家游等农旅融合发展，推进绿色农畜产品和民族手工艺品进景区、上网络，不断拓宽农牧民就业增收渠道。

（五）坚决维护安全稳定大局，积极融入“祖国北疆安全稳定屏障”建设。坚持不懈把安全发展贯穿经济社会发展各领域全过程，完善社会治理体系，提升社会治理效能，夯实国家安全和社会稳定基层基础，全力维护民族团结进步、社会和谐稳定的良好局面。

一是持续改善民生福祉。要持续深化义务教育均衡发展成果，提升学前教育服务质量，推进职业教育教学模式改革与管理，优化特殊教育办学条件，让所有的孩子都享受到更加优质的教育。要推进“健康中旗”建设，立足疫情防控新阶段，强化公共卫生服务体系建设，抓好医联体网格化布局，让群众在家门口就医，小病不出村、大病不出旗。要实施好“全民参保”计划，加快发展养老事业和养老产业，优先保障城乡低保、特困供养、残疾人两项补贴、高龄津贴补助发放。要实施好保障性安居工程，持续推进农村危房改造和城区老旧小区改造，持续整治城区私搭乱建违法建筑，推动房地产合理有序开发，实施好市政建设项目，努力打造宜居环境。要扎实做好稳就业工作，认真落实增收“四大行动”、就业“六个举措”，努力提高群众就业增收水平。要坚持文化惠民，不断完善城乡公共文化基础设施，广泛开展全民健身活动，丰富群众文化娱乐生活，在全社会营造健康向上、崇尚文明的良好氛围。

二是持续加强社会治理。要深化旗域社会治理现代化工作，加快推进前端设备安装项目建设进度，培育发展社区、嘎查治理多元主体工程，持续发挥基层党组织党员先锋作用，实现社会治理网格工作精细化。要扎实推进全面依法治旗，认真抓好“八五”普法，发挥好“12345”政务服务便民热线平台作用，开展重复信访事项和信访积案集中攻坚化解，做实做细信访代办制。要加强安全生产、食品药品安全工作，防范好经济金融领域风险，扎实推进命案防控工作，确保不发生重特大生产安全事故，确保不发生大规模群体性事件和恶性案（事）件，确保不发生持续性负面舆论炒作热点。

三是持续增进民族团结。要规范铸牢中华民族共同体意识促进会建设，广泛组织开展“三学一带一创”“石榴籽同心筑梦”系列主题活动，不断提高各族群众参与度，推进中华民族共同体建设。要深入实施“14466”工作机制，建立健全铸牢中华民族共同体意识宣传教育常态化机制，用好用活宣传教育基地、实践创新基地。要持续推进民族团结进步创建工作，实施旅游促进各民族交往交流交融计划、各族青少年交流计划和各民族互嵌式发展计划，传播推广各民族共享的中华文化符号和中华民族形象。

三、全面加强党建保障引领

加强党的建设是推动经济社会发展的根本保证。全旗党员干部要深刻领悟“两个确立”的决定性意义，坚决做到“两个维护”，持之以恒把全面从严治党引向深入，为全旗经济社会高质量发展提供强大政治引领和坚强政治保障。

（一）政治站位再提高。我们必须从讲政治的高度看问题、办事情，同党中央的决策部署保持高度一致，不打折扣、不找借口、不推责任，以对党的绝对忠诚狠抓工作落实、推进各项事业，特别是领导干部要真正干在实处、走在前列，推动“关键少数”担负关键责任、带动“绝大多数”，层层传导压力。要加强党性锻炼，牢记“三个务必”，用好用活“三会一课”，严格遵守党的政治生活制度，树立正确的权力观、地位观、利益观，永葆思想的先进性和纯洁性。

（二）思想认识再深化。我们必须坚持学思践悟习近平新时代中国特色社会主义思想，坚定用党的创新理论武装全党、教育人民、指导实践。要培育和践行社会主义核心价值观，进一步完善常态化的道德模范和身边好人评选机制，健全完善文明城市建设管理长效机制，不断提升市民文明素质和城市文明水平。要夯实意识形态工作责任制，加强意识形态管控和引导，严格管理管控各类意识形态阵地，加强舆情信息监控和管理，健全分析研判和预警机制，妥善处置重大舆情事件。

（三）基层组织再夯实。我们必须将党的领导贯彻到组织工作各方面全过程，把党建设得更加坚强有力，为推进经济发展和各项事业提供坚强组织保证。要着力加强干部队伍建设，考准考实干部政治素质，认真落实自治区党委激励干部担当作为的12条措施和容错纠错的8条意见，建立健全优秀年轻干部培养选拔常态化工作机制和激励干部担当作为长效机制，注重在项目建设、招商引资、应急处突、乡村振兴等工作一线考察识别干部，以实绩排位次、以贡献论英雄、以作为用干部，激励干部敢于担当、积极作为。要坚持“大抓基层”的鲜明导向，持续加强农村牧区（社区）基层党组织建设，选优配强基层党组织书记，着力加强后备干部队伍建设，增强基层党组织政治功能和组织功能，把基层党组织建设成为有效实现党的领导的坚强战斗堡垒。要加大人才引育力度，培养用好各方面优秀人才，承接落实好科技、教育、医疗“组团式”人才帮扶行动，借力培养一批留得住、用得上、可持续的本土人才，努力形成“人尽其才”的良好局面。

（四）能力作风再提升。我们必须深刻把握时代主基调，持续开阔视野，增强洞察能力，锤炼统筹能力，勇于和善于在迎接挑战中化危为机，牢牢抓住推动事业发展的主动权，坚持一切从实际出发，担当作为、履职尽责。要认真落实中央八项规定精神，紧盯重要节点纠治“四风”特别是形式主义、官僚主义，不断密切党同人民群众的血肉联系，改进做群众工作的方式方法，真心实意、耐心细致地为群众服务，及时帮助群众排忧解难。要完善工作机制，在规范、精简、提速上下功夫，促进工作节奏顺畅、工作速度加快、工作质效提升。

（五）监督执纪再严格。我们必须持之以恒正风肃纪，营造风清气正的政治生态。要发挥政治巡察利剑作用，坚持有形覆盖与有效覆盖相统一，抓实巡察全覆盖任务，强化巡察整改和成果运用。要坚决查处政治问题和经济问题交织的腐败，坚决治理官商勾结破坏政治生态和经济发展环境问题，坚决惩治群众身边的“蝇贪”。要坚持系统施治，一体推进“三不腐”，强化“不敢腐”震慑，继续强化减存遏增，统筹推进各领域反腐败斗争，加强“不能腐”约束，精准规范用好纪检监察建议，及时堵牢监管漏洞，增强“不想腐”自觉，用好用活廉洁文化元素，引导党员干部涵养清廉思想。要抓好重点领域违规违法问题常态化治理，推动以案促改、以案促建、以案促治常态化制度化，为经济社会发展营造良好的政治生态。

同志们，目标催人奋进，实干成就梦想。我们要更加紧密地团结在以习近平同志为核心的党中央周围，全面贯彻落实自治区党委、盟委工作要求，切实加强党对经济工作的全面领导，始终坚持效果导向狠抓工作落实，大力倡导务实高效的工作作风，奋进新征程，建功新时代，为建设富裕文明、和谐美丽科右中旗做出新的更大贡献！

名词解释

“三稳”底线：稳生态、稳民生、稳安全。

“五进”任务：投资安排要进、产业发展要进、乡村振兴要进、改革创新要进、招商引资要进。

“三区三线”：“三区”指城镇空间、农业空间、生态空间；“三线”分别对应在城镇空间、农业空间、生态空间划定的城镇开发边界、永久基本农田、生态保护红线三条控制线。

“五大任务”：内蒙古要建设成为中国北方重要生态安全屏障、祖国北疆安全稳定屏障、国家重要能源和战略资源基地、国家重要农畜产品生产基地、国家向北开放重要桥头堡。

“三个全面”：学习贯彻党的二十大精神要全面学习、全面把握、全面落实。

“五个牢牢把握”：学习贯彻党的二十大精神要牢牢把握过去5年工作和新时代10年伟大变革的重大意义，牢牢把握新时代中国特色社会主义思想的世界观和方法论，牢牢把握以中国式现代化推进中华民族伟大复兴的使命任务，牢牢把握以伟大自我革命引领伟大社会革命的重要要求，牢牢把握团结奋斗的时代要求。

“四个不摘”：摘帽不摘责任、摘帽不摘政策、摘帽不摘帮扶和摘帽不摘监管。

“五好”嘎查：建设好生态、住上好房子、过上好日子、养成好习惯、形成好风气。

“五美”人居环境：人美、院美、室美、

厨厕美、村庄美。

“两个转变”：加快经济转型发展，建设现代化经济体系，要推动能源和战略资源基地绿色低碳转型，推动农畜产品生产基地优质高效转型。

“两个率先”：全力推进风电、光伏等新能源大规模高比例开发利用，建设一批千万千瓦级新能源基地，在全国率先建成以新能源为主体的能源供给体系，率先构建以新能源为主体的新型电力系统。

“两个超过”：到2025年新能源装机规模超过火电装机规模，2030年新能源发电总量超过火电发电总量。

“风光氢储”：风能、光伏、氢能和储能。

白突乌铁路：白音胡硕至突泉至乌兰浩特铁路项目。

增收“四大行动”：在城市开展城镇“零就业”家庭充分就业增收、有就业意愿大中专毕业生全面就业增收、有学习意愿居民免费培训提高技能增收、纳入监测范围城镇事实困难群体政府兜底补助（保障）。

就业“六个举措”：在农村牧区推进强化市场主体带动、鼓励引导农牧民发展高质量庭院经济、参与以工代赈项目建设、发展代耕代种社会化服务，开展牲畜品种改良、务工就业。

牢记“三个务必”：全党同志务必不忘初心、牢记使命，务必谦虚谨慎、艰苦奋斗，务必敢于斗争、善于斗争，坚定历史自信，增强历史主动，谱写新时代中国特色社会主义更加绚丽的华章。

科右中旗人大常委会工作报告

——2023年1月2日在科右中旗第十七届人民代表大会第二次会议上

青格乐图

各位代表：

我代表科右中旗第十七届人大常委会向大会报告工作，请予审议，并请列席会议的同志提出意见。

一、2022年工作回顾

2022年是党的二十大召开之年，是“十四五”深化之年，也是旗十七届人大常委会履职的第一年。一年来，在旗委的坚强领导和盟人大工委的悉心指导下，旗人大常委会坚持以习近平新时代中国特色社会主义思想为指导，坚持党的领导、人民当家作主、依法治国有机统一，围绕旗委中心工作，切实履行法定职责，为维护社会大局稳定、经济高质量发展、推动民主法治进程做出了积极贡献。共召开常委会例会6次、常委会党组会议16次、主任会议10次，听取和审议“一府一委两院”专项工作报告16项，作出决议决定3项，形成审议意见14件，组织人大常委会组成人员和人大代表开展执法检查、调研、视察等监督活动12次，配合自治区人大常委会在我旗开展专题调研3次，配合盟人大工委专题调研15次。

（一）切实提高政治站位，在依法履职中把牢正确方向

一年来，旗人大常委会坚定政治立场，强化政治引领，坚决贯彻落实旗委决策部署，确保人大工作始终沿着正确政治方向前进。

全面加强党的领导。旗委十分重视和支持人大工作，定期听取旗人大常委会党组工作汇报，印发《科右中旗贯彻落实中央人大工作会议精神重点任务及分工方案》，为做好新时代人大工作提供遵循。旗人大常委会党组切实发挥把方向、管大局、保落实的领导作用，严格执行请示报告制度，坚持重要会议、重要工作、重大事项及时主动向旗委请示报告。

强化思想政治引领。坚持以习近平新时代中国特色社会主义思想武装头脑、指导实践、推动工作，深学笃行习近平总书记关于坚持和完善人民代表大会制度的重要思想，深入学习贯彻党的二十大精神，学习贯彻习近平总书记对内蒙古重要讲话重要指示批示精神，不断提高政治判断力、政治领悟力、政治执行力，推动学习成果转化为加强和改进新时代人大工作的强劲动力，自觉把“四个意识”“四个自信”“两个维护”落实到人大工作的各环节、各方面、全过程。

依法做好人事任免。坚持党管干部与人大依法任免干部有机统一，依法做好

各项人事任免工作，使党组织推荐的人选通过法定程序成为国家机关的工作人员。2022年依法任命41人、免职11人，依法组织接受任命的国家机关工作人员进行宪法宣誓，彰显宪法权威，弘扬宪法精神。

（二）围绕旗委中心工作，在服务大局中履行监督职能

一年来，旗人大常委会紧紧围绕旗委中心工作和全旗改革发展稳定大局，深入贯彻新发展理念，坚持走生态优先、绿色发展为导向的高质量发展新路子，坚持正确监督、有效监督、依法监督，确保人大工作与旗委中心工作同向同力、同频共振。

助推经济社会高质量发展。高度关注经济运行情况，听取和审议旗人民政府关于国民经济和社会发展计划执行、财政预算执行、财政决算、财政收支审计、审计查出问题整改、政府债务化解、税收等情况的工作报告，保障经济健康平稳运行。强化预算联网监督工作，在制度和形式上不断创新，把旗人民政府组织实施的15个盟级重大项目作为监督重点，实时联网监督项目资金拨付、使用、管理情况，实地开展4次调研视察，及时掌握项目进度，确保项目按节点推进、按计划完成。严格执行国有资产管理情况报告制度，听取和审议旗人民政府关于国有资产管理情况的专项工作报告，推动国有资产管理与监督工作制度化、规范化运行，确保国有资产保值增值。配合盟人大工委完成“政府债务审查监督情况、专项债券使用情况、财政资金保障基层‘三保’情况及预算联网监督工作情况”专题调研。

加强生态环保监督。深入贯彻习近平生态文明思想，紧扣旗委“生态立旗”战略，着力加强生态环境保护监督。开展《内蒙古自治区草畜平衡和禁牧休牧条例》贯彻落实情况执法检查，推动草原生态环境持续改善。听取和审议旗人民政府关于2022年全旗环境状况和环境保护目标完成情况的专项工作报告，推动全旗生态环境保护工作持续向好。配合自治区人大常委会完成农村牧区人居环境整治、污染防治工作专题调研及《农膜污染防治条例》立法调研。配合盟人大工委完成《中华人民共和国环境保护法》执法检查、霍林河流域治理和保护情况专题调研及《中华人民共和国森林法》《中华人民共和国草原法》贯彻实施情况书面调研。

促进民主法治建设。认真贯彻习近平法治思想，广泛开展宪法宣传教育，落实宪法宣誓制度，举办宪法学习培训，营造学习宪法、尊崇宪法、维护宪法权威的浓厚氛围。开展《民法典》贯彻落实情况执法检查，强化司法监督，推动民法典全面有效实施。听取和审议旗人民政府关于《中华人民共和国安全生产法》《内蒙古自治区安全生产条例》实施情况专项工作报告，赴内蒙古兴通煤矿开展安全生产大检查。配合盟人大工委完成法院金融案件审判工作及检察机关办理控告申诉案件工作情况的专题调研。加强基层立法联系点建设，成立专项调研组，多次到基层立法联系点开展前期调研及筹备工作，赴兄弟旗县考察学习基层立法联系点、人大代表之家建设情况，成立以常委会分管副主任为组长的立法联系点工作机构，制定立法联系点工作流程图、工作职责等相关制度。立法联系点筹备以来，按照上级要求对《内蒙古自治区科右中旗五角枫保护条

例（草案）》《内蒙古自治区农膜污染防治条例》《内蒙古自治区城镇供热条例》《内蒙古自治区固体废物污染环境防治条例》《内蒙古自治区安全生产条例（修订草案）》5部法规进行研究，提出32条意见建议。按照盟人大工委要求，开展涉及民族工作政策、计划生育内容法规规章等规范性文件的清理工作。规范接待办理群众来信来访工作，共受理群众来信来访案件7件7人次，对重点信访案件进行跟踪督办，妥善解决群众合理诉求，积极维护群众合法权益和社会和谐稳定。

持续关注民生改善。践行以人民为中心的发展思想，坚持人民至上，紧贴民生和社会关切，围绕乡村振兴、民生实事项目、优化营商环境、交通工程建设、文旅产业发展、突发公共卫生事件应急管理、城市基础设施建设等情况开展6次调研、视察活动，推动惠民利民政策落地落实。配合自治区人大常委会完成兜底线、保基本、加强社会救助工作专题调研。配合盟人大工委完成《中华人民共和国乡村振兴促进法》执法检查和巩固拓展脱贫攻坚成果同乡村振兴有效衔接工作情况的书面调研。

推动铸牢中华民族共同体意识。组织旗、苏木镇两级人大代表广泛开展铸牢中华民族共同体意识大学习大讨论活动，到基层群众中去学习宣传党的民族理论政策。组织人大代表到基层开展专题调研，听取和审议旗人民政府关于民族团结进步的专项工作报告，对党的民族政策落实情况加强监督。配合自治区人大常委会在全旗开展大力弘扬传承中华优秀传统文化、推进中华民族共有精神家园建设专题调研。落实好民族团结进步“八进”工作，开展“石榴籽同心筑梦”系列主题活动，到包联嘎查和社区开展民族政策法规宣传、环境整治、送书、健康宣传和体检等多种形式的志愿服务活动。开展“三学一带一创”活动，不断深化“五个认同”，持续厚植“三个离不开”思想，促进各民族群众交往交流交融。

做好疫情防控工作。应对新冠疫情，第一时间发布《科右中旗人大常委会致全旗人大代表倡议书》，按照疫情防控指挥部统一部署，组织机关全体干部全面参与疫情防控工作。常委会班子成员带头深入一线，督察指导包联社区、集中隔离点、苏木镇的疫情防控工作，及时听取包联单位工作情况和工作中遇到的问题，有针对性地提出指导意见。893名旗、苏木镇两级人大代表积极响应人大号召，在各自的岗位上助力疫情防控，有的踊跃捐款捐物、送暖心饭，有的投身守卡执勤、核酸采样等一线工作，把履职作为写在战“疫”一线，在抗击疫情的前沿阵地展现人大担当、贡献人大力量。

（三）强化服务保障工作，在履职实践中发挥代表作用

一年来，旗人大常委会始终坚持代表主体地位，拓展履职平台，提升履职能力，不断完善工作机制，支持和保障代表依法履职，代表工作更接地气、更有实效。

服务保障不断优化。高度重视代表培训工作，完成新一届人大代表履职培训全覆盖。举办苏木镇人大干事培训会，指导各苏木镇做好换届选举数据统计、档案资料整理归档、两级人大代表履职情况登记造册。累计组织40人次参加盟人大工委

举办的各类培训班，提升人大代表、人大工作者的思想政治水平和履职能力。组织旗级人大代表120余人，利用三天时间对全旗重大项目推进、“人大代表之家”建设、乡村振兴、产业发展、人大代表发挥模范带头作用等情况进行实地视察和观摩学习，扩大代表履职参与范围，保障代表知情知政权利，促进代表更好履职尽责。组织常委会组成人员和部分代表赴外地考察学习文旅产业发展、铸牢中华民族共同体意识等方面的先进经验。健全完善代表履职考核评价机制，代表履职积极性、主动性明显增强。建立完善常委会组成人员联系代表、代表联系群众“双联系”工作制度，切实提升代表联系群众能力，不断丰富闭会期间的代表履职活动，引导两级人大代表各展所长、各尽其能，收集社情民意，服务基层群众，以实际行动践行“人民选我当代表、我当代表为人民”的诺言。

代表建议全部办复。制定印发《科右中旗人大常委会2022年重点议案建议分工督办工作方案》，健全代表建议办理工作机制，坚持会议集中交办、领导重点督办、听取办理报告、回访办理成效等做法，压实办理责任，加大督办力度，强化跟踪落实，推动代表建议办理真正落地见效。旗十七届人大一次会议以来收到的26件代表建议全部办复，推动解决了一批群众关心的热点、难点问题。

（四）立足“四个机关”定位，在自身建设中提高工作效能

一年来，旗人大常委会顺应新时代人大工作的新要求，持续强化政治建设、思想建设、组织建设、作风建设，不断提升履职能力，自身建设取得新成效。

加强人大机关建设。严格落实“两学一做”学习教育常态化制度化，巩固深化“不忘初心、牢记使命”主题教育、党史学习教育成果，坚定理想信念，传承红色基因，赓续红色血脉，增强依法履职的政治自觉、思想自觉、行动自觉。全面加强机关党的建设，持续推进全面从严治党，认真落实意识形态工作责任制，贯彻落实中央八项规定及实施细则精神，扎实开展集中治理党内政治生活庸俗化交易化问题工作，持之以恒改进作风，形成风清气正、积极向上、干事创业的良好氛围。

指导基层人大工作。学习贯彻新修正的《中华人民共和国国务院组织法》，严格落实苏木镇每年召开2次人代会的具体规定。常委会班子成员分工分组，指导苏木镇人代会筹备工作，指导苏木镇人大开展调研、视察、执法检查和评议等活动，督促苏木镇人大工作规范化建设，不断提升全旗人大工作整体水平。同时，指导苏木镇人大管好用好“人大代表之家”和“人大代表工作室”，切实发挥代表履职阵地作用。

做好新闻宣传报道。积极宣传政策理论、法律法规和经验做法，及时完成《兴安日报》人大专版稿件及其他信息报送工作，编写工作简报34期，向各级各部门和新闻媒体报送信息60余条，共有16篇稿件被《内蒙古人大》《兴安日报》等各级媒体、宣传平台采用，为人大工作的创新与发展营造良好的舆论氛围。

各位代表：一年来，旗人大常委会依法履行职能职责，取得了一些成绩和进步，解决了一些困扰发展的难事，做了一些人民群众期盼的实事。这些成绩和进步

是旗委正确领导的结果，是全体代表、常委会组成人员、各工委会及人大机关全体干部共同努力的结果，是旗“一府一委两院”及各苏木镇人大密切配合的结果，是全旗各级各部门和全旗人民积极支持的结果。在此，我代表旗十七届人大常委会，向所有关心支持人大工作的同志们，表示崇高的敬意和衷心的感谢！

回顾过去一年的工作，我们也清醒地认识到，旗人大常委会的工作与新时代新任务新要求、与人民群众和人大代表的期望还有差距，主要是监督实效有待进一步增强，代表主体作用有待进一步发挥，民生实事跟踪问效尚需进一步加强，常委会自身建设还存在一定的差距等。针对这些问题，我们将在今后的工作中及时听取各位代表和各方面意见建议，不断加强和改进工作，更好履行宪法法律赋予的职能职责。

二、2023年主要任务

今年是全面贯彻落实党的二十大精神的开局之年，是“十四五”承上启下的关键之年。党的二十大为我们描绘宏伟蓝图、提振强大信心、指明前进方向。旗人大常委会要坚持以习近平新时代中国特色社会主义思想为指导，全面贯彻落实党的二十大精神，学习贯彻习近平总书记对内蒙古重要讲话重要指示批示精神，贯彻落实中央人大工作会议、自治区党委人大工作会议精神，在旗委的坚强领导下，坚持党的领导、人民当家作主、依法治国有机统一，围绕“生态立旗、农牧稳旗、产业强旗、文旅活旗、科教兴旗”战略定位，依法履行职能职责，更好发挥代表作用，不断发展全过程人民民主，以更大力度推动旗委决策部署落地落实，推动法律法规全面有效实施，以更实举措动员人大代表和人民群众投身改革发展实践，奋力书写新时代人大工作崭新篇章。

（一）坚持党的全面领导，在思想政治引领上凸显人大担当

始终坚持党对人大工作的全面领导这一根本政治原则，保持人大工作的正确政治方向。坚持以习近平新时代中国特色社会主义思想统揽人大工作，深入学习贯彻党的二十大精神，进一步增强“四个意识”、坚定“四个自信”、做到“两个维护”。深入学习贯彻中央人大工作会议、自治区党委人大工作会议精神和《中共中央关于新时代坚持和完善人民代表大会制度、加强和改进人大工作的意见》，切实把学习成果转化为推进人大工作的强大动力和实际成效。贯彻执行党中央决策部署和自治区党委、盟委、旗委工作要求，坚持重大决策、重大事项、重要工作及时向旗委请示报告，发挥常委会党组在人大工作中的领导作用，做到一切工作都在党的领导下谋划、推进和落实，不折不扣落实旗委交办的工作任务，切实把党的领导贯穿人大依法履职的各方面、全过程。推进铸牢中华民族共同体意识常态化宣传教育，发挥人大代表社会影响力和表率作用，用党的主张团结教育引导各族群众，持续营造民族团结进步浓厚氛围。

（二）依法履行监督职能，在助力高质量发展上贡献人大力量

准确把握新时代人大工作的新形势新任务新要求，秉持“以监督促发展”的原则，贯彻新发展理念，紧跟旗委步伐，紧贴人民群众高品质生活需要，依法行使监督

权、决定权、任免权，以高水平人大工作助推全旗经济社会高质量发展。锚定旗委重大决策部署持续发力，加强对巩固拓展脱贫攻坚成果同乡村振兴有效衔接等重点工作的监督，推动党政决策落地见效；围绕防范化解重大风险，依法做好预决算审查监督和国有资产管理监督，加大对审计问题整改情况的跟踪监督力度，保障经济健康平稳运行；聚焦依法行政、依法监察、公正司法，加强对“一府一委两院”的监督，进一步提升群众满意度和公信力；紧盯民生工程，重点对常态化疫情防控、基础设施建设、文旅产业、教育、医疗卫生、食品药品安全等方面开展监督，着力解决人民群众所需所盼，提升群众获得感幸福感安全感；严守生态底线，围绕生态环境保护法律法规执行情况开展执法检查，就全旗农村牧区人居环境整治情况开展调研，铸牢全旗生态安全屏障；推动民主法治进程，强化宪法法律宣传教育，加强宪法法律实施情况监督，做好规范性文件备案审查工作；管好用好预算联网监督系统，加强民生实事项目监督，推动实施进度、实施质量“双提升”；健全决议决定和审议意见督办落实机制，不断提升监督工作实效。

（三）充分发挥代表作用，在发展全过程人民民主上书写人大作为

深入学习贯彻习近平总书记关于发展全过程人民民主、保障人民当家做主的重要论述，把人民当家作主具体落实到人大工作中。坚持代表主体地位，着力加强代表工作，推进代表工作在机制、载体和服务上不断创新，丰富人大代表联系人民群众的内容和形式，更好发挥代表在发展全过程人民民主、反映群众诉求、解决民生难题中的积极作用，做到民有所呼、我有所应。落实好代表联系机制，密切常委会组成人员与代表、代表与人民群众的联系，丰富代表履职内容和形式。持续推进代表履职服务平台建设和管理，巩固拓展“家”“站”建设成果，拓宽代表有序参政渠道，组织闭会期间代表活动，邀请人大代表列席常委会例会，参与常委会组织的专题调研、执法检查和集中视察等活动，积极为代表履职创造条件。着力提高建议办理水平，完善代表建议“提好、办好”工作机制，完善建议督办机制，推动建议办理答复和落实“双满意”。继续加强代表培训，督促代表自觉尊法守法，不断提高履职能力和水平，忠实履行代表职责，切实发挥代表参与决策作用、监督推动作用、桥梁纽带作用、模范带头作用。

（四）不断加强自身建设，在打造“四个机关”上展现人大风采

“四个机关”是习近平总书记对人大及其常委会提出的定位要求，是新时代加强人大自身建设的努力方向和根本目标。要顺应时代要求，加强人大及其常委会自身建设，努力打造让旗委放心、群众满意的政治机关、国家权力机关、工作机关和代表机关。更加注重履职能力建设，加强业务学习培训，强化机关干部队伍建设，打造一支政治坚定、服务人民、尊崇法治、发扬民主、勤勉尽责的人大干部队伍。加强纪律作风建设，落实全面从严治党主体责任，把党风廉政建设贯穿人大工作始终，不断加强意识形态工作，严格执行中央八项规定及实施细则精神，驰而不息转作风、正作风，大力营造勤政务实、风清气

正、团结干事的良好氛围，维护人大机关和干部队伍良好形象。加强新闻宣传工作，讲好人大故事，传递人大声音，展现人大风采。

各位代表：新时代承担新使命，新征程谱写新篇章。让我们更加紧密地团结在以习近平同志为核心的党中央周围，在旗委的坚强领导下，“不忘初心、牢记使命”，担当实干、锐意进取，不断开创人大工作新局面，为全旗经济社会高质量发展做出人大贡献！

科右中旗政府工作报告

——2023年1月1日在科右中旗第十七届人民代表大会第二次会议上

科右中旗人民政府旗长　王海英

各位代表：

现在，我代表旗人民政府向大会作工作报告，请予审议，并请各位政协委员和列席同志提出意见。

一、2022年工作回顾

2022年旗人民政府坚持以习近平新时代中国特色社会主义思想为指导，在盟委行署、旗委的领导下，在旗人大依法监督、旗政协民主监督下，团结带领全旗各族人民，坚定落实“生态优先、绿色发展为导向的高质量发展新路子”要求，突出做好“六稳”“六保”工作，为实现经济持续向好、社会和谐稳定、人民生活幸福安康做出了不懈努力。

经济运行保持良好态势。全旗地区生产总值完成78亿元，增长7%，增速全盟第一；500万元以上固定资产投资完成75亿元，增长63%，增速全盟第一；规模以上工业增加值增长20%，增速全盟第一；一般公共财政预算收入完成3.3亿元，增长6%，增速全盟第一；城乡常住居民人均可支配收入分别是32740元和14394元，增长7%和10%；社会消费品零售总额完成10.15亿元，增长2%。

现代农牧业发展步伐加快。新建高标准农田3.05万公顷，总面积14.2万公顷。实施玉米密植免耕、玉米大豆带状复合种植、浅埋滴灌等9.47万公顷。完成黑土地保护性耕作6.47万公顷。粮食产量突破25亿斤。超额完成大豆扩种任务4.67万公顷。青贮、饲草种植面积6.67万公顷。全旗牲畜存栏稳定在206万头只。肉牛全产业链得到纵深发展，存栏达到42万头，增长10%。华阳肉牛屠宰加工项目和现代农牧业服务中心建设完成。鸿安牲畜交易市场交易量突破65万头只，交易额超20亿元。肉羊产业“品质提升工程”得到扎实推进，存栏达到163万只，增长9%。

工业经济支撑力更加突出。实施1000万元以上工业项目12个，总投资210亿元，完成投资42亿元。中广核200万千瓦风电项目累计完成投资45亿元。全区直属企业首台60万级机组、全盟最大的工业投资项目蒙能2×66万千瓦电厂投入运行。全盟单体规模最大的光伏发电项目天合15万千瓦光伏储能综合治沙项目并网发电。京科电厂1×35万千瓦机组项目主体竣工。百吉纳工业园区供热管网、智慧园区项目投入使用，入园成本有效降低，闲置资源实现盘活，入驻企业达到30家。

第三产业活力更加强劲。成功创建国家AAAA级、AAA级景区4处。翰嘎利湖休闲旅游度假区被认定为国家CCC级自驾车旅居车营地。巴彦敖包嘎查获评自治区乡村旅游重点村。“枫趣童年”草原亲子主题乐园建成投运。总投资6000万元的硕轮物流园项目建成投入使用。全旗电子商务交易额达到6.7亿元，快递物流突破670万件。

乡村振兴战略深入实施。投入3亿元，实施乡村振兴项目125个。坚决落实巩固拓展脱贫攻坚成果同乡村振兴有效衔接各项政策，做到及时帮扶、动态清零。加强扶贫资产管理，确认扶贫资产18亿元。完成173个嘎查实用性村庄规划编制，打造乡村振兴示范嘎查8个、水美乡村5个，建设“五好”嘎查蔚然成风。全力实施人居环境整治提升行动，“五美”人居环境正在成为新风尚。

城乡基础设施加快完善。改造提升巴彦呼舒镇城区道路12.3公里，新建污水管道23公里、排水管道8.5公里、供水管道37公里。新增房地产开发面积21万平方米。深入开展巴彦呼舒镇城区城市管理集中整治行动，拆除违法建筑33处。高速5511主线竣工通车，完成农村牧区公路建设245公里。蒙能500千伏送出线路建成投运。

生态文明建设不断加强。“三区三线”初步划定。实施增减挂钩项目56.34公顷。实施植树造林种草生态工程6666.67公顷。完成采石场、采砂场生态修复项目18个。水系连通及水美乡村项目全面开工建设，翰嘎利水库除险加固、霍林河中型灌区配套与节水改造、解生图河治理等项目主体竣工。

民生福祉得到持续改善。民生支出超过37亿元，占公共预算支出的82%以上。新增城镇就业1200人、高校毕业生就业770人。招聘学前教育及特岗教师214人。行政事业编制招录727人。投资4023万元实施5所学校基础设施工程。旗乌兰牧骑荣获全区乌兰牧骑艺术节团体金奖和7个单项奖。三级医疗卫生和公共卫生服务网络加快构建，旗内就诊率90%以上。发放各类民政补贴1亿元以上，基本养老保险参保人数16.7万人。

行政效能得到大幅提升。率先在全盟实现“交房即交证”“交地即交证”等服务事项，政务服务事项网办率100%。各类市场主体2.3万户。招商引资到位资金26亿元，超额完成年度任务。开展群防群治建设和社会治安防控体系“示范城市”创建活动，社会大局持续稳定。国防动员、双拥优抚、人民防空、科协、气象、档案史志、应急消防等工作得到新提升，工会、共青团、妇联、工商联、老龄、残联、红十字、慈善等工作取得新进步。

二、经验与不足

过去一年我们战胜一系列突如其来的困难和风险，经受住前所未有的挑战和考验，既填平补齐长期积压的短板弱项，又为今后发展积累宝贵经验：

一是始终坚持“人民至上、生命至上”。科学预判疫情防控形势，果断决策，提前谋划建设旗人民医院、蒙医院发热门诊和旗人民医院危重急病救治五大中心综合楼、疾病预防控制中心综合楼项目，为落实“新十条”要求赢得了主动。

二是始终坚持“民生优先”。科学预判城市基础设施潜在风险，果断决策，提前谋划，充分利用专项债等政策，投入8亿元改造提升污水管网、排水管网、给水管网、道路等城市基础设施，为快速回应群众关切，满足群众诉求赢得了主动。

三是始终坚持“生态优先、绿色发展”。科学预判，果断决策，提前谋划，投入资金5000万元，完成露天矿山治理、无主工矿废弃地修复61处，侵蚀沟治理35条，严格整治非法开垦行为，综合整治山水林田湖草沙，为完成巩固拓展脱贫攻坚成果同乡村振兴反馈问题整改赢得了主动。

四是始终坚持“走高质量发展之路”。科学预判，果断决策，提前谋划发展优势，确定千万千瓦级清洁能源生产输出基地建设战略，创新发展模式，优势互补，跨区域合作，与霍林郭勒市联合启动实施两个100万千瓦风电项目，积极推进中广核、蒙能两个100万千瓦风光储项目；加快推进蒙能80万吨中央政府煤炭储备、中储粮15万吨粮食仓储、华阳10万吨牛羊肉储备三大国家储备基地项目。创建国家级现代农业产业园项目，坚定实施建设7万头育肥牛基地和3万头奶牛基地项目，“牛文章”续写“新华章”。包揽兴安盟仅有两个成功创建的AAAA级景区，开工建设苏雅乐文化产业园等一批文旅重大项目，“念文旅经”绘就“新画卷”。

五是始终坚持“发展是第一要务”。科学预判，果断决策，提前谋划，不断优化营商环境，持续扶持各类市场主体，化解政府债务6.23亿元、企业留抵退税4.4亿元、减免税款3.2亿元，为各类市场主体克服疫情带来的困难，顶住经济下行压力，平稳度过艰难时刻赢得了主动。

六是始终坚持“民之所忧、我必念之、民之所盼、我必行之”。始终增强“时时放心不下”的责任意识，科学预判，果断决策，提前谋划一大批群众反映强烈的信访事项，化解信访事项91件，十几年甚至几十年的信访积案得到有效化解，连续提名全国信访“三无”旗，为党的二十大期间我旗信访维稳工作赢得主动。

七是始终坚持“守住不发生规模性返贫底线”。科学预判，果断决策，提前谋划，聚焦易致贫人群，紧盯产业带动，突出利益联结机制，实现脱贫户和易致贫户家家有产业、户户有帮扶，主导产业全覆盖。为巩固脱贫成果，走向乡村振兴夯实基础。

八是始终坚持“资源节约集约高效利用”。科学预判，果断决策，提前谋划项目建设停滞不前、土地长期闲置、企业发展动力不足等问题和困难，集中力量，限时解决，为完成“六大起底”行动，实现资源节约集约高效利用发展赢得主动。

各位代表，一年以来所取得的成绩足以振奋人心，鼓舞士气，更能凝聚人心，奋发图强。我们知道，这些成绩的取得离不开旗委的正确领导，离不开旗人大、政协鼎力支持，离不开中央宣传部、北京海淀区、自治区厅局级单位、盟直单位用心、用情、用力帮扶，更是离不开全旗各族人民、广大干部，干群一心，同心同德，共同奋斗，踔厉奋进。在此，我代表旗人民政府，向全旗各族人民，向所有关心支持科右中旗建设发展的社会各界人士，向各位人大代表、政协委员，表示最衷心的感谢，致以最崇高的敬意！

各位代表，总结一年工作，盘点一年成绩的同时，我们也清醒地认识到发展中所存在的困难和问题：经济体量偏小，一产全而不精、二产大而不强、三产散而不活；城市精细化管理水平不高，基础设施仍有短板；民生领域供给与群众期盼还有不小差距；财政刚性支出持续攀升，收支矛盾进一步凸显；改革任务依然艰巨，营商环境仍需优化。对此，我们将直面问题，在未来工作中全力以赴加以解决。

三、2023年工作安排

2023年是贯彻落实党的二十大精神的开局之年。我们要坚持以党的二十大精神为统领，贯彻落实中央经济工作会议、自治区经济工作会议、盟委（扩大）会议精神，坚决落实五大任务，进一步深化"吃生态饭、做牛文章、念文旅经"的发展思路，着力推动全旗经济社会高质量发展。

主要预期目标是：地区生产总值增长6%左右，500万元以上固定资产投资增长10%左右，一般公共预算收入增长3%左右，城乡常住居民人均可支配收入分别增长6%和9%左右，社会消费品零售总额增长3.6%左右。

（一）抓项目、促投资，全力实施"1235"工程

围绕建设生态安全这"一屏障"抓项目，实现"吃生态饭"。投入12亿元落实6个项目。落实保护和恢复保护区项目，发展生态旅游产业；落实种植羊草项目5万亩（约3333.3公顷）；实现水系连通，完成水美乡村和翰嘎利水库除险加固项目，打造水美乡村示范村4个；建设高标准农田1.6万公顷，集约节约高效利用土地实现生态效益；落实欧李、锦绣海棠为主的林果产业。积极争取山水林田湖草沙一体化保护和修复项目。

围绕"两个基地"建设，做好牛和新能源"两篇文章"。围绕"绿色农畜产品生产加工输出基地"建设科右中旗"百万头肉牛基地"。投入15亿元，重点建设好7万头肉牛育肥场和3万头奶牛养殖场。投资1亿元发展壮大300个肉牛养殖合作社和嘎查集体经济，落实20亿元贷款支持养殖户2万户；围绕"清洁能源输出基地"建设科右中旗"千万千瓦级清洁能源基地"。年内争取落实3个百万千瓦新能源项目，全旗电力总装机容量800万千瓦。落实3个500千伏特高压和2个220千伏高压线路项目。引进安徽海创绿能环保集团，建设生活垃圾焚烧发电项目。

围绕安全屏障，建设"三个国家储备库"。落实投资6.9亿元的中央政府煤炭储备库项目；落实投资2亿元的中央政府牛羊肉储备库项目；落实投资1.45亿元的中储粮粮食储备项目。

围绕延链补链强链，强化"五大产业"。围绕两大电厂余能余热余气落实4个项目。招商落地投资1亿元的一次性医用橡胶手套制造项目。招商落地投资5亿元的蒙能粉煤灰综合利用制作化肥改造盐碱地项目、投资3亿元的净科粉煤灰综合利用项目。拟批准建设投资8亿元的蒙能微电网，发挥中旗电力优势；围绕做大"牛文章"落实3个项目。落实投资1亿元的饲草产业加工物流交易园区项目。落实投资7000万元的现代农业产业园提升项目，引进社会化服务，建设现代畜牧

业。华阳肉牛屠宰加工厂实现屠宰量2万头以上；围绕土地做文章，发展土地产业，落实4个项目。新增耕补库466.69公顷。新增增减挂466.69公顷。新增水田指标3万亩（2000公顷），水田耕补库增加133.34公顷。将新增耕地建成现代农业示范基地；围绕主导产业发展仓储物流，落实4个项目。投入3亿元发展牛羊肉冷链物流。投入1亿元发展粮食物流。投入6000万元发展动物中央厨房和饲草料银行。投资1亿元扶持嘎查集体和合作社保鲜仓储项目；围绕全域旅游发展产业，落实7个项目。招商投资1亿元完成苏雅乐文化产业园建设。争创蒙医蒙药文化产业园。招商+项目落实投资1.4亿元的翰嘎利－五角枫旅游区项目。建设通用机场，争取8月份投入运行。打造代钦塔拉特色小镇、西日道卜水美乡村和霍林渔村三个旅游小镇。

（二）抓调度、增效益，全力保障经济运行

持续推动企业复工复产。千方百计扩大工业总量，规模以上工业总产值增长30%。确保企业开足马力生产，实现工业经济“全年红”。新增蒙能科右中电厂、华阳牛业科技集团、天合光伏发电公司规模以上企业3家。加快推进扎木钦铅锌矿、精诚铜矿、孟恩铅矿等企业复工复产进程。加强工业园区区域评估成果运用，发挥智慧园区平台作用，提高精细化服务水平。争取实施百吉纳园区综合管网工程。依托霍林郭勒市铝产业优势和布里亚特产业园优势，努力招商引进装备制造、新材料等战略性新兴产业项目。

持之以恒抓好招商引资。强势推进项目建设“四季行动”，聚焦全产业链，精准招商、以商招商、亲情招商多点发力，完成招商引资30亿元，增长15%。加强招商队伍建设，建立招商项目全生命周期服务机制，营造“人人参与、全员招商”的浓厚招商氛围，鼓励和吸引各类市场主体投资兴业。

下大力气优化营商环境。推动营商环境指标提级进位，确保通过自治区评估验收。深化“放管服”改革，推行“蒙速办·四办”“帮办代办”服务模式，最大限度精简材料、优化流程、压缩时限，当好企业的“店小二”。开展党政机关干部职工“进企问需”“助企纾困”活动，为企业提供高效服务。持续开展“六大起底”行动，全面盘活存量资产，提升发展质效。

（三）防返贫、拓成效，全力推进乡村振兴

巩固完善监测帮扶。以脱贫人口和监测对象为重点，推动监测关口、帮扶措施前移，开展动态管理和定期核查，建立健全因病返贫致贫风险人群监测预警和精准帮扶机制，全面巩固“两不愁三保障”及饮水安全成果。全面加强扶贫资产管理，修订完善管护运营制度，强化经营性资产运营管理、风险防控。

实施收入倍增行动。投入3.5亿元，加快推进产业发展、基础设施改善、就业培训等重点项目，其中投入资金1.5亿元围绕实现“两个高于”目标，积极发展特色庭院经济、以工代赈、市场主体带动、代耕代种社会化服务、牲畜品种改良、促进务工就业6项农牧民增收项目，挖掘经营性收入增长潜力，不断增加工资性收入，实现农牧民收入稳定增长。加快乡村建设步伐,围绕乡村建设、社会事业发展等重点领域创建8个示范嘎查。打造哈日道卜、代钦塔拉、乌逊3个盟级乡村治理示范嘎查。加强易地搬迁后续扶持,确保搬迁群众稳得住、能就业、快致富。

持续改善人居环境。加快推进“五好”嘎查和“五美”人居环境建设。打造20个美丽庭院示范村、2000个美丽庭院示范户。动态整改问题户厕,因地制宜、分类施策,选择适宜的改厕模式,宜水则水、宜旱则旱、宜分户则分户、宜集中则集中,不搞“一刀切”,有力有序推进农牧区“厕所革命”。抓好畜禽粪污资源化利用,争取实施投资5000万元的病死畜禽无害化处理项目。实施人居环境整治、阳光堆肥房及小型污水处理设施项目。积极创建农村牧区生活垃圾分类与资源化利用示范旗。

(四)守底线、优生态,全力推动绿色发展

推进生态环境治理。严守生态保护红线,强化土地、矿产、森林、河道管理,严查“四类”违法违规占用耕地行为。持续实施历史遗留及无主工矿废弃土地生态修复项目,改善矿山地质环境。加快推进城乡建设用地增减挂钩节余指标跨省调剂项目。做好水源地保护建设,提升饮用水安全。

实施重点生态工程。全面完成“两山”理论实践创新基地建设任务。认真落实“林(草)长制”,实施各类造林项目1万公顷。实施好各类保护区保护与恢复项目。建设义和塔拉林场现代化苗圃133.34公顷。积极配合引绰济辽二期工程建设。实施总投资3200万元的农村环境整治项目,建设集中污水处理站12座。投入3000万元实施3个小流域治理项目。

抓好三大污染防治。持续打好蓝天、碧水、净土保卫战。抓好霍林河高力板断面水体稳定达标工作。加强土壤污染源头防控,开展新污染物治理。确保中央生态环境保护督察反馈问题整改不反弹。认真落实“河湖长制”,推进河湖“清四乱”工作常态化、规范化。严格控制水资源开发、开采。

(五)补短板、强弱项,全力改善城乡面貌

提升城市品质品位。实施“城市更新行动”,确保吐列毛杜大街、蒙医院南侧道路改造和巴彦呼舒镇2号桥工程年内建成通车。投资1385万元实施苏雅乐公园,打造文化性、功能性、生态性一体的沉浸式体验公园。新建环保移动式公厕26座。加快国土空间总体规划编制工作,建立“一核一带、两轴三区、多节点”的城镇空间结构。开发房地产20万平方米以上。

优化路网电网布局。配合做好高速1015、国道334、省道210科右中旗段项目建设。完成总投资6000万元的乌拉盖至乌兰河旅游公路、总投资1500万元的巴彦淖尔至联合路网建设。升级改造5条60公里的农村公路。配合开展中广核二期、京科二期、铝都至平川500千伏线路工程征地拆迁工作,确保年内建成投运,有效打通电力外送通道。

(六)惠民生、暖民心,全力提高幸福指数

推动实施文旅惠民工程。加快国家全域旅游示范区创建步伐,五角枫景区、翰嘎利湖景区、图什业图亲王府、中影制作基地等重点景区景点有效提升配套设

施及服务质量，促进文化旅游多元融合发展。推动“枫趣童年”草原亲子主题乐园二期、代钦塔拉文旅特色商业街等项目开工建设。建设培育8个嘎查乡村旅游新业态。加强旅游宣传策划营销，举办好五角枫旅游节、音乐节等节庆活动。加强精品文艺剧目创作，编排歌舞剧《雕花的马鞍》等节目。推进传统工艺工作站建设，提升“非遗”保护传承水平。

全面提升教育教学质量。提高普惠性幼儿园覆盖率、九年义务教育巩固率，探索智慧教育、推进教育评价改革，着力提高教学水平，推动教育、科技、人才“三位一体”高质量发展。投入6950万元实施好6个教育重点项目。推进全国民族团结进步示范旗创建工作，打造“石榴籽”主题广场、公交专线，“石榴花开”一条街，形成民族团结浓厚氛围。

加快推进健康中旗建设。创建“全国基层中（蒙）医药工作示范旗”，巩固“自治区卫生城镇”创建成果。深入实施“全民参保”计划，推进医保支付方式改革，提高医保基金使用效率。投入2.2亿元补齐5家医疗机构公共卫生补短板项目，着力构建分级诊疗体系。坚决贯彻优化疫情防控“新十条”，严格落实区盟两级细化方案，全面推进60岁以上老年人疫苗接种工作，重点加强80岁以上人群接种，加强医疗资源储备工作。开展全民健身运动，实施“农牧民健身工程”，承办好第七届自治区草原休闲体育大会、第二届兴安盟社区运动会和农村牧区足球赛等活动。

着力提高民生保障水平。抓好高校毕业生、农牧民工、退役军人等重点群体就业，开展“一地一品”培育，打造“草原绣娘”特色产业劳务品牌。提升文创产业基地孵化能力，入孵企业达到30家以上。发挥民政兜底保障职能，规范落实社会救助政策，加强残疾人康养服务体系建设。持续做好全区养老服务改革试点工作，探索实施公办机构社会化运营。开工建设总投资1500万元的好腰苏木镇敬老院项目。高度重视宗教、工会、共青团、妇联、科协、工商联、残联、红十字、慈善等工作，统筹抓好档案史志、税务、气象、关心下一代等各项工作。

（七）保稳定、促和谐，全力提升治理水平

多措并举抓好社会治理。深入开展化解信访积案专项行动，努力解决群众诉求。坚持利用疫情防控网格化管理、社会化服务、信息化支撑经验，提高预测预警预防和应急处置能力。探索社会工作专业服务模式，鼓励北京大智云社工、中旗社工协会“牵手”建立社工站。

持续用力建设平安中旗。严格落实安全生产“十五条硬措施”，深入开展安全生产大检查行动。落实食品安全责任制，加强食品安全风险管控。实施总投资1.2亿元的5个平安建设项目，确保年内投入使用。持续推进扫黑除恶专项斗争，严厉打击各类违法犯罪活动，全力维护好安定和谐的社会环境。

（八）讲政治、重担当，全力加强自身建设

始终做到廉洁行政。一以贯之落实中央八项规定及其实施细则，推进政府系统党风廉政建设和反腐败斗争。持续改进作风，坚决转变“怕慢庸散推软”等作风顽疾。优化财政支出结构，严控一般性支出，把更多的财力用在改善民生福祉上。防范化解地方政府债务风险，坚决遏制增量、化解存量。

始终做到法治行政。坚持法治建设，严格执行重大行政决策法定程序，规范行政执法行为，提高依法执政能力。自觉接受人大法律监督、政协民主监督、监委主责监督，主动接受社会舆论监督，发挥好审计监督作用，持续推行政务公开，畅通政府和公众互动渠道，全力打造法治政府。

始终做到高效行政。持续深入“优化职能职责、优化工作流程”专项行动。加强“12345”政务服务便民热线建设，积极回应群众关切，解决群众急难愁盼问题。大力弘扬“三牛”精神，重实干、强执行、抓落实。健全完善督查体系，跟踪督办重大决策、重点工作，确保各项工作落地落实。

各位代表！唯实干才能成就梦想，唯奋斗才能赢得未来。新的一年里我们干群同心共担风雨，团结一致奋勇当先，让我们以久久为功的韧劲、不畏艰难的拼劲、逢山开路的闯劲、敢于担当的干劲，谱写科右中旗发展新篇章、再创科右中旗发展新辉煌！

政协科右中旗第十二届委员会常务委员会工作报告

——在政协科右中旗第十二届委员会第二次会议上

（2022年12月31日）

佟红岩

各位委员，同志们：

我代表政协科右中旗第十二届委员会常务委员会，向大会报告工作，请予审议，并请列席会议的同志提出意见。

一、2022年工作回顾

过去一年，在中共科右中旗委的坚强领导下，在旗人大、旗政府关心支持下，政协科右中旗第十二届委员会以习近平新时代中国特色社会主义思想为指导，深入学习中共二十大精神，全面贯彻习近平总书记对内蒙古重要讲话重要指示批示精神，落实中央和自治区党委政协工作会议精神，坚持发扬民主和增进团结相互贯通、建言资政和凝聚共识双向发力，以助推我旗“十四五”良好开局为重点履职尽责，以提高政协制度效能为目标推进专门协商机构建设，扎实履行政治协商、民主监督、参政议政职能，为我旗经济社会高质量发展贡献政协智慧和力量。

（一）强化政治引领，肩负政协担当，筑牢共同思想政治基础

始终坚持党对政协工作的全面领导，严格执行重大事项向旗委请示报告制度，落实意识形态工作责任，充分发挥政协党组领导作用，团结带领政协委员和社会各界以坚持和发展中国特色社会主义作为巩固共同思想政治的主轴，把牢履职的政治方向、站稳履职的政治立场、明确履职的政治担当，铸牢忠诚拥护“两个确立”、增强“四个意识”、坚定“四个自信”、做到“两个维护”的思想根基。

强化党的创新理论武装。坚持和完善以政协党组理论学习中心组学习为引领，主席会议和常委会会议集体学习、委员培训、专委会联动界别小组学习、委员读书活动等相配套，建立覆盖全体政协委员的经常性学习机制，把学习贯彻习近平新时代中国特色社会主义思想作为首要议题，重点围绕学习贯彻中共二十大精神，习近平总书记对内蒙古重要讲话重要指示批示精神和对人民政协工作的重要思想，开展党组理论学习中心组学习、常委会集中学习、专委会联动界别学习、党支部学习56次，组织委员和干部参加各类专

题讲座2次，线下线上培训3次，引导广大政协委员和各族各界人士深入学习党的创新理论，切实把党的主张转化为社会各界的广泛共识，确保政协事业始终沿着正确的政治方向前进。扎实推进"书香政协"建设，向全体政协委员发出"书香政协·同心共读"读书活动倡议书，组织开展"庆七一·书香政协"委员读书活动暨书法作品展，"学习党的二十大·奋进新时代"学习宣讲活动，引导委员和界别群众深入学习贯彻中共二十大精神，强化以学习提升懂政协的精神境界、增强会协商的过硬本领、培育善议政的文化氛围、夯实聚共识的思想基础。

强化党的组织建设。充分发挥政协党组把方向、管大局、保落实的领导作用，持续提高政协机关组织力和执行力，建立主席会议成员连同政协办公室、专委会对接联系各界别，常委联系所在界别委员，委员联系界别群众工作机制，构筑前后端协同发力、全方位沟通联系的工作体系，健全从党内到党外、从委员及群众的凝聚共识工作格局。围绕实现党的组织对党员委员的全覆盖、党的工作对政协委员的全覆盖，将全体委员划分为5个委员活动小组，推行党员委员组织关系一方隶属、参加双重组织生活制度，构建成"政协党组+机关党组+党支部+界别党建活动小组"的党建组织体系，激发党员委员在政治引领、凝聚共识、促进团结等方面的表率作用，夯实以党的建设引领推动履职实践的组织基础。

（二）倾力深耕主业，展现政协力量，助力"十四五"良好开局

立足更好发挥专门协商机构作用，紧紧围绕旗委、旗政府的决策部署履职尽责，落实年度协商计划，克服疫情影响，全年举办重要协商活动9次，开展视察考察调研14次，民主监督2次，形成调研报告7份，提出工作建议25条，服务于决策施策。

聚焦在推动生态优先、绿色发展上建言献策。与自治区政协、兴安盟政协开展三级联动水资源节约集约利用专题监督性协商，组成专题调研组开展调研视察，联系党政相关部门召开专题协商座谈会，发放民意问卷收集意见建议，督促水资源管理措施落实落细，营造节水用水良好氛围，推动用水方式由粗放向节约集约转变。围绕我旗"五旗"战略规划重大举措落实开展调研协商，就农牧业提质增效、强化科技和人才支撑、推进全域旅游向纵深发展进行调研议政。立足生态文明建设，在新能源开发利用、探索发展碳汇经济、农村人居环境整治、发展林下经济等方面组织视察建言。紧扣民生关注，就蒙医蒙药传承和发展、市域社会治理等民生问题进行专题协商，并对农牧民十分关注的禁牧工作和法治建设提出意见建议。

着眼在发挥专门协商机构效能上主动作为。制定年度工作要点，细化年内各项重点工作内容，明确时间点和路线图。强化专门委员会基础性作用，以委员界别活动小组为依托，组织跨界别、跨领域的委员，进行小范围、多轮次深度协商座谈会12次，一些重要成果得到肯定和采用。政协主席会议成员牵头开展提案办理协商，党政督查部门和政协共同开展提案督办协商，提案办复率100%，满意率98%，助推了一些问题的解决。坚持寓监督于

协商之中，围绕优化营商环境、农村牧区户厕改造等旗委、旗政府重点工作、群众关注问题的解决落实，组织开展协商式民主监督，并选派部分政协委员参加旗检察院、公安局等部门组织的听证活动，丰富和完善民主监督形式，积极营造敢监督、能监督、会监督的良好氛围。明确反映社情民意信息的内容、形式和要求，收集社情民意信息66条，部分被兴安盟政协办公室采用，发挥资讯辅政作用。坚持政协文史工作的地方特色，编撰出版《科尔沁右翼中旗地名释义》并分发至各地各部门，发挥地名记录历史的"活化石"作用。助力新冠疫情防控，主席会议成员下沉一线督导指导疫情防控工作，组织政协各参加单位、各专门委员会、各界别委员迅速投身抗疫斗争，倡导广大委员捐款捐物20余万元。

（三）注重民主团结，凝聚政协智慧，着力画好最大同心圆

持续发扬"团结—批评—团结"的优良传统，广开言路，集思广益，促进不同思想观点的充分表达和深入交流，形成既畅所欲言、各抒己见，又理性有度、合法依章的良好协商氛围。

完善团结联谊方法载体。围绕民族团结、青少年发展、法治宣传、文化惠民等工作，同旗委统战部共同举办了铸牢中华民族共同体意识、"宪法宣传周""民族法治宣传周"主题宣传等活动。组织开展旗政协党组成员同党外委员谈心谈话活动，与共建社区签订城市基层党建"全域互联共建"协议书，共同开展"中华民族一家亲、同心共筑中国梦"文艺会演，民族政策宣传月暨"中华文化大家学"等活动。学习贯彻中央民族工作会议和全国宗教工作会议精神，就民族地区多渠道就业、宗教事务治理等课题调研协商，促进民族团结、宗教和谐。密切与各级政协组织的联络交往，配合全国政协、自治区政协、兴安盟政协完成在全旗调研和联动协商工作20批次、兄弟旗县政协3批次，就全旗肉牛肉羊产业发展、公共文化场馆建设、文旅产业融合等课题深入交流、协商发展。

厚植为民履职政协情怀。把不断满足人民对美好生活的需要、促进民生改善作为重要着力点，在年度协商和重点课题调研等履职活动中，始终把民生实事放在首位。组织召开"分布式光伏发电项目"对接座谈会，"社情民意"恳谈会，"助力乡村振兴"——养殖技术培训会和健康义诊及乡村科普等活动。同时，本着"协商与民、协商为民"的原则，制定切合全旗实际的政协协商与基层协商有效衔接实施方案，重新梳理建设委员履职平台134个，到嘎查（社区）开展人居环境整治等基层协商活动，初步构建权责清晰、程序规范、关系顺畅、运行有效的政协协商与基层协商有效衔接工作体系，为推进政协协商与基层协商有效衔接夯实基础。

（四）坚持强基固本，激发政协活力，在守正创新中夯实履职基础

着眼提高协商工作科学化、规范化、制度化水平，立足新时代人民政协需要着力做好的重点工作，学习中共十八大以来人民政协工作各方面的创新成果，深化对人民政协重大理论和实践问题的研究，落实关于中国共产党政治协商工作条例等制度规定，积极构建以政协章程为基础，覆盖协商履职、组织管理、队伍建设等方

面的制度体系。

抓实“两支队伍”管理。按照“懂政协、会协商、善议政，守纪律、讲规矩、重品行”的要求，坚持委员主体地位，认真实施履职情况统计、履职评价和激励、纪律约束等制度机制建设，进一步完善落实委员履职档案、常委年度履职报告制度，提升委员履职管理的信息化、规范化水平。倡导实干之风，强化担当意识，增强服务观念，深入推进“学习型、服务型、创新型”机关建设，加强党风廉政建设，推进“两学一做”学习教育常态化、制度化，巩固深化“不忘初心、牢记使命”主题教育成果，扎实开展党史学习教育，建设讲政治、守纪律、负责任、有效率的模范机关队伍。

不断完善制度机制建设。根据新时代加强和改进政协工作的核心要义、基本原则、重点任务，落实旗委会同政府、政协制定年度协商计划制度，修订委员管理和委员履职考核管理办法，制定旗政协全体会议工作规则、常务委员会工作规则和专门委员会工作通则等7项工作制度，协商议题形成机制进一步优化，委员履行职责的使命感和责任感进一步增强，协商参加范围、方式方法、组织和基本程序、协商成果运用等进一步明确，拓展协商制度链条与协商实践流程对接渠道，提高深度协商互动、意见充分表达、广泛凝聚共识水平。

优化联动履职方式方法。围绕有事好商量、众人的事情由众人商量，找到全社会意愿和要求的最大公约数这一人民民主真谛，创新推出“126”工作法。即坚持以政治建设为统领推动政协党的建设这一主线，建立专委会联系界别、委员联系群众工作机制和主席联系常委、常委联系委员、党组成员联系党员委员、党员委员联系党外委员两项工作机制，形成主席会议成员领衔督办重点提案、提案办理全程协商和年度协商议题选定等6项机制。

各位委员，一年来的工作成绩，是以习近平新时代中国特色社会主义思想为指导的结果，是旗委坚强领导的结果，是旗人大、旗政府和社会各界大力支持的结果，是人民政协各参加单位和广大委员团结奋斗的结果。在此，我代表政协科右中旗第十二届委员会常务委员会表示衷心的感谢！

同时，我们也清醒看到工作中的不足：坚持发扬民主和增进团结相互贯通、建言资政和凝聚共识双向发力需要进一步加强；制度化、规范化、程序化等功能建设需要进一步探索，政协民主监督和委员联系界别群众制度机制需要进一步完善。这些问题要在今后工作中研究改进。

二、2023年工作建议

2023年是全面建成社会主义现代化强国、实现第二个百年奋斗目标，以中国式现代化全面推进中华民族伟大复兴的重要一年，是全面贯彻落实中共二十大精神的开局之年，是政协事业凝心聚力携手新时代、继往开来迈上新征程的重要一年。我们要以习近平新时代中国特色社会主义思想为指导，把学习宣传贯彻中共二十大精神作为贯穿全年的首要政治任务，深入学习习近平总书记关于新时代加强和改进人民政协工作的重要思想，坚持党的领导、统一战线、协商民主有机结合，坚持发扬民主和增进团结相互贯通、建言资政和凝聚共识双向发力，完善人民政协民主监督和委员联系界别群众制度机制，发挥人民政协作为专门协商机构作用,做好思想引导、汇聚力量、议政建言、服务大局各项工作,加大深度协商互动、意见充分表达、广泛凝聚共识水平,为我旗经济社会高质量发展做出贡献。

(一)强化政治理论引领,广泛凝聚共识

要以学习宣传中共二十大精神为首要政治任务,坚持以党组理论学习中心组为主导的学习制度体系,统筹运用常委会集体学习、专题座谈、委员读书等形式,做好委员宣讲、专题视察考察、理论研讨等工作,切实把思想和行动统一到大会精神上来,团结引导参加人民政协的各党派团体和各族各界人士以强烈的历史主动精神奋进新征程、建功新时代。要巩固拓展党史学习教育成果,鼓励委员结合自身工作和经历,运用多种方式讲述中国共产党百年来艰苦卓绝的奋斗历程,国家事业取得的历史性成就、发生的历史性变革,推动形成全旗各族各界人士心往一处想、劲往一处使的生动局面。

(二)加强党的全面领导,把牢政治方向

要全面贯彻习近平新时代中国特色社会主义思想、习近平总书记关于加强和改进人民政协工作的重要思想,以党的政治建设为统领,坚持党的领导、统一战线、协商民主有机结合,把握政协性质定位,发挥好协商民主这一实现党的领导重要方式作用。旗政协党组要发挥好把方向、管大局、保落实的重要作用,严格执行重大事项请示报告制度,认真落实开展党的统一战线工作的职责要求,在增进团结、密切联系界别群众上下功夫,推进人民政协党的组织和党的工作有效覆盖,不断增强固守政治底线的定力和找到最大公约数、画出最大同心圆的能力,团结带领广大政协委员和界别群众增进政治认同、思想认同、理论认同、情感认同,坚定不移跟党走、凝心聚力促发展。

(三)围绕中心服务大局,积极建言献策

要聚焦坚定不移走以生态优先、绿色发展为导向的高质量发展新路子,按照旗委“生态立旗、农牧稳旗、产业强旗、文旅活旗、科教兴旗”的战略定位,重点围绕现代农牧业、风光能源、全域旅游等绿色低碳产业开展广泛调研,发挥建言献策作用,协助重点工作落实。要立足巩固拓展脱贫攻坚成果同乡村振兴有效衔接,围绕优化农牧业区域布局和生产结构,打造特色农畜产品优势区,乡村基层治理等课题开展深入协商,发挥民主监督作用,助推巩固拓展脱贫攻坚成果。要着眼保障和改善民生,围绕老旧小区、老旧房屋和老旧厂区改造,加快推进水电路讯热等市政管网改造升级,教育事业全面发展,科技创新成果转化等课题开展协商活动,发挥参政议政作用,不断增进民生福祉。

(四)更好发挥协商优势,聚共识固团结

要切实履行新时代赋予人民政协的职责使命,坚持一致性和多样性统一,通过界别代表人士座谈会、委员读书交流会、谈心谈话等,密切同党外知识分子、少数民族人士、宗教界人士、非公有制经济人士、新的社会阶层人士沟通联络,促进民族关系、宗教关系、阶层关系的和谐。要把全过程人民民主贯穿政协履职各方面各环节，不断丰富有事好商量、众人的事情由众人商量的制度化实践，继续务实推进政协委员履职平台建设，鼓励委员深入界别群众宣传政策、化解矛盾、增进团结，把发扬民主和增进团结相互贯通做得更好，把建言资政和凝聚共识双向发力工作做得更实，把政协协商与基层民主协商有效衔接起来，以协商聚共识、以共识固团结，发挥专门协商机构的制度效能。

（五）持续加强自身建设，提升履职能力

要以加强制度化、规范化、程序化等功能建设为目标持续深化专门协商机构建设，按照自治区党委办公厅印发《关于加强和改进新时代盟市、旗县（市、区）政协工作的实施意见》文件精神，协调落实政协机构增设和人员力量充实等事宜，努力在完善协商内容、丰富协商形式、健全协商规则、培育协商文化、提高协商能力上取得新成效。要以完善人民政协民主监督制度机制为着力点，准确把握人民政协民主监督的性质定位，制定民主监督工作计划，探索更多民主监督形式，积极围绕贯彻落实旗委和旗政府重要决策部署情况开展民主监督。要进一步推动委员联系服务界别群众工作走深走实，立足实际探索就近就地联系群众的方法，强化委员职责使命，细化联系内容举措，优化服务组织保障，推动广大政协委员更好成为党的政策宣传员、思想政治引领者、界别群众贴心人。

各位委员、同志们，宏伟蓝图催人奋进、征程再启未来可期。让我们更加紧密地团结在以习近平同志为核心的党中央周围，把思想和行动统一到党的二十大精神上来，积极为旗委、旗政府建言献策，真正把履职成效体现在稳经济、保增长、促发展的精彩答卷上，以更加主动的精神状态、更加昂扬的奋斗姿态谱写新的壮美篇章。

附　录

荣誉录

盟、厅级以上先进集体名录

被授予单位	授予单位	奖　项
科右中旗人民检察院	最高人民检察院、检察日报社	“全国检察宣传先进单位”
科右中旗乌兰牧骑	宣传部、文化和旅游部、国家广播电视总局	“基层文艺院团先进集体”
科右中旗消防救援大队	全国总工会	“全国工人先锋号”
科右中旗消防救援大队	应急管理部	“第六届全国119先进集体”集体三等功
科右中旗	内蒙古自治区民政厅	“全区农村牧区养老服务转型升级试点旗县”
科右中旗委宣传部	内蒙古自治区党委宣传部	“学习强国”优秀管理组
科右中旗人民法院	内蒙古自治区高级人民法院	“全区优秀法院”
科右中旗司法局	内蒙古自治区党委、自治区人民政府	“全区民族团结进步模范集体”
科右中旗城市管理综合行政执法局	内蒙古自治区精神文明建设委员会办公室	“第十届自治区级文明单位”
科右中旗看守所	内蒙古自治区公安部	2020和2021年度公安监管场所等级“一级看守所”
科右中旗公安局代钦塔拉派出所	内蒙古自治区公安部	“全区优秀公安基层单位”
科右中旗文联	内蒙古自治区文学艺术界联合会	基层文联工作先进单位
科右中旗巴仁哲里木镇人民调解委员会	内蒙古司法厅	“维护和谐稳定，喜庆建党百年”矛盾纠纷排查化解专项行动表现突出集体
科右中旗中等职业学校	内蒙古自治区委员会宣传部、内蒙古自治区委员会统战部、内蒙古自治区民族事务委员会	“第八批全区民族团结进步示范区示范单位”
科右中旗消防救援大队	内蒙古自治区委员会宣传部、内蒙古自治区委员会统战部、内蒙古自治区民族事务委员会	“全区民族团结进步模范集体”

续表

被授予单位	授予单位	奖　项
科右中旗额木庭高勒苏木巴彦敖包	内蒙古自治区委员会宣传部、内蒙古自治区委员会统战部、内蒙古自治区民族事务委员会	“第八批自治区民族团结进步示范区示范单位”
科右中旗杜尔基镇统计站	内蒙古自治区统计局	统计基层基础建设“八有八化”规范化苏木乡镇
科右中旗杜尔基镇	内蒙古自治区铁路护路联防办公室	“2021年度全区铁路护路联防工作先进集体”
科右中旗烟草专卖局	内蒙古自治区烟草专卖局、内蒙古自治区公安厅、内蒙古自治区邮政管理局、呼和浩特海关、满洲里海关	“2021—2022年度全区卷烟打假打私工作先进集体”
中国人民银行科右中旗支行综合办公室	中国人民银行呼和浩特中心支行工会工作委员会	2021—2022年度内蒙古人民银行系统“女职工文明示范岗”
中国农业银行股份有限公司科右中旗支行营业室	内蒙古自治区总工会	“内蒙古自治区工人先锋号”
科右中旗人民检察院	内蒙古自治区人民检察院兴安盟分院	兴安盟检察机关第七届“正义杯”排球比赛精神文明奖
科右中旗委组织部	兴安盟委组织部	2020年度全盟组织工作调研成果三等奖
科右中旗委统战部	兴安盟委统战部	全盟第十次民族团结进步模范集体
科右中旗委统战部	兴安盟委统战部	2022年度全盟统一战线铸牢中华民族共同体意识宣传教育工作优秀奖
科右中旗人民检察院	兴安盟委员会、兴安盟行政公署	“全盟第十次民族团结进步模范集体”
科右中旗人民检察院	共青团兴安盟委员会	“兴安盟五四红旗团支部”
科右中旗人民武装部	兴安军分区	“全面建设先进人武部”
科右中旗司法局	兴安盟司法局	集体二等功
科右中旗司法局	兴安盟委组织部	2022年盟级“最强党支部”示范点
科右中旗司法局	兴安盟委员会全面依法治盟委员会守法普法协调小组办公室	兴安盟“喜迎二十大,党内法规知识有奖竞答”活动“优秀组织奖”
科右中旗公安局	兴安盟公安局	“全盟党的二十大维稳安保信访工作先进集体”
科右中旗公安局警务支援大队	兴安盟公安局	“网络文明建设先进集体”
科右中旗公安局交通管理巡逻大队	兴安盟公安局	“兴安盟文明单位标兵”
科右中旗公安局生态环境食品药品犯罪侦查大队	兴安盟公安局	“2022年度先进集体”
科右中旗公安局百日攻坚专班	兴安盟公安局	集体三等功
科右中旗公安局改革办	兴安盟公安局	集体三等功

续表

被授予单位	授予单位	奖　项
科右中旗公安局 督察法制大队	兴安盟公安局	集体三等功
科右中旗公安局 情报指挥中心	兴安盟公安局	集体三等功
科右中旗公安局 政治工作办公室	兴安盟公安局	集体三等功
科右中旗公安局 霍林郭勒派出所	兴安盟公安局	集体三等功
科右中旗公安局 治安管理大队	兴安盟公安局	集体三等功
科右中旗公安局 交通管理大队	兴安盟公安局	集体三等功
科右中旗公安局 经济犯罪侦查大队	兴安盟公安局	集体三等功
科右中旗公安局科信办	兴安盟公安局	集体三等功
科右中旗公安局 “放管服”改革 优化营商环境工作专班	兴安盟公安局	集体三等功
科右中旗公安局 好腰苏木派出所	兴安盟公安局	集体三等功
科右中旗公安局 额木庭高勒派出所	兴安盟公安局	集体三等功
科右中旗公安局 两支箭治安检查站	兴安盟公安局	集体嘉奖
科右中旗消防救援大队	共青团兴安盟委员会	“兴安青年五四奖章集体”
国家税务总局 科右中旗税务局 第一青年理论学习小组	国家税务总局兴安盟税务局	“青年理论学习示范小组”
中共国家税务总局 科右中旗税务局 机关第五支部委员会	国家税务总局兴安盟税务局委员会	“先进基层党组织”
科右中旗气象局	兴安盟气象局	兴安盟气象部门羽毛球、 排球比赛获冠军
科右中旗气象局	兴安盟气象局	“2022年度重大气象服务先进集体”
科右中旗气象局	兴安盟气象局	兴安盟综合气象行业职业技能竞赛 团体一等奖
科右中旗城市管理 综合行政执法局	兴安盟委宣传部	2022年度“学习强国”优秀管理组
科右中旗文化市场 综合行政执法局	兴安盟文化市场综合行政执法局	“2022年度文化市场综合行政执法 二中队先进集体”
科右中旗网络安全 应急指挥中心	兴安盟委网信办	“网络文明建设先进集体”

续表

被授予单位	授予单位	奖　项
科右中旗布敦化牧场第三生产队团支部	共青团兴安盟委员会	“兴安盟五四红旗团支部”
科右中旗巴仁哲里木镇德日苏布拉格嘎查	兴安盟司法局、兴安盟民政局	“兴安盟民主法治示范嘎查”
兴安盟罕山泉民族饮品有限公司	兴安盟总工会	“五一劳动奖状”
科右中旗鑫鑫混凝土搅拌有限公司	兴安盟总工会	“兴安盟工人先锋号”

盟、厅级以上先进人物名录

姓名	性别	民族	届时工作单位及职务	授予单位	授予称号
斯日古楞	男	蒙古族	科右中旗文物管理所负责人	人力资源社会保障局、国家文物局	全国文物系统先进工作者
李　雪	女	蒙古族	科右中旗人民检察院办公室科员	检察日报社	2022年度全国检察宣传先进个人
邰哈斯	男	蒙古族	科右中旗人民检察院关工委主任	中国关工委、中央政法委、中华人民共和国司法部、共青团中央、中国法学会	“全国青少年普法教育先进工作者”
吴永胜	男	蒙古族	吐列毛杜区域性敬老院院长	民政部	全国养老服务先进个人
田　野	男	汉　族	内蒙古京科发电有限公司，电气主管	全国总工会	全国五一劳动奖章
呼格吉乐图	男	蒙古族	科右中旗公安局政治安全保卫大队大队长	公安厅	先进个人
李世超	男	汉　族	科右中旗公安局刑事侦查大队民警	公安厅	个人三等功
刘兴猛	男	汉　族	科右中旗公安局巴扎拉嘎派出所副所长	公安厅	个人嘉奖
白艳辉	女	蒙古族	科右中旗公安局督察法制大队民警	公安厅	个人嘉奖
吴海红	男	蒙古族	科右中旗公安局代钦塔拉派出所辅警	公安厅	三级辅助先进个人
马航琦	男	汉　族	科右中旗公安局反恐怖和特巡警大队辅警	公安厅	三级辅助先进个人
包　旭	男	蒙古族	科右中旗公安局政治工作办公室辅警	公安厅	辅警嘉奖
王乌恩奇	男	蒙古族	科右中旗公安局刑事侦查大队民警	公安厅	第三届全区公安机关刑侦战线先进典型——全区破案能手

续表

姓名	性别	民族	届时工作单位及职务	授予单位	授予称号
孟青峰	男	蒙古族	科右中旗公安局督察法制大队民警	公安厅	全区公安机关法治公安建设成绩突出个人
白厚和	男	蒙古族	科右中旗公安局综合保障中心副主任	公安厅	全区公安机关新闻宣传优秀通讯员
金宏海	男	蒙古族	科右中旗公安局综合保障中心副主任	公安厅	全区公安教育工作成绩突出个人
包世民	男	蒙古族	科右中旗公安局情报指挥中心辅警	公安厅	2022年全区公安机关接处警工作“优秀接警员”
焦曼曼	女	汉族	新佳木苏木人民政府党委委员、副苏木达	内蒙古自治区人社厅和内蒙古军区联合表彰	优秀专武干部
李忠慧	男	满　族	气象局局长	内蒙古自治区气象局	自治区气象局授予综合管理先进个人
贾小娜	女	汉　族	科右中旗人民检察院副检察长	内蒙古自治区人民检察院	全区检察机关“双先”表彰先进个人
李　雪	女	蒙古族	科右中旗人民检察院办公室科员	内蒙古自治区人民检察院	2021年度全区检察宣传优秀通讯员
白爱玲	女	蒙古族	旗委宣传部理论组负责人	内蒙古党委宣传部	“学习强国”优秀管理员
金海斌	男	蒙古族	内蒙古自治区科右中旗公证处公证员	司法部	2017—2022年度内蒙古自治区优秀公证员
王晓晶	女	蒙古族	科右中旗档案史志馆	内蒙古自治区委党史和地方志研究室	“精品年鉴品读季”主题征文一等论文
伊·青格尔浩斯宝力高	男	蒙古族	科右中旗文联	内蒙古作家协会	荣获第十三届内蒙古自治区文学创作“索龙嘎”奖
张冬林	男	蒙古族	科右中旗委统战部	内蒙古自治区党委、自治区人民政府	全区民族团结进步模范个人
陈立强	男	蒙古族	应急管理局	内蒙古自治区总工会	“全区五一巾帼标兵”
王国庆	男	蒙古族	科右中旗市场监督管理局罕山市场监督管理所所长	内蒙古自治区市场监督管理局	全区市场监管系统先进工作者
赵镜瑜	女	汉　族	中国人民银行科尔沁右翼中旗支行科员	中国人民银行呼和浩特中心支行工会女职工委员会	“喜迎二十大 建功新时代”演讲比赛优秀奖
李颖雪	女	蒙古族	中国人民银行科尔沁右翼中旗支行科员	内蒙古自治区档案局自治区档案馆	“喜迎二十大·档案颂辉煌”主题征文活动中荣获三等奖
秦言菊	女	蒙古族	吐列毛杜镇人民政府科员	内蒙古自治区第七次全国人口普查领导小组办公室 内蒙古自治区人力资源和社会保障厅 内蒙古自治区统计局	全区第七次人口普查先进个人
秦言菊	女	蒙古族	吐列毛杜镇人民政府科员	内蒙古自治区人力资源和社会保障厅、内蒙古自治区统计局	全区统计系统先进个人

续表

姓名	性别	民族	届时工作单位及职务	授予单位	授予称号
王保军	男	蒙古族	额木庭高勒苏木政府科员	内蒙古自治区党委、内蒙古自治区人民政府	内蒙古自治区民族团结先进个人 全区民族团结进步模范个人荣誉称号
于　婕	女	汉　族	巴彦呼舒镇 统战委员	内蒙古自治区团委	全区优秀共青团干部
袁　园	女	蒙古族	科右中旗档案史志馆科员	内蒙古自治区党委宣传部	“学习积极分子”
关长龙	男	蒙古族	科右中旗疾控中心科员	呼和浩特市委员会、呼和浩特市人民政府	“抗击疫情突出贡献”荣誉称号
李佳宇	男	蒙古族	科右中旗疾控中心科员	呼和浩特市委员会、呼和浩特市人民政府	“抗击疫情突出贡献”荣誉称号
苏日古嘎	女	蒙古族	科右中旗疾控中心科员	呼和浩特市委员会、呼和浩特市人民政府	“抗击疫情突出贡献”荣誉称号
玲　玲	女	蒙古族	科右中旗疾控中心科员	呼和浩特市委员会、呼和浩特市人民政府	“抗击疫情突出贡献”荣誉称号
朝洛蒙	男	蒙古族	科右中旗疾控中心科员	呼和浩特市委员会、呼和浩特市人民政府	“抗击疫情突出贡献”荣誉称号
周丽宏	女	蒙古族	科右中旗疾控中心科员	呼和浩特市委员会、呼和浩特市人民政府	“抗击疫情突出贡献”荣誉称号
王志国	男	汉　族	科右中旗委宣传部常务副部长	兴安盟委员会、兴安盟行政公署	全盟民族团结进步模范个人
青　林	男	蒙古族	额木庭高勒苏木科员	兴安盟委员会、兴安盟行政公署	全盟民族团结先进个人
刘　丽	女	蒙古族	额木庭高勒苏木科员	兴安盟委员会、兴安盟行政公署	全盟民族团结先进个人
李国庆	男	蒙古族	巴彦茫哈苏木党委副书记	兴安盟委员会	全盟民族团结进步模范个人称号
吴宝龙	男	蒙古族	科右中旗中源热力有限公司副经理	兴安盟委员会	兴安盟民族团结进步先进个人
邢宇迪	女	蒙古族	巴彦茫哈苏木组织干事	兴安盟委员会组织部	全盟组织系统“优秀网宣员”
苏日嘎拉图	男	蒙古族	巴仁哲里木镇格日哈达嘎查党支部书记兼嘎查达	兴安盟委组织部	优秀共产党员 2021年建党100周年
阿斯汗	男	蒙古族	科右中旗委组织部科员	兴安盟委组织部、兴安盟非公有制经济组织和社会组织工作委员会	兴安盟优秀党建工作指导员
张允哲	女	汉　族	科右中旗税务局机关党委副书记	兴安盟委统一作战工作部	“最美石榴籽家庭”
张雪桐	女	汉　族	科右中旗税务局组织人事股股长	兴安盟委统一作战工作部	“最美石榴籽家庭”
白万俊	男	蒙古族	科右中旗税务局巴彦呼舒镇税务所所长	兴安盟委统一作战工作部	“最美石榴籽家庭”

续表

姓名	性别	民族	届时工作单位及职务	授予单位	授予称号
佟九月	女	蒙古族	科右中旗税务局 财务管理股股长	兴安盟委统一作战工作部	“最美石榴籽家庭”
代振兴	男	蒙古族	科右中旗税务局 第一税务分局副局长	兴安盟委统一作战工作部	“最美石榴籽家庭”
白云志	男	蒙古族	科右中旗人民检察院 办公室科员	兴安盟委宣传部	2022年“奋斗新时代 聚力新征程”社会主义核心价值观公益海报征集活动优秀奖
袁　园	女	蒙古族	科右中旗档案史志馆科员	兴安盟委宣传部、 兴安盟“学习强国”管理组	2022年度“学习强国” 优秀管理组成员
马玉杰	女	满　族	内蒙古科尔沁国家级 自然保护区管理局 支部纪检委员	兴安盟委宣传部	2022年度“学习强国” 优秀管理员
吴国荣	女	蒙古族	内蒙古科尔沁国家级 自然保护区管理局科员	兴安盟委宣传部	2022年度“学习强国” 学习积极分子
白俊华	女	蒙古族	科右中旗委宣传部 新闻宣传组负责人	兴安盟委宣传部	2022年度兴安新闻奖 二等奖
塔　娜	女	蒙古族	科右中旗委宣传部 对外宣传组负责人	兴安盟委宣传部	2022年度“学习强国” 优秀通讯员
白俊华	女	蒙古族	科右中旗委宣传部 新闻宣传组负责人	兴安盟委宣传部	2022年度“学习强国” 优秀通讯员
白阿茹娜	女	蒙古族	科右中旗委宣传部 理论组职员	兴安盟委宣传部	2022年度“学习强国” 优秀管理员
韩新春	男	蒙古族	科右中旗委宣传部 办公室干部	兴安盟委宣传部	2022年度“学习强国” 学习积极分子
陈国霞	女	蒙古族	科右中旗委组织部干部	兴安盟委员会宣传部	2020年度“学习强国” 优秀管理员
赵艳丽	女	蒙古族	科右中旗司法局普法与 依法治理股股长	兴安盟委员会宣传部	“喜迎二十大 理响新征程” 兴安盟理论宣讲大赛风采奖
陈立强	男	蒙古族	科右中旗应急管理局	兴安盟委宣传部	“学习强国”学习管理组 优秀管理员
申　振	男	汉　族	科右中旗网络安全应急 指挥中心综合股负责人	兴安盟委网信办	优秀舆情监看志愿者
李东辉	男	蒙古族	科右中旗 “扫黄打非”办负责人	兴安盟委网信办	优秀舆情监看志愿者
王立强	男	汉　族	杜尔基镇人民政府、 统计助理、第一书记	兴安军分区	武装工作先进个人
包斯日古楞	男	蒙古族	科右中旗公安局政委	兴安盟公安局	党的二十大维稳安 保信访工作先进个人
呼格吉乐图	男	蒙古族	科右中旗公安局 政治安全保卫大队大队长	兴安盟公安局	全盟民族团结进步 模范个人
吴　俊	男	蒙古族	科右中旗公安局 警务支援大队事业编	兴安盟公安局	优秀网络文明志愿者

续表

姓名	性别	民族	届时工作单位及职务	授予单位	授予称号
白晓红	女	蒙古族	科右中旗公安局 罕敖拉派出所民警	兴安盟公安局	兴安盟技术标兵
刘志远	男	汉　族	科右中旗公安局 霍林郭勒派出所所长	兴安盟公安局	兴安盟2022年度“最美系列人物”最美基层民警
谭娜仁图雅	女	蒙古族	科右中旗公安局 警务支援大队教导员	兴安盟公安局	兴安盟2022年度“最美系列人物”最美基层民警
孟庆彪	男	汉　族	科右中旗公安局 督察法制大队大队长	兴安盟精神文明建设委员会办公室	2022年度“兴安好人榜”
韩连桩	男	蒙古族	科右中旗公安局 站前派出所所长	兴安盟公安局	2022年度“兴安好人榜”
吴永春	男	蒙古族	科右中旗公安局 治安管理大队大队长	兴安盟公安局	个人三等功
陈向华	男	蒙古族	科右中旗公安局 好腰苏木派出所所长	兴安盟公安局	个人三等功
李宁伟	男	汉　族	科右中旗公安局 代钦塔拉派出所所长	兴安盟公安局	个人三等功
苏雅拉图	男	蒙古族	科右中旗公安局 治安管理大队副大队长	兴安盟公安局	个人三等功
包玉梅	女	蒙古族	科右中旗公安局 情报指挥中心副主任	兴安盟公安局	个人三等功
满都拉图	男	蒙古族	科右中旗公安局 环食药侦大队副大队长	兴安盟公安局	个人三等功
刘成龙	男	蒙古族	科右中旗公安局 刑事侦查大队副大队长	兴安盟公安局	个人三等功
陈　泽	男	蒙古族	科右中旗公安局 霍林郭勒派出所副所长	兴安盟公安局	个人三等功
朝力格尔	男	蒙古族	科右中旗公安局 罕敖拉派出所副所长	兴安盟公安局	个人三等功
李东升	男	满　族	科右中旗公安局 交通管理大队民警	兴安盟公安局	个人三等功
许泽群	男	汉　族	科右中旗公安局 经济犯罪侦查大队民警	兴安盟公安局	个人三等功
李岩凇	男	蒙古族	科右中旗公安局 交通管理大队民警	兴安盟公安局	个人三等功
潘冠东	男	汉　族	科右中旗公安局 情报指挥中心民警	兴安盟公安局	个人三等功
孟庆彪	男	汉　族	科右中旗公安局 督察法制大队大队长	兴安盟公安局	个人嘉奖
齐长喜	男	蒙古族	科右中旗公安局 看守所所长	兴安盟公安局	个人嘉奖
王　龙	男	蒙古族	科右中旗公安局 布敦化派出所所长	兴安盟公安局	个人嘉奖

续表

姓名	性别	民族	届时工作单位及职务	授予单位	授予称号
王彦鹏	男	汉　族	科右中旗公安局 巴彦茫哈派出所所长	兴安盟公安局	个人嘉奖
包青春	男	蒙古族	科右中旗公安局 拘留所所长	兴安盟公安局	个人嘉奖
于　洁	女	蒙古族	科右中旗公安局 政治工作办公室副主任	兴安盟公安局	个人嘉奖
王　健	男	汉　族	科右中旗公安局 培训中心副主任	兴安盟公安局	个人嘉奖
韩志斌	男	蒙古族	科右中旗公安局 新佳木派出所指导员	兴安盟公安局	个人嘉奖
陈　泽	男	蒙古族	科右中旗公安局 霍林郭勒派出所副所长	兴安盟公安局	个人嘉奖
王永珍	女	蒙古族	科右中旗公安局 交通管理大队车管所所长	兴安盟公安局	个人嘉奖
白雪仇	女	蒙古族	科右中旗公安局 政治工作办公室民警	兴安盟公安局	个人嘉奖
李东升	男	满　族	科右中旗公安局 交通管理大队民警	兴安盟公安局	个人嘉奖
鲁　扬	男	鄂温克族	科右中旗公安局 刑事侦查大队民警	兴安盟公安局	个人嘉奖
包　旭	男	蒙古族	科右中旗公安局 政治工作办公室辅警	兴安盟公安局	二级辅助先进个人
何金龙	男	蒙古族	科右中旗公安局 治安管理大队辅警	兴安盟公安局	二级辅助先进个人
闫那顺德力格尔	男	蒙古族	科右中旗公安局 警支大队辅警	兴安盟公安局	二级辅助先进个人
白　岭	男	蒙古族	科右中旗公安局 交通管理大队辅警	兴安盟公安局	辅警个人嘉奖
吕　坤	男	汉　族	科右中旗公安局 交通管理大队辅警	兴安盟公安局	辅警个人嘉奖
陈武飞	男	蒙古族	科右中旗公安局 交通管理大队辅警	兴安盟公安局	辅警个人嘉奖
闫那顺德力格尔	男	蒙古族	科右中旗公安局 警务支援大队辅警	兴安盟公安局	辅警个人嘉奖
范天伯	男	汉　族	科右中旗公安局 代钦塔拉派出所辅警	兴安盟公安局	辅警个人嘉奖
乌日力格	男	蒙古族	科右中旗公安局 霍林郭勒派出所辅警	兴安盟公安局	辅警个人嘉奖
谭　鑫	男	汉　族	科右中旗公安局 督察法制大队辅警	兴安盟公安局	辅警个人嘉奖
杨　慧	女	汉　族	科右中旗公安局 政治工作办公室辅警	兴安盟公安局	辅警个人嘉奖

续表

姓名	性别	民族	届时工作单位及职务	授予单位	授予称号
佟全刚	男	蒙古族	布敦化牧场四队	兴安盟公安局 岭南农垦分局	"优秀治安员"
齐丽丽	女	蒙古族	科右中旗人民检察院 第二检察部副主任	内蒙古自治区人民检察院 兴安盟分院	第一届全盟检察机关公益诉讼检察业务竞赛中获得"公益诉讼检察业务能手"
乌丽娜	女	蒙古族	科右中旗人民检察院 第一检察部科员任	内蒙古自治区 人民检察院兴安盟分院	2022年度兴安盟检察机关优秀公诉人暨刑事检察业务能手竞赛中荣获"优秀论辩奖"
姚建国	男	蒙古族	巴仁哲里木镇司法所所长	内蒙古自治区兴安盟司法局、内蒙古自治区兴安盟 人民调解员协会	银牌人民调解员
白春霞	女	蒙古族	代钦塔拉司法所所长	兴安盟司法局	个人三等功
马岩丽	女	汉　族	科右中旗道路交通事故 人民调解委员会调解员	兴安盟司法局	兴安盟银牌人民调解员、 二级人民调解员
额尔敦图	男	蒙古族	科右中旗巴彦淖尔苏木 人民调解委员会主任	兴安盟司法局	兴安盟金牌人民调解员
姚建国	男	蒙古族	科右中旗巴仁哲里木镇 人民调解委员会调解员	兴安盟司法局	兴安盟银牌人民调解员、 二级人民调解员
包领兄	女	蒙古族	科右中旗旗委全面依法治旗委员会办公室秘书股股长	兴安盟委员会全面依法治盟委员会守法普法协调小组办公室	兴安盟"喜迎二十大 党内法规知识有奖竞答"活动 个人一等奖
袁　园	女	蒙古族	科右中旗档案史志馆科员	兴安盟委全面依法治盟委员会守法普法协调小组办公室、兴安盟司法局	兴安盟"喜迎二十大、党内法规知识有奖竞答"活动 二等奖
姚建生	男	汉　族	派驻代钦塔拉苏木 吉力化嘎查工作队员	兴安盟驻嘎查村工作 管理办公室	2022年度驻村帮扶工作 先进个人
董树林	男	蒙古族	派驻代钦塔拉苏木 吉力化嘎查工作队员	兴安盟驻嘎查村工作 管理办公室	2022年度驻村帮扶工作 先进个人
马宝泉	男	蒙古族	科右中旗税务局 税政二股股长	兴安盟税务局	优秀共产党员
马宝泉	男	蒙古族	科右中旗税务局 税政二股股长	兴安盟税务局	"学习强国"学习积极分子
刘永兵	男	汉　族	科右中旗税务局 税政一股股长	兴安盟税务局	优秀共产党员
张允哲	女	汉　族	科右中旗税务局 机关党委副书记	兴安盟税务局	青年理论学习标兵
张允哲	女	汉　族	科右中旗税务局 机关党委副书记	兴安盟税务局	优秀党务工作者
张允哲	女	汉　族	科右中旗税务局 机关党委副书记	兴安盟税务局	"学习强国"优秀管理员
白慧敏	女	蒙古族	科右中旗税务局 办公室副主任	兴安盟税务局	优秀共产党员

续表

姓名	性别	民族	届时工作单位及职务	授予单位	授予称号
白慧敏	女	蒙古族	科右中旗税务局 办公室副主任	兴安盟税务局	抗击新冠疫情先进个人
吴远征	男	蒙古族	科右中旗税务局 吐列毛杜税务分局局长	兴安盟税务局	优秀共产党员
白苏日嘎拉图	男	蒙古族	科右中旗税务局 征收管理股副股长	兴安盟税务局	抗击新冠疫情先进个人
王庆恬	男	蒙古族	科右中旗税务局 社会保险费和非税收入股 一级行政执法员	兴安盟税务局	抗击新冠疫情先进个人
金瑞萌	女	蒙古族	科右中旗气象局台长	兴安盟人力资源和 社会保障局	兴安盟技术能手称号
杨　劲	男	汉　族	科右中旗气象局副局长	兴安盟气象局	综合管理先进个人
金瑞萌	女	蒙古族	科右中旗气象局台长	兴安盟气象局	重大气象服务先进个人
张　旭	女	蒙古族	科右中旗气象局科员	兴安盟气象局	重大气象服务先进个人
金瑞萌	女	蒙古族	科右中旗气象局台长	兴安盟气象局	兴安盟综合气象行业职业 技能竞赛个人全能二等奖
张　旭	女	蒙古族	科右中旗气象局科员	兴安盟气象局	兴安盟综合气象行业职业 技能竞赛人全能三等奖
阿如娜	女	蒙古族	科右中旗文化市场综合 行政执法局 法制股股长	兴安盟文化市场 综合行政执法局	2022年度文化市场 综合行政执法先进工作者
佟拉嘎	男	蒙古族	科右中旗文化市场综合行 政执法局综合办公室主任	兴安盟文化市场 综合行政执法局	2022年度文化市场 综合行政执法先进工作者
韩那日苏	男	蒙古族	科右中旗文化市场综合行 政执法局执法二队队长	兴安盟文化市场 综合行政执法局	2022年度文化市场 综合行政执法优秀信息员
刘　明	男	汉　族	科右中旗中源热力有限公司 总经理	兴安盟总工会	五一劳动奖章
于俊霞	女	蒙古族	第二人民医院药剂师、 第二党支部书记	兴安盟总工会	五一劳动奖章
李长志	男	汉　族	内蒙古京科发电有限公司 发电部燃料专业主任	兴安盟总工会	五一劳动奖章
苏日胡日	男	蒙古族	内蒙古二龙屯米业有限公司 生产部副部长	兴安盟总工会	五一劳动奖章
王密涛	男	汉　族	国网内蒙古东部电力有限公 司科右中旗供电分公司职工	兴安盟总工会	五一劳动奖章
金初一	男	蒙古族	科尔沁右翼中旗 中等职业学校教师	兴安盟总工会	“兴安工匠”
刘　林	男	蒙古族	科右中旗法律援助中心主任	兴安盟总工会	2022年全盟工运理论政策 调查研究三等奖
白文智	男	蒙古族	布敦化牧场地生产队 团支部书记	共青团兴安盟委员会	全盟优秀共青团干部

驻旗内蒙古自治区“两代一委”名录

驻旗内蒙古自治区党代会代表名录

代表姓名	性别	民族	所在单位	人民代表大会名称	当选时间
蔡宝军	男	蒙古族	科右中旗委	中国共产党内蒙古自治区第十一次代表大会	2021年9月
黄乌云高娃	女	蒙古族	科右中旗人民医院	中国共产党内蒙古自治区第十一次代表大会	2021年9月

驻旗内蒙古自治区人大会代表名录

代表姓名	性别	民族	所在单位	大会名称	当选时间
郭　堂	男	汉　族	科右中旗人民政府	内蒙古自治区第十三届人民代表大会	2018年1月
包九月	女	蒙古族	科右中旗种子管理站	内蒙古自治区第十三届人民代表大会	2018年1月
王布和	男	蒙古族	科右中旗红十字会博爱救助站	内蒙古自治区第十三届人民代表大会	2018年1月
张　军	男	蒙古族	科右中旗额木庭高勒苏木巴彦敖包嘎查党支部	内蒙古自治区第十三届人民代表大会	2018年1月

科右中旗2022年主要机构及负责人名单

中共科右中旗委员会

书　　记　蔡宝军
副 书 记　王海英（蒙古族）
　　　　　巴特尔（蒙古族，政法委书记）
常　　委　彭国军（蒙古族，人武部部长）
　　　　　王　威（纪委书记、监委主任）
　　　　　白　洋（蒙古族，副旗长）
　　　　　王一兵（副旗长）
　　　　　陈雪娇（女，旗委宣传部部长）
　　　　　宋　杰（副旗长）（挂职）
　　　　　蒋北平（旗委组织部部长）
　　　　　刘海波（女，旗委统战部部长）
　　　　　包国忠（蒙古族，旗委办公室主任）

旗委工作机构

旗委办公室

主　　任　包国忠（蒙古族，旗委常委）
副 主 任　德　喜（蒙古族，兼档案史志馆馆长）
　　　　　孙建辉（蒙古族，12月离任）
　　　　　刘峰武（蒙古族）
　　　　　马永庆（蒙古族）
常务副主任　宝志鹏（蒙古族，12月任职）

旗委组织部

部　　长　蒋北平
副 部 长　那顺毕力格（蒙古族）
　　　　　王文胜（蒙古族，旗直属机关工委书记、旗委非公有制经济组织和社会组织党工委书记）
　　　　　青格乐（蒙古族）
　　　　　韩晓勇（蒙古族，7月任职）

旗直属机关工作委员会

书　　记　王文胜（蒙古族，组织部副部长）

旗委宣传部

部　　长　陈雪娇（女）
常务副部长　王志国
副 部 长　孙丽娜（蒙古族，女）
　　　　　胡日查（蒙古族，6月任职）

旗网络安全应急指挥中心

副 主 任　萨茹拉（蒙古族，女）

旗新时代文明实践服务中心

副 主 任　佟晓荣（蒙古族，女，7月任职）

旗委统战部

部　　长　刘海波（女）
常务副部长　娜　仁（蒙古族，女）
副 部 长　董瑞卿（蒙古族）
　　　　　王鑫民

统一战线与宗教事务服务中心

主　　任　宁佳慧（蒙古族，女，6月任职）

旗委政法委员会

书　　记　巴特尔（蒙古族）
常务副书记　郭百顺（蒙古族）
副 书 记　布仁扎拉嘎木吉（蒙古族）

旗委机构编制委员会办公室

主　　任　李青云（蒙古族）
副 主 任　梁国权（蒙古族）
　　　　　高如哈（蒙古族，女）

旗委巡察工作领导小组办公室

主　　任　韩岩峰（蒙古族）
　　　　　沈鹏飞（满族）
副 主 任　周丽君（蒙古族，女）
　　　　　杜凤英（蒙古族，女）

旗委老干部局

局　　长　于占彬（兼组织部副部长，12月离任）
　　　　　宁国平（蒙古族，女，兼组织部副部长，12月任职）
副 局 长　赵玉彬（蒙古族）
　　　　　高　娃（蒙古族，女）

科右中旗人民代表大会常务委员会

主　　任　青格乐图（蒙古族）
副 主 任　赵连喜（蒙古族）
　　　　　哈　斯（蒙古族）
　　　　　张金双

秘书长兼办公室（民侨外工委）

主　　任　斯日古楞（蒙古族）

教科文卫（社会建设）工作委员会

主　　任　谢玉英（蒙古族，女，9月任职）

监察和司法（法治）工作委员会

主　　任　白双颖（蒙古族，女）
副 主 任　钱　雪（蒙古族，女）

农牧业（环资城建）工作委员会

主　　任　胡正月（蒙古族，女）

人事代表选举工作委员会

主　　任　珠日河（蒙古族，9月任职）
副 主 任　白银泉（蒙古族，7月任职）

财政经济工作委员会

主　　任　李玉敏（女）
副 主 任　谢海梅（蒙古族，女，7月任职）
办公室副主任
　　　　　布仁扎拉嘎木吉（蒙古族，6月离任）

科右中旗人民政府

旗　　长　王海英（蒙古族）
副 旗 长　白　洋（蒙古族）
　　　　　王一兵（蒙古族）
　　　　　宋　杰（挂职）
　　　　　王秀华（蒙古族，女）
　　　　　屈瑞年（蒙古族）
　　　　　佟庆春（蒙古族）
　　　　　汪　洋（挂职）
　　　　　李景光
　　　　　王　猛
　　　　　胡雅杰（挂职，1月任职）

旗政府工作机构

旗政府办公室

主　　任　丁　柱（蒙古族）
副 主 任　白银泉（蒙古族，6月离任）
　　　　　陈宝华（蒙古族）
　　　　　吴雪峰（蒙古族，6月任职）
　　　　　华桂芬（蒙古族，女）

旗发展和改革委员会

党组书记
主　　任　白长海（蒙古族）
副 主 任　乌日图（蒙古族）
　　　　　张春晖
　　　　　张英杰（挂职）
　　　　　徐国军（蒙古族，6月任职）
　　　　　李伟峰（蒙古族，6月任职）

宋莉莉（蒙古族，女，10月任职）

旗人民政府国防动员办公室

主　　任　白长海（蒙古族）

副 主 任　任小强

旗教育局

党委书记

局　　长　康连义（蒙古族）

党委副书记　山　虎（蒙古族）

副 局 长　郑海云

龙　梅（蒙古族，女）

旗教职工干部人事档案管理中心

主　　任　李毕鑫

教育总督学　栾　慧（蒙古族，女）

旗工业和信息化局

党组书记

局　　长　高长水（蒙古族）

副 局 长　白明军（蒙古族）

张斯日古冷（蒙古族，兼商务局局长）

卜延春

旗民族事务委员会

党组书记

主　　任　常秀杰（蒙古族，女，6月离任）

满都拉（蒙古族，6—12月任职）

黄萨如拉（蒙古族，女，12月任职）

副 主 任　张秀琴（女）

黄萨如拉（蒙古族，女，12月离任）

旗公安局

局　　长　屈瑞年（蒙古族）

政　　委　包斯日古楞（蒙古族）

副 局 长　扎拉根白乙拉（蒙古族）

黄智全（蒙古族）

吴英华（蒙古族）

张耀占（蒙古族）

王　胜（蒙古族）

旗民政局

党组书记

局　　长　全　福（蒙古族，7月任职）

副 局 长　邬君英（蒙古族，5月任职）

王萨仁格日乐（蒙古族，女，10月任职）

旗司法局

党组书记

局　　长　何雪峰（蒙古族）

副 局 长　赵青山（蒙古族）

巴　图（蒙古族）

旗财政局

党组书记

局　　长　张　林（蒙古族）

副 局 长　包长林（蒙古族）

王文海（蒙古族）

钱玉莲（蒙古族，女，兼国资委主任）

刘峰文（蒙古族）

财政事务中心

主　　任　田耀锟（蒙古族）

旗人力资源和社会保障局

局　　长　吉仁台（蒙古族）

副 局 长　董春来（蒙古族）

丁笑天（蒙古族）

就业服务中心

主　　任　宝　山（蒙古族）

社会保险事业服务中心

主　　任　王国权（蒙古族）

医疗保障局

局　　长　何满仓（蒙古族）

副 局 长　刘林忠（蒙古族）

月　香（蒙古族，女）

旗自然资源局

党组书记

局　　长　杭金贵（蒙古族，8月离任）
副 局 长　代永生（蒙古族，8月主持工作）
　　　　　王　德（蒙古族）
　　　　　金　海（蒙古族）
　　　　　白泉喜（蒙古族，12月任职）

自然资源综合行政执法大队

大 队 长　吉仁台（蒙古族，8月离任）
副大队长　陈春林（蒙古族，12月离任）
　　　　　王　彦（蒙古族，12月离任）

不动产登记中心

主　　任　刘斯日古楞（蒙古族）

旗住房和城乡建设局

局　　长　常连壮（蒙古族）
副 局 长　闫　峰
　　　　　张雪浩（蒙古族）

住房和城乡建设事业保障中心

主　　任　代全胜（蒙古族，5月任职）

旗交通运输局

党组书记
局　　长　胡日查（蒙古族）
副 局 长　包双林（蒙古族）
　　　　　冯　彬

旗水利局

党组书记
局　　长　斯日古楞（蒙古族）
副 局 长　包金泉（蒙古族）
　　　　　赵云朋（蒙古族）
　　　　　包光明（蒙古族）

水利事业发展中心

主　　任　包全福（蒙古族）

旗农牧和科技局

党组书记
局　　长　萨如拉（蒙古族，女）
副 局 长　海　深（蒙古族）
　　　　　刘晓胜
　　　　　韩　军
　　　　　吉仁台（蒙古族）
　　　　　武萌萌（挂职）
　　　　　福　泉（蒙古族，7月任职）

旗农牧区经营服务中心

主　　任　赵　忠（蒙古族）
副 主 任　斯日古楞（蒙古族）

旗文化旅游体育局

党组书记
局　　长　唐　娟（蒙古族，女，兼旗文物局局长）
副 局 长　孟天华（蒙古族）
　　　　　赵勇顺（蒙古族）
　　　　　马图雅（蒙古族，女）

旗文化市场综合行政执法局

局　　长　白永梅（蒙古族，女，6月离任）
副 局 长　高文华
　　　　　王六月

旗卫生健康委员会

党组书记
主　　任　其木格（蒙古族，女）
副 主 任　包宝玉（蒙古族）
　　　　　朱冬青（蒙古族，女）
　　　　　张英英（蒙古族，女）
　　　　　杨巍洲

旗疾病预防控制中心

主　　任　张玉文（蒙古族，女）
副 主 任　贾启彬（蒙古族）
　　　　　褚良志
　　　　　陈松涛

旗退役军人事务局

局　　长　韩祥宝（蒙古族）
副 局 长　额尔敦图（蒙古族）
　　　　　唐海山（蒙古族，12月离任）
　　　　　道日娜（蒙古族，女，12月任职）

旗应急管理局

党委书记
局　　长　席青龙（蒙古族）
副 局 长　魏国东
　　　　　包洪波（蒙古族）
　　　　　吴永胜（蒙古族）

应急管理综合行政执法大队

队　　长　陈福林（蒙古族）

旗审计局

党组书记
局　　长　包金山（蒙古族）
副 局 长　李金胜（蒙古族）
总审计师　包桂荣（蒙古族，女）

旗市场监督管理局

局　　长　金德晓（蒙古族）
副 局 长　哈斯塔娜（蒙古族，女）
　　　　　王　凯
　　　　　王卫国（蒙古族）
　　　　　梁银宝（蒙古族）

旗统计局

局　　长　刘永泉（蒙古族）
副 局 长　巴达拉图（蒙古族）
　　　　　陈春英（蒙古族，女）
　　　　　连　山（蒙古族）

旗林业和草原局

党组书记
局　　长　包呼格吉乐图（蒙古族）
党委副书记　金　桩（蒙古族，义和塔拉林场场长）
副 局 长　壮　子（蒙古族）
　　　　　赵伍山（蒙古族）
　　　　　吉仁台（蒙古族，7月任职）

旗乡村振兴局

局　　长　苏雅拉图（蒙古族）
副 局 长　何斯琴（蒙古族，女）
　　　　　白永明（蒙古族）
　　　　　延　丰（蒙古族）

旗信访局

局　　长　王洪波（蒙古族）
副 局 长　哈斯额尔敦（蒙古族）

旗政务服务局

局　　长　布仁吉雅（蒙古族）
副 局 长　唐正安（蒙古族）
　　　　　白水英（蒙古族，女）

科尔沁国家级自然保护区管理局

局　　长　白建华（蒙古族）
副 局 长　白金锁（蒙古族）
　　　　　于有忠
　　　　　达胡白乙拉（蒙古族,6月任职）

五角枫自然保护区管理局

局　　长　包青春（蒙古族）
副 局 长　高　娃（蒙古族，女）
　　　　　霍立军（蒙古族）

蒙格罕山自然保护区管理局

局　　长　双金宝（蒙古族）
副 局 长　于景军（蒙古族）
　　　　　孟祥玲（蒙古族，女）

乌力胡舒自然保护区管理局

局　　长　贺喜格都荣（蒙古族）
副 局 长　德乐黑（蒙古族，6月任职）
　　　　　薛　敏（12月任职）

旗供销合作社联合社

党组书记
主　　任　图　雅（蒙古族，女）
副 主 任　白宝山（蒙古族）
　　　　　周　浩（蒙古族）

旗大数据中心

主　　任　王　帅
副 主 任　高海礁（6月任职）

旗机关事务服务中心

主　　任　葛呼和（蒙古族）

旗城市管理综合行政执法局

副 局 长　金志杰（蒙古族）
　　　　　周晓龙（蒙古族）
　　　　　黄智全（蒙古族，7月任职）

旗委党校

常务副校长　王乌兰（蒙古族，女）
副 校 长　范志勇
　　　　　王梅荣（蒙古族，女）

旗档案史志馆

馆　　长　德　喜（蒙古族，兼旗委办副主任）
副 馆 长　乌云巴图（蒙古族）

旗党群服务中心

党委书记
主　　任　斯琴塔娜（蒙古族，女）
副 主 任　包国祥（蒙古族）
　　　　　格日乐（蒙古族，女）
　　　　　石成君（蒙古族，7月任职）

旗合作交流中心

党组书记
主　　任　杨宏丽（蒙古族，女）
副 主 任　李志峰

旗融媒体中心

主　　任　刘　伟（女）
副 主 任　胡日查（蒙古族，6月离任）
副 台 长　冯学才（蒙古族）
　　　　　何文青（蒙古族，9月离任）

盟生态环境局科右中旗分局

局　　长　徐冠华
副 局 长　吴玉宝（蒙古族）
　　　　　杨延文（蒙古族）
　　　　　董玉荣（蒙古族，女，11月任职）

盟农畜产品开发区科右中旗产业园管理办公室

常务副主任（法人）
　　　　　何　良（蒙古族，12月任职）
副 主 任　吴相臣（蒙古族，12月任职）

百吉纳工业循环经济园区信息中心

主　　任　卜延春
副 主 任　何苏旦（蒙古族）

东达百利舸城乡统筹产业园区管理委员会

党工委书记　安　洋（蒙古族）
主　　任　吴瑞军（蒙古族）
副 主 任　张小梅（蒙古族，女）
　　　　　长　江（蒙古族）

孟恩套力盖矿区工作部

党工委书记
主　　任　王艳君（蒙古族，女）

布敦化矿区工作部

党工委书记
　　　　　那日松（蒙古族，7月离任）

政协科右中旗委员会

党组书记
主　　席　佟红岩（蒙古族，1月任职）
副 主 席　王凤恩（蒙古族，1月任职）
　　　　　常　青（蒙古族，1月任职）
　　　　　王胜刚（1月任职）
　　　　　尹晓朋（女，1月任职）

政协党组成员、政协机关党组书记、秘书长、办公室主任
　　　　　富　胜（蒙古族，12月任职）
副秘书长　刘　爽（满族，女，6月任职）

人口环境资源与司法委员会

主　　任　图日根白雅尔（蒙古族）

提案工作委员会

主　　任　周　洁（蒙古族，女）
副 主 任　白水英（蒙古族，女，12月任职）

民族宗教与科教文卫委员会

主　　任　捌　虎（蒙古族，6月任职）

副 主 任　敖敦图雅（蒙古族，女，6月任职）

经济工作委员会

主　　任　王　泉（蒙古族，6月任职）

副 主 任　陈　龙（蒙古族，6月任职）

科右中旗纪律检查委员会和监察委员会

纪委书记

监委主任　王　威

纪委副书记

监委副主任

陈连成（蒙古族，7月离任）

孙广有（蒙古族）

特格喜（蒙古族，7月任职）

纪委常委　沈鹏飞（满族）

龚丽美（蒙古族，女）

王晓兵（蒙古族）

监委委员　龚丽美（蒙古族，女）

宋林海

白斯琴（蒙古族，女）

科右中旗人民法院

党组书记

院　　长　王立军（蒙古族）

党组书记

副 院 长　布仁巴雅尔（蒙古族）

副 院 长　陈晓华（蒙古族，女）

杜东成

科右中旗人民检察院

检 察 长　李大全（满族）

副检察长　赵殿强

贾小娜（女）

包永帅（蒙古族，5月任职）

消　防

旗森林消防中队

党支部书记

指 导 员　吕齐保

党支部副书记

中 队 长　吴　贺

旗消防救援大队

大 队 长　阿斯嘎（蒙古族）

政治教导员　霍启明（蒙古族）

群众团体

旗总工会

主　　席　孙　军（蒙古族）

副 主 席　六十一（蒙古族）

共青团科右中旗委员会

副 书 记　张明明（蒙古族，女，主持工作）

旗妇女联合会

主　　席　宁国平（蒙古族，女，12月离任）

斯琴塔娜（蒙古族，女，12月任职）

副 主 席　赵桂芝（蒙古族，女）

海　燕（蒙古族，女，6月任职）

旗工商联

主　　席　尹晓朋（女）

党组书记

常务副主席　额尔敦巴图（蒙古族，旗委统战部副部长）

副 主 席　玉　晓（女）

旗红十字会

党组书记、党支部书记、常务副会长、秘书长、

金　桩（蒙古族）

副秘书长　韩志慧（蒙古族，女）

副监事长　秦宝祥

旗残疾人联合会

理 事 长　宋双喜（蒙古族，7月离任）

韩学军（7月任职）
副理事长　常玉杰（蒙古族，女）

旗文学艺术界联合会

党组书记
主　　席　达　喜（蒙古族）
副主席　梁双全（蒙古族，12月任职）

旗科学技术协会

主　　席　乌　兰（蒙古族，女）
副 主 席　金占林（蒙古族）

旗计划生育协会

会　　长　王秀华（蒙古族，女）
副 会 长　其木格（蒙古族）
秘 书 长　领　晓（蒙古族，女）

旗关心下一代工作委员会

主　　任　蒋北平（蒙古族，旗委常委、组织部部长）
常务副主任　王努拉（蒙古族）
陈桂春（蒙古族，女）
副 主 任　哈斯础鲁（蒙古族）
巴特尔（蒙古族）
秘 书 长　哈斯础鲁（蒙古族）

旗老年体育协会

主　　席　明　石
副 主 席　锁连宝（蒙古族）
色音匆力吉（蒙古族）
乌日图（蒙古族）
都仁昌（蒙古族）
秘 书 长　白金龙（蒙古族）

苏木镇林场

旗额木庭高勒苏木

党委书记　王保军（蒙古族）
副 书 记　邬春红（蒙古族，女）
马文祥（蒙古族）
苏 木 达　邬春红（蒙古族）
副苏木达　李　瑞（蒙古族）
金博文（蒙古族）
陈　龙（蒙古族，6月离任）
孙跃宇（6月任职）

旗新佳木苏木

党委书记　富　源（蒙古族，9月离任）
刘海波（蒙古族，9月兼任）
副 书 记　徐　天（蒙古族）
张晓冉（蒙古族，女）
苏 木 达　徐　天（蒙古族）
副苏木达　青格乐图（蒙古族）
韩海日罕（蒙古族）
于建国（蒙古族）

旗代钦塔拉苏木

党委书记　包国忠（蒙古族，1月离职）
韩岩峰（蒙古族，1月任职）
副 书 记　萨茹拉（蒙古族，女）
何　花（蒙古族，女）
苏 木 达　萨茹拉（蒙古族，女）
副苏木达　白海成（蒙古族）
包宝泉（蒙古族，7月离职）
吴国胜（蒙古族，7月任职）
阿拉坦仓（蒙古族）

旗巴彦淖尔苏木

党委书记　包艳春（蒙古族，女）
副 书 记　包　成（蒙古族）
张建军（蒙古族）
苏 木 达　包　成（蒙古族）
副苏木达　萨音高力布（蒙古族）
海日汗（蒙古族，女）
文　丽（蒙古族，女）

旗巴彦茫哈苏木

党委书记　李国庆（蒙古族）
副 书 记　赵　健（蒙古族）
包珍珠（蒙古族，女）

苏　木　达　赵　健（蒙古族）
副 苏 木 达　胡日查（蒙古族）
胡塔娜（蒙古族，女）
王鑫鑫（蒙古族，女）

旗哈日诺尔苏木

党 委 书 记　双　福（蒙古族）
副　书　记　包明才（蒙古族，6月任职）
副书记、苏木达
庆格乐（蒙古族）
副 苏 木 达　吴国胜（蒙古族，7月离任）
全　龙（蒙古族）
吴石磊（蒙古族）

旗巴彦呼舒镇

党 委 书 记　汪宝泉（蒙古族）
党委副书记　陈　丹（蒙古族，女）
王乌日罕（蒙古族，女，6月任职）
镇　　　长　陈　丹（蒙古族，女）
副　镇　长　董玉琴（蒙古族，女）
杨晓民（蒙古族）
陈娜英（蒙古族，女）
白金泉（蒙古族，6月任职）

旗高力板镇

党 委 书 记　国　庆（蒙古族）
副　书　记　乌云毕力格（蒙古族，7月离任）
苏日嘎拉图（蒙古族，12月任职）
王祥云（女）
镇　　　长　乌云毕力格（蒙古族，7月离任）
苏日嘎拉图（蒙古族，12月任职）
副　镇　长　陈忠华（蒙古族，女）
胡日雅其（蒙古族）
张萨如拉（蒙古族，女）
刘　畅（蒙古族，女）

旗吐列毛杜镇

党 委 书 记　满都拉（蒙古族，7月离任）
乌云毕力格（蒙古族，7月任职）
副　书　记　布　和（蒙古族，4月任职）
吴光明（蒙古族，4月任职）
镇　　　长　布　和（蒙古族，4月任职）
副　镇　长　包明才（蒙古族，6月离任）
乌　云（蒙古族，4月任职）
王文成（蒙古族，7月任职）
何婷婷（蒙古族，女，4月任职）

旗杜尔基镇

党 委 书 记　斯日古楞（蒙古族）
副　书　记　吴富贵（蒙古族）
侯柏森（蒙古族）
镇　　　长　吴富贵（蒙古族）
副　镇　长　张高娃（蒙古族，女）
陈布和（蒙古族）
草布道（蒙古族，女）

旗巴仁哲里木镇

党 委 书 记　银　锁（蒙古族）
副　书　记　王晓光
吉亚太（蒙古族，7月任职）
镇　　　长　王晓光
副　镇　长　吉亚太（蒙古族，7月离任）
吴青林（蒙古族）
乌云塔娜（蒙古族，女）
唐青城（蒙古族，7月任职）
程志强（蒙古族，10月任职）

旗好腰苏木镇

党 委 书 记　满都拉（蒙古族）
副　书　记　王彩霞（蒙古族，女）
高　娃（蒙古族，女）
镇　　　长　王彩霞（蒙古族，女）
副　镇　长　青　玉（蒙古族）
乌吉斯古冷（蒙古族）
韩利国（蒙古族）

旗好腰苏木林场

党支部书记

场　　长　银　龙（蒙古族）
党支部副书记
　　包那顺白乙拉（蒙古族）
副 场 长　包努娜（蒙古族，女）
　　陈　云（蒙古族）

旗义和塔拉林场

场　　长　金　桩（蒙古族）
党支部书记　董爱军（蒙古族）

旗红星林场

党支部书记　双　城（蒙古族）
副 书 记　高晓亮（达斡尔族）
副 场 长　刘玉峰

旗代钦塔拉林场

党支部书记
场　　长　孙德华（蒙古族）
副 场 长　满都呼（蒙古族）
　　王哈达（蒙古族）

旗杜尔基林场

场　　长　照那斯图（蒙古族）

旗哈日诺尔林场

党支部书记
场　　长　秦小军（蒙古族）

垂直管理单位

国家税务总局科右中旗税务局

局　　长　邓云鹏（蒙古族）
副 局 长　常双泉（蒙古族）
　　王大强（回族）
　　刘红霞（蒙古族，女）
　　张阿如娜（蒙古族，女）

旗气象局

局　　长　李忠慧
副 局 长　乌云毕力格（蒙古族）
　　杨　劲

国网内蒙古东部电力有限公司科右中旗供电分公司

总 经 理　王密涛（12月离任）
　　张连军（12月任职）
党委书记　李贵成
副总经理　刘延峰
　　包长山（12月离任）
　　刘文斌（12月离任）
　　娄国娇（12月任职）
　　吴宏波（12月任职）

旗邮政分公司

总 经 理　陶丽娟（蒙古族，女）

旗烟草专卖局（营销部）

党支部书记
局　　长　常纪峰（经理）
党支部副书记
副 经 理　单　英（蒙古族，女）
副 局 长　侯艳亮（蒙古族）

内蒙古兴安盟盐业有限公司科右中旗配送中心

经　　理　白宏伟（蒙古族）

吐列毛杜农场

党委书记、场长、总经理
　　许　刚
党委副书记
　　韩聚东
副场长、副总经理
　　李连生
　　丁晓明
　　姜文涛
　　陈　宏

旗布敦化牧场

党委书记
场　　长　赵永胜（蒙古族）
党委副书记
　　刘　欣（蒙古族）

副　场　长　白根所（蒙古族）
　　　　　　沙世成（回族）
　　　　　　白　林（蒙古族）

人民银行科右中旗支行

行　　　长　包庆华（蒙古族，女，9月离任）
　　　　　　代　美（蒙古族，女，11月任职）
副　行　长　卢建国
　　　　　　高文龙（8月任职）

中国农业银行股份有限公司科右中旗支行

党委书记
行　　　长　白音那木拉（蒙古族）
副　行　长　白满喜（蒙古族）
　　　　　　白　林（蒙古族）

中国农业发展银行科右中旗支行

行　　　长　王恒宇
副　行　长　高亚娟（满族，女）
　　　　　　李　杨（蒙古族）

中国工商银行股份有限公司科右中旗支行

行　　　长　徐　蒙（蒙古族，女）
副　行　长　毛柏超

内蒙古银行科右中旗支行

党支部书记
行　　　长　李　奎（满族）
副　行　长　刘文超（蒙古族）

旗农村信用合作联社

党委书记
理　事　长　田玉生（蒙古族）
党委副书记
主　　　任　斯钦图（蒙古族）
党委委员
副　主　任　寿　巍（满族）
　　　　　　冷凤英（蒙古族，女）

中国人寿保险股份有限公司科右中旗支公司

副　经　理　钟冰凌（蒙古族，女，主持工作）

中国人民财产保险股份公司科右中旗支公司

经　　　理　孙　艳（女）

中共平安财产保险股份公司科右中旗支公司

经　　　理　杨留柱

中国石油科右中旗销售分公司

党支部书记
经　　　理　于　雷
副　经　理　王业斌

中国移动通信集团内蒙古有限公司科右中旗分公司

总　经　理　宁显奇

中国电信股份有限公司科右中旗分公司

总　经　理　王　庆
副总经理　龚连胜

中国联通科右中旗分公司

总　经　理　王　悦
副总经理　王　滨
　　　　　　武双梅（蒙古族，女）

兴安盟住房公积金中心科右中旗营业部

主　　　任　陈玉香（蒙古族，女）

中国广电内蒙古网络有限公司科右中旗分公司

经　　　理　李振富
副　经　理　付德宝（蒙古族）
　　　　　　包旭仁格日乐（蒙古族，女）

内蒙古自治区广播电视传输发射中心科右中729台

台　　　长　梁永生（蒙古族）
副　台　长　陈春杰（蒙古族）

内蒙古新华发行集团科右中旗新华书店

经　　　理　春　英（蒙古族，女）

白音胡硕火车站（铁路）

党支部书记　孙　志
站　　　长　孙　维（6月任职）

国有企业

科右中旗兴融城市发展投资经营有限责任公司

董　事　长　
总　经　理　乌兰格日乐（蒙古族，女）
副　经　理　刘汉斌
　　　　　　包牧仁（蒙古族）

科右中旗中源热力有限公司

总　经　理　刘　明
副　经　理　吴宝龙（蒙古族）
　　　　　　李为佳（满族）

科右中旗2022年国民经济和社会发展统计公报

2022 年，面对复杂严峻的外部环境和艰巨繁重的改革发展稳定任务，全旗上下坚持稳中求进工作总基调，坚决落实党中央“疫情要防住、经济要稳住、发展要安全”的重要要求，聚焦五大任务，高效统筹疫情防控和经济社会发展，积极应对经济下行压力，持续加大政策落实力度，加快推动高质量发展，全旗经济稳中求进、难中求成。农牧业生产连丰连稳，工业生产稳中提质，有效投资持续扩大，动能转换蹄疾步稳。

一、综　合

2022 年全旗地区生产总值完成 82.83 亿元，按可比价格计算，比上年增长 4.8%。其中，第一产业增加值 41.75 亿元，比上年增长 3.4%；第二产业增加值 12.1 亿元，比上年增长 3.4%；第三产业增加值 28.98 亿元，比上年增长 2.8%。三次产业比例为 50.4:14.6:35。全旗人均地区生产总值 (按常住人口计算)40603 元，比上年增长 15%。

城镇新增就业 1608 人，其中城镇失业人员再就业人数为 582 人。全旗各类市场主体发展到 23563 户，其中，企业 2132 户、个体工商户 19834 户、农民专业合作社 1597 户。

二、农　业

全旗粮食作物播种面积 292.6 万亩，比上年增加 12.9 万亩。粮食总产量创新高，达到 1240701.47 吨，比上年增加 3.8 万吨，同比增长 3.2%。其中，玉米产量 1063032 吨，比上年增加 2.57 万吨，增长 2.48%，占粮食总产量的 85.6%；水稻产量 7.03 万吨，比上年增长 21%；小麦产量 7500 吨，比上年下降 52%；高粱产量 1.3 万吨，比上年下降 54%；大豆产量 7.1 万吨，比上年增长 48%；绿豆产量 3164 吨，比上年下降 14.9%。

完成人工造林 1 万亩、退化林修复 1 万亩、植被恢复 2300 亩、村屯绿化 9 个嘎查村 307.6 亩、森林抚育 0.5 万亩，新栽果树面积 2993 亩。森林覆盖率 18.54%。实施完成年度内蒙古高原生态保护和修复工程毒害草治理总任务 4 万亩，共防治二批次，草原植被盖度 76.14%。

全年水产品产量 1801 吨，同比下降 290 吨，下降 16%。

表1　主要农作物产量及增速

指标名称	单位	2022年	比上年增长/%
粮食	吨	1240701	3.2
#小麦	吨	7511	–52
稻谷	吨	70342	21
玉米	吨	1063032	2.48

续表

指 标 名 称	单 位	2022年	比上年增长/%
高粱	吨	13139	–54.6
大豆	吨	71074	48
薯类	吨	5911	–2.8

农牧业科技示范户达到540户，建设科技种植示范区5个，推广优势粮油作物绿色提质增效技术68万亩，覆盖率达到40%以上。全旗平均化肥施用量（折纯）减少到19公斤/亩以下、农药使用量保持在0.3公斤/亩以下，连续五年实现零增长、负增长。地膜使用量逐年减少，2022年使用面积约2万亩，农膜回收率达到82%以上。推广全生物降解膜5000亩，完成秸秆还田25.11万亩，秸秆产量达205.2万吨，秸秆综合利用率达91%。旗机耕面积223万亩，其中深松作业面积52万亩。机播面积328.19万亩。其中，机播玉米195万亩，机械水稻插秧10.86万亩，机播小麦2.8万亩，机播大豆67.4万亩。

三、工业和建筑业

全年规模以上工业增加值增速为31.1%。规模以上工业产品销售率比上年下降7.73个百分点；规模以上工业营业收入211000万元，比上年增长24.3%；规模以上工业实现税金总额9108.9万元，比上年增长–25.3%。

从主要工业产品产量看，水泥产量30.9万吨，同比下降6.03%；发电量267690.43万千瓦时，同比下降13.9%，其中火力发电122931万千瓦时，同比下降28.47%；精制食用植物油产量1962.82吨，下降11.04%。

表2 主要工业产品产量及增速

指 标 名 称	单 位	2022年	比上年增长/%
水泥	吨	308957.96	–6.03
发电量	万千瓦时	267690.43	–13.9
其中：火电	万千瓦时	122931	–28.47
精制食用植物油	吨	1962.82	–11.04

全年建筑业总产值2.7亿元，同比增长146%。全旗具有建筑资质等级的建筑施工企业3个。全年房屋建筑施工面积25.58万平方米，房屋建筑竣工面积25.58万平方米。

四、固定资产投资

全年500万元以上项目固定资产投资比上年增长55.8%。全年施工项目88个，其中新建项目41个。当年竣工交付使用项目33个，工程项目竣工率为37.5%。房屋施工面积72.3万平方米，比上年增长21.4%，其中住宅施工面积51.1万平方米。在固定资产投资项目中，第一产业投资比上年增长611.4%；第二产业投资比上年增长51%，第三产业投资比上年增长55.9%。

五、国内贸易和对外经济

全年社会消费品零售总额同比增速 -1.4%。其中城镇、乡村增速分别比上年下降 1.5%、1.3%。分行业来看，批发业比上年下降 1%，零售业同比下降 0.1%，住宿业比上年下降 3.8%，餐饮业比上年增长 4.6%。

2022 年全旗招商引资（不含清洁能源项目）累计到位资金 22.2 亿元。其中，区外累计到位资金 12.23 亿元，区内盟外累计到位资金 10.02 亿元。（含清洁能源项目）累计到位资金 56.5 亿元。其中，区外累计到位资金 46.45 亿元，区内盟外累计到位资金 10.02 亿元。对外贸易进出口总额 86.34 万元人民币。其中，进口服务贸易额 0 万元人民币，出口额 86.34 万元人民币。

六、交通、邮电和旅游业

全年公路货运量达 206.19 万吨，货物周转量达到 18414 万吨公里，公路客运量 13.5 万人次，公路旅客周转量达 2549.79 万人公里。全旗公路通车里程 3250 公里。其中，国道 406.2 公里，省道 69.8 公里，农村公路里程 2774 公里。

全年完成邮电业务总量 18696 万元，比上年增长 3.2%。其中，邮政业务总量 2194 万元，比上年增长 0.5%；电信业务总量 16502 万元，比上年增长 4.8%，年末本地固定电话用户 1.46 万户，移动电话用户达 18.52 万部，互联网用户达到 6.84 万户。

全年共接待旅游人数 169.5 万人次，比上年增长 13.8%，实现旅游总收入 9.83 亿元，同比增长 14.3%。

七、财政、金融

全年公共财政预算收入 3.35 亿元，同比增长 7.78%。全年公共财政预算支出 45.16 亿元，同比增长 39%。其中，一般公共服务支出 3.46 亿元，同比增长 25%；社会保障和就业支出 6.48 亿元，同比增长 33.7%；医疗卫生支出 2.4 亿元，同比增长 26.7%；教育支出 5.8 亿元，同比增长 16.4%。

年末全旗金融机构各项存款余额 75.1 亿元，比上年增长 15%，其中居民储蓄存款余额 55.8 亿元，比上年增长 16.9%。金融机构各项贷款余额 63 亿元，比上年增长 17.8%。其中，住户贷款 48.5 亿元，比上年增长 13.9%；非金融企业及机关团体贷款 14.6 亿元，比上年增长 33%。

全年财险、人险保费收入 10896 万元，比上年下降 8.2%，其中，财产险保费收入 5257.7 万元、人寿险保费收入 5638.5 万元。全年赔款支出 4471.9 万元，比上年增长 6%。其中，财产险赔付支出 3145.5 万元；人寿险赔付支出 1326.4 万元。

八、科学技术和教育

全年全旗推广旗级以上农业实用技术 5 项。年内对农牧民进行科技培训 300 人次，其中培训嘎查级技术骨干 100 人次。

年末全旗共有中、小学校 43 所（包括小学教学点 1 个）。在校学生 28684 人，其中，中学在校学生 16260 人、小学在校学生 12424 人。学龄儿童入学率 100%。特殊学校 1 所，在校学生 101 人；幼儿园 70 所，在园幼儿 4996 人；职业中学 1 所，在校学生 981 人。

九、文化、卫生和体育

年末全旗共有电影放映队 13 个，专职放映技术人员 13 人，报刊发行量 99.6 万份。各类文化馆（分馆、站）41 个，图书馆

（分馆）29个，图书总藏量11万册（包括电子书5.75万种），博物馆1处，美术馆1处。专业艺术团体1个。

年末全旗共有卫生机构277个。其中医院5所，卫生院21个。医疗单位拥有病床1659张。卫生技术人员1987人，其中执业医师、执业助理医师668人。乡村卫生室165个，乡村医生174人。

全年举办旗级以上运动会2次，举办了第六届内蒙古草原休闲体育大会，比赛项目包括枫林草原五人制足球赛、枫林草原排球赛、枫林草原拔河比赛、枫林草原徒步穿越赛、枫林草原哈日靶、枫林草原搏克比赛、老年门球赛。9月举办了兴安盟社区运动会，比赛项目包括枫林草原健康跑、蒙古象棋（喜塔尔）、老年台球比赛，参加运动员2000余人。

全年举办了旗级比赛2次，7月成功举办了"喜迎二十大建功新时代"科右中旗体彩杯系列比赛，比赛项目包括足球比赛、篮球比赛、排球比赛、网球比赛、老年台球比赛。7月2—3日成功举办了科右中旗"信合杯"羽毛球比赛，参加运动员1500余人。

8月在鄂尔多斯市举行的内蒙古自治区"中国体育彩票杯"青少年（中学生）跆拳道锦标赛中，旗4名运动员在比赛中表现出良好的竞技状态，先后获得三银、一个第五名的好成绩，其中1人获得国家二级运动员称号。

十、生态环境保护

年末全旗生态环境系统职工26人，环境监测站1个，监测人员4人，监察大队10人，日处理2万吨污水处理厂1处。全旗共有自然保护区4个，其中，国家级自然保护区1个、自治区级自然保护区3个。科右中旗霍林河中型灌区续建配套与节水改造工程即将完成，翰嘎利水库除险加固工程于明年中旬完工，国家水土保持重点工程哈达阿拉、新艾勒小流域治理工程和侵蚀沟专项治理工程兴安敖包、拉拉屯项目区已于年内完成全部建设任务。

十一、人口、人民生活和社会保障

年末全旗户籍总人口为248171人，其中非农人口70761人。在总人口中，少数民族人口为219607人，其中蒙古族人口为215986人，蒙古族人口占总人口比重为87.03%。

全体居民人均可支配收入21322元，比上年增长7.9%，全体居民人均消费性支出14222元，比上年增长1.6%。城镇常住居民人均可支配收入32587元，比上年增加1845元，增长6%，城镇常住居民年人均消费支出18354元，比上年减少1007元，同比下降5.2%；农村牧区常住居民人均可支配收入14302元，比上年增加1157元，增长8.8%，农村牧区常住居民年人均消费支出11444元，比上年增加688元，同比增长6.4%。

据城乡抽样调查资料显示，城镇居民人均住房建筑面积达35平方米，农村居民人均住房建筑面积30平方米。

2022年全旗参加基本养老保险人数为174852人。其中，离退休人员43089人；机关事业单位参保在职职工8742人，离退休人员4555人；城乡居民参保123021人，离退休人员23109人。全年企业养老保险基金收入15771万元；发放养老保险金44147万元。2022年参加基本医疗保险的人数173930人。其中参加城镇职工基本医疗保险人数 17952 人，参加城乡居民基本医疗保险人数 155978 人。参加失业保险的人数 7300 人，全年领取失业保险人数 423 人。参加职工工伤保险人数 14617 人。参加职工生育保险人数 17952 人。

注：1. 本公报部分数据为初步统计数，地区生产总值及各产业增加值绝对数按现价计算，增长速度按可比价格计算。

2. 涉及部门数据由相关部门提供。

（科右中旗统计局综合股）

科右中旗2022年地区生产总值一览表

	现价/亿元	可比增速/%
地区生产总值	82.83	4.8
按产业分组	–	–
第一产业	41.75	3.4
第二产业	12.10	16.4
第三产业	28.98	2.8

科右中旗2022年粮食作物生产情况季节报表

指标名称	播种面积/公顷		实际产量/吨		单位面积产量 公斤/亩	
	2022年	增幅/%	2022年	增幅/%	2022年	增幅/%
粮食作物合计	195098.41	4.62	1240701.47	3.20	423.96	–1.36
一、谷物	155093.85	0.72	1159557.52	1.40	498.43	0.67
秋收谷物	155093.85	0.72	1159557.52	1.40	498.43	0.67
（一）稻谷	7392.66	19.59	70342	21.29	634.34	1.42
中稻和一季晚稻	7392.66	19.59	70342	21.29	634.34	1.42
（二）小麦	1949.33	–51.03	7511	–52.25	256.87	–2.50
春小麦	1949.33	–51.03	7511	–52.25	256.87	–2.50
（三）玉米	141648.93	3.34	1063032.52	2.48	500.31	–0.83
其中：复合种植模式玉米	3401.01	–	40814.515	–	800.05	–
（四）其他谷物	4102.93	–39.18	18672	–42.68	303.39	–5.74
1.谷子	683.5	10.45	2528	12.19	246.57	1.58
2.高粱	2398.96	–57.51	13139	–54.68	365.13	6.65
3.大麦	20	–33.33	86	–42.09	286.67	–13.13
4.燕麦	16.67	–94.03	35	–95.13	139.97	–18.45
5.荞麦	206.73	38.56	342	–15.78	110.29	–39.22
6.其他	777.07	3184.32	2542	4679.09	218.08	45.51
二、豆类	39074.23	24.75	75232.95	43.13	128.36	14.74
（一）大豆	36501.05	31.83	71073.95	48.06	129.81	12.32
其中：复合种植模式大豆	4477.322782	–	7222.948	–	107.55	–
（二）绿豆	1965.06	–31.02	3164	–14.91	107.34	23.36
（三）红小豆	438.23	279.65	801	427.91	121.85	39.05
（四）其他杂豆	169.89	–74.61	194	–71.84	76.13	10.88
三、薯类(折粮)	930.33	–20.81	5911	–2.84	423.58	22.70
马铃薯(折粮)	930.33	–20.81	5911	–2.84	423.58	22.70

科右中旗2022年各乡镇户籍人口统计报表

地区	指标																
	总户数	总人口/人			性别		年龄				本年度人口变动						
		合计	城镇人口	乡村人口	男	女	0-17岁	18-34岁	35-59岁	60岁以上	出生合计	出生男	出生女	死亡合计	出生率	死亡率	自然增长率
总计	89655	248171	70761	177410	125327	122844	39355	54869	111134	42813	1357	713	644	1520	5.46	6.11	-0.66
好腰苏木镇	3654	10581	595	9986	5432	5149	1630	2489	4719	1743	59	34	25	81	0.24	0.33	-0.09
巴彦茫哈苏木	3353	9570	0	9570	4906	4664	1472	2165	4370	1563	60	32	28	74	0.24	0.30	-0.06
巴彦淖尔苏木	3651	10244	3	10241	5208	5036	1615	2422	4595	1612	52	34	18	91	0.21	0.37	-0.16
高力板镇	9243	26546	1730	24816	13483	13063	4461	6058	11586	4441	130	71	59	161	0.52	0.65	-0.12
其中：义和道卜	3215	9431	5	9426	4847	4584	1602	2136	4139	1554	36	21	15	55	0.14	0.22	-0.08
巴仁太本	4565	13587	8	13579	6881	6706	2407	3243	5832	2105	81	42	39	82	0.33	0.33	0.00
巴彦呼舒镇	28975	75311	52492	22819	37188	38123	11006	15364	33812	15129	393	212	181	402	1.58	1.62	-0.04
其中：布敦化	4715	13599	3605	9994	6807	6792	2317	3145	5957	2180	80	40	40	99	0.32	0.40	-0.08
西日嘎	3347	9727	0	9727	4956	4771	1621	2383	4245	1478	51	29	22	48	0.21	0.19	0.01
新佳木苏木	4453	13583	0	13583	6938	6645	2224	3236	5977	2146	79	41	38	58	0.32	0.23	0.08
杜尔基镇	7192	21119	17	21102	10736	10383	3670	4746	9312	3391	119	50	69	123	0.48	0.49	-0.02
代钦塔拉苏木	3932	11084	973	10111	5515	5569	1884	2552	4958	1690	56	27	29	87	0.23	0.35	-0.12
额木庭高勒苏木	6207	18085	452	17633	9308	8777	3050	4080	7877	3078	90	42	48	114	0.36	0.46	-0.10
其中：巴扎拉嘎	3477	10308	452	9856	5338	4970	1750	2342	4524	1692	57	29	28	69	0.23	0.28	-0.05
吐列毛杜镇	7567	22526	1907	20619	11643	10883	3824	5197	10224	3281	141	69	72	144	0.57	0.58	-0.01
其中：坤都冷	2737	8011	0	8011	4121	3890	1356	1853	3601	1201	58	33	25	46	0.23	0.19	0.05
巴仁哲里木镇	4510	13470	0	13470	7005	6465	2306	3223	6034	1907	81	44	37	96	0.33	0.39	-0.06
哈日诺尔苏木	1501	4086	626	3460	2054	2032	702	896	1872	616	33	20	13	20	0.13	0.08	0.05
布敦化牧场	2559	5839	5839	0	2856	2983	969	1291	2714	865	48	26	22	27	0.19	0.11	0.08
孟恩套力盖矿区工作部	1509	3181	3181	0	1595	1586	217	517	1619	828	3	2	1	25	0.01	0.10	-0.09
吐列毛杜农场	1349	2946	2946	0	1460	1486	325	633	1465	523	13	9	4	17	0.05	0.07	-0.02

科右中旗2022年各乡镇民族构成情况表

单位：人

地区	民族															
	合计	汉族	蒙古族	回族	满族	朝鲜族	达斡尔族	鄂温克族	鄂伦春族	壮族	藏族	锡伯族	苗族	土家族	彝族	维吾尔族	其他民族
总计	248171	28564	215986	126	2362	878	95	20	7	9	1	19	5	10	5	3	81
好腰苏木镇	10581	321	10203	0	52	0	0	0	0	0	0	1	0	0	0	0	4
巴彦茫哈苏木	9570	51	9513	0	3	0	1	0	0	0	0	0	0	0	1	1	0
巴彦淖尔苏木	10244	593	9598	1	45	0	1	0	0	0	1	1	0	0	0	0	4
高力板镇	26546	3236	23130	2	142	1	7	1	0	0	0	0	0	0	0	0	27
其中：义和道卜	9431	831	8562	1	30	0	0	1	0	0	0	0	0	0	0	0	6
巴仁太本	13587	569	12996	0	3	0	0	0	0	0	0	0	0	0	0	0	19
巴彦呼舒镇	75311	14443	59347	95	1233	94	54	7	0	8	0	6	3	7	4	0	10
其中：布敦化	13599	1221	12269	8	91	3	2	4	0	0	0	0	0	0	0	0	1
西日嘎	9727	141	9566	2	13	2	1	0	0	0	0	0	0	0	0	0	2
新佳木苏木	13583	437	13099	0	27	4	0	1	0	0	0	0	0	0	0	1	14
杜尔基镇	21119	1085	19182	5	93	748	0	1	0	0	0	0	0	0	0	0	5
代钦塔拉苏木	11084	973	9977	4	102	4	12	0	0	0	0	10	1	1	0	0	0
额木庭高勒苏木	18085	2804	15007	0	258	7	1	0	0	0	0	0	0	2	0	0	6
其中：巴扎拉嘎	10308	1865	8315	0	117	6	0	0	0	0	0	0	0	2	0	0	3
吐列毛杜镇	10957	1396	9326	0	212	1	2	9	5	0	0	1	0	0	0	0	5
其中：坤都冷	8011	63	7892	0	34	0	2	9	5	0	0	1	0	0	0	0	5
巴仁哲里木镇	13470	316	13128	0	20	2	2	1	1	0	0	0	0	0	0	0	0
哈日诺尔苏木	4086	289	3787	0	5	2	0	0	0	1	0	0	0	0	0	0	2
布敦化牧场	5839	409	5353	13	52	2	8	0	0	0	0	0	1	0	0	0	1
孟恩套力盖矿区工作部	3181	1620	1447	5	88	13	7	0	0	0	0	0	0	0	0	0	1
吐列毛杜农场	14515	591	13889	1	30	0	0	0	1	0	0	0	0	0	0	1	2

索　　引

使 用 说 明

1. 本索引采用内容分析索引法编制。年鉴中有实质检索意义的正文内容均予以标引，以供检索使用。

2. 本索引先将类目标题按汉语拼音字母表序排列，即按照首字的首字母依次排列，首字相同则以第二字首字母排序，依此类推。

0—9

A

B

C

D

E

F

G

H

J

K

L

M

N

P

Q

R

S

T

Y

Z